Museums of Manufacturing in Japan

A Directory

Compiled by

Nichigai Associates,Inc.

©2018 by Nichigai Associates,Inc.

Printed in Japan

●編集担当● 荒井 理恵
装 丁：赤田 麻衣子

刊行にあたって

　本書は、一般公開されている "ものづくり（産業）" に関する博物館・資料館・記念館の事業概要などを掲載する総合的なガイドである。

　日本の産業は「ものづくり」とも呼ばれ、企業が開発した独自の技術、職人の手仕事により作られた伝統工芸品は国内外から高く評価されている。近年では、2014(平成26)年「富岡製糸場と絹産業遺産群」、2015(平成27)年「明治日本の産業革命遺産　製鉄・製鋼、造船、石炭産業」がUNESCOの世界遺産に登録された。地域の産業の歴史や生産技術に関する博物館・関連施設は各地に設置され、製品・技術の紹介にとどまらず、産業全体への理解・関心を深める機会を提供、観光資源としての役割も期待されている。本書は各施設の沿革・展示はもちろん、収蔵資料や教育普及目的を始めとした様々な事業にまで深く踏み込んで掲載、観光ガイドとしてだけでなく、調査・研究や総合学習のための手引きとしても利用が可能である。

　編集にあたっては、最新かつ精確な情報を盛り込むべく、全国の関連施設にアンケート調査を行った。産業の歴史や製品・生産技術を伝える展示・収集・公開活動を行う特色ある施設の収録をめざし、有り難いことに216館からご協力を得ることができたが、編集部の力及ばず掲載を断念した館もあることをお断りしておく。

　本書が調査研究、生涯学習、社会科見学、観光などに広く活用されることを期待するとともに、小社既刊の美術館・博物館事典シリーズとあわせ、ご利用いただければ幸甚である。

　最後に、貴重な時間を割いてアンケートに快くご協力いただいた関係諸機関の皆様に深く感謝する次第である。

　2018年10月

日外アソシエーツ

凡　例

1. 本書の内容

　　本書は、ものづくり（産業）をテーマにした全国の博物館・資料館・記念館について、その事業などを掲載した。掲載数は216館である。

2. 収録の対象

1）　全国の関連施設にアンケート調査を行い、寄せられた回答および資料をもとに収録した。
2）　アンケート未回答館、長期休館中、閉館予定の館などは掲載しなかった。

3. 掲載事項

1）　以下の事項を、原則としてアンケート回答時の情報で掲載した。アンケート実施時期は、2018年8月から10月末までの期間である。
　　　館名／沿革・概要／展示・収蔵／事業／出版物・グッズ／所在地／TEL／FAX／URL／E-mail／交通／開館／入館料／休館日／施設／設立／設置者／管理／責任者／館のイチ押し
2）　掲載事項の詳細は以下の通り。
　　（1）　館名の記載にあたっては財団法人などの法人格の表示は省略した。
　　（2）　事業には、館主催・共催事業のほか、一部賛助事業なども含めた。
　　（3）　出版物は原則として館編集・発行のものを採用したが、一部、企画・編集協力、監修なども含まれている。
3）　記載内容については、一部用語・体裁などの統一をおこなったが、アンケートの回答を尊重し、表記をそのままとした箇所がある。
4）　写真（外観・展示内容等）は、各館から提供されたものを使用した。

4. 排　列

1）　全国を「北海道」「東北」「関東」「中部」「近畿」「中国」「四国」「九州・沖縄」の8つのブロックに分け、さらに都道府県別に館名の五十音順で排列した。

2）　その際、濁音・半濁音は清音、またヂ→シ、ツ→スとみなし、拗音・
促音は直音とみなし、長音は無視して排列した。

5.館名索引
216館を館名の五十音順で排列し、掲載ページを示した。

6.種別索引
各館を16のジャンルに分け、館名の五十音順で排列し、掲載ページを示した。

7.参考資料
収録候補館の選定にあたり、下記を参考とした。
日本博物館協会編「全国博物館総覧」1〜4（ぎょうせい、加除式）
武田竜弥編著「日本全国産業博物館めぐり　地域の感性を伝える場所」
（PHP新書）　PHP研究所　2008年
産業記念物調査研究会編「近畿の産業博物館」　阿吽社　1990年

(5)

目次

北海道

北海道

ウイスキー博物館‥‥‥‥‥‥‥ 3
サッポロビール博物館‥‥‥‥‥ 5
土とトラクタの博物館 土の館‥ 7
苫小牧ポートミュージアム‥‥‥ 9
函館市青函連絡船記念館
　摩周丸‥‥‥‥‥‥‥‥‥‥‥11
函館市北洋資料館‥‥‥‥‥‥‥13
ビート資料館‥‥‥‥‥‥‥‥‥15
夕張市石炭博物館‥‥‥‥‥‥‥17
雪印メグミルク 酪農と乳の
　歴史館‥‥‥‥‥‥‥‥‥‥‥19
よいち水産博物館‥‥‥‥‥‥‥21

東　北

青森県

青森県立三沢航空科学館‥‥‥‥23
青森市森林博物館‥‥‥‥‥‥‥26
むつ科学技術館‥‥‥‥‥‥‥‥28

岩手県

岩手県立水産科学館‥‥‥‥‥‥30
岩手県立農業ふれあい公園
　農業科学博物館‥‥‥‥‥‥‥32
奥州市牛の博物館‥‥‥‥‥‥‥35
釜石市立鉄の歴史館‥‥‥‥‥‥38
小岩井農場 展示資料館‥‥‥‥40

宮城県

松山酒ミュージアム‥‥‥‥‥‥42

秋田県

秋田県立農業科学館‥‥‥‥‥‥44
秋田大学大学院国際資源学研
　究科附属鉱業博物館‥‥‥‥‥46
TDK歴史みらい館 ‥‥‥‥‥‥49

山形県

山形県産業科学館‥‥‥‥‥‥‥51
山形謄写印刷資料館‥‥‥‥‥‥53

福島県

白木屋漆器店資料館‥‥‥‥‥‥55

関　東

茨城県

北茨城市漁業歴史資料館
　よう・そろー‥‥‥‥‥‥‥‥57
牛乳博物館‥‥‥‥‥‥‥‥‥‥59
日鉱記念館‥‥‥‥‥‥‥‥‥‥61
本場結城紬染織資料館
　「手緒里」‥‥‥‥‥‥‥‥‥63
明治なるほどファクトリー守谷‥65

栃木県

大谷資料館‥‥‥‥‥‥‥‥‥‥67

群馬県

群馬県立日本絹の里‥‥‥‥‥‥69
スバルビジターセンター‥‥‥‥71
製粉ミュージアム‥‥‥‥‥‥‥73
富岡製糸場‥‥‥‥‥‥‥‥‥‥75

埼玉県

鈴木酒造 酒蔵資料館‥‥‥‥‥77
鉄道博物館‥‥‥‥‥‥‥‥‥‥79
所沢航空発祥記念館‥‥‥‥‥‥81
日本工業大学工業技術博物館‥84

目　次

千葉県

浦安市郷土博物館……………………86
キッコーマンもの知りしょう
　　ゆ館……………………………88
君津市漁業資料館……………………90
航空科学博物館………………………92
千葉県立現代産業科学館………………95
ヒゲタ史料館…………………………98

東京都

i-muse（アイミューズ）…………… 100
アドミュージアム東京……………… 103
石川島からIHIへ　石川島
　　資料館…………………………… 105
伊勢半本店　紅ミュージアム… 107
印刷博物館…………………………… 109
NHK放送博物館 ………………… 112
オカムらいすの博物館……………… 114
オリンパス技術歴史館
　　「瑞古洞」………………………… 116
花王ミュージアム…………………… 118
科学技術館…………………………… 120
家具の博物館………………………… 123
がすてなーに　ガスの科学館 125
GAS　MUSEUM
　　（がす資料館）………………… 127
紙の博物館…………………………… 129
旧新橋停車場　鉄道歴史
　　展示室…………………………… 131
JAL工場見学
　　〜 SKY MUSEUM 〜 …… 133
セイコーミュージアム……………… 135
世界のカバン博物館………………… 137
Daiichi Sankyo くすりミュー
　　ジアム…………………………… 139
たばこと塩の博物館………………… 141
小さな博物館　ブレーキ博物
　　館………………………………… 145
地下鉄博物館………………………… 148

帝国データバンク史料館…… 150
TEPIA 先端技術館 ………… 152
東京海洋大学マリンサイエン
　　スミュージアム…………… 154
東京都水道歴史館…………… 157
東京臨海部広報展示室
　　TOKYOミナトリエ…… 159
東武博物館…………………… 161
虎屋文庫……………………… 163
日本カメラ博物館…………… 165
日本文具資料館……………… 168
皮革産業資料館……………… 170
物流博物館…………………… 172
ブリヂストンTODAY……… 175
郵政博物館…………………… 177
容器文化ミュージアム……… 179

神奈川県

カップヌードルミュージアム
　　横浜（正式名称：安藤百福
　　発明記念館　横浜）………… 181
KYB史料館 ………………… 183
シルク博物館………………… 185
電車とバスの博物館………… 187
東芝未来科学館……………… 189
日本郵船氷川丸……………… 191
日本郵船歴史博物館………… 193
ニュースパーク（日本新聞博
　　物館）……………………… 195
ミットヨ測定博物館………… 198
三菱みなとみらい技術館…… 200
横浜みなと博物館…………… 202

中　部

新潟県

越後出雲崎時代館　出雲崎石
　　油記念館………………… 205

目　次

史跡佐渡金山　展示資料館 … 207
燕市産業史料館…………… 209
新潟市新津鉄道資料館……… 211

富山県
高岡地域地場産業センター… 213

石川県
石川県海洋漁業科学館……… 215
金沢市立安江金箔工芸館…… 217
日本自動車博物館………… 219
ひととものづくり科学館… 221

福井県
敦賀鉄道資料館（旧敦賀港
駅舎）………………… 223
はたや記念館ゆめおーれ勝山 225

山梨県
サントリーウイスキー博物館 227
山梨ジュエリーミュージアム 229

長野県
岡谷蚕糸博物館－シルクファ
クトおかや－………… 231

岐阜県
岐阜かかみがはら航空宇宙科
学博物館……………… 233
氷砂糖資料館……………… 236
こども陶器博物館 KIDS★
LAND………………… 238
関鍛冶伝承館……………… 240
多治見市モザイクタイルミュ
ージアム……………… 242
内藤記念くすり博物館……… 244
フェザーミュージアム（世界
初の刃物総合博物館）…… 247

静岡県
清水港湾博物館（フェルケー
ル博物館）…………… 249
沼津市戸田造船郷土資料博物
館…………………… 251
ふじのくに茶の都ミュージアム… 253

焼津漁業資料館…………… 255
ヤマハ発動機　コミュニケー
ションプラザ………… 257

愛知県
愛知県陶磁美術館………… 259
愛知製鋼　鍛造技術の館 …… 262
岡崎信用金庫資料館………… 264
カクキュー八丁味噌（八丁味
噌の郷）……………… 266
國盛・酒の文化館………… 268
九重みりん時代館………… 270
高浜市やきものの里かわら美
術館………………… 271
トヨタ会館………………… 273
トヨタ産業技術記念館……… 274
豊田市近代の産業とくらし発
見館………………… 277
トヨタ博物館……………… 279
名古屋海洋博物館・南極観測
船ふじ……………… 281
ノリタケの森　クラフトセンタ
ー・ノリタケミュージアム… 283
ブラザーミュージアム……… 285
三菱UFJ銀行貨幣資料館 … 287
養蜂博物館………………… 289

近　畿

三重県
神宮徴古館・農業館………… 291
真珠博物館（ミキモト真珠島
内）………………… 294
鈴鹿市伝統産業会館………… 296

滋賀県
国友鉄砲の里資料館………… 298
長浜鉄道スクエア………… 300
ヤンマーミュージアム……… 302

目　次

京都府

宇治・上林記念館……………… 303

オムロン　コミュニケーショ
　ンプラザ…………………… 305

川島織物文化館………………… 307

京菓子資料館…………………… 309

京セラファインセラミック館… 311

京都工芸繊維大学　美術工芸
　資料館……………………… 313

京都鉄道博物館………………… 315

グンゼ博物苑…………………… 317

月桂冠大倉記念館……………… 319

三休庵・宇治茶資料室………… 321

島津製作所　創業記念資料
　館…………………………… 323

西陣織会館……………………… 325

大阪府

池田文庫………………………… 327

泉大津市立織編館……………… 331

江崎記念館……………………… 333

大阪企業家ミュージアム……… 335

大林組歴史館…………………… 337

カップヌードルミュージアム
　大阪池田(正式名称：安藤
　百福発明記念館　大阪池田)… 339

堺伝統産業会館………………… 341

自転車博物館サイクルセン
　ター………………………… 343

造幣博物館……………………… 345

つまようじ資料室……………… 347

パナソニックミュージアム
　「松下幸之助歴史館」「もの
　づくりイズム館」………… 349

枚方市立旧田中家鋳物民俗資
　料館………………………… 352

兵庫県

赤穂市立歴史博物館…………… 354

アシックス　スポーツ　ミュー

ジアム………………………… 356

うすくち龍野醤油資料館……… 358

菊正宗酒造記念館……………… 360

グリコピア神戸………………… 363

神戸海洋博物館・カワサキ
　ワールド…………………… 365

神戸大学大学院海事科学研究
　科海事博物館……………… 367

酒ミュージアム(白鹿記念酒
　造博物館)………………… 369

史跡・生野銀山と生野鉱物
　館…………………………… 372

竹中大工道具館………………… 374

手柄山交流ステーション……… 377

白鶴酒造資料館………………… 379

美味伝承　甲南漬資料館　…… 381

UCCコーヒー博物館　……… 383

奈良県

三光丸クスリ資料館…………… 386

大和ハウス工業　総合技術研
　究所………………………… 388

中　国

鳥取県

鳥取二十世紀梨記念館
　なしっこ館………………… 390

島根県

石見銀山資料館………………… 392

和鋼博物館……………………… 394

岡山県

倉紡記念館……………………… 396

津山まなびの鉄道館…………… 398

広島県

呉市海事歴史科学館(愛称：
　大和ミュージアム)……… 400

ヌマジ交通ミュージアム(広

目　次

島市交通科学館）‥‥‥‥‥ 403
筆の里工房‥‥‥‥‥‥‥‥ 406
マツダミュージアム‥‥‥‥ 409
三島食品 資料館 楠苑‥‥‥ 411
山口県
三菱重工 下関造船所
史料館‥‥‥‥‥‥‥‥ 413
やまぎん史料館‥‥‥‥‥‥ 415

四　国

徳島県
藍住町歴史館・藍の館‥‥‥ 417
香川県
うちわの港ミュージアム‥‥ 419
坂出市塩業資料館‥‥‥‥‥ 421
瀬戸大橋記念館‥‥‥‥‥‥ 423
高松市石の民俗資料館‥‥‥ 425
マルキン醤油記念館‥‥‥‥ 427
愛媛県
愛媛県総合科学博物館‥‥‥ 429
高知県
いの町紙の博物館‥‥‥‥‥ 433

九州・沖縄

福岡県
大牟田市石炭産業科学館‥‥ 435
小石原焼伝統産業会館‥‥‥ 437
つきほし歴史館‥‥‥‥‥‥ 439
佐賀県
佐賀県立九州陶磁文化館‥‥ 441
中冨記念くすり博物館‥‥‥ 443
村岡総本舗 羊羹資料館‥‥ 445
長崎県
三菱重工 長崎造船所

史料館‥‥‥‥‥‥‥‥ 447
熊本県
球磨焼酎ミュージアム 白岳
伝承蔵‥‥‥‥‥‥‥‥ 449
大分県
大分香りの博物館‥‥‥‥‥ 451
別府市竹細工伝統産業会館‥ 453
宮崎県
旭化成延岡展示センター‥‥ 455
宮崎大学農学部附属農業博物
館‥‥‥‥‥‥‥‥‥‥ 456
鹿児島県
宇宙科学技術館‥‥‥‥‥‥ 458
薩摩酒造花渡川蒸溜所 明治
蔵‥‥‥‥‥‥‥‥‥‥ 460
沖縄県
沖縄郵政資料センター‥‥‥ 462
ゆいレール展示館‥‥‥‥‥ 464

館名索引‥‥‥‥‥‥‥‥‥ 465
種別索引‥‥‥‥‥‥‥‥‥ 471

ものづくり記念館博物館事典

ウイスキー博物館

[飲料]

　工場見学(無料)の方々に、ウイスキー生産設備の見学・案内だけではなく、自然環境と調和のとれたウイスキー工場をより身近に感じていただき、またウイスキーをさらに楽しんでいただくために、ウイスキーの歴史や、製造方法、ニッカウヰスキー(株)の生い立ち等幅広い資料を展示するために設立した。

【展示・収蔵】
《ウイスキー館》
　蒸溜酒の始まり、ウイスキーづくりの道具、樽づくりの道具等の展示、各種のウイスキーが楽しめる有料試飲コーナー。
《ニッカ館》
　創業者・竹鶴政孝と、その妻リタに関する資料の展示、当社の商品・歴史の紹介。

北海道

エントランス

- ・所在地　〒046-0003　北海道余市郡余市町黒川町7-6（ニッカウヰスキー（株）北海道工場内）
- ・ＴＥＬ　0135-23-3131
- ・ＦＡＸ　0135-23-2202
- ・ＵＲＬ　http://www.nikka.com/
- ・交　通　〈電車〉JR函館本線　余市駅　下車，徒歩5分
　　　　　　〈車〉国道5号線で札幌から約90分
- ・開　館　AM9:00〜PM4:45
- ・入館料　無料
- ・休館日　年末年始
- ・施　設　ウイスキー貯蔵庫2棟を改造したもの
　　　　　　ウイスキー館とニッカ館からなる
- ・設　立　1998(平成10)年4月
- ・設置者　ニッカウヰスキー（株）
- ・責任者　北海道工場長・三明稔

サッポロビール博物館

[飲料]

「サッポロビール博物館」は、明治時代の煉瓦建築として文化的価値の高い「開拓使麦酒記念館」を永久保存する工事とともに、当社の歴史と技術の集大成として、1987(昭和62)年に開設したものである。

その後歴史的建造物の赤レンガの外観はそのままに、3階建ての内部を2016(平成28)年に全面リニューアルし現在に至っている。

【展示・収蔵】

◇3階プレミアムシアター
　迫力のワイド6K映像を使い、国産ビールづくりに邁進した先駆者の熱き想いを上映。
　※プレミアムツアーのみで鑑賞可能。村橋久成編・中川清兵衛編のどちらかを上映

◇2階
　開拓使から始まるサッポロビールの歴史を、今も残る貴重な資料と分かりやすい解説で紹介。日本のビール産業史ともいえる歴史絵巻が楽しめる。また明治期から現在に至るサッポロアドコレクションもおすすめ。

◇1階スターホール
　サッポロビール北海道工場、札幌開拓使醸造所から直送されるビールを楽しめる。

北海道

- **所在地** 〒065-8633　北海道札幌市東区北7条東9-1-1　サッポロガーデンパーク内
- **ＴＥＬ** 011-748-1876
- **ＦＡＸ** 011-741-9961
- **ＵＲＬ** http://www.sapporobeer.jp/brewery/s_museum/
- **交　通** 〈電車〉地下鉄東豊線 東区役所前駅下車 徒歩約10分
  〈バス〉JR札幌駅南口「札幌駅前」（東急百貨店南側）より市営バス（ファクトリー線・環88）乗車，「サッポロビール園」下車（約15分）
  JR札幌駅北口の「札幌駅北口」より〈東63〉乗車，「サッポロビール園入口」下車（乗車約10分）またはサッポロビール園・アリオ線〈188〉乗車，「サッポロビール園」下車（約7分）
- **開　館** AM11:00〜PM8:00
- **入館料** 無料（有料でプレミアムツアー有り）
- **休館日** 年末年始，臨時休館日
  ※毎週月曜日（祝日の場合は翌日）は，見学のみ可
- **施　設** レンガ造3階建
- **設　立** 1987（昭和62）年7月
- **設置者** サッポロビール（株）
- **責任者** 館長・住吉徳文

> **館のイチ押し**
>
> 3階プレミアムシアターのワイド6K映像

北海道

土とトラクタの博物館 土の館

［農業・林業・畜産］

「土の館」は、農業機械メーカーであるスガノ農機が、創業からの理念と、農業のすばらしさを一人でも多くの人に知っていただき、農業の基本である土を取り巻く自然環境や食べ物の大切さを学び、これからのことを皆さんとともに考えていく場として創設したもの。1999（平成11）年には入館者10万人を達成、2001（平成13）年にはトラクタ博物館A・Bを増設開館した。

【展示・収蔵】

◇第1展示場…「労作偉人記念館」 1946（昭和21）年に建てた菅野農機製作所の一部が保存されており、中には1960（昭和35）年頃までの鍛冶屋の仕事場が再現されている。「土壌モノリス」 早来町（現・安平町）の牧場地から採土されたモノリス、上富良野町草分で採土されたモノリスを展示。いずれも大きなもので、世界でも珍しい。

◇第2展示場…「世界のプラウと土の博物館」 世界のプラウとスキ約100点を展示。農耕の歴史を知ることができる。「土壌改良に学ぶ」「土と自然環境の大切さに学ぶ」コーナーでは、土と農作業、土と作物の重要な関係を学ぶことができる。また、全国の「土づくり」の事例を数多くのモノリスを用いて展示、農業関係者から好評を得ている。そのほか、図書文庫がある。

◇トラクタ博物館…国産第1号機を含む22台、輸入車とあわせて74台のクラシックトラクターを常設展示する。2001（平成13）年には110年前のカナダ製蒸気トラクターも展示されている。

◇プラウ館…最新鋭の土耕機が、最近の気象変動に負けない営農技術として解説展示している。

北海道

【事　業】

研修「気象変動に負けない土づくり」が見学とセットになった見学・研修コースがある（要予約）

【出版物・グッズ】

「北海道における機械化農業50年の歴史」／「ドイツ人経営の模範農業」／「踏んばれ日本農業」／「北海道の土壌断面標本とその概要」／「北海道の農機具図譜『北の証』から」／「耕うん機械と土つくりの科学」／「トラクタ博物館収録集」／「十勝岳と白いプラウ」（絵本）／「世界のクラシックトラクタ写真集」／「今、蘇る蒸気トラクタ」DVD／「ヒューマンドキュメンタリー」DVD14編

- ・所在地　〒071-0502　北海道空知郡上富良野町西2線北25号
- ・ＴＥＬ　0167-45-3055
- ・ＦＡＸ　0167-45-5306
- ・ＵＲＬ　http://www.sugano-net.co.jp
- ・E-mail　yakata@sugano-net.co.jp
- ・交　通　札幌より車で150分，旭川空港より車で35分，富良野駅より20分，上富良野駅より車で5分
- ・開　館　AM9:00 ～ PM4:00
- ・入館料　無料
- ・休館日　（6月末～9月初め）無休，（9・10月）連休は開館，（10月1日～4月30日）土・日・祝祭日，年末年始
- ・施　設　土の館（第1・第2展示場）838㎡，農機具伝承館（トラクタ博物館A棟）455㎡，トラクタ館B棟430㎡，プラウ館317㎡，収蔵庫198㎡
- ・設　立　1992（平成4）年7月1日
- ・設置者　スガノ農機（株）
- ・責任者　館長・田村政行

館のイチ押し

- ・深さ4mの泥流の土壌標本、全国の篤農家の土壌標本、110年前の蒸気トラクタ、50 ～ 90年前の世界のトラクター74台
- ・2004（平成16）年　「北海道遺産」に選定
- ・2014（平成26）年　日本機械学会より「機械遺産」に認定
- ・2017（平成29）年　国立科学博物館より「重要科学技術史資料」（愛称 未来技術遺産）に収蔵品2点が登録

北海道

苫小牧ポートミュージアム

[交通・運輸]

苫小牧港は1963（昭和38）年に開港して以来、北海道の大規模臨海工業地帯として発展し、国際貿易港及び流通の拠点港として北海道の経済や日本の経済発展に大きな役割を果たしてきた。

北海道の海の玄関口である苫小牧港の歴史や役割、物流を支えるうえで重要な役割を担う就航フェリーの紹介（模型展示等）の他、フェリー船内や荷役作業など、港とフェリーの魅力を映像やタッチパネル等を用いて紹介している。

【展示・収蔵】

1. 「苫小牧西港フェリーターミナルについて」（パネル1枚）：当フェリーターミナルの概要、フェリー航路紹介他
2. 「苫小牧西港を出入りするフェリー」（パネル1枚）：相手港と苫小牧西港を結ぶフェリーの紹介及び各種統計資料
3. 「フェリーのうつりかわり」（パネル1枚）：苫小牧西港を就航するフェリーの歴史年表他
4. 「堀込式苫小牧港の歴史について」（パネル1枚）：苫小牧港の生い立ち、歴史年表他
5. 「フェリー陸上作業の日常風景」（パネル1枚、タッチパネル1台）：当フェリーターミナルで毎日行われている陸上荷役作業紹介他
6. 「現代のフェリー」（パネル1枚、タッチパネル1台）：最新のフェリー船内紹介他
7. 「フェリーターミナルの日常」（パネル1枚）：当フェリーターミナルで実施されるイベント、フェリー及び当フェリーターミナルに関する豆知識情報他

北海道

8. 「東日本大震災」(パネル1枚)：相手港の被害状況、震災発生後の当フェリーターミナルについて他

9. 「防災への取組み」(パネル1枚)：当フェリーターミナルにおける避難場所整備の取組み紹介他

10. 「苫小牧西港フェリーターミナルの太陽光発電システム」(パネル1枚、太陽光発電モニター1台、太陽電池モジュール実物1台)：太陽光発電システム紹介他

11. 「コンシェルジュサービス」(パネル1枚)：総合案内所及び施設見学等についての紹介

12. 「空から見た苫小牧港」(床面航空写真及び解説パネル)

13. 「映像コーナー」：「伸びゆく苫小牧」(約11分)、「苫小牧港開発(株)事業概要」(約9分)　放映

【事　業】

内外港湾関係者の視察研修、小中学生の社会学習の場として活用。

- ・所在地　〒053-0003　北海道苫小牧市入船町1-2-34(苫小牧西港フェリーターミナル3階)
- ・ＴＥＬ　0144-33-1186
- ・ＦＡＸ　0144-33-1173
- ・ＵＲＬ　http://www.tomakai.com/ferry/2001_institution_03/2001_port_0311.html
- ・交　通　道南バス フェリー線(24番)：苫小牧駅前⇔西港フェリーターミナル
- ・開　館　AM8:00 〜 PM8:00
- ・入館料　無料
- ・休館日　年中無休
- ・施　設　鉄筋コンクリート造地上3階建，フェリーターミナルビル3階の一部，展示延床面積約132㎡
- ・設　立　1990(平成2)年7月
- ・管　理　苫小牧港開発(株)

館のイチ押し

実際の大型フェリー接岸の様子を間近で眺めることができます。
　ミュージアム床面に『空から見た苫小牧港』と題し、苫小牧港の全景を一望できる航空写真をご用意しております。ご来館した際にはぜひご覧下さい。

北海道

函館市青函連絡船記念館 摩周丸

[交通・運輸]

　青函連絡船廃止後、摩周丸は函館港に保存されることになり、展示船に改修されて、1991（平成3）年4月26日に「メモリアルシップ摩周丸」として開館した。その後、運営会社が経営不振に陥り清算、摩周丸は2002（平成14）年12月に函館市に譲渡された。再び改修工事が行われ、2003（平成15）年4月19日に「函館市青函連絡船記念館摩周丸」として再開館し、現在に至る。指定管理者制度が導入され、現在、特定非営利活動法人語りつぐ青函連絡船の会が管理・運営を行っている。

【展示・収蔵】
　操舵室（船橋）・無線通信室が当時のまま残り見学できるほか、前部グリーン船室を展示室に改装して、実物部品・模型等を展示するとともに、パネル・映像で青函連絡船の歴史やしくみを解説している。立ち入りできない車両甲板、総括制御室、主機関室は、モニターカメラを遠隔操作して展示室内から観覧できる。そのほか、運航実績表、輸送記録、航海日誌、洞爺丸事件海難審判記録、図面、写真等を収蔵している。このうち運航実績表については、デジタル化されパソコン画面で閲覧できる。

【事　業】
　企画展、セミナー、シンポジウム等のイベントを不定期に開催。年中行事としては、夏休み工作教室、花火の夜特別開館、カルチャーナイト、函館西部地区バル街参加等を行っている。（注：いずれも指定管理者が自主事業と

北海道

して実施している）

【出版物・グッズ】

《出版物》冊子「青函連絡船100年」（2008）／書籍「復刻・台風との斗い」（2011）／冊子「台風との斗い」（2011）／冊子「復刻版・連絡船＆国鉄利用のしおり」（2012）

《グッズ》ペーパークラフト、チョロＱ、Ｔシャツ、トレーナー、メモ用紙、クリアファイル、ポスター、音楽CD等、オリジナルグッズ多数。
（注：いずれも指定管理者が自主事業として実施している）

- 所在地　〒040-0063　北海道函館市若松町12番地先
- ＴＥＬ　0138-27-2500
- ＦＡＸ　0138-27-2550
- ＵＲＬ　http://www.mashumaru.com/
- 交　通　JR函館駅から徒歩4分
- 開　館　4月〜10月…AM8:30〜PM6:00（入館はPM5:00まで）
　　　　　11月〜3月…AM9:00〜PM5:00（入館はPM4:00まで）
- 入館料　一般（大人）500円，児童・生徒（小学生・中学生・高校生）250円，幼児・未就学児無料
- 休館日　12月31日〜1月3日（但し，ほとんどの場合AM10:00〜PM3:00で臨時開館する）
- 施　設　鋼船
- 設　立　1965（昭和40）年6月15日（船としての竣工日）
- 設置者　函館市
- 管　理　（特非）語りつぐ青函連絡船の会
- 責任者　館長・石黒隆

館のイチ押し

- 運航ダイヤ一覧（運航実績表をパソコンで閲覧できるようにしたもので、乗船した日時を覚えていれば、船名、船長名、当日の運航状況等を調べることができる）
- 非公開区画閲覧システム（モニターカメラを遠隔操作して、いま現在の摩周丸の車両甲板、総括制御室、主機関室を見ることができる）
- はこだてロマンティック・ビュー（コンパス甲板はじめ船内・船上から、函館山、西部地区の街並、函館湾が一望できる）

北海道

函館市北洋資料館

[水産業]

　函館と北洋との結びつきは、1855(安政2)年幕府が箱館に奉行所を置き、樺太沿岸の漁業を手がけたときからと言われている。とくに、1929(昭和4)年から(戦後の空白期間はあったものの)1988(昭和63)年までは、母船式サケ・マス漁業の基地としての役割を果たしてきた。当館は、私達の先人が、厳しい北洋の自然と戦いながら生きてきたことを学ぶための施設として設置された。1982(昭和57)年9月16日オープン。

【展示・収蔵】
◇むかしの北方漁業…漁業の始まりから北方民族の漁業、和人の進出とニシン・サケ漁、樺太南千島の漁業開発、そして明治時代までの北洋漁業を実物、写真などで展示。また、セイウチなど海獣のはく製や北洋漁業の先駆者である高田屋嘉兵衛の関係資料もある。
◇北洋漁業の歩み…北洋漁業の概要をはじめ、カニ網、サケ・マス流し網、底びき網の各漁業、そして北洋基地「函館の歴史」などを平面的な展示だけでなく、実物や模型を使って立体的に展示。

独航船体験室

北海道

◇200海里時代とこれからの北洋漁業…1982(昭和57)年当時における北洋漁業の展望などを映像と音声で、50枚のスライドを使い解説するマルチシステム映像をはじめ、北洋の海流や、サケ・マス、ニシン・タラなどの漁場をボタン操作で確かめることができる模型を展示。

【事　業】

函館の「海と港」児童絵画展(年1回)
「クイズで知ろう北洋漁業」

- ・所在地　〒040-0001　北海道函館市五稜郭町37-8
- ・ＴＥＬ　0138-55-3455
- ・ＦＡＸ　0138-55-3586
- ・ＵＲＬ　http://www.zaidan-hakodate.com/hokuyo/
- ・E-mail　hokuyo@zaidan-hakodate.com
- ・交　通　〈電車〉五稜郭公園前下車 徒歩10分
　　　　　〈バス〉五稜郭公園入口下車 徒歩6分(五稜郭病院前・芸術ホール前下車)
　　　　　〈タクシー〉JR函館駅より約10分，函館空港より約20分
- ・開　館　4月〜10月…AM9:00〜PM7:00，11月〜3月…AM9:00〜PM5:00
- ・入館料　大人100円(80円)，小人50円(40円)
　　　　　※( )内は10名以上の団体料金，修学旅行生は団体料金
- ・休館日　12月31日〜1月3日，他に館内整理のための臨時休館あり
- ・施　設　鉄筋コンクリート造平屋建，函館市芸術ホール敷地内，建物延面積
　　　　　668.68㎡，展示室334.93㎡，収蔵庫30.18㎡，資料保存室53.97㎡
- ・設　立　1982(昭和57)年9月
- ・設置者　函館市
- ・管　理　(公財)函館市文化・スポーツ振興財団
- ・責任者　館長・坂本奈緒美

館のイチ押し

　入口では大きなホッキョクグマの剝製が皆様をお出迎えします。
　また、荒海を独航船で行く「北洋航海体験室」が来館者の皆様に人気です。

北海道

ビート資料館

[農業・林業・畜産]

　ビート糖業のパイオニアとして北海道農業と共に歩んできた日本甜菜製糖(株)は、1989(平成元)年9月創業70周年を迎えたことを記念して、当社発祥の地である帯広市に国内初のビート資料館を建設した。

　当館はビート関係の資料の散逸を防ぎ、それらを収集・一括保管展示することによって、日本におけるビート糖業の揺籃期から今日に至るまでの苦難と発展の歴史を広く一般に伝え、斯業への理解を深め、併せて北海道の基幹作物である甜菜生産の安定を期することを目的として1989(平成元)年10月6日開館したものである。

【展示・収蔵】

A：1階〈展示室1〉：帯広製糖所の誕生

　1920(大正9)年に米国ダイヤー社の設計により、建物、機械もアメリカ製で完成した工場を当時の設計図により再現した模型を始め、ゆかりの品々(ビートナイフとヤスリ、携帯用屈折計・糖度計)が展示されている。

B：2階

　ペーパーポットによる移植栽培技術、製糖工程のしくみをビデオ・パネル等でわかりやすく解説している。

〈展示室2〉：ビート糖業の技術史
〈展示室3〉：ビート糖業と日甜の歴史
〈特別展示記念室〉

北海道

- ・所在地　〒080-0831　北海道帯広市稲田町南8線西14
- ・ＴＥＬ　0155-48-8812
- ・ＦＡＸ　0155-48-8812
- ・ＵＲＬ　https://www.sugarbeets-museum.com/
- ・交　通　JR帯広駅より車で約15分
　　　　　　十勝バス 稲田橋下車 徒歩1分
　　　　　　帯広空港から車で約40分
- ・開　館　AM9:30 ～ PM4:30
- ・入館料　大人300円(150円)，大学生200円(100円)，高・中・小学生100円(無料)
　　　　　　※(　)内は20名以上の団体料金
- ・休館日　年末年始(12月29日～1月3日)，8月15日，9月5日　※臨時休館あり
- ・施　設　鉄筋コンクリート2階建
- ・設　立　1989(平成元)年10月6日
- ・設置者　日本甜菜製糖(株)
- ・管　理　日本甜菜製糖(株)
- ・責任者　館長・清水政勝

館のイチ押し

　2013(平成25)年以来お客様の滞在予定時間に併せて、館内のご案内を積極的に行っており、多くの方々に好評をいただいています。是非、足を運んでいただきビートの歴史、砂糖の製造方法を学んでみませんか。

北海道

夕張市石炭博物館

[金属・鉱業]

　炭鉱閉山跡地の整理再利用をはかるとともに、失われようとしている炭鉱の史蹟や石炭の史料等を保存・公開し、それらを観光施設として利用することで市の経済再開発の促進を目指した「石炭の歴史村」計画の一環として、1980(昭和55)年にオープンした。2018(平成30)年には開館以来初めての大規模改修を行いリニューアルオープン。「生きるに向き合う博物館」というコンセプトのもと、炭都夕張の歴史を人々の記憶や証言をもとに伝え残していくための場所となった。

【展示・収蔵】
　主な収蔵資料として、炭鉱に関連する書籍や図面・道具類等が収蔵されている。本館と地下展示室・そして国登録有形文化財の炭鉱坑道「旧北炭夕張炭鉱模擬坑道」からなる施設。本館1階には企画展示室があり、年2～3回の企画展示を行っており、常設展示として2階展示室・地下展示室・模擬坑道がある。2階展示室では夕張の歴史を写真や映像を通して時系列で学び、地下展示室で炭鉱の仕事の様子を再現したマネキンや実際に動く大型採炭機械等の様子を見ることができる。模擬坑道は実際に使われていた坑道で、本物の石炭層を間近で誰でも見られるのは日本でここだけ。

撮影：五島健太郎

北海道

【事　業】

　年2～3回の企画展示を開催。その他博物館の収蔵資料として夕張に住む人々や暮らしていた元住人、炭鉱経験者等の記憶を集める証言記録撮影を実施。

【出版物・グッズ】

　今後出版物の発行やグッズ開発を行っていく予定。

- ・所在地　〒068-0401　北海道夕張市高松7
- ・ＴＥＬ　0123-52-5500
- ・ＦＡＸ　0123-52-5566
- ・ＵＲＬ　http://coal-yubari.jp
- ・E-mail　infocm@soratan.com
- ・交　通　夕鉄バス社光バス停下車　徒歩10分
- ・開　館　AM10:00～PM5:00(最終入場PM4:30)
　　　　　　10月以降はAM10:00～PM4:00(最終入場PM3:30)
- ・入館料　大人(中学生以上)1,080円，子供(小学生)650円
　　　　　　団体(20名以上)860円
- ・休館日　火曜日，冬期休館
- ・施　設　鉄筋コンクリート造　建築面積1,378㎡
- ・設　立　1980(昭和55)年7月1日
- ・設置者　夕張市
- ・管　理　(特非)炭鉱の記憶推進事業団
- ・責任者　館長・吉岡宏高

館のイチ押し

- ・実際に石炭層を見て触れる本物の坑道は必見！
- ・随時更新予定の証言記録は実際の言葉で夕張の様子を知ることができるのでおすすめ！

北海道

雪印メグミルク 酪農と乳の歴史館

[食品]

　1925(大正14)年、酪農家達が集まって雪印乳業の前身である「北海道製酪販売組合」を設立した。以来、半世紀後、雪印乳業は酪農と乳業の発展の歴史を後世に正しく伝承する目的で、創業50周年を記念し1977(昭和52)年に本館を設立した。

　現在は、歴史館見学に加え、牛乳工場(札幌工場)も見学できる施設となっている。また同社製品の乳酸菌飲料「カツゲン」の発売50周年を記念して2005(平成17)年に設置された勝源神社の参拝も出来る。

　「酪農と乳の歴史館」は、札幌苗穂地区の工場・記念館群のひとつとして北海道遺産に選定されており、また「酪農と乳の歴史館」の収蔵品は経済産業省近代化産業遺産に認定されている。

【展示・収蔵】

　創業以降、実際に使用していた乳製品の製造機械等の歴史的変遷の展示・バター、チーズ、アイスクリームの製造工程を1/30スケール模型にて動態

北海道

展示・北海道酪農、雪印メグミルクの歴史に関する史料等展示・雪印メグミルクの過去、現在の商品パッケージ類の展示・世界各国のカウベル展示・エアシャワー設置・長野五輪時のスキージャンプ板他展示・勝源神社・酪農に関する書籍収蔵

【事　業】

　関係団体等との合同イベントや、食育教室、バター作り体験、紙パック工作、探検クイズ・ゲーム等を不定期に実施。

【出版物・グッズ】

　来館者にお土産としてオリジナルグッズ(マスキングテープ等)を配布する場合がある。

・所在地　　〒065-0043　北海道札幌市東区苗穂町6-1-1
・ＴＥＬ　　011-704-2329
・ＵＲＬ　　http://www.meg-snow.com/fun/factory/sapporo.html
・交　通　〈電車〉①JR苗穂駅から徒歩20分
　　　　　　　　　　②地下鉄 環状通東駅から徒歩20分
　　　　　　〈バス〉①札幌駅北口から:「東63東営業所行き」に乗車「北6条東19丁目」
　　　　　　　　　　下車，徒歩約8分
　　　　　　　　　　②大通付近から:札幌商工会議所付近のバス停「北1条」から「循
　　　　　　　　　　環3苗穂線」に乗車，「北6条東17丁目」下車，徒歩約5分
　　　　　　　　　　③バスセンターから:「東3東営業所行き」に乗車し「北6条東
　　　　　　　　　　19丁目」下車，徒歩約8分
・開　館　　見学時間：AM9:00 〜 AM11:00，PM1:00 〜 PM3:30
・入館料　　無料
・休館日　　土・日・祝日・年末年始
・施　設　　地上3階鉄筋コンクリート造
・設　立　　1977(昭和52)年9月
・設置者　　雪印メグミルク(株)
・管　理　　雪印メグミルク(株)
・責任者　　館長・増田大輔

館のイチ押し

創業以降、実際に使用していた乳製品の製造機械等の歴史的変遷の展示。

北海道

よいち水産博物館

[水産業]

　余市町はかつてのニシン千石場所のひとつだった。よいち水産博物館は当時の様子を知ることができる漁労具や生活道具を保存・展示するために北海道百年地域記念事業の一環として1969（昭和44）年に設立された。現在は余市町内の遺跡やアイヌ民族に関する資料など、ニシン漁のみに限らず余市町に関わる様々な資料を展示している。

【展示・収蔵】
　展示資料としては、かつて余市に様々な物や文化を運んだという弁財船の3分の1模型、江戸時代にヨイチ場所を請け負った林家ゆかりの資料、アイヌ民族関連資料、旧会津藩入植の歴史に関わる資料、ニシン漁具ほか明治時代の定置網漁の様子を描いた絵図などを展示している。また、併設する歴史民俗資料館では町内の遺跡から発見された考古資料を展示している。その他、収蔵資料として余市町に関わる古写真や民具などを収蔵している。

北海道

【事　業】

年に1回、特別展を開催。その他、講演会など。

【出版物・グッズ】

過去の特別展図録（余市水産博物館活動協力会による販売）

- ・所在地　〒046-0011　北海道余市郡余市町入舟町21
- ・ＴＥＬ　0135-22-6187
- ・交　通　中央バス 余市役場前下車 徒歩10分
- ・開　館　AM9:00 ～ PM4:30
- ・入館料　一般券：大人300円（240円），小中学生100円（80円）
　　　　　※（　）内は20名以上の団体料金
- ・休館日　月曜日（月曜日が祝日の場合は開館），祝日の翌日
　　　　　冬期閉館（12月中旬～4月上旬）
- ・施　設　鉄筋コンクリート4階建　敷地面積4438.61㎡
- ・設　立　1969（昭和44）年6月
- ・設置者　余市町教育委員会
- ・管　理　余市町教育委員会
- ・責任者　館長・浅野敏昭

館のイチ押し

- ・モイレ山の頂上にある博物館です。
- ・1階に弁財船模型、2階にアイヌ資料・考古資料、3階にテーマ展示、4階にニシン漁に関する展示があり、余市町の縄文時代から昭和時代までの様々な歴史を知ることができます。
- ・併設の民俗資料館では、北海道指定有形文化財の大谷地貝塚や天内山遺跡出土遺物、大川・入舟遺跡など、町内の遺跡から発見された資料が展示されています。

青森県

青森県立三沢航空科学館

[交通・運輸]

　青森県立三沢航空科学館は、青森県が航空史に果たしてきた役割を広く全国に情報発信し、「大空」と「飛翔」をテーマに、未来を担う子どもたちが楽しみながら、科学する心、感動する心、挑戦する心を育む施設として青森県により建設された。場所は、航空のまちとして発展し、大空のまちづくりを進めている三沢市が整備する「三沢大空ひろば」の一角であり、2003（平成15）年8月8日に開館した。

【展示・収蔵】
　館内は大きく「航空ゾーン」と「科学ゾーン」に分かれている。
《航空ゾーン》
　YS-11（実機）、ミス・ビードル号（復元機）、航研機（復元機）、白戸式旭号（復元機）、ライトフライヤー号（復元機）、奈良原式2号機（復元機）、ヘリコプターはどうなっているの？、空気の力で浮上・落下を体験するProve Ⅳ、約750機の模型飛行機が年代別に展示してあるエアコリドー。
《科学ゾーン》
①科学実験工房：科学実験ショーや科学ワークショップを月替わりで開催。

航空ゾーン

青森県

クリスマス・ハロウィン・バレンタイン等季節毎のワークショップも開催。

②アクティブフィールド：見て、聴いて、触れて、体を動かして色々な科学を体験。情報地球儀、おしゃべりチューブ、金属の密度を感じよう等13個。

③テクノワールド：飛行の原理やしくみについて体験。月の重力を感じよう、スピードセルフチェック、フライトシュミレーター（セスナ・ヘリコプター）、翼の働きを感じよう等13個。

④ディスカバリーランド：自然界の飛ぶものや飛翔のメカニズムについて：竜巻はどうやってできる？、台風はどうやってできる？、プラズマって何？、偏光ボックス等30個程。

【事　業】

夏の特別企画展（7月〜9月中旬）を毎年開催。特別展は映画に使用した零戦21型（レプリカ）と、2012（平成24）年十和田湖底より引き上げられた旧陸軍の一式双発高等練習機（実機）を展示。春休み・GW企画展。消防・救急フェア、警察フェスタ、めざせパイロット体験教室、クラシックカーミーティング、ドッグイベント、スマホ体験型ゲーム、もちつき等季節に合わせたものから、その他幅広く色々なイベントを開催している。

科学実験工房では、紙飛行機工作を通年行っている。

また、サイエンスショーでは、てこ・光・月等をテーマにし、工作ワークショップでは、万華鏡・スライム・潜望鏡等、月替わりでメニューが変わる。星空観察会・津軽塗研ぎだし体験・ロボットをつくろう・ハロウィン工作・クリスマス工作・理科実験の研究発表「あおもり科学大賞」は毎年開催している。楽しい企画を月毎のイベントチラシでお知らせしている。

【出版物・グッズ】

《出版物》

「あおもり滑空機（グライダー）ものがたり」（2011.5　大柳繁造（館長）著）

「世界航空博物館見て歩る記」（2012.3　大柳繁造（館長）著）

「縁欠不生」（2013.5　大柳繁造（館長））

「ミサワ航空史〜三沢に飛来した航空機たち」（2015.1　大柳繁造（館長）、安田孝治（大空ひろば解説員）著）

「淋代（ミサワ）から翔んだ〜北太平洋横断日米親善飛行」（2016.10　大柳繁造（館長）著）

「紅の翼「航研機」ものがたり」（2018.5　大柳繁造（青森県航空協会）著）

青森県

- ・所在地　〒033-0022　青森県三沢市三沢字北山158
- ・ＴＥＬ　0176-50-7777
- ・ＦＡＸ　0176-50-7559
- ・ＵＲＬ　http://www.kokukagaku.jp/
- ・E-mail　mail-kagaku@kokukagaku.jp
- ・交　通　青い森鉄道三沢駅から車で約15分，三沢空港から車で約6分，第二みちのく三沢・十和田・下田ICから車で約15分
- ・開　館　AM9:00 ～ PM5:00(但し最終入館はPM4:30まで)
　　　　　夏休み期間はAM9:00 ～ PM6:00　※お問合せ下さい
- ・入館料　大人510円(410円)，高校生300円(240円)，中学生以下無料
　　　　　※(　)内の金額は有料20名以上の団体料金
- ・休館日　毎週月曜日(祝日の場合は翌日)，12月30日～1月1日
- ・施　設　鉄骨造　SRC造　地上2階建・一部3階，延床面積10,840.66㎡
- ・設　立　2003(平成15)年8月8日
- ・設置者　青森県
- ・管　理　指定管理者グループ　ジャンプアップみさわ
- ・責任者　館長・大柳繁造

館のイチ押し

　中学生以下無料扱いとなっております。また、子ども達に人気の高いサイエンスショーやワークショップは、月替わりのメニューで次から次へと新しいものを繰り出しております。その他、ドクターヘリもやってくる消防フェアをはじめとして、その季節毎の山野草展、星空観察会、ハロウィン工作広場や、幅広い年代に楽しんで頂くクラシックカーミーティング等、様々なイベントを行っております。

　更に、航空科学館前に広がる三沢市大空ひろばには、自衛隊機(T-2ブルーインパルス)や米軍機(F-16Ａ)等、日米軍用機の実機11機が展示されている他、子どもたちのための遊具があり、親子で一日中楽しめる施設です。

　その他、特別展として映画「聯合艦隊司令長官 山本五十六」の撮影用に製作された零戦21型の実寸大機と、2012(平成24)年9月に十和田湖の湖底57mから69年振りに引き揚げられた旧陸軍の一式双発高等練習機を展示しております。東京以北でレプリカといえど原寸大の零戦を展示しているのは当館だけです。また、一式双発高等練習機も当時立川飛行場で1,392機製造されましたが、我が国に現存するのはこの1機だけです。2017(平成29)年7月2日に、重要航空遺産に認定されております。我が国では9番目、東北では初となります。

ものづくり記念館博物館事典　25

青森県

青森市森林博物館

[農業・林業・畜産]

　青森市森林博物館は1908（明治41）年旧青森大林区署（のちの青森営林局）として建築され、2018（平成30）年築110年を迎える。ヒバ材を使用したルネッサンス式洋風の木造建物は明治の雰囲気を色濃く残しており、前庭と旧局長室（現特別室）は映画「八甲田山」のロケに使用された。70年以上にわたり林業をささえてきた建物は1979（昭和54）年営林局の新庁舎建て替えに伴い青森市が譲り受け、1982（昭和57）年11月に青森市森林博物館として再出発した。2004（平成16）年には市有形文化財に指定されている。
　博物館は現在、緑の大切さや自然との共生、本県特有の青森ヒバを始めとした森林・林業・木材産業、さらに青森市の歴史を知る学び舎となっている。

【展示・収蔵】

　主な展示物は、林業遺産に選定された津軽森林鉄道の客車・台車各1台と隧道扁額1点、他に機関車1台、レール9点、棟札3点、歴史・遺構写真等パネル21点。木の化石では珪化木1点、スギ埋没林1点、ヒバ埋没林1点、ヒバ関連では埋没木4点、丸太3点、丸太輪切り1組、抜根2点、家具13点、パネル29点、天然林施業の模型2点、スキー関連ではスキー20点、ストック11点、スキー歴史パネル1点、冬季オリンピックユニホーム3着、他スキー大会用ゼッケン、メダル、カップ、スキー靴ワックス等多数展示。
　林業関連では昔の木造生活用具44点、漆掻き用具1式、曲げワッパ、ぶなこ、三味線・しゃもじ製作工程1式、森林公益機能写真8点、青森の木8点、

青森県

　育林コーナーでは山仕事映画の上映、索道の模型1点、山の神1点、消防用具、立木の伐採・搬出用具、記号印、昔の山仕事の版画や写真も多数展示している。
　森となかまたちコーナーでは森林構造や食物連鎖、青森の動物たち、根の働き、光合成の仕組み等のパネル・模型が展示されている。主な収蔵資料は植物標本が約15,000点、きのこ標本約800点など。

【事　業】
　主な企画展として、植物の種標本・写真展、青森県のラン写真展、コケ写真・苔玉作り体験、冬芽写真展等。
　附帯事業としてヒバ林・植物・山菜・苔・シダ観察会、昆虫標本・写真展等。

・所在地　〒038-0012　青森県青森市柳川2丁目4-37
・ＴＥＬ　017-766-7800
・ＦＡＸ　017-766-7803
・ＵＲＬ　http://www.aomori-shi.shinrinhakubutsukan.jp/
・E-mail　info@aomori-shi.shinrinhakubutsukan.jp
・交　通　青い森鉄道青森駅下車，西口より徒歩10分
　　　　　市営バス(野際団地・後潟方面行き)森林博物館前下車徒歩1分
・開　館　AM9:00 ～ PM4:30
・入館料　一般240円，高校・大学生120円，小・中学生無料，70歳以上無料
　　　　　団体(20人以上)半額
・休館日　毎週月曜日(祝日に当るときは翌日)，年末年始(12月28日～1月4日)
・施　設　ヒバ材を使用したルネサンス式洋風建築の木造2階建，建築面積2,162㎡
　　　　　(青森大林区署として1907(明治40)年12月着工，1908(明治41)年11月完成)
・設　立　1982(昭和57)年11月30日
・設置者　青森市
・管　理　青森県森林組合連合会
・責任者　青森市森林博物館館長・辻村収

館のイチ押し
　イチ押しは築110年の建物森林博物館、日本初の津軽森林鉄道の連結された機関車・台車・客車、昔のスキー、1本ストック、登山家(エベレスト登山成功最高齢)でスキーヤーの三浦雄一郎と父敬三親子が愛用したスキー、30万年前のスギ・ヒバの埋没林、木の化石珪化木など甲乙つけがたい。

青森県

むつ科学技術館

[科学技術]

　「むつ科学技術館」は、我が国初の原子動力実験船「むつ」の活動の軌跡を思い起こす機会を提供するとともに、次の時代を担う青少年や、より多くの人々が科学技術の楽しさや不思議さを知り、そして明日への夢を広げることのできる総合科学技術館として国立研究開発法人日本原子力研究開発機構が設置した。1996(平成8)年7月20日の「海の日」に開館し、(公財)日本海洋科学振興財団が管理・運営を行っている。
　原子力船「むつ」に関する展示をはじめとし、その他にも科学に関する展示やビデオソフトの上映、科学実験なども行っている。

【展示・収蔵】
《原子力船「むつ」に関するコーナー》
◇原子炉室展示室(1F)…「むつ」で実際に使用された原子炉室やタービンの他、原子炉容器模型などを数多く展示している。
◇「むつ」メモリアルコーナー(2F)…「むつ」で実際に使用された機器等を用いて、制御室、操舵室を再現している。また、当時の船長が使っていた制服や帽子なども展示している。

青森県

《科学に関するコーナー》

◇「自然の不思議な世界」(1F)…参加体験型科学館として有名なアメリカ・サンフランシスコの「エクスプロラトリアム」から選りすぐった品々を展示。自由に触ったり、動かすことができる。

◇「コミュニケーションシアター」(1F)…300インチの大型スクリーンで自然や科学に関するビデオソフトを見ることができる。

◇「むつこどもスクエア」(2F)…幼児を対象として「生き物」をテーマにした展示があり、親子で楽しめる絵本もある。

◇「疑似体験コーナー」(2F)…釣りゲームやフライトシミュレーターで遊ぶことができる。

【事　業】

・教室・講座：理科実験・観察(4月～12月の毎週日曜)、サイエンスクラブ(小・中学生対象)、移動科学教室(むつ・下北管内の小・中学校対象)
・各種イベント：年3回開催予定

・所在地　〒035-0022　青森県むつ市大字関根字北関根693
・Ｔ Ｅ Ｌ　0175-25-2091
・Ｆ Ａ Ｘ　0175-25-2092
・Ｕ Ｒ Ｌ　http://www.jmsfmml.or.jp/msm.htm
・E-mail　msm.720@mopera.net
・交　通　JR下北駅より車で約20分
・開　館　AM9:30～PM4:30(入館はPM4:00まで)
・入館料　大人300円、高校生200円、小中学生100円、幼児・65歳以上無料
　　　　　※有料入館者20名以上は1割引き
・休館日　月・木曜日(祝日の場合は翌日)、年末年始(12月28日～1月4日)
・施　設　鉄筋コンクリート造　地下1階・地上2階、敷地面積2万2229㎡
　　　　　床面積(科学館部分)約2500㎡
・設　立　1996(平成8)年7月
・設置者　(国研)日本原子力研究開発機構
・管　理　(公財)日本海洋科学振興財団
・責任者　館長・松本淳

岩手県

岩手県立水産科学館
[水産業]

　岩手県沿岸は世界の三大漁場の一つであり、古くから独特の民俗・文化が形成されてきたが、漁業の近代化の急速な進展に伴い、保存と継承を急ぐ必要に迫られたこと、及び水産業が担う役割が国際的にも認められる社会的状況となり、当科学館が建設される運びとなった。岩手県が設置主体となり、1986（昭和61）年4月に全国初の公立水産関係の科学館として開館。宮古市が管理運営を行っている。

【展示・収蔵】
(1) いわての海
　　いわての海岸のすがた（7万分の1地形模型）、いわての海岸の特色、いわての漁場の特色、いわての海と魚たち（初夏の快晴、午前中の宮古市日出島の岩場付近をモデルにしたジオラマ）。
(2) 漁業とくらし
　　漁業のはじまり、漁村のあゆみ、漁家の儀礼と信仰、網漁具と漁法、釣漁具と漁法、雑漁具と漁法、副漁具と航海具、「漁の一日」映像コーナー。

常設展示室

岩手県

(3) 躍進するいわての水産

　　いわての漁場の開拓、未来のいわての漁場、「岩手の水産」マルチスクリーンコーナー、養殖技術(サケ、アワビ、ワカメ、ホタテガイ、ウニ)、いわての漁港、「増養殖技術」映像コーナー。

(4) おさかなコーナー

　　宮古周辺のさかな等を飼育展示するミニ水族館。

　　このほか、三陸復興国立公園の概要や浄土ヶ浜周辺を案内する浄土ヶ浜フィールドガイドや、パソコン・ビデオコーナーなどがある。

【事　業】

　　磯の生物展(夏)、特別企画展(不定期)、カラー魚拓講習会(冬)、鮭革細工教室(冬)、わかめの学習試食会(冬)

　　体験「ワカメの芯抜き(要予約)・夢入り缶・ホタテ貝の絵付け(いずれも通年)」

・所在地　〒027-0001　岩手県宮古市日立浜町32-28
・ＴＥＬ　0193-63-5353
・ＦＡＸ　0193-64-4855
・ＵＲＬ　http://www.city.miyako.iwate.jp/suisan/suisan_kagakukan.html
・E-mail　ipfs@cocoa.ocn.ne.jp
・交　通　JR宮古駅から浄土ヶ浜行または宮古病院行バス乗車, 浄土ヶ浜ビジターセンター下車, 徒歩5分(JR宮古駅から約4km)
・開　館　AM9:00 ～ PM4:30(但し入館はPM4:00まで)
・入館料　一般300円, 学生140円(20名以上団体割引あり), 高校生以下無料, 障害者手帳保持者と引率者, 学校・子供会引率者は全額免除
・休館日　月曜日(祝祭日のときは翌日), 年末年始(12月28日～1月4日)
・施　設　鉄筋コンクリート造平屋建, 1534.30㎡, 展示室700㎡, 集会室70㎡
・設　立　1986(昭和61)年4月
・設置者　岩手県
・管　理　宮古市長・山本正徳
・責任者　館長・伊藤隆司

館のイチ押し

・岩手の基幹産業の1つでもある水産業について、わかりやすく展示。
・宮古近海に生息するものを中心に、生きた魚介類も展示しています。
・夢入り缶の体験で、世界に1つだけの缶詰を作ることができます。

岩手県

岩手県立農業ふれあい公園 農業科学博物館
[農業・林業・畜産]

　前身の岩手県立農業博物館は、1969(昭和44)年に岩手県農業試験場の敷地内(滝沢市)に開館した。当時は農業の機械化が急速に進展し、昔から長い間用いられてきた貴重な農具がどんどん失われた時代であった。それらの手作り農具から機械化に移り変わる様子が見られるよう、農家が実際に使用した農機具、生活用具を収集し展示していた。

　農業科学博物館は、岩手県立農業博物館(1997(平成9)年12月閉館)の活動を引き継ぎ、岩手の農業の「過去・現在・未来」を楽しく体感できることを目指し、新たに北上市において1997(平成9)年9月に建物工事着工、1998(平成10)年1月に工事竣工し、同年6月に岩手県立農業ふれあい公園内にリニューアル・オープンした。

　ふれあい公園は、17.1haの面積で、外周には1.7kmの遊歩道があり、遊歩道沿いには、46種3万5000本の木が植えられ、春は新葉の萌芽と花が、秋は紅葉がすばらしい。桜の丘から流れるせせらぎの下流には、ひょうたん池があり、種々の水草が生え、晩秋から早春の池に氷が張らない時期は、白鳥が飛来する。

岩手県

東北

【展示・収蔵】
　展示室は「農業れきし館」「農業かがく館」「企画展示コーナー」に分かれる。ほかに、これまで寄贈・収集した資料を保存した収蔵室がある。収蔵資料は総点数4,510点で、旧館の資料を引き継ぎ「農業れきし館」に展示し、「農業かがく館」では岩手の農業を知る資料を中心に展示している。
《第1展示室　農業れきし館》
　岩手の風土を背景に育まれてきた農業の歴史と作業の様子、人々の暮らしを紹介。特に稲作・畑作に使われてきた農具の展示は、国内でも有数の質・量を誇る。収蔵資料展示点数260点。
◇主な展示…明治時代から昭和20年代にかけて用いられた農具、生活用具等で、稲作、一般畑作、生活用具、馬の用具、岩手の農業に尽くした11人、岩手の農業の歴史等。
《第2展示室　農業かがく館》
　テーマは「案山子博士の研究室と農場」。農業博士の研究室をイメージして作られており、実際に触ったりクイズをしたりしながら「岩手の農業」を体感できる内容となっている。
◇「田んぼの世界」…水生昆虫の視点でイネや田んぼについて学習できるコーナー。無限に広がる田んぼに、模型の水生動物、どじょう、たにし、おた

ものづくり記念館博物館事典　33

岩手県

まじゃくし等が泳ぎ、農業の解説がある。
◇「冷蔵庫の中」…県内で栽培されている主な野菜・果物のルーツを紹介。巨大な冷蔵庫の中にいろいろな野菜、果物があり、ボールを入れて原産地や由来をさがす所属"科"あてがある。
◇「牛のからだ」(牧場コーナー)…牛の体の仕組みを解説。牛の第1胃(餌)、第2胃(肉)、第3胃(牛乳)、第4胃(加工)に分かれ、牛肉パズルがある。
◇「岩手農業研究室」…パソコンでインターネットやゲーム、岩手農業クイズが楽しめる。
《企画展示コーナー》
　3ヶ月に1回、展示課題を設けて展示する。

【事　業】

・特定のテーマによる特集展示(年数回実施)
・春の一般公開:科学技術週間に併せた行事で、農業科学博物館を無料公開。
・岩手県農業研究センター等参観デー(ふれあい公園まつり):「農の生花展」等を併催し、農業科学博物館を無料公開する。

【出版物・グッズ】

　「農業ふれあい公園だより」(3月の年1回)/「企画展解説資料」(年4回)

・所在地　〒024-0001　岩手県北上市飯豊3-110
・ＴＥＬ　0197-68-3975
・ＦＡＸ　0197-68-3962
・交　通　〈バス〉JR東北本線・東北新幹線北上駅から岩手県交通バス(石鳥谷行)
　　　　　約20分「農業研究センター前」下車
　　　　　〈車〉JR東北本線村崎野駅より約15分,JR東北新幹線北上駅より約20分,
　　　　　東北自動車道花巻南ICより約8分
・開　館　AM9:00~PM4:30(但し入館はPM4:00まで)
・入館料　一般300円(140円),　学生140円(70円)
　　　　　※(　)内は20名以上の団体料金
・休館日　月曜日(祝日の場合は翌日)、年末年始(12月29日~1月3日)
・施　設　和風鉄筋コンクリート造1階建,敷地面積1万5587㎡,　延床面積1554㎡,
　　　　　展示室820㎡(うち第1・第2展示室700㎡),　公園17.1ha
・設　立　1998(平成10)年6月
・設置者　岩手県
・管　理　岩手県農業研究センター
・責任者　岩手県農業研究センター所長・小野寺郁夫

34　ものづくり記念館博物館事典

岩手県

奥州市牛の博物館

［農業・林業・畜産］

　1995(平成7)年、前沢牛を広く発信するとともに牛に関する自然科学的側面、人文科学的側面から牛にアプローチする登録博物館として開館。以来、文化、教育、産業など地域の活性化の核として広く利用されている。

【展示・収蔵】
　「牛と人との関わりを探り、生命・自然・人間を知る」を基本テーマに「牛と人」に焦点をあてた展示構成となっている。「牛の進化」・「牛の仲間」・「牛のからだ」など自然科学的な側面を化石やはく製、骨格標本、レプリカなどで紹介。また「耕す」・「運ぶ」・「祀る」・「牛と人との関わり」など人文科学的な側面を世界各国から収集した民族資料などで紹介。
　また郷土の展示では、前沢牛の歩み、飼養方法、牛肉のおいしい食べ方のほか、市内から産出した鯨の化石などから郷土の成り立ちをも紹介している。エントランスホールには、牛に関する出版物やミュージアムグッズをそろえたショップがある。
　○館蔵資料…野牛の化石・ハイランド種はく製・口之島牛はく製・見島牛全身骨格・牛の胃含浸標本・国牛十図(複製)・アフリカのボディ族、インド

岩手県

前沢牛商標と黒毛和種はく製

ネシアのトラジャ族に関する民族資料・世界の牛の貨幣・牛の郷土玩具・世界の牛品種写真・文献など約1万点を収蔵。

【事　業】

企画展示室において年数回の企画展を開催。また、ゴールデンウィーク、夏休み、冬休みの期間中には、「かんたん！革ストラップづくり」、「明治時代のアイスクリームづくり」などの体験教室が行われる。他にうし学講座、十五夜コンサート、絵本の読み聞かせと餅つき、工作体験イベントうしはく探検隊、講演会、うしはく座談会、友の会活動など。

【出版物・グッズ】

《企画展図録》「インドネシア・サダントラジャ展―水牛信仰の実際を探る」(1995)／「和牛」(1997)／「クローン・性と生命を考える」(2001)／「浮世絵にみるウシ」(2004)／「ザ、前沢牛」(2005)／「イノシシはブーと鳴く？」(2006)／「世界のウシ品種図譜」(2007)／「北上高地のうし〈短角と人〉」(2008)／「寅さん！なぜ牛には虎毛があるの？」(2009)／「厩の記憶―なぜ猿はそこに居たのか」(2010)／「世界の牛貨展―財産からコインへ」(2011)

岩手県

／「日本の銘柄牛―ポスターに見る地域ブランド」(2012)／「ふるさとの玩具
―牛とあそぶ」(2013)／「角―進化の造形」(2014)／「南部牛の姿をもとめて」
(2015)／「牛と鬼」(2016)／「耕す」(2017)／「牛飼いたちの仕事」(2018)
《資料解説書》「牛の博物誌」(1997)／報告書「トラジャ文化交流訪問報告書
　―カンナ片手に国際交流」(1996)／「牛馬の守護神―厩猿信仰」(2004)／
　「東西和牛ブランドシンポジウム記録集」(2005)
《機関紙》「牛のはくぶつかんニュースレター」
《広報誌》「モコ通信」
《グッズ》牛の胃袋Ｔシャツ、化石シャツ、手ぬぐい、缶バッジ、カウベル

- ・所在地　〒029-4205　岩手県奥州市前沢字南陣場103-1
- ・ＴＥＬ　0197-56-7666
- ・ＦＡＸ　0197-56-6264
- ・ＵＲＬ　http://www.isop.ne.jp/atrui/mhaku.html
- ・E-mail　ushihaku@city.oshu.iwate.jp
- ・交　通　〈バス〉東北本線 平泉駅から「水沢」行きで「白鳥」下車 徒歩10分
　　　　　　〈タクシー〉東北本線 前沢駅から5分
　　　　　　〈車〉東北自動車道 平泉前沢ICから5分
- ・開　館　AM9:30 ～ PM5:00(但し入館はPM4:30まで)
- ・入館料　一般400円(300円)，高・大学生300円(200円)，小・中学生200円(100円)
　　　　　　※( )内は20名以上の団体料金
- ・休館日　月曜日(祝・休日の場合は翌日)，12月28日～1月4日
- ・施　設　敷地面積3万3152.0㎡，建物延面積1,746.5㎡(博物館1,447.5㎡，レス
　　　　　　トラン棟299.0㎡)，芝生広場
- ・設　立　1995(平成7)年4月
- ・設置者　奥州市
- ・管　理　奥州市
- ・責任者　館長・鈴木啓一

館のイチ押し

　人類に大きく貢献してくれた「牛」をテーマとした日本唯一の「牛」
専門博物館。牛のはく製や胃袋標本、野牛の化石や世界各地から収集し
た民族資料も必見。地元前沢牛はもとより世界の牛を知ることができる。

東北

ものづくり記念館博物館事典　37

岩手県

釜石市立鉄の歴史館

[金属・鉱業]

　釜石市は、1857(安政4)年12月1日に盛岡藩士・大島高任が当地で産出する鉄鉱石から洋式高炉での製鉄を試み、日本で初めて鉄の連続生産に成功した「近代製鉄発祥の地」。大島高任の偉業と釜石の製鉄業に携わった先人たちの功績を後世に伝え残すため、1985(昭和60)年7月に開館した。その後、施設の拡張により内容の充実を図り、鉄の総合的な資料館として1994(平成6)年4月にリニューアルオープンした。

【展示・収蔵】
　展示の構成は、(1)総合演出シアター(鉄は語る炎の世紀)、(2)鉄文化の黎明、(3)近代製鉄の発進、(4)製鉄産業と釜石、(5)アンモナイトの壁レプリカ、(6)心の中の鉄、(7)鉄と豊かな暮らし、(8)鉄と遊ぶ　のゾーンからなっている。豊富な資料のほか映像設備などによって視覚聴覚に訴え、楽しみながら鉄産業の歴史や鉄に関する知識が得られるように工夫を凝らしている。
　特に、総合演出シアターは、2015(平成27)年に世界遺産に登録された「明治日本の産業革命遺産」の構成資産の一つである橋野鉄鉱山の三番高炉を原寸大に再現し、音と光と映像により当時の鉄づくりの様子を紹介している。

岩手県

【事　業】
年2～3回、企画展を開催。

毎年12月1日（鉄の記念日）は無料開放。

【出版物・グッズ】
鉄の歴史館概要書

- ・所在地　〒026-0002　岩手県釜石市大平町3-12-7
- ・ＴＥＬ　0193-24-2211
- ・ＦＡＸ　0193-24-3629
- ・ＵＲＬ　http://www.city.kamaishi.iwate.jp/tanoshimu/spot/detail/1191193_2452.html
- ・E-mail　hashino@city.kamaishi.iwate.jp（釜石市産業振興部世界遺産課代表）
- ・交　通　JR・三陸鉄道 釜石駅から3.5km，バスで約11分「観音入口」下車徒歩3分，タクシーで約10分
- ・開　館　AM9:00～PM5:00（但し入館はPM4:00まで）
- ・入館料　一般500円（400円），高校生300円（200円），小中学生150円（100円）
　　　　　　※（　）内は20名以上の団体料金
- ・休館日　火曜日，年末年始（12月29日～1月3日）
- ・施　設　鉄筋コンクリート一部鉄骨造4階建
- ・設　立　1985（昭和60）年7月
- ・設置者　釜石市
- ・管　理　釜石市
- ・責任者　釜石市長・野田武則

館のイチ押し
- ・橋野鉄鉱山三番高炉を原寸大に再現した総合演出シアター。
- ・展望テラスから臨む風光明媚な釜石湾、釜石大観音、釜石港湾口防波堤の展望。

岩手県

小岩井農場 展示資料館

〔農業・林業・畜産〕

　当農場は1891(明治24)年に小野義眞・岩崎彌之助・井上勝により創業され、3氏の頭文字から「小岩井」と名付けられた。盛岡市の西北、岩手山の南麓に位置し、総面積およそ3000haを有する日本唯一の民間総合農場である。小岩井の酪農発祥地である上丸牛舎構内に、小岩井の120年を越える歴史と酪農事業を中心とした現在の事業紹介の場として資料館を開設。農場内には2棟の国指定重要文化財があるが、資料館周辺は明治から昭和初期に建設された現役の牛舎を含む9棟の文化財が立ち並んでおり、自由に見学することができる。

【展示・収蔵】
　農場の歴史・地理の紹介、酪農・山林・緑化・種鶏・たまご・商品開発・技術開発等の各事業を紹介する展示、また、独自のコミュニティーを形成していた昔の農場の事業を紹介するコーナーのほか、映像展示など。
〔代表的資料〕
・農場ジオラマ…1/5000の立体模型で面積、土地の利用状況がわかる。
・スギ標本樹…1901(明治34)年に農場内に植林された樹齢91年のスギを2m間隔で輪切りにした標本。

・農場の時鐘…英国より輸入され、かつて農場内で時を告げていた鐘。宮澤賢治の作品にも登場する。

【事　業】
　4月〜10月、年一回企画展を開催している他、教育普及活動として「総合的な学習」の受け入れを行っている。

・所在地　〒020-0507　岩手県岩手郡雫石町丸谷地36-1
・ＴＥＬ　019-692-4321
・ＦＡＸ　019-692-0303
・ＵＲＬ　https://www.koiwai.co.jp
・E-mail　shiryokan@koiwai.co.jp
・交　通　〈電車・バス〉JR盛岡駅前10番乗場より「小岩井農場まきば園行き」「網張温泉行き」(約35分)
　　　　　〈車〉東北自動車道 盛岡ICより国道46号線を秋田方面へ約12km(約15分)
・開　館　AM9:30 〜 PM4:30
・入館料　無料
・休館日　冬期(11月〜4月)
・施　設　木造1階建
・設　立　1991(平成3)年
・設置者　小岩井農牧(株)
・責任者　代表取締役社長・児玉喜一

　館のイチ押し
　昭和30年代から変わらない資料館を含めた周辺の風景。

宮城県

松山酒ミュージアム
[飲料]

　酒ミュージアムは、国土庁(現・国土交通省)の地域個性形成事業の指定を受け、個性ある地域づくりを目指すため、松山町(現・大崎市)と昔から関わりを持った「酒造り」に着目し、1995(平成7)年3月に開館。
　その後、指定管理者制度を導入し、指定管理者に選定された株式会社一ノ蔵が2006(平成18)年4月より管理・運営。
　全国的に知名度のある一ノ蔵を活かし、「酒と人」をテーマとした酒ミュージアムが、町の文化・観光・交流の場として町づくりを推進している。

【展示・収蔵】
　1階には、日本酒の歴史から酒造りの過程などパネル展示を始め、昔の酒づくりで使われた桶、樽、分司など、貴重な道具の数々を集め、展示。スクリーン映像では、素戔鳴尊(すさのおのみこと)の八岐大蛇退治の話をテーマに、クイズに答えながら楽しく日本酒を学ぶことができる。

【事　業】
　年12回、企画展を開催。地元出身の作家をはじめ、全国的に活躍されて

宮城県

いる作家を招き作品展示など。

　隣接している華の蔵では、地元特産品や一ノ蔵のお酒を販売。試飲も行っている。

【出版物・グッズ】
・ビクターエンタテイメント(株)のロゴマーク「ニッパー犬」の置き物
・人車ピンバッチ
・各作家のオリジナルグッズ

・所在地　〒987-1304　宮城県大崎市松山千石字松山242-1
・ＴＥＬ　0229-55-2700
・ＦＡＸ　0229-55-2925
・ＵＲＬ　https://www.ichinokura.co.jp/museum.html
・E-mail　sake-museum@wonder.ocn.ne.jp
・交　通　〈電車〉JR東北本線 松山町駅下車 徒歩30分
　　　　　〈車〉東北自動車道 古川IC，大和ICより30分
・開　館　AM9:30 ～ PM5:00(入館受付はPM4:30まで)
・入館料　大人300円，高校生以下150円(大人団体料金20名以上250円)
・休館日　月曜日(祝日の場合翌日)，年末年始
・施　設　鉄筋コンクリート一部2階建　588.8㎡
・設　立　1995(平成7)年3月25日
・管　理　(株)一ノ蔵
・責任者　館長・鈴木整

```
館のイチ押し
```

・スクリーン映像
　アニメーションはからくり人形も登場し、子供から大人まで一緒に楽しめる。

秋田県

秋田県立農業科学館
[農業・林業・畜産]

　日本において、農業は数多くの香り高い郷土文化を築き、自然科学・産業経済の発展に関わってきた。農業科学館は、県民の教育や学習に必要な環境条件を整え、その学習意欲を高揚するとともに、農業の過去・現在・未来について科学の目を通して楽しく学びながら、明日の豊かな生活を追求するために必要な英知と感性を養う施設として1991(平成3)年5月に設置された。

【展示・収蔵】
《屋内施設》
(1) 第一展示室　主に秋田県の過去の農林業と農山村の姿などについて学ぶことができる。
　◇『秋田県農業のあゆみ』…秋田県の農林業の歴史、技術の変遷、災害の歴史などを絵年表(1600年～1960年)で展示。
　◇『土と人々のくらし』…機械化農業以前の、稲作を主体とした四季の農作業や諸行事を模型や当時の音響効果を用いて表現。
　◇『山と人々のくらし』…森林保水、放牧、干草づくり、山菜とり、炭焼きや木材の伐採、天然秋田杉や杣子の作業風景などを展示。
　◇『関連展示』…仙北平野水利事業を絵年表・模型(田沢疎水)で展示。
(2) 第二展示室　農業を科学的視点からとらえたり、食や農について学んだり、体験したりできる。また、農業の新しい情報なども発信している。
　◇『作物の起源と伝播』…イネ、ムギ、トウモロコシの起源と日本への伝播経路を地球儀で展示。
　◇『農業と気象』…四季の気象、土・水といった自然的条件と農業とのかかわりを模型で展示。

秋田県

◇『農業科学体験ゲーム』…農業にかかわりのある知識・農業を職業とするための適性診断などをパソコンを自由に操作しながら楽しく学習できる。

◇『これからの田園都市』…自動制御ドーム型ファームで未来の田園都市をモデル展示。

《熱帯温室》 観賞温室では、熱帯、亜熱帯植物が約200種類植栽され、四季を通じて花や果実を楽しむことができる。

《屋外施設》 9haの敷地内には、広い芝生のやすらぎ広場や花壇広場等があり、昼食場所としてはもちろん、グラウンドゴルフを楽しむことができ、県民の憩いの場所となっている。

また、曲屋は明治30年代に旧田沢湖町(仙北市田沢湖)で建築された家屋を移築したもので、当時の農家の生活をしのぶことができる。(2000(平成12)年2月国の登録有形文化財に登録)

【事 業】

《特別展》 バラフェスタや洋ランフェスタなど、当館ならではの品種を紹介する。

《公募企画展》 県民の生涯学習の発表の場として、地域の自然や文化のよさなどを発信する企画を募り開催する。

《農業科学館講座》 園芸や食に関する講座・体験教室を企画・開催する。(サン・アグリン講座など)

・所在地　〒014-0073　秋田県大仙市内小友字中沢171-4
・ＴＥＬ　0187-68-2300
・ＦＡＸ　0187-68-2351
・ＵＲＬ　https://www.obako.or.jp/sun-agrin/
・E-mail　noukan@obako.or.jp
・交　通　JR大曲駅より6.0km(車で約15分)，秋田自動車道　大曲ICより直進3分，大曲西道路　山根ICより直進約2分
・開　館　AM9:30 ～ PM4:30(4月～ 10月)，AM9:30 ～ PM4:00(11月～ 3月)
・入館料　無料(多目的ホールの使用は有料)
・休館日　月曜日(休日と県の記念日8月29日に当たる場合はその翌日)
　　　　　年末年始(12月28日～ 1月3日)
・施　設　RC造・一部木造・S造　地上1階地下1階，敷地面積8万9899㎡，建築面積3949㎡，建築延面積4699㎡
・設　立　1991(平成3)年5月
・設置者　秋田県
・管　理　秋田県教育庁生涯学習課
・責任者　館長

ものづくり記念館博物館事典　45

秋田県

秋田大学大学院国際資源学研究科
附属鉱業博物館

［金属・鉱業］

　1910(明治43)年　秋田大学鉱山学部の前身である秋田鉱山専門学校が設立され、同時に鉱山の地質関係標本を主とした列品室を設置した。

　1951(昭和26)年　新制大学発足とともに秋田県から設備充実費が寄附され、その一部を列品復興費に充て「鉱山博物館」として再開し、1952(昭和27)年　文部省から国立大学附属施設「博物館相当施設」の指定を受けた。

　1961(昭和36)年　鉱山学部創立50周年記念会の事業として、卒業生を中心に在学生・現旧教職員・鉱工業界・地元自治体・篤志家等の協力により「鉱業博物館」を建設し、10月8日開館した。

　1965(昭和40)年4月1日　鉱業博物館の全施設が国に寄附され、鉱山学部附属の研究施設となった。

　1994(平成6)年　秋田大学鉱山学部附属鉱業博物館創立30周年記念会の事業としてリフレッシュ事業を企画し、館内の展示品を整備・拡充した。

　1998(平成10)年　鉱山学部の名称が工学資源学部に変更されたことに伴い、工学資源学部附属鉱業博物館に改称した。

　2004(平成16)年　国立大学の法人化に伴い、国立大学法人秋田大学工学資源学部附属鉱業博物館となった。

　2011(平成23)年10月1日　工学資源学部創設100周年記念会の事業として卒業生を中心に寄付をいただき、それを原資として館内展示を体系的に整理

秋田県

した大幅なリニューアルを行った。

2014（平成26）年4月1日　改組により国際資源学部附属鉱業博物館に、また2017（平成29）年に大学院研究科設置に伴い、大学院国際資源学研究科附属鉱業博物館に改称した。

【展示・収蔵】

鉱業博物館は、秋田大学の研究活動において収集された、地球と資源に関する様々な分野の資料や標本を展示・保管している大学院国際資源学研究科の附属施設である。

常時公開されている展示棟では、様々な色と形の鉱物・鉱石、珍しい岩石や化石を多数展示し、地球の歴史や資源の生成について学ぶとともに、鉱山設備に関連した実機と多数の精密模型から、資源開発の流れと鉱山技術をわかりやすく解説している。また、期間限定の特別展や連携展、開放講座を通して、大学における最新の研究や幅広い学術分野の成果を紹介している。

1階は、鉱物・鉱石の展示である。ここに展示された標本は秋田鉱山専門学校設立以来のスタッフや学生、OBらが収集したり、当時稼行していた国内の多くの鉱山から寄贈された標本が母体になっている。これに加え、国内外の研究機関や収集家の協力を得て、現在、分類展示では国内最大規模である約500種2200点におよぶ国内外で産出した良質で貴重な標本を見ることができる。

2階は「地球の構成と歴史」について、隕石・岩石・地層・化石の標本の展示を行っている。展示室に入ると「太陽系の中の地球」「岩石」「地球表層の諸現象」「秋田の生い立ち」「地球生命史」の5つの展示コーナーがある。私たちの地球はどのような物質からでき、どのような現象が起きているのか、生命はいつごろ誕生し、どのように進化したのかについて、多数の標本とパネル、そしてツールを利用して読み解くことができる。

3階は、「資源開発」についての展示である。資源の開発技術は、多岐にわたっているため、当館では、資源開発の流れを「探鉱」「採鉱・採油」「選鉱」「製錬」の4つの工程に分類し、鉱物の探査から金属の製造まで、それぞれを独立したコーナーとして展示している。この他にも、「鉱物資源の分布」「鉱山の保安技術」「自然エネルギー」「秋田の鉱山史」の展示を設け、鉱山技術の全容とその変遷が学べるようになっている。

秋田県

【事　業】

年2〜3回、企画展を実施。その他、地域連携事業（連携展、出張展示）、鉱業博物館開放講座（講演会）、ジュニアサイエンススクール（夏休み子ども教室）、サイエンスボランティア養成事業、共同研究等。

【出版物・グッズ】

《出版物》「鑛のきらめき　鉱業博物館解説書」（2013）／「鉱業博物館だより」（年2回発行）／「鉱業博物館広報紙ミニミニマインズ」（年10回程度発行）
《鉱業博物館オリジナル》「黒鉱文鎮」（1620円税込）

- ・所在地　〒010-8502　秋田県秋田市手形字大沢28-2
- ・ＴＥＬ　018-889-2461
- ・ＦＡＸ　018-889-2465
- ・ＵＲＬ　http://www.mus.akita-u.ac.jp/
- ・E-mail　w3admin@mus.akita-u.ac.jp
- ・交　通　JR秋田駅東口より　徒歩30分
　　　　　　JR秋田駅西口バス乗場大学病院行　鉱業博物館入口下車　徒歩5分
- ・開　館　AM9:00〜PM4:00
- ・入館料　大人100円，高校生以下無料
- ・休館日　年末年始（12月26日〜1月5日），12月〜翌年2月までの日曜・祝日
- ・施　設　敷地面積11,479㎡，建築面積　建面積1,193.7㎡，延面積3883.5㎡　構造鉄筋コンクリート造　本館（展示棟）3階建，研究棟4階建，文献資料庫（別棟）2階建，真吹炉収納庫（別棟）1階建，シールド自走支保収庫（別棟）1階建
- ・設　立　1910（明治43）年，現在の建物は1961（昭和36）年
- ・設置者　（大）秋田大学工学資源学部
- ・管　理　（大）秋田大学大学院国際資源学研究科
- ・責任者　館長・今井忠男

館のイチ押し

- ・鉱物・鉱石の分類展示は国内最大規模の500種2200点。
- ・約3300点もの、様々な色と形の鉱物・鉱石、珍しい岩石や化石、鉱山設備に関連した機械や精密に再現された模型等選りすぐられた資料を見ることができる。

秋田県

TDK歴史みらい館

[機械・精密機器]

TDKは1935（昭和10）年12月7日、秋田県由利郡平澤町（現にかほ市）の齋藤憲三によって、日本で発明された磁性材料フェライトの工業化を目的として創立された。創業期より秋田県内に多くの生産拠点を構え、現在ではグローバルに事業展開を行い世界約30ヵ国に、約100ヵ所の生産拠点、グループ会社を有している。

TDK歴史みらい館は、2005（平成17）年に創業70周年記念事業として、TDKのあゆみをモノづくりの歴史から紹介する「TDK歴史館」として建設されたものである。そして80周年を期に、全面リニューアルを行い「TDK歴史みらい館（英文名称：TDK Museum）」として生まれ変わった。

TDKの製品・技術がどのように社会の進化にお役にたってきたのか、さらにこれから訪れる未来社会に対してどのように関わり進化していくのかを、フェライトから始まるTDKの強みである「磁性」を主軸に、映像や体感デモを通して、わかりやすく楽しく体感していただけるものになっている。

【展示・収蔵】
◇常設展示
・歴史ゾーン：電子機器の進化の歴史とともに、TDKの「磁性」を中心とした製品や技術が社会にどのように貢献してきたのかを紹介している。
・みらいゾーン：TDKのテクノロジーは未来をどう変えていくのか？あなたの未来はどう変わるのか？体験しながら来館者に考えて頂いている。

秋田県

【事　業】

◇若年層の企業認知度向上

◇地域社会への貢献

◇グローバル展開での活用

- エレクトロニクス体験教室（夏休み9日間、冬休み8日間）：小学高学年対象
- プログラミング教室（夏休み期間限定ワークショップ）：中学生向け
- プログラミング教室（年間10回／1回当たり約2時間）：高校生対象
- TDK見学ツアー（工場及び当館見学パッケージ）：中学生〜大学生対象
- 物理プレチャレンジ実験教室（春休み1回）：小学生高学年
- 出前授業（磁気、電磁誘導）：にかほ市中学2年生対象

- 所在地　〒018-0402　秋田県にかほ市平沢字画書面15
- ＴＥＬ　0184-35-6580
- ＦＡＸ　0184-35-6853
- ＵＲＬ　https://www.tdk.co.jp/museum/
- E-mail　tdkmirai@jp.tdk.com
- 交　通　〈電車〉JR仁賀保駅より徒歩10分（タクシーで3分）
　　　　　〈車〉日本海東北自動車道　仁賀保IC出口から1.8km
- 開　館　AM10:00 〜 PM6:00（最終入館時間PM5:30）
- 入館料　無料
- 休館日　月曜日（祝日の場合はその翌日），当館の定める日
- 設　立　2005（平成17）年12月オープン　2016（平成28）年10月リニューアルオープン
- 設置者　TDK（株）
- 管　理　TDK（株）
- 責任者　TDK歴史みらい館館長・嵯峨和夫

館のイチ押し

- 4大イノベーション（歴史ゾーン）
- カセットテープ展示（歴史ゾーン）
- インタラクティブマグネティックフィールドシアター by チームラボ（みらいゾーン）
- オーロラVR（みらいゾーン）

山形県産業科学館

[科学技術]

　山形県産業科学館は、本県の将来を担う子供たちをはじめ、多くの県民に対し本県産業の歴史及び現状、県内企業が有する優れた技術力や製品等を紹介するとともに、それらを支える技術や科学原理に親しんでもらうことにより、本県産業並びに科学への理解や興味を生み出す機会を提供する施設として、山形県が設置し、2001(平成13)年1月1日に開館した施設である。

【展示・収蔵】
　テーマ別に分かれた展示となっている。
(1) 環境に関する様々な課題や、環境と暮らし・産業の関わりについて理解し、その保全・活用に向けた産業・科学の取り組みの方向性を学習する展示。
(2) 本県産業の歴史や、県内有力企業が国内や世界に誇る技術の展示。
(3) 楽しみながら科学原理や先端技術を体験できる多様な装置の展示。

【事　業】
　主に金曜・土曜日に、ワークショップを開催するほか、実験や工作などの体験型イベントも随時開催している。

触れる地球

山形県

- ・所在地　〒990-8580　山形県山形市城南町1-1-1(霞城セントラル内)
- ・ＴＥＬ　023-647-0771
- ・ＦＡＸ　023-647-0772
- ・ＵＲＬ　http://y-sunka.org
- ・E-mail　oideyo@y-sunka.org
- ・交　通　〈電車〉JR山形駅より徒歩2分(又は直結)
〈車〉山形蔵王ICより6km、約20分
- ・開　館　AM10:00～PM6:00
- ・入館料　無料
- ・休館日　月曜日(祝日の場合は翌平日)、年末年始(12月29日～1月3日)
- ・施　設　霞城セントラルの低層棟2階から4階、延床面積2011㎡
- ・設　立　2001(平成13)年1月1日
- ・設置者　山形県
- ・管　理　山形県
- ・責任者　館長・宮野悦夫

ボールサーカス

> 【館のイチ押し】
> 　巨大な「ボールサーカス」や、東北最大級の「フーコーの振り子」、次世代のデジタル地球儀「触れる地球」などは大変見応えがあります。

山形謄写印刷資料館

[生活・文化]

　山形謄写印刷資料館は、山形市内で印刷会社を経営している館長後藤卓也と父後藤義樹が1996(平成8)年2月に設立したもので、以来22年間謄写印刷関係資料の収集と保存に努めてきた。常設館を山形市内に建設、1999(平成11)年1月8日にオープン。日経全国版をはじめ、各地の新聞・TV等で盛んに取り上げられたこともあり、口コミ等により全国各地から来場者が訪れている。孔版印刷関連専門の資料館は、滋賀県東近江市(旧蒲生町)のガリ版伝承館と当館のみであり、東日本では、当館が唯一の専門資料館となっている。ただ、常設はしているが、資料館自体がプライベートなものであり、入場無料のボランティア事業のため、専門事務局員を置くことができず、事務局運営上、土日祝祭日以外の前もって事務局に予約いただいた方にのみ公開を原則としている。

【展示・収蔵】
　展示館は、40㎡の広さの中に、収蔵点数は延べにして12,000点(日本一の規模である)を越え、謄写印刷物では草間京平を中心とした美術印刷・戦前(昭和10年前後)のガリ版印刷チラシ・俳優佐藤慶製作作品・学校や役所関連印

山形県

刷物等。機材では明治30年頃製造毛筆謄写印刷機では日本最古の「眞筆版」から昭和40年代製造の古今諸機資材まで様々である。

【事　業】

実演可能な機資材も完備しており、年に1回高校生対象の謄写印刷体験教室を行っている。戦艦陸奥上で発行された「むつ新聞」や謄写印刷作品を全国の博物館に貸し出している。

【出版物・グッズ】

「ガリ版資料館奮戦記」(1998)非売品
「草間京平伝」(1998)非売品
「温故知新」(2007)非売品

- ・所在地　〒990-0051　山形県山形市銅町1-1-5(中央印刷(株)内)
- ・ＴＥＬ　023-631-5533
- ・ＦＡＸ　023-631-5535
- ・ＵＲＬ　https://chuo-printing.co.jp
- ・E-mail　goto@chuo-printing.co.jp
- ・交　通　奥羽本線・仙山線・左沢線 北山形駅下車 徒歩10分
- ・開　館　AM9:00 ～ PM4:00
- ・入館料　無料
- ・休館日　土・日・祝日，中央印刷(株)の休日
- ・施　設　展示館建物2階部分
- ・設　立　1996(平成8)年2月
- ・設置者　後藤卓也
- ・管　理　中央印刷(株)
- ・責任者　館長・後藤卓也

> **館のイチ押し**
>
> 謄写印刷(ガリ版)資料は日本一の規模。

福島県

白木屋漆器店資料館
しろきや

[生活・文化]

　白木屋漆器店は、300有余年前の慶安年間に創業、享保年間より現在地にて「江戸出塗物商人株仲間」「地店株仲間」として、累代事業を継続してきた。
　戊辰戦争後には、荒廃した当地漆器界の復興にあたり、また1875(明治8)年の京都博覧会、1877(明治10)年第1回内国勧業博覧会に入賞して以来、国内はもとより、1890(明治23)年のパリ万国博覧会等、西欧諸国の博覧会においても入賞してきた。
　1970(昭和45)年に白木屋漆器店が有していた資料等を展示する資料館を併設した。

【展示・収蔵】
　会津塗の木地作り、下地、塗、蒔絵の工程見本、塗技法や加飾技法をわかりやすく展示。また漆採取、塗、蒔絵等の道具や材料、歴史的にも貴重な漆器も展示している。

福島県

- ・所在地　〒965-8691　福島県会津若松市大町1-2-10
- ・ＴＥＬ　0242-22-0203
- ・ＦＡＸ　0242-25-3977
- ・ＵＲＬ　http://www.shirokiyashikkiten.com
- ・E-mail　info@shirokiyashikkiten.com
- ・交　　通　〈電車〉JR会津若松駅より徒歩15分
　　　　　　〈バス〉ハイカラさん(株)白木屋漆器店前下車すぐ
- ・開　　館　AM9:00 ～ PM5:30
- ・入館料　無料
- ・休館日　水曜日(8月～10月は無休)，12月30日～1月3日
- ・施　　設　土蔵造2階建の1階スペース　約50㎡
- ・設　　立　1970(昭和45)年
- ・設置者　(株)白木屋漆器店
- ・管　　理　(株)白木屋漆器店
- ・責任者　取締役　学芸員・高瀬かづ子

館のイチ押し

　収集品ではなく、創業300年の白木屋漆器店が代々所有していた物を展示している。

北茨城市漁業歴史資料館 よう・そろー

[水産業]

　郷土の漁業の歴史及び文化に関する資料を収集し、保存及び展示するとともに、漁村地域の伝統芸能及び文化遺産を継承することを目的として設立した。
　2011(平成23)年3月11日に発生した東日本大震災で多大な被害を受け休館し、約2年かけて復旧工事を行い、2013(平成25)年7月にリニューアルオープンした。

【展示・収蔵】
◇国重要無形民俗文化財に指定されている常陸大津の御船祭りで実際に使用されている祭事船を展示。
◇東日本大震災の被害と復興を紹介するシアターと市民の体験談をインタビュー形式で紹介する映像タッチパネル。大津港で主に取れる魚の生態や漁法について模型や映像クイズを使用して紹介。
◇黒船来航より30年前に起きた大津浜異人上陸事件を電動紙芝居で紹介。
◇市内の観光案内や市の特産品であるあんこうの生態や料理法を映像、ゲーム、パネル、模型で紹介。

茨城県

【事　業】
・毎月第2日曜日にほりだしもの市（フリーマーケット）を開催。
・毎年8月によう・そろーグルメ海祭りを開催。

・所在地　〒319-1713　茨城県北茨城市関南町仁井田789
・ＴＥＬ　0293-46-8600
・ＦＡＸ　0293-44-3160
・ＵＲＬ　http://www.yo-soro.org
・E-mail　info@yo-soro.org
・交　通　JR常磐線 大津港駅からタクシーで約10分
　　　　　常磐自動車道 北茨城ICから車で約15分
・開　館　AM9:00 ～ PM5:00（入館はPM4:30まで）
・入館料　一般300円，65歳以上200円，学生100円
　　　　　団体（20名以上）一般250円，学生80円
・休館日　毎週水曜日（祝祭日の場合，翌日）
・施　設　敷地面積7,500㎡　展示棟建物面積1,243㎡
　　　　　体験研修棟建物面積337㎡
・設　立　2007（平成19）年5月1日
・設置者　北茨城市
・管　理　（一財）茜平ふれあい財団
・責任者　理事長・豊田稔

> ### 館のイチ押し
>
> 　5年に1度行われる常陸大津の御船祭りについての紹介をスタッフが説明します。

茨城県

牛乳博物館

[食品]

「牛乳博物館」は、古河市にあるトモエ乳業株式会社の創業者中田俊男が酪農産業や文化に関する収集品を展示するために、1994(平成6)年に本社内に150㎡の展示室を開設した。当時からすべての収集品を展示することが出来ず、2000(平成12)年に展示室を300㎡に拡張し、今日に至っている。中田は自分自身が牛や牛乳・酪農のことをもっと理解して好きになりたいと考え、約50年かけて世界約150ヶ国から酪農や乳業に関する資料を収集した。そして「産業の中に文化あり」をモットーとする中田は、地域の人たちに「人と牛のかかわりや歴史、世界の酪農文化を知ってほしい」と約5,000点に及ぶ収集品を博物館に展示した。

当館は2013(平成25)年12月に「公益財団法人中田俊男記念財団 牛乳博物館」となった。今後さらに展示品の内容を充実させ、どなたでも楽しく見学していただける博物館となるよう努めていく。

【展示・収蔵】

館内には、様々な民具がテーマ毎に展示されている。中でも貴重なのが明治～昭和初期の牛乳瓶である。1881(明治14)年頃に使用された牛乳用ブリキ缶(5勺)や明治中期の蓋がネジ切り式の牛乳瓶、昭和に入って普及した牛乳瓶の最初の掛け紙なども見られる。時代毎に並べられた牛乳瓶は様々な形や大きさがあり、そこから時代の移り変わりや技術の進歩が感じられる。またヨーロッパや東南アジアの酪農家が実際に使っていた素朴な手造りのチーズ製造器具や木製のバターチャーンには、現在の乳業機器の原点を見ることが出来る。さらに昔の搾乳機や牧草かまなどの酪農器具、先導牛の首につけたカウベル、世界の牛乳パック、関連書物など幅広い品が展示されており、

茨城県

楽しみながら世界各地の牛乳・乳製品の歴史を学ぶことができ、小学生からお年寄りの方まで幅広い見学者に喜んでいただけるだろう。

なお牛乳博物館の展示品56点は、国立科学博物館の産業技術史資料情報センターが構築しホームページで公開している「HITNET」(産業技術史資料共通データベース)に登録されており、普及活動がなされている。

【事　業】

全国の酪農研究家たちが集まり、毎年東京で開催されている日本酪農乳業史研究会シンポジウムに、酪農関連の歴史的資料として牛乳博物館所蔵品を貸し出ししている。

県西地区の小学校児童や関東の生協会員など各団体の見学受け入れも毎年行っている。

・所在地　〒306-0235　茨城県古河市下辺見1955(トモエ乳業株式会社本社工場内)
・ＴＥＬ　0280-32-1111
・ＦＡＸ　0280-32-4192
・ＵＲＬ　http://www.milkmuseum.or.jp
・E-mail　info@milkmuseum.or.jp
・交　通　JR古河駅西口より朝日バスを利用　思案橋バス停下車(トモエ乳業前)
・開　館　原則AM10:00 ～ PM3:00(原則工場見学90分に組み込まれる　見学は午前1回午後1回)
・入館料　無料
・休館日　原則日曜日と年末年始(会社行事等で休館もあり)
・施　設　トモエ乳業株式会社本社工場内に併設(博物館は1階　約300㎡)
・設　立　1994(平成6)年10月
・設置者　中田俊男
・管　理　(公財)中田俊男記念財団
・責任者　(公財)中田俊男記念財団　代表理事・中田俊之

館のイチ押し

・ギリシャで出土した紀元前2500年の牛の形のワイン入れ「リトン」は日本に1つしかない公式レプリカ
・明治10年代に使用された牛乳用ブリキ缶(5勺)
・国内最初と言われるネジ切り蓋の牛乳瓶(5勺)
・先導牛につけるカウベル等

茨城県

日鉱記念館

[金属・鉱業]

　日鉱記念館は、JX金属（株）の前身である日本鉱業（株）の創業から80周年となるのを記念して、1985（昭和60）年創業の地である日立鉱山跡地に建てられた。1905（明治38）年12月、創業者久原房之助は赤沢銅山を買収し、日立鉱山として開業した。工業都市・日立市の発展の原点であり、茨城県の近代鉱工業の発祥でもある。日立鉱山は開業わずか数年後には四大銅山の一角を占めるにまで急成長し、以来、1981（昭和56）年の閉山までの76年間、日本の近代化と経済発展に寄与してきた。そして、その事業は、時代の要請に対応し形を変えながら、JX金属グループに引き継がれた。

【展示・収蔵】
(1) 本館
　1階には、創業者久原房之助の遺品、草創の頃の文書史料、見る人を驚かせる坑内透視模型、企業発展の歴史の写真紹介、日立鉱山から派生した日立製作所や日産コンツェルン関係資料、鉱山の独特の生活や風習、大煙突等に関する貴重な資料等の展示がある。
　地階には、地下の作業状況を示す実物大の人形と機器を展示する模擬坑道があり、また2階には企業の現況が展示されている。
(2) 鉱山資料館
　鉱山資料館には、1918（大正7）年から閉山まで稼働した450馬力の巨大なコンプレッサー、わが国金属鉱山ではじめてダイヤモンドボーリングを行ったといわれる探鉱機械、わが国唯一の貴重なコレクションといわれる欧米7か国26社のものを含む159台に及ぶさく岩機等の貴重な産業遺産を

茨城県

はじめ、採掘・選鉱等の機械が展示されている。

鉱石展示室には、みごとなアフリカ産の孔雀石や自然銅をはじめ、世界各地から収集された各種400点の珍しい鉱石の展示がある。鉱石は本館内にも多数展示されている。

(3) 竪坑櫓

2基の竪坑櫓は、地下約1,000mに達した切羽や堀進総延長700kmに達した坑道の象徴として、捲揚室ともども当時の姿で保存されている。捲室には250馬力複胴捲揚機がある。

(4) 旧久原本部・塵外堂・電気機関車

創業の頃、久原が宿泊し本部と呼ばれた簡素な建家は、茨城の近代産業の先駆けとなった史跡として県文化財に指定されている。また、製錬所の敷地にあった千年杉を材料として作られた小さな堂や、大雄院製錬所構内で使用されていた電車の展示などには、様々なエピソードが秘められている。

- ・所在地　〒317-0055　茨城県日立市宮田町3585
- ・ＴＥＬ　0294-21-8411
- ・ＦＡＸ　0294-21-8336
- ・ＵＲＬ　http://www.nmm.jx-group.co.jp/museum/
- ・交　通　〈車〉常磐自動車道 日立中央ICより約10分
  〈電車等〉JR常磐線 日立駅(中央口)から日立電鉄バス東河内行き日鉱記念館前停留所(駅から約30分)、または日立駅からタクシー(駅から約20分)
- ・開　館　AM9:00 ～ PM4:00(入館受付PM3:30まで)
- ・入館料　無料(団体で観覧される場合は事前連絡が必要)
- ・休館日　月曜日、祝祭日、その他年末年始等、10月第2金曜日
- ・施　設　本館、鉱山資料館、旧久原本部(県指定史跡)その他
- ・設　立　1985(昭和60)年12月
- ・設置者　JX金属(株)(旧日本鉱業(株))
- ・責任者　館長・平田章

館のイチ押し

- ・鉱山の大動脈として活躍した竪坑
- ・日立鉱山の鉱脈および坑道の透視模型
- ・日立の大煙突についての展示

茨城県

本場結城紬染織資料館「手緒里(ており)」

[紙・繊維]

　資料館は、つむぎの館の敷地内にあり、歴史と伝統に触れることができる。
　本場結城紬は、わが国で最も古い歴史を有し、ユネスコ無形文化遺産に登録されており、世界に誇れる日本の代表的な織物である。また『糸つむぎ、絣(かすり)くくり、地機(じばた)織り』という技術が、国の重要無形文化財に指定されている。
　現代まで伝承されてきた結城紬のつくられかたには、40工程に及ぶ複雑な工程がある。
　その実際に使われていた織機(地機)や道具類も資料として展示し、工程を写真やパネルで紹介している。
　なお、つむぎの館には、紬小物のショップ、結城紬を常時200点以上展示している陳列館、染織体験のできる工房、見世蔵を改装したカフェなどの施設があり、結城紬を身近に感じられる。

【展示・収蔵】
　1907(明治40)年創業の産地問屋「奥順」ならではの資料を展示。
　古文書の中には、結城紬の地の由来が書かれている『古語拾遺』(807(大同2)年)や結城紬の前身でもある常陸紬の名がでてくる室町時代の『庭訓往来』(1332(元弘2)年)などのレプリカも見られる。

茨城県

- ・所在地　〒307-0001　茨城県結城市12-2
- ・ＴＥＬ　0296-33-5633
- ・ＦＡＸ　0296-33-3116
- ・ＵＲＬ　http://www.yukitumugi.co.jp/
- ・E-mail　tumuginoyakata@okujun.co.jp
- ・交　通　JR水戸線 結城駅下車 徒歩15分
- ・開　館　AM9:30 ～ PM5:00(但し入館はPM4:30まで)
- ・入館料　大人200円，学生100円，団体30名より150円
- ・休館日　火曜日，年末年始
- ・施　設　鉄筋コンクリート2階建
- ・設　立　1977(昭和52)年
- ・設置者　奥順(株)
- ・管　理　つむぎの館
- ・責任者　館長・奥澤武治

茨城県

明治なるほどファクトリー守谷

［食品］

　1998(平成10)年の株式会社明治(当時は明治乳業株式会社)守谷工場の設立と共に、工場の付属施設として"地域との共生と企業の情報開示"の役目を担った「明治みるく館」が開設。
　株式会社明治のこだわりや守谷工場の安全安心なモノづくり、及びヨーグルトの製造工程見学と乳酸菌の健康効果など、ビデオや実際の見学を通して楽しく学ぶことができる施設となっている。
　2016(平成28)年7月にリニューアルし、名称も「明治なるほどファクトリー守谷」に変更した。

【展示・収蔵】
　ヨーグルトの製造に関する「工場見学」が主体である。
　展示品としては、過去からの「宅配用牛乳びん」や「育児用粉ミルク」のパッケージ、「明治おいしい牛乳」のビッグパッケージ、牛の搾乳機のCGパネル、明治の「食と健康」こだわり紹介コーナーなど。

茨城県

【事　業】

　イベントとして、工場見学と見学者参加による「手作りバター教室」や「工場で作った出来立てヨーグルトの試食付き見学会」など随時実施している。詳しくは公式サイトで確認。

・所在地　〒302-0117　茨城県守谷市野木崎3456((株)明治 守谷工場内)
・ＴＥＬ　0297-20-6041
・ＦＡＸ　0297-20-6066
・ＵＲＬ　https://www.meiji.co.jp/learned/factory/
・交　通　〈車〉常磐高速谷 和原ICより約15分
　　　　　〈電車〉つくばエクスプレス・関東鉄道常総線 守谷駅よりタクシーで約12分
・開　館　AM9:30 ～ PM4:30(詳細は公式サイトまたは電話にて確認)
・入館料　無料
・休館日　日曜日，祝日，夏季及び年末年始の特別休館日
・施　設　鉄筋コンクリート造，地上2階建の1 ～ 2階部分
・設　立　1998(平成10)年6月
・設置者　(株)明治
・管　理　(株)明治 広報部
・責任者　館長・田中秀幸

館のイチ押し

・実物大の牛の人形で乳しぼりの疑似体験ができること。
・食育の時間を設け、専用の食育ルームにて牛乳・乳製品の栄養について学べること。
・「明治おいしい牛乳」の積み木、エプロン、顔はめなど。

栃木県

大谷資料館
おおや

[金属・鉱業]

　宇都宮市の特産品である大谷石を採石してできた巨大な地下空間と、採石の方法や道具を展示している資料館で、1979(昭和54)年から一般に公開している。東日本大震災の影響で閉鎖されたが、2013(平成25)年4月からオーナーが変わり再オープンされた。

【展示・収蔵】
　資料展示室には、採掘方法の解説、手掘り時代の道具、機械掘りに替わってからの機械の変遷などを展示している。さらに、石を掘って出来上がった巨大な地下空間を公開している。ライトアップされた壁面では、手掘りと機械堀の模様の違いなどをご覧いただける。

【事　業】
　コンサートや結婚式、企業のパーティなどの利用の他に、映画やTVドラマ・CMなどの撮影が数多く行われている。

栃木県

- ・所在地　〒321-0345　栃木県宇都宮市大谷町909
- ・ＴＥＬ　028-652-1232
- ・ＦＡＸ　028-652-0010
- ・ＵＲＬ　http://www.oya909.co.jp
- ・交　通　JR宇都宮駅から路線バス(大谷・立岩行)約30分　資料館入口下車　徒歩約5分
- ・開　館　4月〜11月…AM9:00〜PM5:00(最終入館PM4:30)
　　　　　12月〜3月…AM9:30〜PM4:30(最終入館PM4:00)
- ・入館料　大人800円，子供(小・中学生)400円
- ・休館日　4月〜11月無休，12月〜3月毎週火曜日休館(祭日の場合翌日)，年末年始
- ・施　設　2万㎡の巨大地下空間
- ・設　立　2013(平成25)年4月2日リニューアルオープン
- ・設置者　カネイリ(有)大谷資料館
- ・管　理　代表・大久保恵一
- ・責任者　館長・鈴木洋夫

> **館のイチ押し**
>
> 巨大な地下空間の内部は、360度何処を撮ってもインスタ映え！
> 夏には天井を霞が漂い、冬には岩肌から噴き出る石の華(塩)が見られる。

群馬県立日本絹の里

［紙・繊維］

　日本絹の里は、養蚕からシルク製品までの様々な展示と染織等の体験を通じて、多くの方々に蚕・繭・絹に親しむとともに本県蚕糸絹業の情報発信、また蚕糸絹業関係者の交流拠点の場として、1998(平成10)年4月に開館した。

【展示・収蔵】
　養蚕の歴史、蚕の生態等を紹介する常設展示の他、養蚕、製糸、絹織物等に関する様々なテーマによる企画展、特別展等を開催している。

【事　業】
　体験学習として染色、手織り、繭クラフト、和布細工の4講座があり、自分で染色したスカーフや手織りしたコースターなどを持ち帰ることができる。
　総合的な学習の時間への支援・小中学校の団体染織体験・夏休みカイコの飼育体験教室他。

群馬県

【出版物・グッズ】

　群馬の絹を使った絹製品や化粧品などを取りそろえたミュージアムショップ。こだわりの絹製品の数々をリーズナブルな価格で提供する。

- ・所在地　〒370-3511　群馬県高崎市金古町888-1
- ・ＴＥＬ　027-360-6300
- ・ＦＡＸ　027-360-6301
- ・ＵＲＬ　www.nippon-kinunosato.or.jp
- ・E-mail　info@nippon-kinunosato.or.jp
- ・交　通　関越自動車道 前橋ICから車で約20分
　　　　　　JR前橋駅からバスで30分
- ・開　館　AM9:30 ～ PM5:00
- ・入館料　中学生以下及び身体障害者手帳等をお持ちの方とその介護者1名　無料
　　　　　　特別展開催時：一般200円（160円），大学生100円（80円）
　　　　　　企画展開催時：一般400円（320円），大高生250円（200円）
　　　　　　※（　）内は20名以上の団体料金
- ・休館日　火曜日（祝日の場合は翌日）
- ・施　設　本館・展示館
- ・設　立　1998（平成10）年4月
- ・設置者　群馬県知事
- ・管　理　（公財）群馬県蚕糸振興協会
- ・責任者　館長・茂原璋男

> **館のイチ押し**
>
> 　年間を通して生きているカイコが観察できる施設です。

群馬県

スバルビジターセンター

[交通・運輸]

　SUBARU創立50周年を記念して2003(平成15)年7月15日にオープンした。工場見学の来場者にSUBARUの歴代の車、SUBARUの個性的な技術や安全の取り組みなどを紹介している施設である。

【展示・収蔵】
　SUBARUの前身である中島飛行機の技術者達が開発した幻の車「スバル1500 P-1」や初めて販売した車スバル360から造り続けてきた代表的な車やモーターショーのコンセプトモデルなどを展示。ラビットスクーター50万台記念号やスバル1000スポーツセダン、戦後初の国産ジェット機T-1(航空自衛隊練習機)など。

・所在地　〒373-0822　群馬県太田市庄屋町1-1
・ＴＥＬ　0276-48-3101
・ＦＡＸ　0276-48-3102
・ＵＲＬ　https://www.subaru.co.jp/csr/factory-tour/

群馬県

- ・交　　通　〈電車〉東武伊勢崎線太田駅南口より路線バス「熊谷駅北口行き」乗車，
  「マリエール太田前」下車　徒歩約10分，またはタクシーで約20分
  JR熊谷駅より車で約40分
  〈車〉北関東自動車道　太田桐生IC R122-407経由で約30分
  東北自動車道　館林IC R354経由で約40分
- ・開　　館　見学コース：AM9:00 ～ 10:45，AM11:00 ～ 12:45，PM1:00 ～ 2:45
- ・入館料　無料
- ・休館日　開館カレンダーによる(土日，年末年始連休，5月連休，お盆連休)
- ・施　　設　鉄骨造　2階建，床面積2460.89㎡　延面積3313.97㎡
- ・設　　立　2003(平成15)年7月15日
- ・設置者　(株)SUBARU
- ・管　　理　(株)SUBARU

> 館のイチ押し
>
> ・工場見学のコースとして専任の案内係がご案内致します。
> ・館内では幻の車P-1、2016(平成28)年8月機械遺産に認定されたスバル360、国内初のFF車スバル1000、乗用車初の4輪駆動車スバル1300Gなどの実車が見られます。

群馬県

製粉ミュージアム

[食品]

1900(明治33)年に館林製粉株式会社として創業した日清製粉グループは、発祥の地群馬県館林市に世界的に見ても貴重な製粉(小麦・小麦粉)をテーマにした情報発信型・体験型の企業ミュージアム"製粉ミュージアム"を、2012(平成24)年11月に開設した。

製粉ミュージアムには当社の歴史と伝統を語り継ぐ本館、製粉に関する様々な情報発信をコンセプトにデザインされる新館を配し、気軽に憩える場として周辺の緑地環境を拡大整備する等来館者へのホスピタリティ機能を充実させている。

本館は明治創業時代の歴史的価値の高い洋風木造建築物で当社創業70周年記念事業の一環として1970(昭和45)年に開設されたもの。今回製粉ミュージアムのシンボルと位置づけ最新の免震設備を施して大規模地震に対する耐久性を向上させ、貴重な企業文化遺産として保護。本館内部には創業者ゆかりの品々を展示し、創業以来脈々と受け継がれてきた当社の創業者精神をはじめとした会社の歴史と伝統に触れていただく空間を演出。新館では製粉の歴史や先端テクノロジーを踏まえ小麦が小麦粉になるまでのものづくりの工程を様々な角度から分かり易くダイナミックに紹介。加えて、次代の食の世界を担う児童生徒に対して食の大切さや楽しさを語り継いでいくことを目的にガイダンスやワークショップ活動を展開するとともに、各ステークホルダーに向けた情報発信を積極的に展開している。

【展示・収蔵】

◇新館…製粉の歴史や先端テクノロジーを踏まえ、小麦が小麦粉になるまでのものづくりの工程を様々な角度から分かり易く紹介。小麦粒の模型。新

群馬県

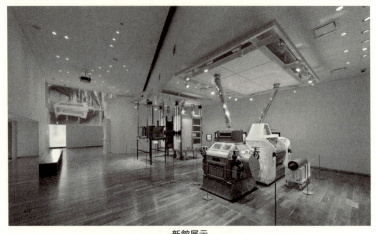

新館展示

旧ロール機・新旧シフター。収蔵庫には明治時代のロール機を展示。
◇本館1階…創業時のロール機。また、創業から2000(平成12)年までの、企業の歴史を展示物や映像で紹介。
◇本館2階…創業者正田貞一郎とその息子正田英三郎の創業家精神や人柄が垣間見れるゆかりの品や、映像を展示公開。

【事　業】
　定期的に各種ワークショップを開催(小麦粉粘土教室、クッキー教室、製粉ラボ教室)。また、季節イベント等も開催。

- 所在地　〒374-0052　群馬県館林市栄町6-1
- ＴＥＬ　0276-71-2000
- ＦＡＸ　0276-71-2300
- ＵＲＬ　https://www.nisshin.com/museum/
- 交　通　東武伊勢崎線　館林駅　西口下車すぐ
- 開　館　AM10:00～PM4:30(入館はPM4:00まで)
- 入館料　大人200円、小人(小・中学生)100円
- 休館日　月曜日および年末年始等(月曜日が祝日の場合は翌日が休館日)
- 施　設　本館：木造2階建瓦葺せ棟屋根、新館：鉄筋コンクリート3階建
- 設　立　2012(平成24)年11月6日オープン
- 設置者　(株)日清製粉グループ本社
- 管　理　(株)日清製粉グループ本社

群馬県

富岡製糸場

[紙・繊維]

　富岡製糸場は、1872(明治5)年、西洋の先進技術を導入して政府が設立した模範製糸工場で、輸出向けの高品質な生糸を大量生産できる器械製糸技術を国内に伝播する役割を果たした。1893(明治26)年に民営化後も製糸工場として稼働し続け、1987(昭和62)年、片倉工業株式会社の富岡工場として操業を停止した。日本の近代製糸業の技術革新を物語る産業遺産として、2014(平成26)年、「富岡製糸場と絹産業遺産群」の中心的構成資産としてユネスコ「世界遺産一覧表」に記載された。2005(平成17)年より富岡市による所有管理のもと、一般公開を行っている。

【展示・収蔵】
　敷地全体が国指定史跡に(指定面積55,391㎡)、また、創業当初期に造られた主要建造物9件が国宝・重要文化財建造物に指定されている。お雇いフランス人の技術協力で建てられた特徴的な木骨煉瓦造の工場建物群がよく残り、国宝の東置繭所(繭倉庫)と繰糸所(繰糸工場)は内部を見学できる。繰糸所内には操業停止時の状態で残る繰糸機械が保存されている。現在、保存整備工事中の国宝「西置繭所」が2020年に完成すると、1階には富岡製糸場に関する歴史資料を展示するギャラリーが設けられる予定である。

繰糸所内部

群馬県

【事　業】

　通常見学に際しては、解説員による解説案内（ガイドツアー・有料）やスマートグラスを利用した案内（団体予約オプション）、音声ガイド機の貸出（有料）といった見学の補助となるものを準備している。

　また年間通して座繰りの実演・体験やフランス式繰糸機の実演、カイコの生態展示、ブリュナエンジン復元機（蒸気機関）の動態展示を行っており、その他イベントとして、夜間ライトアップイベントや夏休み子供探検プログラム、年に2〜3回企画展を開催している。

　※イベントの内容実施日時についてはHPを参照。

【出版物・グッズ】

・富岡製糸場総合研究センター報告書（2010年から毎年刊行）
・旧富岡製糸場建造物群調査報告書
・世界遺産富岡製糸場ブランドブック

・所在地　〒370-2316　群馬県富岡市富岡1-1
・ＴＥＬ　0274-67-0075（総合案内所），0274-67-0088（団体予約・バス予約）
・ＵＲＬ　http://www.tomioka-silk.jp/tomioka-silk-mill/
・交　通　〈公共交通機関〉上信電鉄　上州富岡駅から徒歩15分
　　　　　〈車〉上信越自動車道　富岡ICから10分
・開　館　AM9:00〜PM5:00　※最終入場はPM4:30
・入館料　大人1000円（900円），大学生・高校生250円（200円），中学生・小学生150円（100円）　※（　）内は20名以上の予約団体料金
・休館日　年末（12月29〜31日）　※点検・整備等で臨時休業となる場合あり
・施　設　木骨煉瓦造建築の国宝及び重要文化財を含む建造物多数　敷地面積53738㎡（非公開エリアを含む）
　　　　　内部見学が可能な施設は東置繭所（2階建）及び繰糸所（平屋）［木骨煉瓦造］　その他の建造物は外観見学
・設　立　1872（明治5）年10月4日操業開始
・設置者　明治政府
・管　理　2005（平成17）年より富岡市の所有管理（富岡製糸場保全課）
・責任者　富岡製糸場保全課長・結城雅則

館のイチ押し

・創業当初期から残る建造物群（国宝、重要文化財）は圧巻の存在感。
・国宝「西置繭所」（展示ギャラリー、多目的ホール）の保存整備工事が完了し、2020年にOPEN！

埼玉県

鈴木酒造 酒蔵資料館

[飲料]

　1871(明治4)年創業からの伝統の酒造りを今に伝えるさまざまな歴史的資料・道具の数々を常時展示している。
　近年ではあまり見ることのできない古くから伝わる酒造りの道具の数々は後世へ伝えるべき貴重な資料として、保管、展示をしている。

【展示・収蔵】

◇ビデオコーナー…酒造りの工程を映像で紹介。
◇試飲コーナー…地酒・万両・大手門等を味わっていただけるコーナー。
　また、鈴木酒造での酒造りを描いた、浮世絵師・豊原国周の成田山奉納額15枚を写真パネルを展示している。
　岩槻の地酒全商品を扱う直売店も併設している。

・所在地　〒339-0057　埼玉県さいたま市岩槻区本町4-8-24
・ＴＥＬ　048-756-0067
・ＦＡＸ　048-756-0600
・ＵＲＬ　https://www.sakekura.net/
・E-mail　info@suzukishuzou.com
・交　通　東武野田線 岩槻駅下車 徒歩8分
・開　館　AM10:00 〜 PM5:00

埼玉県

- ・入館料　無料
- ・休館日　月曜日，12月30日〜1月4日
- ・施　設　木造2階建，建築面積1400㎡
- ・設　立　1996(平成8)年1月
- ・設置者　鈴木芳兵衛(五代目)
- ・管　理　鈴木酒造(株)
- ・責任者　館長・鈴木徹

館のイチ押し

　1871(明治4)年創業より使用してきた酒造りの道具類が、すべて展示されている。

埼玉県

鉄道博物館

[交通・運輸]

写真提供:鉄道博物館

JR東日本創立20周年事業のメインプロジェクトとして、2007(平成19)年10月14日に(公財)東日本鉄道文化財団が埼玉県さいたま市に開館。

鉄道の役割、鉄道技術の変遷、社会への影響などを学べるよう多くの実物資料を展示するとともに、子どもたちが体験を通じて鉄道の原理・仕組み学び楽しむことのできる博物館となること、日本および世界の鉄道に関わる遺産・資料を体系的に保存し調査・研究の拠点となることを目指している。2018(平成30)年7月に鉄道の「仕事」「未来」「歴史」をテーマとした南館がオープンし、ますます魅力的になった。

【展示・収蔵】

日本の鉄道がスタートした明治時代初期から現代まで鉄道の歴史や技術の変遷などを御料車6両を含む鉄道車両36両の実物車両の展示を中心に紹介する車両ステーション。鉄道の原理やしくみを模型などを活用しながら深く理解できる科学ステーション。その他にも『鉄道ジオラマ』や『ミニ運転列車』『E5シミュレータ』など体験型の施設も充実した博物館。

実物車両展示のほかには、鉄道関連を中心に文書類、乗車券類、図面類、美術工芸品類、写真類、被服類、用具部品類などの分類別に収蔵。収蔵資料は約67万件。

《代表的な収蔵品》

◇文書類…「鉄道古文書」(国指定重要文化財、鉄道記念物)、「鉄道助佐藤政養文書」(鉄道記念物)

◇美術工芸類…「東京品川海辺蒸気車鉄道之真景」、「東京名勝之内高輪蒸気車鉄道全図」

埼玉県

◇写真類…「岩崎・渡邊コレクション」
◇鉄道用具類…銘板、レール、信号機、駅名標など
◇展示実物車両…1号機関車(国指定重要文化財、鉄道記念物)、初代1号御
　料車(国指定重要文化財、鉄道記念物)、善光号機関車(鉄道記念物)、弁慶
　号機関車(鉄道記念物)、開拓使号客車(鉄道記念物)、ナデ6110形式電車(鉄
　道記念物)、21形式(0系)新幹線電車

【事　業】

年3回程度企画展を開催。その他、映画上映会、夏休み向け企画など。

【出版物・グッズ】

石炭あられ、オリジナル手ぬぐい等　各種グッズあり

- 所 在 地　〒330-0852　埼玉県さいたま市大宮区大成町3-47
- Ｔ Ｅ Ｌ　048-651-0088
- Ｆ Ａ Ｘ　048-651-0570
- Ｕ Ｒ Ｌ　http://www.railway-museum.jp/
- 交　　通　JR大宮駅より埼玉新都市交通ニューシャトルにて　鉄道博物館駅下車
　　　　　　徒歩1分
- 開　　館　AM10:00 〜 PM6:00(入館はPM5:30まで)
- 入 館 料　一般1300円(1040円)，小中高生600円(480円)，幼児(3歳以上未就学児)
　　　　　　300円(150円)　※(　)内は20名以上の団体料金，すべて税込
- 休 館 日　火曜日(祝日の場合は開館)，年末年始　※春休み・GW・夏休み期間は営業
- 施　　設　仕事ステーション，未来ステーション，歴史ステーション，車両ステー
　　　　　　ション，科学ステーション，鉄道ジオラマ，キッズプラザ，ミニ運転列
　　　　　　車，D51シミュレータ，車掌シミュレータ，資料収蔵庫，ライブラリー，
　　　　　　てっぱくシアター，てっぱくホール，てっぱく図書室等　実物車両展示
- 設　　立　2007(平成19)年10月14日
- 設 置 者　(公財)東日本鉄道文化財団
- 責 任 者　館長・宮城利久

館のイチ押し

　明治から昭和期までの、日本の鉄道史を彩った鉄道車両の実物を多数
収蔵・展示しており、多くは車内まで見学が可能。運転シミュレータ、
ミニ運転列車などの体験展示も充実。
　さらに、2018(平成30)年7月5日に新館がオープンしました。

埼玉県

所沢航空発祥記念館

[交通・運輸]

1911(明治44)年4月1日、所沢にわが国最初の飛行場が誕生した。同年4月5日から15日まで所沢飛行場最初の演習飛行が行われ、演習初日の早朝、徳川好敏陸軍大尉の操縦するアンリ・ファルマン機が高度10m、飛行距離800m、飛行時間1分20秒を記録し、これがわが国最初の飛行場での初飛行となった。

その後日本最初の国産軍用機「会式一号機」をはじめとする初期の飛行機や飛行船の製作、パイロットの訓練など、1945(昭和20)年の終戦までの間、日本の航空技術の発展を支え続けてきた。この歴史的な経緯により所沢は「日本の航空発祥の地」と言われている。

終戦後、飛行場は米軍の占領下にあったが、住民の強い返還運動により1971(昭和46)年から1982(昭和57)年にかけて3次に渡り、基地の約7割が返還された。一方、所沢を航空発祥の地として永く後世に伝える動きも高まり、1990(平成2)年11月記念館の建設に着手、航空をテーマとした施設として1993(平成5)年4月3日に所沢航空発祥記念館が開館した。

同館は所沢航空記念公園内に位置し、公園のシンボル的施設として広く親しまれている。

【展示・収蔵】
・十数機の実物飛行機やレプリカ、体験型展示物等によって飛行の原理、飛行機の構造、航空技術等を説明している。
・飛行体験を楽しめるフライトシミュレータ、月の重力などを体験できるス

埼玉県

ペースウォーカー等の体験型展示があるほか、大型映像館なども備え、アミューズメント性を兼ね備えた展示構成となっている。
・日本最初の飛行場である所沢飛行場の歴史を貴重な実物資料等で紹介している。
・屋外展示物として、戦後最初の国産旅客機YS-11型機(実機)を航空公園駅前に設置している。

【事　業】

特別展、大型映像上映、飛行機工作教室などを適宜開催。

【出版物・グッズ】

記念館前の広場で飛ばして遊べる紙ひこうきやプロペラひこうきなど。

- ・所在地　〒359-0042　埼玉県所沢市並木1-13
- ・TEL　04-2996-2225
- ・FAX　04-2996-2531
- ・URL　https://tam-web.jsf.or.jp/
- ・E-mail　tam-post@jsf.or.jp
- ・交　通　〈電車〉西武新宿線 航空公園駅下車 東口より徒歩8分
　　　　　〈車〉関越自動車道 所沢ICから国道463号を所沢市街方向へ約6km
- ・開　館　〈通常〉AM9:30 ～ PM5:00(入館はPM4:30まで)
- ・入館料　展示館：大人510円(410円)，小中学生100円(80円)
　　　　　大型映像館：大人620円(510円)，小中学生260円(210円)
　　　　　共通割引券：大人820円(670円)，小中学生310円(260円)
　　　　　※(　)内は20名以上の団体料金，就学前の児童・障害者(介護者は1名まで)は無料，65歳以上の高齢者は年齢を証明できるものをご提示頂ければ団体割引と同等の割引を適用
- ・休館日　月曜日(祝日と重なる場合はその翌平日)，年末年始(12月29日～1月1日)，その他館内整備等のための臨時休館あり
- ・施　設　鉄筋コンクリート造および鉄骨造,テフロン幕使用,建築面積3878.5㎡,延床面積5260.7㎡，展示館2920㎡(1階および2階)
- ・設　立　1993(平成5)年4月
- ・設置者　埼玉県
- ・管　理　所沢航空記念公園マネジメントネットワーク
- ・責任者　館長・吉田忍

埼玉県

館のイチ押し

・昭和初期に制式採用された陸軍九一式戦闘機（胴体部）（重要航空遺産）
　を常設展示。
・所沢飛行場を中心とする日本の航空史に関する資料を展示。
・「ワークショップ」コーナー、「スペースウォーカー」、「フライトシミュ
　レータ」などの体験型展示が人気。
・展示以外では、定期的に開催し親子で楽める「飛行機工作教室」が人気。

関東

ものづくり記念館博物館事典　83

埼玉県

日本工業大学工業技術博物館

[機械・精密機器]

　当博物館は1987（昭和62）年に学園創立80周年記念事業の一つとして大学キャンパス内に開設し、一般にも公開している。
　本館、蒸気機関車展示館、別館で構成され、展示品は機械・機器類、大小合わせて400点以上に及んでいる。特に、わが国産業の発展に貢献した工作機械等を機種別、製造年代順に展示しており、工作機械の約7割が動態保存で、かつての町工場も復元してあるのが当館の特長である。
　わが国の発展を支える高度なものづくりに携わる人材の育成を目指して、歴史的価値ある機械類や資料を一層充実させるとともに、展示や説明にも工夫を重ねている。

【展示・収蔵】
　主な常設展示品は明治から昭和中期までの国内外製工作機械約270台であるが、国家プロジェクトで開発された10万キロワット高効率ガスタービン（1987（昭和62）年）、国鉄等で長年活躍した英国製の蒸気機関車（1891（明治24）年）、ガラス製水銀整流器（1961（昭和36）年）もある。蒸気機関車は動態保存で時折運行している。

埼玉県

【事　業】

　毎年、春と秋に講演会、秋に特別展を開催している。

　「歴史的価値のある工作機械を顕彰する会」を1998(平成10)年に設立し、2011(平成23)年までに13回、延べ50機種を顕彰した。

【出版物・グッズ】

・工業技術博物館ニュース(年3回発行)
・工業技術博物館パンフレット
・展示品ガイド　他

・所在地　〒345-8501　埼玉県南埼玉郡宮代町学園台4-1
・T E L　0480-34-4111(大学代表)，0480-33-7545(博物館直通)
・F A X　0480-33-7570
・U R L　http://www.nit.ac.jp/center/scholarship/museum.html
・E-mail　museum@nit.ac.jp
・交　通　〈電車〉東武スカイツリーライン・伊勢崎線 東武動物公園駅下車，西口から徒歩15分
　　　　　〈車〉東北自動車道 久喜IC，蓮田スマートICより約15分
・開　館　AM9:30 ～ PM4:30(入館はPM4:00まで)
・入館料　無料
・休館日　日曜・祝日，8月中旬～下旬，年末年始，大学の入試日
・施　設　本館(3000㎡)，蒸気機関車展示館，別館
・設　立　1987(昭和62)年9月
・設置者　(学)日本工業大学
・管　理　(学)日本工業大学
・責任者　館長・松野建一

関東

館のイチ押し

　毎年身近な工業製品をテーマにして開催する特別展や講演会、SL運行等のイベント時には毎回多くの方々の参加があり、好評を得ています。

千葉県

浦安市郷土博物館

［水産業］

浦安は漁師町として長い歴史を持っていた。浦安の貴重な郷土資料の散逸を防ぐことと同時に、収集・保存を図るため、「郷土資料館」が1980(昭和55)年にオープンした。その後、収蔵・展示・学習スペースの不足を解消するため、2001(平成13)年4月1日に「郷土博物館」が開館。

【展示・収蔵】
　展示は海とともに暮らした時代を、歴史・民俗資料、情景再現等で紹介。
◇屋外展示場「浦安のまち」
　浦安が漁師町として活気あふれていた1952(昭和27)年頃のまちと生活の様子を再現。
◇船の展示室「海を駆ける」
　浦安の海で活躍した数種類の木造船・櫓や櫂・エンジンとそれらの船を製造するのに使用した舟大工道具を展示。製造工程では、随所に舟大工特有の技術・道具を見ることができる。「仮屋」と呼ばれる木造船の製造場では、べか舟製造の実演を見たり、舟釘打ち等の体験をすることができる。
◇テーマ展示室「海とともに」
　「魚介類の宝庫・浦安」、「オカのくらし」、「かわりゆく浦安」の3つで構成。実物・ジオラマ(模型)・映像等で紹介。
　また、展示の理解を深めるための情報をクイズや映像ライブラリー及び図書等の資料で提供している。

【事　業】
・秋期企画展、冬期企画展を開催。

千葉県

・ボランティアによる、べか舟乗船体験指導や昔遊び、焼玉エンジン始動、昔話の読み聞かせ、季節における展示替えの指導、展示解説等に加え、昔の生活体験・のりすき体験等、学校の体験授業等を行っている。

【出版物・グッズ】

《出版物》「浦安町誌　上・下」(1969)／「浦安市史」(1985)／「浦安市史(まちづくり編)」(1999)／「浦安市史(生活編)」(1999)／「浦安のことば」(1982)／「浦安の昔話」(1984)／「続　浦安の昔話」(1985)／「浦安文化財めぐり」(1985)／「特別展図録　アオギスのいた海」(2001)／「企画展展示解説　のり―東京湾のノリ―」(2002)／「見てふれて感じて 浦安市郷土博物館(児童用解説書)」(2001)／「浦安市郷土博物館　常設展示解説書」(2001)／浦安市文化財調査報告第1集～第17集(1985～2003)／調査報告第1集～第11集(2002～2018)／文化財マップ(2009)／文化財パンフレット類

《グッズ》マスコットキャラクター「あっさり君」のグッズ

・所在地　〒279-0004　千葉県浦安市猫実1-2-7
・ＴＥＬ　047-305-4300
・ＦＡＸ　047-305-7744
・ＵＲＬ　http://www.city.urayasu.lg.jp/kanko/kyodo/index.html
・交　通　東京メトロ東西線 浦安駅より, おさんぽバス医療センター線で健康センター・郷土博物館下車徒歩2分　または東京ベイシティバス6系統で市役所前下車 徒歩4分
　　　　　JR京葉線 新浦安駅より, おさんぽバス医療センター線で健康センター・郷土博物館下車 徒歩2分　またはおさんぽバス舞浜線で健康センター下車 徒歩3分
　　　　　JR京葉線 舞浜駅より, おさんぽバス舞浜線で健康センター下車 徒歩3分　または東京ベイシティバス6系統で市役所前下車 徒歩4分
・開　館　AM9:30～PM5:00(入館はPM4:30)
・入館料　無料
・休館日　月曜日(月曜日が祝日の場合はその翌日), 館内整理日, 祝日の翌日, 年末年始
・施　設　地上2階, 地下2階　鉄筋コンクリート造, 一部鉄骨造　敷地面積7,455.40㎡(健康センター用地含む　博物館用地は3,586.78㎡)　建築面積1,410.22㎡　延床面積4,917.64㎡　高さ13.38㎡
・設　立　2001(平成13)年4月
・設置者　浦安市教育委員会
・管　理　浦安市教育委員会
・責任者　館長

千葉県

キッコーマンもの知りしょうゆ館
[食品]

　江戸時代からしょうゆの名産地として名高い千葉県『野田』にあって、キッコーマンは江戸時代から工場見学を行ってきた。戦後は学校の社会科見学を中心に多くの子どもたちが訪れている。
　そして、1991(平成3)年に施設や展示を拡充し、工場見学を中心としたミュージアムとして『キッコーマンもの知りしょうゆ館』を開館した。2007(平成19)年からは食育の一環として、『しょうゆづくり体験プログラム』や『しょうゆの味体験コーナー』などのコンテンツを加え、子どもたちの食育拠点としての機能も取り入れている。
　現在、「ここに来ればしょうゆのすべてがわかる」を目指し、しょうゆのできるまでの工程や、しょうゆの歴史や科学を楽しく学んでいただける施設として、年間10万人を超えるお客さまにご来場いただいている。

【展示・収蔵】
・現在のしょうゆづくりを工場の内部を見ながら学べる工場見学コース
・麹（こうじ）の観察
・もろみの発酵・熟成
・しょうゆの歴史、しょうゆの知識、しょうゆの科学、キッコーマンの紹介などの展示

キッコーマン野田工場

千葉県

【事　業】

《工場見学案内時間》AM9:00，10:00，11:00，PM1:00，2:00，3:00

《イベント》しょうゆづくり体験(学校向け随時、一般向け不定期開催)、春
　　　夏秋休みのワークショップ(しょうゆの科学、絵描き工作、容器、環境
　　　保全、歴史、しょうゆ樽、発酵、和食など)

《その他》社員による出前授業『キッコーマンしょうゆ塾』など。

【出版物・グッズ】

・グッズ：しょうゆストラップ、「なあにちゃん」ストラップ、キッコーマ
　ンTシャツ、トートバックなど

・『御用蔵しょうゆ』などの限定製品

・所在地　〒278-0037　千葉県野田市野田110　キッコーマン食品野田工場内
・ＴＥＬ　04-7123-5136
・ＦＡＸ　04-7123-5755
・ＵＲＬ　http://www.kikkoman.co.jp/shouyukan/
・交　通　東武野田線野田市駅から徒歩約4分，常磐自動車道で流山IC・柏ICよ
　　　　　り約20分
・開　館　AM9:00～PM4:00(案内見学・各種イベントは要予約)
・入館料　無料
・休館日　毎月第4月曜日(祝日の場合は翌日)，GW，お盆，年末年始
　　　　　※その他，臨時休館する場合あり
・施　設　鉄筋コンクリート2階建
・設　立　1991(平成3)年5月
・設置者　キッコーマン(株)
・管　理　キッコーマン(株)
・責任者　館長・長島宏行

館のイチ押し

　来館記念品としてキッコーマンしょうゆをプレゼントします。
　場内の『御用蔵』(御用醤油醸造所：宮内庁に納めるしょうゆの専用醸
造所)もぜひご見学ください。

ものづくり記念館博物館事典　　89

千葉県

君津市漁業資料館

[水産業]

　江戸時代の終わり頃、江戸でノリの商人をしていた近江屋甚兵衛が、小糸川河口の人見村でノリ養殖を行い、千葉県で初めてノリづくりに成功し、上総ノリが生まれた。
　それ以来、ノリづくりを中心とした君津の漁業は、多くの人々の努力によって、長い間受け継がれてきたが、昭和30年代の終わり頃から、海は埋め立てられ、君津は漁業のまちから製鉄のまちへと大きく変わった。
　郷土の歴史や産業の様子を後世に残そうという考えのもとに、漁業資料保存会が長い年月をかけて、ノリづくりや漁業に使われた資料を収集してきた。保存会の熱心な活動により、1988(昭和63)年に君津市漁業資料館がオープンした。保存会は2007(平成19)年に解散したが、資料は市に寄贈され、現在も大切に活用・保管している。

【展示・収蔵】
　主な収蔵品は、昭和30年代まで使われてきたノリ養殖の道具及び漁業用具である。
　展示は、近江屋甚兵衛によるノリづくりの始まり、ノリ養殖から出荷までの一連の工程と、漁業関連資料を展示している。

【事　業】
　通年を通して、ノリづけ体験を実施(要予約)。

ノリづけの様子（模型）

ノリの出荷風景

千葉県

- ・所在地　〒299-1147　千葉県君津市人見1294-14
- ・ＴＥＬ　0439-55-8397
- ・ＦＡＸ　0439-55-8397
- ・ＵＲＬ　http://www.city.kimitsu.lg.jp/site/kyoiku/341.html
- ・E-mail　shogaku@city.kimitsu.lg.jp
- ・交　通　木更津駅西口より日東バス富津公園行神門下車 徒歩1分
- ・開　館　AM9:00 ～ PM4:30
- ・入館料　無料
- ・休館日　月曜日（祝・休日と重なる場合は翌火曜日も休館），国民の祝日，年末年始
- ・施　設　RC造2階建　451㎡
- ・設　立　1988（昭和63）年5月23日
- ・設置者　君津市
- ・管　理　君津市
- ・責任者　館長・矢野淳一

館のイチ押し

通年を通して、ノリづけ体験を実施（要予約）。

関東

千葉県

航空科学博物館

[交通・運輸]

　成田空港開港に関連して千葉県山武郡芝山町から運輸大臣に航空博物館設置の要望が提出されたことを受けて、1978(昭和53)年10月(財)航空振興財団に航空博物館調査委員会が設置された。1983(昭和58)年11月までに海外調査を含め計10回委員会を開催、建設基本構想を作成。そして1984(昭和59)年6月1日、航空博物館の建設及び運営の事業主体となる(財)航空科学振興財団が設立され、1988(昭和63)年2月建築工事着工、1989(平成元)年7月に完成し、同年8月1日航空科学博物館として一般公開を開始した。総合的な航空思想普及施設として、特に青少年に対し航空に関する科学知識についてその啓発を図り、もって航空思想の普及及び航空科学技術の振興に寄与し、あわせて我が国の航空の発展に資することを目的としている。2012(平成24)年に公益財団法人　航空科学博物館となり、現在に至る。

【展示・収蔵】
　ライト兄弟以前からの航空の歴史をはじめ、航空機の原理や仕組み、航空科学の最新情報など、航空に関するあらゆる知識を楽しく理解できるよう、

千葉県

さまざまな航空機や航空機器を展示している。単に眺めるだけではなく、パイロット気分でコクピットに乗り込んだり、大型旅客機のシミュレーションで空中散歩を楽しんだりと、誰もが空への夢を広げられる展示となっている。

- 747セクション41…本物のジャンボの機首部分（有料機内案内あり）
- ボーイング747の主翼、胴体、エンジン・タイヤ・客室・コクピット
- 大型模型とコクピット…コクピットに座って747大型模型を操縦体験
- 成田空港模型…800分の1模型
- NAA情報コーナー…成田空港を紹介する情報コーナー
- エコエアポート・コーナー…環境にやさしい成田空港の取り組み紹介
- 音の体験ルーム…航空機の音に関する体験装置
- 体験コーナー…DC-8シミュレーター
- ライブラリ…航空に関する入門書から専門図書まで閲覧できる
- 日本製のYS-11試作1号機をはじめ、セスナ、ヘリコプターなど10機以上の航空機を展示

【事　業】
- 定期行事：オープンハウス（格納庫における実験等解説）、折紙飛行機教室、エンジン運転体験、飛行機探検隊・メカニックルーム
- イベント：ゴールデンウィーク行事、開館記念行事、夏休み行事、空の日・空の旬間記念行事、クリスマス行事、新年行事、航空ジャンク市など。
- 展示関係：企画展（成田空港飛来機展、航空アート展など）、航空キッズアート展、空の日・空の旬間記念行事など
- 講習会、講演会：やさしい航空のはなし（パイロット、客室乗務員など）、航空無線通信士受験直前対策セミナーなど
- 航空ジャンク市、桜祭り、ホタル祭りなど
- 友の会活動（航空関連施設見学会など）

【出版物・グッズ】
- 航空科学博物館ニュース「えあろみゅーじあむ」（年4回）
- 大型パンフ「航空科学ブック」
- やさしい航空の話シリーズ1〜3巻

関東

ものづくり記念館博物館事典　93

千葉県

- ・所在地　〒289-1608　千葉県山武郡芝山町岩山111-3
- ・ＴＥＬ　0479-78-0557
- ・ＦＡＸ　0479-78-0560
- ・ＵＲＬ　http://www.aeromuseum.or.jp
- ・E-mail　info@aeromuseum.or.jp
- ・交　　通　JR・京成線成田空港駅下車，航空科学博物館行きバスで約15分，または JR 成田駅から航空科学博物館行きバスで約30分，東京駅八重洲バスターミナルから直通高速バスあり
- ・開　　館　AM10:00 ～ PM5:00（入館は PM4:30 まで）
- ・入館料　大人500円，中高生300円，こども（4歳以上）200円，団体（20人以上）20％割引
- ・休館日　月曜日（祝日の場合はその翌日），年末（12月29日～ 12月31日），8月は無休（2018年のみ12月休館）
- ・施　　設　地上2階一部5階，敷地面積5万1530㎡，建築面積2206㎡，延床面積3750㎡，展示教育普及部門約2150㎡
- ・設　　立　1989（平成元）年8月
- ・設置者　（財）航空科学振興財団（現:（公財）航空科学博物館）
- ・管　　理　（公財）航空科学博物館
- ・責任者　常務理事（館長）・長谷川邦男

館のイチ押し

　小さなお子様から、航空ファンまで、体験しながら、飛行機や航空の科学に関するいろいろなことに触れることができます。中でも、成田国際空港に離着陸する大型ジェット旅客機を眼と耳で間近に感じられます。

千葉県

千葉県立現代産業科学館

[科学技術]

　科学の目覚ましい進歩に伴って産業は著しく発展し、私たちの生活は大きく向上してきた。

　これらの産業を支える科学技術はますます重要となり、人間社会に対する直接的な影響を強める一方、その理解は複雑で難しいものとなっている。

　そこで、千葉県立現代産業科学館は、子どもから大人までだれもが産業に応用された科学技術を体験的に学ぶことができる場を提供することを目的として設置された。

　1981（昭和56）年、千葉県第2次新総合5か年計画に「千葉県立現代産業科学館（仮称）の設置」が盛り込まれ、1989（平成元）年基本構想策定。1990（平成2）年から1991（平成3）年にかけ展示および建築基本・実施設計、建築本体工事着工、1993（平成5）年工事竣工。1994（平成6）年4月1日に機関設置され、同年6月15日開館となった。以来、「毎日進化する科学館」として、展示活動、調査研究活動、教育普及活動、情報提供活動の4つの基本事業のもと、企画展やプラネタリウム上映会、小中学生を対象とした工作教室など科学の楽しさや不思議さに親しむ機会を提供するための多くの事業を実施している。

【展示・収蔵】

　産業技術に関する資料約2500点を収蔵し、県民の多様な利用に対応できるよう、整理・保存に努めている。また産業に応用された科学技術をテーマとし、以下の3つの部門で構成されている。

◇『現代産業の歴史』

　現代の日本および千葉県の基幹産業である電力産業・石油産業・鉄鋼産業

ものづくり記念館博物館事典　95

千葉県

について、その発展の歴史や現代の技術を紹介し、科学技術と人間とのかかわりについて考える。

◇『先端技術への招待』
さまざまな分野で応用されている先端技術はどのようなもので、それは私たちの生活や産業社会をどのように変えるのかを、エレクトロニクス、新素材、バイオテクノロジーなどを中心に紹介。主に新素材を使った実験を行う実験カウンター、液体窒素を使った超低温実験を行う実験シアターがある。

◇『創造の広場』
参加・体験型の展示により、身の回りにある工業製品や生活用品について科学の原理やしくみを発見したり、身近な科学現象の不思議さや美しさを体験する広場。体験する実験装置を中心とした「創造の科学」・「生活の科学」の展示と、科学の実験を交えた人形劇等を行う「サイエンスステージ」、高電圧の迫力ある放電実験を紹介する「放電実験室」の4つの展示コーナーからなる。

その他、直径23mのドームスクリーンで、期間限定でプラネタリウムなどの上映を行う『サイエンスドーム』を有する。

【事　業】
常設展（各種演示実験・放電実験・人形劇を含む）、企画展の他、収蔵資料展、サイエンスドームギャラリー展、特設コーナーのミニ展示も実施している。

教育普及事業として、各種工作教室、体験教室、出張講座の実施や、学校教育支援として教科及び総合学習の時間での支援や、職場体験、インターンシップ、博物館実習、学習キットの貸出などを行っている。また、連携事業として千葉県立現代産業科学館展示・運営協力会や近隣市町村、外部団体と連携し、事業を展開している。

【出版物・グッズ】
・「科学館ニュース」
・「年報」（ウェブサイトで公開）
・「研究報告」（ウェブサイトで公開）

千葉県

- 所在地　〒272-0015　千葉県市川市鬼高1-1-3
- ＴＥＬ　047-379-2000
- ＦＡＸ　047-379-2221
- ＵＲＬ　http://www2.chiba-muse.or.jp/SCIENCE/
- 交　通　JR総武線　下総中山駅または本八幡駅下車いずれも徒歩15分
　　　　　京成電鉄鬼越駅下車　徒歩13分，都営地下鉄新宿線　本八幡駅下車　徒歩20分
　　　　　京葉道路　京葉市川ICから車で5分
- 開　館　AM9:00 〜 PM4:30（入館はPM4:00まで）
- 入館料　〈通常期間〉一般300円（240円），高・大学生150円（120円）〈プラネタリウム・企画展〉一般500円（400円），高・大学生250円（200円）
　　　　　※（　）内は20人以上の団体料金，特別展は別料金
　　　　　※中学生以下・65歳以上・障害者手帳をお持ちの方と介護の方は無料
- 休館日　月曜日（祝日または振替休日の場合は開館し翌日休館），年末年始（12月28日〜1月4日），その他メンテナンス等による臨時休館
- 施　設　SRC造一部RC造，地下1階・地上2階・塔屋1階，敷地面積1万8181.85㎡，建築面積5150.14㎡，延床面積8492.61㎡
- 設　立　1994（平成6）年6月
- 設置者　千葉県
- 管　理　千葉県
- 責任者　館長・上田敏彦

【館のイチ押し】

　毎日行われている演示実験。実験シアターでは−196℃の液体窒素を使った冷凍実験や超電導の実験、実験カウンターでは形状記憶合金の実験など20種類以上の実験を交代で、放電実験室では高電圧の発生装置による3種類の放電現象の実演、サイエンスステージでは科学現象を実験しながら解説や人形劇が行われている。

千葉県

ヒゲタ史料館

［食品］

　関東地方で最も古い歴史と伝統を誇るヒゲタ醤油の歴史と、4世紀にわたる醤油醸造の歴史的史料を保存し、紹介している史料館である。かつての銚子の醤油造りを舞台にしたNHKの朝の連続テレビドラマ「澪つくし」の放映を記念して開設された。

【展示・収蔵】
　我が国の代表的な調味料である醤油は「手間と時間を掛けなければいい醤油は出来ない」と言われる。それぞれの工程は機械化されてはいるが、江戸時代から受け継ぐ醤油づくりの心と技は今も昔も変わることはない。仕込み工場を利用して作られた史料館には、昔の醤油製造工程を描いた「今昔醤油醸造図絵」をはじめ、4世紀にわたる歴史の中で使われてきた様々な道具が並び、昔の醤油づくりについて理解を深めることが出来る。
　また、2001(平成13)年には創業385周年記念として、しょうゆ蔵の一角にフレスコ画を制作。

千葉県

◇昔の仕込大桶(史料館の入口になっている。直径2.5m　高さ3m)、全長4mの大鉋(かんな)をはじめとする桶(おけ)・樽(たる)作りの道具、ため桶、割棒、櫂棒などの醬油づくりの道具類、各時代における醬油の容器(たる、ビン、缶)。
◇内外博覧会のメダル・表彰、各時代の経済状況がわかる出納帳。
◇歴代のヒゲタで制作した広告ポスター、醬油そのものの歴史をたどった年表などの史料。
◇その他、当社の製品類など合計300点。
◇フレスコ画…坂田秀夫・由美子夫妻によるフレスコ画。作品は、ヒゲタ醬油株式会社の企業理念「天・地・人」をモチーフとしたもので、全ての材料をイタリアから輸入し、イタリアの伝統的な技法を用いて制作されており、日本一の大きさである。顔料や大理石粉などの制作材料や用具、制作過程の展示もある。

【事　業】
　醬油工場見学(所要時間45分)の1工程として運営。
※工場が休日の場合は、映画上映・VRスコープ体験(バーチャル工場体験)、史料館、売店を案内。

・所在地　〒288-8680　千葉県銚子市八幡町516
・ＴＥＬ　0479-22-0080(ヒゲタ醬油　総務部)
　　　　　(土曜・日曜・祝日は銚子工場　0479-22-5151)
・ＦＡＸ　0479-25-2132(ヒゲタ醬油　総務部)
・ＵＲＬ　http://www.higeta.co.jp/kodawari/museum/shiryou.html
・交　通　JR総武本線 銚子駅より徒歩12分
・開　館　AM9:00～PM12:00,　PM1:00～PM4:00
・入館料　無料
・休館日　年末年始(お問い合わせください)
・施　設　木造, 約130㎡
・設　立　1985(昭和60)年
・設置者　ヒゲタ醬油(株)
・管　理　ヒゲタ醬油(株)
・責任者　代表取締役社長・濱口俊行

東京都

i-muse(アイミューズ)

[科学技術]

　i-museはIHIグループの歴史と技術のミュージアムである。IHIの創造と挑戦の歴史をお客様や地域の皆様、未来を担う若い世代に知っていただくために、2006(平成18)年に開館し、2018(平成30)年にリニューアルオープンした。

　IHIは浦賀沖に黒船が来航した1853(嘉永6)年に近代日本の夜明けとともに創業した。それ以来IHIは、造船、陸上機械から航空・宇宙まで様々な分野に事業を拡げ、新しい時代を切り拓いてきた。館内に12本ある高さ3mのデジタルモニター「モノリス」では、IHIのチャレンジの歴史や製品史、かつて造船の拠点があった豊洲の歴史に触れることができ、直に「モノリス」にふれて各時代の最先端の技術を体感することができる。

【展示・収蔵】
◇エントランスコーナー
　1853(嘉永6)年より続くIHIの歴史の原点をたどる。
　・IHIの「原点」〜石川島からIHI〜(映像)
　・石川島平野造船所(ジオラマ模型)
　・創業者平野富二の拝借願(復元)などを展示

東京都

◇01　1853〜1945　東京駅と運搬機械
日本を近代へと運んだ東京駅の建設を軸に、運搬機械の技術や近代化する日本を支えた製品を紹介する。
・東京駅〜明治期最大の鉄骨組み上げ〜（映像）
・東京駅鉄骨構造（模型）
・東京中央停車場屋根鉄骨詳細図

◇02　1946〜1968　出光丸と造船
巨大タンカー「出光丸」の建造を通し、IHIの挑戦と技術、時代を支えた製品を紹介する。
・出光丸〜世界最大の20万トン級タンカー〜（映像）
・出光丸（模型）
・J3ターボファンジェットエンジン（実機）

◇03　1969〜1989　LNGタンクとエネルギープラント
マイナス162℃の液化天然ガスを貯蔵するための技術と、エネルギーや環境に対応した製品を紹介する。

イプシロンロケット（模型）

・LNGタンク〜日本のエネルギーを貯える魔法瓶〜（映像）
・地下式・地上式LNGタンク（模型）
・LNGタンク関連部品

◇04　1990〜1999　明石海峡大橋と橋梁・水門
瀬戸内海を渡る世界最長の吊橋「明石海峡大橋」の製作の技術や社会インフラを支える製品を紹介。
・明石海峡大橋〜世界最長の吊橋を支える技術〜（映像）
・明石海峡大橋主塔（模型）
・主塔ブロック切断面（実物サンプル）

◇05　2000〜　ジェットエンジンの開発
世界の空を駆けるジェットエンジンの開発とIHIの航空エンジン技術を紹介する。
・V2500ターボファンエンジン〜最先端のジェットエンジン開発〜（映像）
・V2500ターボファンエンジン（模型）
・ジェットエンジン翼部品（実物）

東京都

◇06　ロケットとシステムと宇宙利用／豊洲の歴史

陸、海、空、そして無限の宇宙へと挑戦する宇宙関連技術およびIHIと豊洲のかかわりを紹介する。

・ロケット～IHIが支える国産ロケットの開発～（映像）
・液体酸素／液体水素ターボポンプ（カットモデル）
・イプシロンロケット（模型）

【出版物・グッズ】

パンフレット

・所在地　〒135-8710　東京都江東区豊洲3-1-1（豊洲IHIビル）
・ＴＥＬ　03-6204-7032
・ＦＡＸ　03-6204-8614
・ＵＲＬ　http://www.ihi.co.jp/i-muse
・交　通　東京メトロ有楽町線 豊洲駅下車，1c出口より徒歩約5分
・開　館　AM9:30 ～ PM5:30
・入館料　無料
・休館日　毎週土曜日・日曜日・祝日，年末年始，GW，夏季連休
・施　設　約400㎡
・設　立　2006（平成18）年4月1日開館，2018（平成30）年4月リニューアルオープン
・設置者　（株）IHI
・管　理　広報・IR部
・責任者　理事　広報・IR部・白井崇喜

館のイチ押し

　高さ3mのデジタルモニター「モノリス」でIHIの技術の歴史を体感してください。

東京都

アドミュージアム東京

[生活・文化]

　2002(平成14)年12月に日本初の広告ミュージアムとしてカレッタ汐留に開館。開館以来、200万人を超える方々にご来館いただき、広告の社会的・文化的価値への理解を深めていただく活動を行っている。
　2017(平成29)年12月1日、開館15周年を機に全館リニューアルオープン。ブランドステートメントに「いつも、あなたに、新しい発見を。」を掲げ、来館者とともに考え、成長できるミュージアムを目指している。

【展示・収蔵】
《収蔵資料》江戸時代から現代までの広告資料約31万4千点を収蔵。
《常設展》「ニッポン広告史」
　　ピーター・ドラッカーに「マーケティングの原点は日本の江戸にあり」といわしめた江戸時代の広告から現在までの広告を通して、社会と広告の関わりや広告領域の変化など、新しい視点で広告を紹介している。また、時代を超えて人の心を動かしてきた広告を厳選して紹介する視聴ブース、約2,000点の広告がタッチ式のモニターで自由に閲覧できるコレクションテーブルもみどころ。

東京都

《企画展》国内外のクリエイティブアワードの受賞作品を通じて広告コミュニケーションの「いま」を伝える展示や、広告コミュニケーション・クリエイティブの可能性を感じられるオリジナル企画展を開催している。

《ライブラリー》広告・マーケティングに関する専門ライブラリー。約28,000点の図書資料を収蔵。書籍の閲覧以外にも、広告作品のデジタルアーカイブを検索・閲覧することができる。

【事 業】

年7〜8回企画展を実施。その他、企画展と連動したトークイベントやアクティブラーニングをテーマとしたイベントなど。

【出版物・グッズ】

・収蔵作品集「広告は語る」
・オリジナルハガキ（50円）
・オリジナル缶バッヂ（100円）
・オリジナルノートA5サイズ（300円）

・所在地　〒105-7090　東京都港区東新橋1-8-2　カレッタ汐留
・ＴＥＬ　03-6218-2500
・ＵＲＬ　www.admt.jp
・交　通　JRおよび東京メトロ銀座線 新橋駅徒歩5分，都営浅草線 新橋駅徒歩4分，都営大江戸線 汐留駅徒歩1分
・開　館　AM11:00〜PM6:00
・入館料　無料
・休館日　日曜日，月曜日　※その他臨時休館あり
・施　設　延床面積1078.3㎡
・設　立　2002(平成14)年12月1日
・設置者　(公財)吉田秀雄記念事業財団
・管　理　(公財)吉田秀雄記念事業財団
・責任者　館長・岩下幹

館のイチ押し

常設展の江戸のコーナーおよびタッチテーブル、オリジナル企画展。

石川島からIHIへ 石川島資料館

[交通・運輸]

　現在の東京都中央区佃"リバーシティ21"にあたる石川島の地は、日本における近代的造船業の発祥の地でもあり、IHI創業の地である。ここに開設した「石川島からIHIへ〜石川島資料館〜」は、造船所の創業から現在までと、それと深い関わりを持つ石川島・佃島の歴史や文化とともに、貴重な資料や当時を再現したジオラマ模型などで紹介し、歴史の中でIHIが果たしてきた役割を伝える個性溢れる資料館である。

【展示・収蔵】
◇Aゾーン〈船をつくる〉
　民間初の蒸気船、石川島平野造船所1番船である「通運丸」。その建造中のドックの情景を、働く職工さんたちとともに模型で再現。
◇Bゾーン〈時代をつくる〉
　石川島・佃島の誕生から石川島造船所創業、佃工場閉鎖を経て現在に至るまでを歴史の中でIHIが果たした役割を紹介。また、日本の重工業界における"はじめて"の製品や技術も紹介する。

東京都

◇Cゾーン〈重工業はじめてものがたり〉
　日本の重工業史そのものでもあるIHIのものづくりの歩みを、貴重な製品写真の数々で紹介する。

◇Dゾーン〈工場日記〉
　佃工場で働いた人々の心に残るエピソードを題材に、工場勤務の一日のシーンをジオラマで再現した。

◇Eゾーン〈メモリアルサロン〉
　映像ギャラリーとライブラリーがあり、IHIが日本国内や世界各国で建設にかかわった建築や橋梁、石川島に関連する様々な人物などを貴重な書籍・資料や映像で見ることができる。

【出版物・グッズ】
　パンフレット

- 所在地　〒104-0051　東京都中央区佃1-11-8(ピアウエストスクエア1階)
- ＴＥＬ　03-5548-2571
- ＦＡＸ　03-5548-2571
- ＵＲＬ　https://www.ihi.co.jp/shiryoukan/
- 交　通　東京メトロ有楽町線 月島駅下車，6番出口より徒歩約6分
- 開　館　毎週水曜日・土曜日　AM10:00 〜 12:00，PM1:00 〜 5:00(入館は PM4:30まで)
- 入館料　無料
- 休館日　毎週月・火・木・金・日曜日，年末年始
- 施　設　約70㎡
- 設　立　1998(平成10)年5月2日
- 設置者　(株)IHI
- 管　理　広報・IR部
- 責任者　理事　広報・IR部長・白井崇喜

館のイチ押し

- 「石川島」の名前の由来となった「石川重次」由来の鎧。
- 通運丸製作の様子を再現したジオラマなど。

東京都

伊勢半本店 紅ミュージアム

[生活・文化]

総合化粧品メーカー(株)伊勢半のグループ会社である(株)伊勢半本店が運営する企業ミュージアム。

伊勢半本店は、1825(文政8)年に創業。紅花の花弁から抽出する日本伝統の赤色「紅」を、江戸時代の製法そのままに作り続けており、日本に現存する唯一の紅屋として、紅作りの技や文化が、これから先の世にも途切れることなく繋げていくことを願い、2005(平成17)年に「伊勢半本店 紅資料館」(港区南青山)を設立。2006(平成18)年に「伊勢半本店 紅ミュージアム」へ改称した。

紅猪口・白粉三段重

紅の歴史的背景や諸相を紹介する資料室と、紅の色彩的な魅力を体験できるサロンの2つのゾーンで構成。

【展示・収蔵】

ミュージアムの常設展では、紅の原料である紅花の起源・伝来から近世までの紅花生産や流通、紅の製造とマーケティングなどが概観できるほか、江戸時代の化粧文化、紅にまつわる習俗などを紹介。館内サロンスペースでは、玉虫色の輝きを放つ口紅「小町紅」のお試し点けが体験できる。

関連資料として、江戸中期の紅花輸送に関わる文書や、紅作りの道具、江戸末期から明治・大正期に使用された化粧道具など約120点ほどを展示。近世、近現代の化粧品類、販促物なども収蔵。

【事業】

年1回、「江戸」「化粧」「技」などをテーマにした企画展を開催。

その他、館蔵品のミニ展示や、前述のテーマ・紅に関連する講座、ワークショップ、子ども向けの講座など年間を通し開催。出張講座も行う。

東京都

【出版物・グッズ】

- 小町紅（江戸時代の製法のそのままに作り続けている口紅）
- 「紅ミュージアム通信」（機関誌）紅の文化や江戸の風俗、ミュージアムの活動等をお伝えする、伊勢半本店 紅ミュージアムの情報誌。3・6・9・12月の1日発行。
- 展覧会図録：特別展「甦る江戸の化粧道具—板紅」（2008）／プロジェクト報告展「工藝の再結晶—江戸期工人の軌跡を辿った香道具復元制作—」（2011）／企業史展「愛せよコスメ！〜 message from KISS ME 〜」（2014）／企画展「近代香粧品なぞらえ博覧会—舶来エッセンスを使った和製洋風美のつくりかた—」（2017）
  ほか紅花関連グッズ

- 所在地　〒107-0062　東京都港区南青山6-6-20　K's南青山ビル1F
- ＴＥＬ　03-5467-3735
- ＦＡＸ　03-5467-3735
- ＵＲＬ　http://www.isehanhonten.co.jp/museum/index.html
- E-mail　mail@isehan.co.jp
- 交　通　〈地下鉄〉東京メトロ銀座線・半蔵門線・千代田線 表参道駅下車 B1出口より徒歩12分，B3出口（エスカレーター・エレベーターあり）より徒歩13分
  〈バス〉渋谷駅東口バスターミナル51番乗り場
  ・都01 渋谷→新橋行，RH01 渋谷→六本木ヒルズ行　渋谷から2つ目の停留所「南青山七丁目」（六本木通り沿いの停留所）で下車 高樹町信号の横断歩道を渡り，左手に50mほど進む
  渋谷駅東口バスターミナル59番乗り場
  ・渋88 渋谷→新橋行　渋谷から5つ目の「南青山七丁目」（骨董通り沿いの停留所）下車すぐ
- 開　館　AM10:00 〜 PM6:00（入館はPM5:30まで）
- 入館料　無料　※企画展は有料（展覧会によって異なる）
- 休館日　毎週月曜日（月曜日が祝日または振替休日の場合は翌日休館），年末年始
- 施　設　1階鉄筋コンクリート造
- 設　立　2005（平成17）年3月
- 設置者　（株）伊勢半本店
- 管　理　（株）伊勢半本店
- 責任者　館長・澤田晴子

館のイチ押し

- 玉虫色の輝きを放つ口紅「小町紅」の紅点し体験ができる。
- 伝統の紅作りと江戸時代の化粧文化を知ることができる。

東京都

印刷博物館

［生活・文化］

　当館はコミュニケーション・メディアとしての印刷の価値や可能性を紹介し、印刷への理解と関心を深めることを目的として活動している。

　印刷の過去、現在、未来をわかりやすく伝えるため、「かんじる」「みつける」「わかる」「つくる」という4つのキーワードに基づいた展示を行っており、これにより印刷のさまざまな姿を紹介する。また、全体で5時間近くにおよぶ映像による展示情報システムや印刷工房での動態展示等、新しい展示方法も取り入れて進化する博物館を目指している。

　メディアが多様化する21世紀。印刷も大きく変化している。ぜひ身近で大切な印刷についての理解を深めてほしい。

【展示・収蔵】

◇展示概要

　〈プロローグ展示ゾーン―かんじる（感覚）〉　展示空間への導入部。印刷がビジュアル・コミュニケーション・メディアの一つであることを、壁面展示と映像で感覚的に紹介。

　〈企画展示ゾーン―みつける（発見）〉　印刷に関する身近で興味深いテーマ

プロローグ展示ゾーン

東京都

展示室

から専門的なテーマまで、さまざまな企画展を行うスペース。人々と印刷の密接な関わりを再発見できる。(年間1回開催予定)

〈総合展示ゾーン─わかる(理解)〉　独自の視点でテーマを設定した展示スペース。時系列に大きく分けたブロックを、さらに「社会」「技術」「表現」の3つのキーワードで分類し、印刷と文化についての総合的な展示を行う。なお、総合展示ゾーンは企画展の規模により内容が変わる。

〈印刷工房「印刷の家」─つくる(創造)〉　実際の印刷を体験できるスペース。

〈VRシアター〉　土、日、土日に続く祝日のみオープン。最新のバーチャルリアリティー技術を用いた映像を公開。

以下、1階のエントランスフロアは無料で入場できる。

〈ライブラリー〉　印刷関連図書専門の閉架式ライブラリー。館外への貸し出しは行っていない。博物館情報、収蔵品や図書の検索ができる情報コーナーもある。

〈P&Pギャラリー〉　展覧会やイベントを開催する多目的ギャラリーで、ジャンルを超えた印刷表現の展示やコラボレーション、ワークショップ等を開催。

◇収蔵資料

印刷博物館が公共性をそなえた本格的な博物館活動を目指すことから、印刷文化に寄与した歴史的意義のある史料を系統的に収集・調査していくと

東京都

共に、身近なコミュニケーションメディアとして生活に根ざした印刷物を取り上げ、継続的に収集・調査を行なう。主な収蔵品には印仏・摺仏、『解体新書』、瓦版、錦絵、雑誌、明治～昭和期のポスター、竹簡、『学問のすゝめ』、『百万塔陀羅尼』、グーテンベルク『42行聖書原葉』、クルムス『ターヘルアナトミア』、駿河版銅活字(国指定重要文化財)、版木、リトグラフ印刷機等、総点数は約7万点。

【出版物・グッズ】
「印刷博物館ニュース」(季刊)／「印刷博物館ガイドブック」

- ・所在地　〒112-8531　東京都文京区水道1-3-3　トッパン小石川ビル
- ・ＴＥＬ　03-5840-2300(代)
- ・ＦＡＸ　03-5840-1567
- ・ＵＲＬ　https://www.printing-museum.org/
- ・交　通　東京メトロ有楽町線 江戸川橋駅4番出口より右へ徒歩8分　JR総武線(東口)，東京メトロ有楽町線・東西線・南北線，都営地下鉄大江戸線飯田橋駅B1出口より徒歩約13分　東京メトロ丸ノ内線・南北線 後楽園駅1番出口より徒歩約10分
- ・開　館　AM10:00 ～ PM6:00(入場はPM5:30まで)
- ・入館料　一般300円(250円)，大高生200円(150円)，小中学生100円(50円)
　　　　　※(　)内は20名以上の団体料金　※企画展期間中は入場料変更あり
　　　　　※身体障害者手帳等をお持ちの方およびその付き添いの方,未就学児童,65歳以上の方は無料
- ・休館日　毎週月曜日(但し祝日の場合は翌日)，年末年始，展示替え期間(事前に告知)
- ・施　設　鉄筋コンクリート造地上2階地下3階のトッパン小石川ビル低層1階・地下1階が博物館スペース　展示総面積1772㎡
- ・設置者　凸版印刷(株)
- ・責任者　館長・樺山紘一

館のイチ押し

　印刷工房「印刷の家」での活版印刷体験では、実際に活字をひろい、版を組み、印刷するところまで体験いただけます。

　子どもから大人の方まで自分だけの印刷物をつくる喜びを味わうことができます。

　(※体験日時詳細はホームページを参照)

ものづくり記念館博物館事典　111

東京都

NHK放送博物館

［放送・通信］

　NHKの放送開始30周年を記念して"放送のふるさと・愛宕山"に1956（昭和31）年に設立され、以来、世界で最初の放送専門のミュージアムとして親しまれている。NHKは1925（大正14）年3月22日、東京・芝浦の仮放送所で放送をはじめ、その年の7月12日にこの愛宕山に建てられたJOAK東京放送局に移り、本放送を開始した。放送博物館は、この記念の場所・愛宕山に東京放送局の建物をそのまま使って開館したものである。1968（昭和43）年9月に新館が完成、現在に至っている。2016（平成28）年1月には、放送開始90年事業として展示を一新し、リニューアルオープンした。

【展示・収蔵】
　日本の放送がはじまって90年あまり。その間、ラジオからテレビ、そしてカラーテレビ、さらに衛星放送やハイビジョン、デジタル放送へと大きく進歩・発展をとげてきた。当館では放送開始から今日までのラジオ、テレビ放送に使用された機器や放送台本、音声、映像など約3万点の放送資料を所蔵し、順次公開している。主な収蔵品は玉音放送の録音盤、2・26事件放送原稿、ダブルボタン型マイクロホン、テレバイザーなど。また貴重な音や映

東京都

像をふんだんに使用し、放送の過去ばかりでなく、現在や未来についてもわかりやすい展示を行っている。リニューアル工事で設置した8K・スーパーハイビジョンシアターも活用し、放送に関する企画展やイベントを定期的に実施している。付属の図書室では放送史、放送技術、放送事情、放送学、放送台本など放送に関する図書を収集しており、「国民生活時間調査」などNHK放送文化研究所の刊行物も所蔵。

【事　業】

移動放送博物館、番組公開ライブラリー、図書・史料ライブラリー、中高生のための放送講座、8Kコウダン、愛宕山コンサート、みんなの健康教室など。

【出版物・グッズ】

雑誌「NHK放送博物館だより」

- ・所在地　〒105-0002　東京都港区愛宕2-1-1
- ・ＴＥＬ　03-5400-6900
- ・ＦＡＸ　03-5401-1539
- ・ＵＲＬ　http://www.nhk.or.jp/museum/
- ・E-mail　HPに掲載しているお問い合わせ用のメールフォームをご利用ください
- ・交　通　東京メトロ日比谷線 神谷町駅下車，銀座線 虎の門駅下車，都営三田線 御成門駅下車
- ・開　館　AM9:30 ～ PM4:30
- ・入館料　無料
- ・休館日　月曜日(但し月曜日が祝日・振替休日の時は翌日)，年末年始
- ・施　設　地上4階地下1階
- ・設　立　1956(昭和31)年3月3日
- ・設置者　日本放送協会
- ・管　理　(一財)NHKサービスセンター
- ・責任者　館長・和田源二

館のイチ押し

世界で最初の放送専門ミュージアム。

東京都

オカムラいすの博物館

[生活・文化]

　2009(平成21)年2月、「オカムラいすの博物館」を東京都千代田区に開設。
　快適な空間づくりに欠かせない家具を通じて、戦後の産業史・技術史・ものづくりの精神を伝承するため、資料収集・調査研究・教育啓蒙を行う拠点として設置。
　1945(昭和20)年以来、オカムラは快適な空間づくりを手がけており、なかでも、オフィスシーティングの開発・製造は、時代の変化とともに常に進化を続けている。
　「オカムラいすの博物館」では、オフィスシーティングを中心に、その進化の歴史や、座り心地を科学的に研究した人間工学とそれを活用した技術について紹介。日本のオフィス黎明期の事務用回転椅子から最新の高機能シーティングまでを一堂に集めた「いすの展示室」、お客様の体格にあった理想的ないすを計測する「エルゴノミック・シーティング・シミュレータ」を備えた展示「いすの科学」など、いすについて体験的に学んでいただける博物館。

【展示・収蔵】
◇1F　インフォメーション〈受付〉…オカムラのDNAである「ミカサ」を展示。
◇2F　エントランス…館内のご案内・企画展示・オフィスのあゆみ・いすの展示。
◇7F　展示フロア〈いすの科学〉…いすを取り巻く人間工学やテクノロジー、環境対策などを体感装置や計測機を用いて学習できる。
◇8F　展示フロア〈いすの展示室〉…オカムラが開発してきたオフィスシー

東京都

ティングを中心に、その歴史や復元品を展示。
◇9F　シアタールーム…映像コンテンツを大型スクリーンに上映。

【事　業】
予約制での見学のみ。

【出版物・グッズ】
冊子「椅子の科学を考える」（2014）

・所在地　〒100-0014　東京都千代田区永田町2-13-2
・ＴＥＬ　03-3593-6195
・ＵＲＬ　http://www.okamura.co.jp/company/museum/
・交　通　東京メトロ 銀座線・丸ノ内線 赤坂見附駅，銀座線・南北線 溜池山王駅，
　　　　　千代田線 国会議事堂前駅より 徒歩5分，千代田線 赤坂駅より 徒歩6分
・開　館　AM9:00 〜 PM5:00
・入館料　無料
・休館日　土曜日，日曜日，祝日
・設　立　2009（平成21）年2月
・設置者　（株）オカムラ
・管　理　（株）オカムラ
・責任者　（株）オカムラ

館のイチ押し

・日本のオフィス黎明期から最新の高機能シーティングまでを一堂に集めた「いすの展示室」。
・体格にあった理想的ないすを体感できる「エルゴノミック・シーティング・シミュレータ」。
・1FエントランスにはオカムラのDNAである「ミカサ」を展示。
　「ミカサ」はオカムラが1955（昭和30）年に開発した日本初のトルクコンバータ式オートマチック・トランスミッション車で、1951（昭和26）年に開発し製造した純国産のトルクコンバータを搭載し、展示保管しています。2015（平成27）年にはその保存状態などを評価され、一般社団法人 日本機械学会により「機械遺産」に認定されました。
◇ミカサについて　オカムラウェブサイト「ミカサ」
　http://www.okamura.co.jp/company/history/mikasa/index.html

関東

ものづくり記念館博物館事典　115

東京都

オリンパス技術歴史館「瑞古洞」

[機械・精密機器]

1999（平成11）年10月23日オリンパスグループの創業時からの製品、歴史的技術資産の散逸劣化を防ぎ、理念や技術等の継承を目的に、収蔵管理を開始。2013（平成25）年10月1日より、オリンパス技術歴史館「瑞古洞」として一般公開を開始した。

オリンパス技術開発センター石川（東京都八王子市）内にある「瑞古洞」は、オリンパスが世に送り出した創業時から現在にいたるまでの製品を展示し、技術的変遷や発展、当社製品がどのように社会の発展に貢献してきたかを紹介する技術歴史館である。愛称の「瑞古洞」は、当社が開発した最初のカメラ用レンズZUIKO（瑞光）に由来し、古くからの当社製品を集めた洞穴をイメージして付けられた。

顕微鏡「旭号」

【展示・収蔵】
《常設展示》顕微鏡、カメラ、医療機器、非破壊検査機器等を各エリアにて展示。各コーナーにハンズオン展示があり、実際に製品を体感することが出来る体験施設である。
《収蔵製品》約10,000点

【事　業】
・年1〜2回、企画展を開催。
・夏休みこども企画として、7月の最終週に顕微鏡を使ったワークショップ「顕微鏡で観るミクロの世界」を開催している。

東京都

- ・所在地　〒192-8507　東京都八王子市石川町2951オリンパス株式会社技術開発
　　　　　センター石川内
- ・ＴＥＬ　042-642-3086
- ・ＦＡＸ　042-642-2582
- ・ＵＲＬ　https://www.olympus.co.jp/brand/zuikodoh/?page=brand_zuikodoh
- ・交　通　〈電車〉JR八高線 北八王子駅より徒歩約10分　※改札口を出て右に進む
　　　　　〈バス〉JR八王子駅北口 バスターミナル1番または京王八王子駅8番乗
　　　　　り場より「宇津木台(大和田経由)」「宇津木台(東海大病院経由)」「東海
　　　　　大学八王子病院」「日野駅(東海大病院経由)」行き乗車,「北八王子駅入
　　　　　口」下車
　　　　　〈車〉中央自動車道 八王子IC 第1出口より約5分
- ・開　館　AM10:00 ～ PM5:00(最終入館は閉館30分前まで)
- ・入館料　無料
- ・休館日　土・日・祝日・年末年始および会社休日
- ・施　設　鉄筋コンクリート10階建(免震構造),館は1号棟1階
- ・設　立　1999(平成11)年10月23日
- ・設置者　オリンパス(株)
- ・管　理　CSR本部CSR推進部
- ・責任者　館長・田中豊

館のイチ押し

- ・弊社初の顕微鏡「旭号」(1920(大正9)年)
- ・国立科学博物館　重要科学技術史資料(未来技術遺産)に登録された「最
　高級写真顕微鏡ニューバノックスAHBS」(1983(昭和58)年)
- ・世界初の実用的な胃カメラ「GT-Ⅰ」(1952(昭和27)年)
- ・夏休みこども企画　ワークショップ「顕微鏡で観るミクロの世界」

東京都

花王ミュージアム
[生活・文化]

　創業から絶えまなく革新を続けてきた花王の歴史をたどると共に日常生活の象徴ともいえる"清浄文化"に注目し、その歴史をひもといた。
　遥か古代へさかのぼり、それぞれの時代における人びとの"暮らし"や"いとなみ"を洗濯、掃除、入浴、化粧などの視点から紹介している。

【展示・収蔵】
◇清浄文化史ゾーン…清浄文化のルーツを求め、古代メソポタミアの石鹸の記録、古代エジプト人が使っていた洗浄剤などを紹介。
　清潔なリサイクル都市「江戸」の街並みがジオラマで登場。銭湯の復元模型や化粧道具など町人文化と清浄観にふれる。
　そして、昭和の暮らしが原寸大でよみがえる。
◇花王の歴史ゾーン…創業者・長瀬富郎が発売した「花王石鹸」に"よきモノづくり"の原点がある。それから一世紀以上にわたって毎日の暮らしを変えるような、革新的な製品が数多く誕生した。

東京都

また、それぞれの時代を鮮明に映し出している斬新なデザインのポスターや広告、なつかしいCMをお楽しみいただける。
◇コミュニケーションプラザ…花王の"いま"を体感していただける空間で、製品特長を支える技術やメカニズムを紹介している。
幅広い分野で活躍する工業用製品や業務用製品の展示や、香りなどの感性研究、欧米ビューティケアブランドを紹介している。

【事　業】
小学生向けに「手洗い講座」「化学実験講座」を実施している。

- 所在地　〒131-8501　東京都墨田区文花2-1-3
- ＴＥＬ　03-5630-9004（受付時間　平日AM9:00〜PM5:00）
- ＦＡＸ　03-5630-9003
- ＵＲＬ　https://www.kao.com/jp/corporate/about/tour/museum-tour/kao-museum/
- 交　通　JR総武線　亀戸駅　北口より徒歩15分または都営バス「日暮里」行き「立花一丁目」より徒歩すぐ
東武亀戸線　小村井駅より徒歩8分
- 開　館　AM10:00〜AM11:30，PM2:00〜PM3:30
※時間帯については別途相談
- 入館料　入場無料　事前予約制でスタッフが案内　見学可能人数5〜60名（小学3年生以上）
※4名以下の場合及び校外学習としての見学は別途電話で相談
- 休館日　土日・祝祭日および会社休日
申込み方法：見学希望日の3か月前から電話で受付
- 施　設　床面積1500㎡
- 設　立　2007（平成19）年1月
- 設置者　後藤卓也（当時社長）
- 管　理　花王㈱　企業文化情報部
- 責任者　館長・引地聰

　館のイチ押し
清浄文化を知る事が出来る唯一の博物館。

東京都

科学技術館

[科学技術]

　1960(昭和35)年4月に科学技術振興に関する諸事業を総合的に推進する公益法人として(財)日本科学技術振興財団設立。科学技術館は、当財団が設立し1964(昭和39)年4月に開館した理工系博物館である。基礎的な科学技術と関連する先端産業分野での応用成果の実施を実物展示、レプリカ、可動原理模型、体験装置および実験・演示など様々な展示手法を駆使し、主に青少年を対象に科学技術知識の普及啓発を行っている。

【展示・収蔵】
　展示は、見て・触って・からだ全体を使って体感し、自分の知識や興味に応じて楽しみながら科学と技術に興味・関心を深められるようになっている。また、科学技術の進歩にあわせ、つねに展示の更新を図りながら魅力的な情報を提供していくことを心がけている。
《5階展示室》
　「遊び・創造・発見の森」をテーマにした8つの展示室で構成され、これらの展示全体を自然の森に見立て「フォレスト」と呼んでいる。
◇「オリエンテーリング」…科学する心の扉を開く「きっかけ」となるいろいろな仕掛けが用意されており、見る・聞く・触れる・感じるといった人間の感覚器官をすべて使って体験する。

東京都

◇「イリュージョンＡ」「イリュージョンＢ」…様々な錯覚・錯誤や、いつもとは違った見方を体験することにより、視覚の科学を直感的に理解したり、思わぬ発見ができる空間。

ほか、「オプト」「メカ」「ワークス」「アクセス」「リアル」「シンラドーム（4階）」がある。

《4階展示室》

◇「建設館」…トンネルの技術や歴史の紹介をはじめ、耐震実験や地震の演示実験などにより、日本のすぐれた土木、建築の技術を体感できる。

◇「鉄の丸公園1丁目」…鉄の「用途」「特性」「作り方」「環境」を映像や体験装置、演示実験を通して学ぶことができる。

ほか、「シンラドーム」「実験スタジアム」がある。

《3階展示室》

◇「DENKI FACTORY」…電気の原理を楽しく学べる参加体験型の展示があり、スタッフによる実験演示も行われている。

◇「くすりの部屋―クスリウム」…くすりの研究室をイメージした展示室で、身近なくすりについての様々な知識を紹介。

ほか、「アトミックステーション　ジオ・ラボ」「ニュー・エレクトロホール〈サイバー・リンク〉」がある。

《2階展示室》

◇「自転車広場」…実物を中心に自転車の技術の変遷を紹介。

◇「ワクエコ・モーターランド」…乗用車やバイク、トラックの運転シミュレーターが体験できる。同時に「エコドライブ」や「クルマのリサイクルやしくみ」など、環境問題や安全も学ぶことができる。

◇「ものづくりの部屋」…日本の産業を支える「ものづくり」をテーマに機械や製品を展示、あわせてワークショップも実施。

【事　業】

科学技術館の運営事業（実験プログラムの開発、特別展の開催、巡回展示物の貸出など）

教育文化施設に対する企画・開発・保守、運営監理

科学技術系人材の育成（サイエンス友の会の運営、「青少年のための科学の祭典」の開催など）

科学技術の普及啓発（科学技術映像祭の開催、放射線に関する理解増進活動）

ものづくり記念館博物館事典　　121

東京都

科学技術振興に関する調査研究など

【出版物・グッズ】

科学技術館　メールマガジン／ツイッター／ JSF Today（広報誌）

- 所在地　〒102-0091　東京都千代田区北の丸公園2-1
- ＴＥＬ　03-3212-8544，03-3212-8458（団体予約）
- ＦＡＸ　03-3212-8443，03-3212-8540（団体予約）
- ＵＲＬ　http://www.jsf.or.jp/
- 交　通　東京メトロ東西線 竹橋駅下車 徒歩7分，東京メトロ東西線・半蔵門線・都営新宿線 九段下駅下車 徒歩9分
- 開　館　AM9:30 〜 PM4:50（但し入館はPM4:00まで）
- 入館料　大人720円（520円），中・高校生410円（310円），子ども（4歳以上）260円（210円）
  ※（ ）内は20名以上の団体料金，その他高齢者（65歳以上）割引，身障者割引制度あり
- 休館日　一部の水曜（学校休み期間や11月〜2月などは開館）および年末年始（12月28日〜1月3日）
- 施　設　鉄筋コンクリート造地上5階地下1階，敷地面積6814㎡，建築延面積2万5164㎡，展示面積8030㎡
- 設　立　1964（昭和39）年4月
- 設置者　（財）日本科学技術振興財団
- 管　理　（公財）日本科学技術振興財団
- 責任者　理事長・榊原定征

館のイチ押し

展示のテーマに沿った実験ショーや映像上映、ワークショップを毎日行っている。

また、ゴールデンウィークや夏休み、春休みには特別展を開催。

東京都

家具の博物館

[生活・文化]

　家具の博物館は、フランスベッド(株)の創業者である池田実氏の発起により、フランスベッド各社の協力により1972(昭和47)年11月に東京都中央区晴海のジャパン・インテリア・センタービル内に開設された。当初は「家具保存協会・家具の歴史館」として出発したが、1979(昭和54)年10月財団化にともない「家具の博物館」と改称した。その後も博物館活動を続けてきたが、2004(平成16)年10月に諸般の事情から昭島市中神町に移転し現在に至っている。

　当館は、ともすれば散逸しがちな伝統ある家具を収集保存し、体系づけ、後世に伝えるとともに、新時代への家具を創造する糸口となる施設として開設された。人々の暮らしの中で育まれてきた素晴らしい家具を鑑賞していただくとともに、生活の中に占める家具の役割を考えていくきっかけとなれば幸いである。

【展示・収蔵】
(収蔵品)約1,800点、内180点余を展示している。
(主な展示)
◎衣裳箪笥・車箪笥・船箪笥・帳箪笥などの日本の箪笥の歴史と文化を紹介
◎日本の伝統的床座(ゆかざ)生活の中で育まれてきた家具(行灯・燭台などのあかり

東京都

の道具、火鉢・行火・炬燵などの暖房具、鏡や鏡台などの化粧具、針箱などの裁縫具、文机などの文房具など)を展示
◎椅子の普及を中心に近代以降の日本の洋家具を紹介
◎西洋クラシック家具の展示(ウィンザーチェアやカントリーファーニチャのほか、19世紀の英国の家具など)
◎菊地コレクションの展示(欧米のクラシックチェアを菊地敏之氏が縮尺1/5で再現したミニチュア作品)

【事　業】
毎年春秋2回の展覧会を開催

【出版物・グッズ】
「和箪笥百選」(1986)／「日本の家具－伝統・継承・創造(1972)」／「年表－椅子」(1972)／「英国カントリーファーニチャ」(1976)／「梶田恵展」(1980)／「チェアコレクション」(2003)
「解説ノート1.鍵と錠」(1989)／「解説ノート2.鏡と鏡台」(1990)／「解説ノート3.モダンチェアの先駆け展」(1991)／「解説ノート4.暮らしの道具－あかり－」(1993)／「解説ノート5.椅子の移り変わり展」(1994)／「解説ノート6.暮らしの道具－桐箪笥－」(1995)／「解説ノート7.ウッドターニングツール展」(1999)／「解説ノート8.暖房具のいろいろ展」(2001)
「家具の博物館だより」(年2回春秋発行)

- 所在地　〒196-0022　東京都昭島市中神町1148(フランスベッド東京工場敷地内)
- ＴＥＬ　042-500-0636
- ＦＡＸ　042-500-0646
- ＵＲＬ　http://www.kaguhaku.or.jp
- E-mail　kagu@kaguhaku.or.jp
- 交　通　JR青梅線 中神駅下車 北口より徒歩5分
- 開　館　AM10:00～PM4:30(最終入館PM4:00)
- 入館料　一般200円、高校生以下無料
- 休館日　毎週水曜日、年末年始、夏期休館あり
- 施　設　鉄筋コンクリート造地上4階建(フランスベッド生産本部内)1階展示スペース245㎡
- 設　立　1972(昭和47)年11月1日
- 設置者　(一財)家具の博物館
- 管　理　磯部薫(理事長)
- 責任者　館長・伊東和彦

東京都

がすてなーに ガスの科学館

[エネルギー]

東京ガス創立100周年を記念して、永年にわたるお客様のご愛顧に感謝し、地域社会に貢献する施設として1986(昭和61)年に「旧ガスの科学館」を開館。その意思を引継ぎ、豊洲土地区画整理事業に伴い2006(平成18)年6月2日移転、「がすてなーに ガスの科学館」と名称を変更しリニューアルオープンした。

「がすてなーに ガスの科学館」は、"エネルギーと環境の「？(はてな)」を学び「！(なるほど)」を実感"というコンセプトのもと、体験型の展示を通じた、小学生を中心とする校外学習施設、および東京ガスの事業をお伝えする企業PR館として運営している。

【展示・収蔵】

展示をひとつのきっかけに、お客様と会話をしながら、お客様の「？(疑問)」や「！(発見)」を刺激し、ともに考えることでエネルギーや環境問題への理解を深めていくお手伝いをコミュニケーターが行う。また、コミュニケーターは、各コーナーで開催されるプログラムを制作・実施している。

《1F》

◇プカのひみつ　家庭に都市ガスが届くまでの工程をさかのぼり、各工程の技術(実物展示)を確認しながら、化石燃料や環境問題を学ぶ。

東京都

◇ピカッとフューチャー　自然の力や都市ガスを利用して、電気と熱を作り出す仕組みや、まち全体でエネルギーを融通するシステムの理解を深める。《2F》

◇探検！プ・ポ・ピ ラボ　普段の生活を再現した展示を通じて、"エネルギーのムダ"をなくし、地球にやさしい暮らしを「意識」するきっかけをつくっていく。

【事　業】

　プログラムやイベントを随時開催している。

◇クイズ大会、サイエンスショーは、毎日開催

◇ワークショップ、サイエンスキッチンは、土日祝日・学校休業日［春・夏・冬休み］開催

◇イベントは、ゴールデンウィークや学校休業日に開催

- ・所在地　〒135-0061　東京都江東区豊洲6-1-1
- ・ＴＥＬ　03-3534-1111
- ・ＦＡＸ　03-3534-1643
- ・ＵＲＬ　http://gas-kagakukan.com
- ・交　通　東京メトロ有楽町線 豊洲駅7番出口より徒歩6分，ゆりかもめ 豊洲駅北口より徒歩6分
- ・開　館　AM9:30 〜 PM5:00(入館はPM4:30まで)
- ・入館料　無料
- ・休館日　月曜日(祝日の場合は翌日)，年末年始，施設点検日
- ・施　設　地上3階(3階部分は屋上)
- ・設　立　2006(平成18)年6月2日
- ・設置者　東京ガス(株)
- ・管　理　東京ガスコミュニケーションズ
- ・責任者　館長・西山潔

館のイチ押し

　「がすてなーに　ガスの科学館」は、"暮らしを支えるエネルギー・ガス"の特長やエネルギーと地球環境との関わりを体験型展示物やクイズ、実験を通して楽しみながら学ぶことができます。

GAS MUSEUM（がす資料館）

[エネルギー]

　1872(明治5)年我が国最初のガス灯が横浜に点灯されてから都市ガスは140年有余にわたり人々のくらしのエネルギーとして活用され続けている。当館は明治初期以来の日本のガス事業とその周辺事情に関する資料を収蔵・展示公開するために東京ガス(株)により1967(昭和42)年に開設された。

　なお展示館は1909(明治42)年建築の同社本郷出張所であったレンガ造り2階建の建物を都市計画により撤去、都下小平市に移築復元したものである。また10年後の1977(昭和52)年に同社千住工場の廃止に伴ない1912(明治45)年建築のレンガ造り1階建物を移築復元、展示館として追加した。

　この2つの展示館は1982(昭和57)年には、(財)日本建築学会により「建築学的に貴重な建物」として選定され、2004(平成16)年には産業考古学会より推薦産業遺産に認定される。

【展示・収蔵】
◇1号館「ガス灯館」
　1F・都市ガス最初の利用分野であるガス灯を中心に黎明期の情況を展示解説。
　2F・当館収蔵の錦絵を展示するためのギャラリー。

東京都

◇2号館「くらし館」

　明治初期から現代に至る都市ガスと人々のくらしとの関わりの変遷を時系列的に展示。また都市ガスの原料と製造システムの変遷を合わせ展示解説。

　収蔵品目および数量：ガス器具類約2000点、美術資料約1000点、文献類約1万1000点。

【事　業】

　企画展：（収蔵品の錦絵を中心とした企画展を3か月会期で年間4回錦絵ギャラリーにおいて開催）

　秋に館庭を活用した野外コンサート、告知募集によるスケッチ展等開催。

【出版物・グッズ】

　図録「収蔵錦絵セレクション」（2017）／「ガスとくらしの150年」（2018）

- ・所在地　〒187-0001　東京都小平市大沼町4-31-25
- ・ＴＥＬ　042-342-1715
- ・ＦＡＸ　042-342-8057
- ・ＵＲＬ　http://www.gasmuseum.jp/
- ・交　通　西武池袋線 東久留米駅西口より西武バス「錦城高校経由武蔵小金井駅」ゆき，西武新宿線 花小金井駅・JR中央線武蔵小金井駅北口より西武バス「錦城高校経由東久留米駅西口」行きにて「ガスミュージアム入口」下車 徒歩3分
  ※西武新宿線 小平駅より徒歩20分（1.5km）
- ・開　館　AM10:00 〜 PM5:00（入館はPM4:00まで）
- ・入館料　無料
- ・休館日　月曜日（月曜日が祝日・振替休日のときは翌日），年末年始
- ・施　設　レンガ造2階建1棟，同1階建1棟
- ・設　立　1967（昭和42）年4月
- ・設置者　東京ガス㈱
- ・責任者　館長・千葉和宏

東京都

紙の博物館

[紙・繊維]

第1展示室

　当館の立地する王子は、日本の洋紙発祥の地といわれる。それは、1875(明治8)年に渋沢栄一の提唱で作られた「抄紙会社」(後の王子製紙王子工場)が開業したことをきっかけに、その後周辺に製紙関連会社が数多く作られ、発展したことに由来する。王子周辺は第二次世界大戦末期に空襲を受け、王子製紙王子工場も壊滅的な被害を被り、工場は廃止された。
　その後1949(昭和24)年に戦後の占領政策に基づく過度経済力集中排除法により、日本の製紙産業をリードしてきた王子製紙が、苫小牧製紙・十條製紙・本州製紙の3社に分割されることになったが、それまでに収集されていた貴重な手すき和紙の標本や和洋紙文献・資料などを整理・保存し、一般に公開して社会教育に貢献することを目的とした記念館を設立することとなった。そして奇跡的に焼け残った王子工場の電気室の建物を利用して、1950(昭和25)年に当館の前身「製紙記念館」が開館した。

【展示・収蔵】
　和紙、洋紙を問わず、紙に関する資料を幅広く収集・保存・展示する。展示は、紙の原料・製造工程や紙製品などを紹介する第1展示室、紙の基礎からリサイクル・環境問題まで、体験的に楽しく学べる子ども向けの第2展示室、紙の誕生から和紙・洋紙の歴史、紙の工芸品などを紹介する第3展示室の常設展示と、様々なテーマの企画展などを開催する第4展示室からなる。また、紙の専門図書室を有し、一般に公開している。

【事　業】
　各種企画展を開催すると共に、講演会・体験会・実演会などのイベントを

東京都

開催。夏休みは、子ども向けイベントを中心に実施。
　毎週土・日曜日には「紙すき教室」を実施。

【出版物・グッズ】

・紙の博物館オリジナル手作りはがきづくりキット「紙すきくん」
・紙の博物館オリジナルクリアファイル　各種
・紙の博物館機関誌「百万塔」
・紙の博物館「紙の歴史と製紙産業のあゆみ」
・紙の博物館「和紙と洋紙　－その相違点と類似点－」
・紙の博物館「わかりやすい紙の知識」
・紙の博物館「時代紙万華　60年ごとにみる江戸から平成」など

・所在地　〒114-0002　東京都北区王子1-1-3
・ＴＥＬ　03-3916-2320
・ＦＡＸ　03-5907-7511
・ＵＲＬ　http://www.papermuseum.jp/
・E-mail　toiawase@papermuseum.jp
・交　通　JR京浜東北線　王子駅南口下車　徒歩約5分，東京メトロ南北線　西ヶ原駅
　　　　　下車　徒歩約7分，東京さくらトラム（都電荒川線）飛鳥山停留場下車　徒
　　　　　歩約3分，都バス　飛鳥山停留所下車　徒歩約4分
・開　館　AM10:00 ～ PM5:00（入館PM4:30まで）
・入館料　大人300円（240円），小中高生100円（80円）　※（　）内は20名以上の団
　　　　　体料金
・休館日　月曜日（祝日の場合は開館），祝日直後の平日，年末年始，臨時休館日
・施　設　鉄筋コンクリート　地下1階地上4階　建築面積492.13㎡　延床面積
　　　　　2267.74㎡
・設　立　1950（昭和25）年6月
・管　理　（公財）紙の博物館
・責任者　専務理事　館長・東剛

館のイチ押し

・歴史・文化・科学などあらゆる方面から身近な紙について、知ること
　ができる。
・毎週土・日曜日に実施される「紙すき教室」は、牛乳パックの再生
　原料からオリジナルのハガキを作る人気の催し（行事で中止の場合あ
　り）。紙のつくり方からリサイクルのしくみまで、年齢を問わず楽し
　みながら学ぶことができる。

東京都

旧新橋停車場 鉄道歴史展示室

[交通・運輸]

「旧新橋停車場」は1872(明治5)年に日本最初の鉄道ターミナル「新橋停車場」の駅舎外観を当時と同じ場所にできる限り忠実に再現した建物として2003(平成15)年4月10日に開業した。館内の「鉄道歴史展示室」は、旧新橋停車場駅舎の再現に合わせて開設された、どなたにも気軽に利用いただける無料の展示室である。

【展示・収蔵】
　常設展示にて国の史跡『旧新橋停車場跡』として指定された開業当時の駅舎やプラットホームの一部の遺構を公開している。また、出土品(鉄道業務に用いられた金属製品や汽車土瓶、西洋磁器など)の実物展示、鉄道や汐留の歴史を映像展示などで紹介している。明治・鉄道・汐留をテーマにした企画展を年数回開催している。

【出版物・グッズ】
・企画展の図録　500〜900円
・絵葉書セット　300円
・車両シール(蒸気機関車、山手線、東北・北海道新幹線)各100円

東京都

- ・所在地　〒105-0021　東京都港区東新橋1-5-3
- ・ＴＥＬ　03-3572-1872
- ・ＵＲＬ　http://www.ejrcf.or.jp/shinbashi/index.html
- ・交　通　JR新橋駅 銀座口より徒歩5分
- ・開　館　AM10:00 ～ PM5:00(最終入館はPM4:45まで)
- ・入館料　無料
- ・休館日　毎週月曜日(但し祝祭日の場合は開館，翌火曜日が休館)，
　　　　　年末年始(12月29日～1月3日)，展示替え期間中，設備点検時
- ・施　設　鉄筋コンクリート造，一部鉄骨造
- ・設　立　2003(平成15)年4月
- ・設置者　(公財)東日本鉄道文化財団
- ・管　理　(公財)東日本鉄道文化財団

関東

館のイチ押し

- ・国史跡「旧新橋停車場跡」に指定されている駅舎やプラットホームなどの遺構
- ・鉄道をテーマにした企画展

東京都

JAL工場見学〜SKY MUSEUM〜

[交通・運輸]

　JALは、社会貢献活動の一環として、無料で機体整備工場見学を実施している。この活動は、創業間もない1950年代半ばより現在に至るまで続けており、2013(平成25)年には、「JAL工場見学〜 SKY MUSEUM 〜」としてリニューアルした。

　今回のリニューアルを機に、ミュージアムとして展示エリアを充実させ、1951(昭和26)年の会社設立以降世界の空を切り拓いてきたJALの史料のほか、フライトを支える航空会社のスタッフの仕事紹介ブースなどを設置している。飛行機の概要を学ぶ「航空教室」や機体整備の様子が間近で見られる「格納庫見学」などとともに航空業界全体に関する知識を深めることができる施設となっている。

　2017(平成29)年度には13万人を超える見学者が訪れた。

【展示・収蔵】

　アーカイブズエリアでは、戦前の民間航空をはじめとして1950年代から現在に至る航空の歴史を10年毎の大年表にして、トピックスや当時の現物などを展示している。また、皇室フライト展示や湾岸戦争時の邦人救出フラ

格納庫見学

東京都

イトなどの特別フライト展示のコーナーもある。

　仕事紹介エリアでは、パイロット、客室乗務員、航空整備士、空港スタッフやグランドハンドリング＆貨物スタッフの各ブースを設け、それぞれの仕事を紹介するとともに、展示されている操縦席に実際に座ったり、到着した飛行機をスポットに誘導するマーシャリングという仕事を体験できる。また、それぞれの仕事の七つ道具なども展示している。

　サービス紹介エリアでは、航空機のシートや機内食などを紹介している。ファーストクラスやビジネスクラスなどのシートを展示し、実際にシートに座ることができるようなコーナーもある。

【事　業】

　JAL工場見学〜SKY MUSEUM〜では、工場見学の各コースごとに航空教室を実施しており、羽田空港の紹介や「飛行機がなぜ飛べるか」など飛行機に関するいろいろな知識が学べるようになっている。

- ・所在地　〒144-0041　東京都大田区羽田空港3-5-1（JALメインテナンスセンター1）
- ・ＴＥＬ　03-5460-3755（AM9:30〜PM4:30）　※予約はホームページからのみ
- ・ＵＲＬ　http://www.jal.co.jp/kengaku/
- ・交　通　東京モノレール 新整備場駅下車 徒歩2分
- ・開　館　1日5コース（AM10:00〜，AM11:30〜，PM1:00〜，PM2:30〜，PM4:00〜）
  　　　　　※見学にはホームページからの予約が必要
- ・入館料　無料
- ・休館日　年中無休（年末年始を除く）
- ・施　設　日本航空メインテナンスセンター（整備格納庫）内
- ・設　立　2013（平成25）年7月22日にリニューアルオープン
- ・設置者　日本航空コーポレートブランド推進部
- ・管　理　日本航空コーポレートブランド推進部
- ・責任者　日本航空コーポレートブランド推進部

館のイチ押し

　JAL工場見学〜SKY MUSEUM〜は、航空教室・展示エリア・格納庫見学の3つが楽しめます。格納庫見学では、実際に整備している飛行機を格納庫のフロアに降りて、間近から見ることもできます。

セイコーミュージアム

[機械・精密機器]

　セイコーミュージアム(旧セイコー時計資料館)は1981(昭和56)年創業100周年を記念事業として「時・時計」に関する資料・標本の収集・保存と研究を目的として設立された。2012(平成24)年4月に本格的にリニューアルを行い、時・時計の研究とセイコーの情報発信の施設として活動している。

　時計の進化の歴史、和時計、セイコーの歴史・製品の展示、スポーツ計時体験コーナーやワークショップ(時計組立)などを通して大人から子どもまで多くの皆様にお楽しみ頂ける施設を目指している。

【展示・収蔵】
《展示内容》
◇2F…セイコー創業の精神/セイコーの歴史(ウオッチ・クロック)/和時計
◇1F…時と時計の進化:古代の日時計に始まり、水時計・火時計・砂時計・機械式時計・そしてクオーツ時計と発展してきた時を計る道具の進化展示/スポーツ計時体験コーナー/ミュージアムショップ
《標本》ウオッチ・クロック等　16,000点
《文献資料》時と時計に関する書籍・カタログ・錦絵・ビデオ　18,000点

【事　業】
・教育普及活動として、学生課外授業を応援。修学旅行生の物づくり体験・小学生夏休みの宿題サポート(時計の学習)
・時計職人へ学ぶ子供達のイベント:アウトオブキッザニア

東京都

・地域社会との連携・墨田3M運動
・企業博物館グループとの連携・イベント開催

【出版物・グッズ】

《出版物》「時計工業の発達」/「和時計図録」/「時計のひみつ」

《グッズ》絵葉書、ぬり絵、メモ帳、ミニタイマークロック、クロック、ウオッチ

・所在地　〒131-0032　東京都墨田区東向島3-9-7
・T E L　03-3610-6248
・F A X　03-3610-1439
・U R L　http://museum.seiko.co.jp/
・交　通　東武スカイツリーライン　東向島駅より徒歩8分
　　　　　京成線　京成曳舟駅より徒歩15分，バス7分(日暮里駅行きまたは南千住駅東口行き→白鬚橋東下車)
　　　　　東京メトロ日比谷線　三ノ輪駅よりバス7分(亀戸駅行き　三ノ輪二丁目→白鬚橋東下車)
　　　　　JR総武線　亀戸駅　バス15分(日暮里駅前行きまたは南千住東口行　亀戸駅→白鬚橋東下車)
・開　館　AM10:00～PM4:00(入館受付はPM3:00まで)
・入館料　無料
・休館日　月曜日(祝日の場合，翌火曜日も休館)，祝祭日(5月3日～5日は開館)，年末年始
・施　設　鉄筋コンクリート造地上4階建，1階・2階は展示スペース，3階は文献閲覧室
・設　立　1981(昭和56)年
・設置者　(株)服部時計店(現セイコーホールディングス(株))
・管　理　セイコーホールディングス(株)
・責任者　代表取締役社長・中村吉伸

館のイチ押し

・日時計から始まる時計の歴史を学ぼう！
・スポーツ体験コーナーでウサインボルトの100M世界記録9.58に挑戦しよう！
・最先端のバーチャル・リアリティ(VR)デバイスで時計の仕組みを楽しく学ぼう！

東京都

世界のカバン博物館

[生活・文化]

　バッグメーカー、エース株式会社の創業者・新川柳作が長年収集してきたバッグの個人収蔵品を、広く皆様にご紹介する文化事業として「世界のカバン館」を1975(昭和50)年に開設。エースの創業70周年にあたる2010(平成22)年に「世界のカバン博物館」として大幅にリニューアルを行った。また2015(平成27)年に創業者の生誕100周年を記念して開設した「新川柳作記念館」を併設している。

【展示・収蔵】
　世界五大陸、約50カ国より収集された希少価値の高いコレクションをはじめ、カバンの歴史、文化に触れることができるカバンの博物館である。暮らしの中で使われる「カバン」には、それぞれの国の独自の文化や風俗があり、発展の歴史がある。カバンの歴史を学べるコーナーのほか、世界のカバンコレクションでは世界中から集められた550点余りの珍しいカバンや希少価値の高いバッグを収蔵・展示している。また、思い出のカバンや歴史に立ち会った逸品として、著名人より寄贈された愛用のバッグも多数展示。人間の暮らしとの深い関わりを知り、より多くの方にカバンの世界を身近に感じて頂ける展示内容である。

東京都

【事　業】

　産学協同の取り組みとして、東京藝術大学デザイン科と共催の「モチハコブカタチ展」や、服飾系専門学校の卒業制作展を、企画展として年3〜4回ほど行う。

- ・所在地　〒110-0043　東京都台東区駒形1-8-10(エース東京店内　7・8階)
- ・ＴＥＬ　03-3847-5680
- ・ＵＲＬ　https://www.ace.jp/museum/
- ・交　通　都営地下鉄浅草線 浅草駅A1出口徒歩1分, 東京メトロ銀座線 浅草駅・田原町駅 徒歩5分
- ・開　館　AM10:00 〜 PM4:30
- ・入館料　無料
- ・休館日　日・祭日(年末年始及びその他臨時の休館あり)
- ・施　設　鉄筋コンクリート地上8階建, 7階部分が展示スペース
- ・設　立　1975(昭和50)年9月1日
- ・設置者　新川柳作(エース(株)創業者)
- ・管　理　エース(株)
- ・責任者　館長・廣崎秀範

館のイチ押し

　世界五大陸より集められた「世界のカバンコレクション」は必見。それぞれの国や地域の独自の文化を、カバンを通して感じて頂けます。特に、産業革命以降の旅行カバンの変遷は、ヨーロッパとアメリカのものづくり背景、ひいては産業文化の相違を目の当たりにすることのできる展示となっています。

東京都

Daiichi Sankyo くすりミュージアム

［医薬品］

　当館は、小学校高学年から大人まで、くすりについて楽しみながら学べる体験型の企業ミュージアムとして、製薬会社 第一三共により、2012（平成24）年2月に「くすりの街　東京日本橋本町」にオープンした。
《本施設のねらい》
・くすりについて楽しみながら学ぶことで、くすりの大切さを正しく理解いただく。
・創薬に関する企業活動を紹介し、当社および製薬業界への理解と信頼の醸成をめざす。
・日本橋地域における文化・交流機能を備えた施設として街の活性化に貢献する。

【展示・収蔵】
　Daiichi Sankyo くすりミュージアムは、1Fと2Fのフロアから構成しており、1Fでは、くすりには長期間にわたる多くの人々の努力と、膨大なデータが込められていることがわかる「一粒のくすり」のほか、ミュージアムの

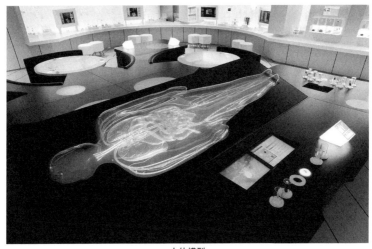

人体模型

東京都

キャラクター、ジェームスとくすりーなと写真が撮れるフォトスポットがある。2Fがメインフロアとなっており、まずは受付でメダルを受け取って登録を行うことから体験がスタート。「からだとくすり」では、自分のからだの中を、ミクロの世界にズームインして健康な時と病気の状態の体内の様子を知ることができる。「くすりの動き」では、体内に入ったくすりがどう体を循環していくのか、巨大人体模型を使って学ぶことができる。このほか、薬の正しい飲み方を紹介するコンテンツや、がん創薬の現況を知ることができるシアター「くすりの未来」等、全部で22のコンテンツがあり、創薬の誕生からくすりの正しい飲み方まで、くすりについてじっくりと学ぶことができる。

【出版物・グッズ】

なぞなぞ判じ絵手ぬぐい、タンブラー、ネクタイ、クリアファイル、ボールペン

- ・所在地　〒103-8426　東京都中央区日本橋本町3-5-1
- ・ＴＥＬ　03-6225-1133
- ・ＵＲＬ　https://kusuri-museum.com/
- ・交　通　東京メトロ銀座線・半蔵門線　三越前駅A10出口　徒歩2分
　　　　　　JR総武快速　新日本橋駅出口5　徒歩1分
- ・開　館　AM10:00 ～ PM6:00(入館は閉館30分前まで)
- ・入館料　無料
- ・休館日　月曜日(祝日・振替休日の場合は翌日)，年末年始
- ・設　立　2012(平成24)年2月
- ・管　理　第一三共(株)

館のイチ押し

- ・くすりのうごき(くすりの動きを人体模型で確認できる)
- ・くすりのはたらき(対戦型ゲームをしながら、くすりが作用する仕組みを学べる)
- ・くすりの未来(迫力ある映像で、がん創薬の現況について学べる)

東京都

たばこと塩の博物館

[生活・文化]

　16世紀末ごろ伝来したと伝えられる「たばこ」は、400年以上にわたり生活にとけこんだ喫煙風習として、ひとつの文化史を形成している。また「塩」づくりは、わが国独特の気候風土との苦闘の歴史でもあり、その技術は世界に類をみないものである。

　当館は、たばこと塩に関する文化遺産、民族（俗）資料をもとに、文化・産業史的側面を系統的に展示し、たばこと塩に関する文化の啓もう・普及をはかることを目的として設立された。しかし、開館以来35年を経過し、博物館施設の老朽化や所蔵資料の増大に伴う収蔵施設の不足を解消するため、渋谷から墨田区横川へ移転し、2015（平成27）年4月、リニューアルオープンした。

【展示・収蔵】
◇ 5階　多目的スペース…飲食可能な休憩スペース。
◇ 4階　図書閲覧室…館蔵図書の閲覧や映像コンテンツの視聴、館蔵資料の検索などが可能なスペース。
◇ 3階　常設展示室「たばこの歴史と文化」…「たばこ文化の発生と伝播」「世界のたばこ文化」「江戸時代のたばこ文化」「近現代のたばこ文化」の4コーナーで、たばこを取りまく文化を広く紹介。
◇ 3階　コレクションギャラリー…展示替えを行いながら、所蔵資料を紹介していくスペース。
◇ 3階　視聴覚ホール…講演会、映画上映会、落語会など、幅広いイベントを開催するスペース。

東京都

◇2階　常設展示室「塩の世界」…「生命をささえる塩」を導入に、「世界の塩資源」「日本の塩づくり」「塩のサイエンス」の3コーナーで、塩と生き物の関わりを紹介。
◇2階　特別展示室…年間5〜6回の特別展を開催している。
◇1階　エントランスホール
◇1階　ミュージアムショップ
◇1階　ワークショップルーム…塩を使った実験を中心に、多彩なイベントを開催。

　収蔵資料は、世界の喫煙具、江戸明治の日本の喫煙具、浮世絵、19世紀後半以降のたばこのパッケージ、ポスター。

　また、世界各国の塩の結晶標本なども収蔵。

【事　業】

　2階特別展示室において年間5〜6回の特別展を開催している。

【出版物・グッズ】

　《館蔵資料図録》「浮世絵」（1984）／「日本のたばこデザイン」（1985）／「たばこ入れ」（1986）／「ポスター　I」（1986）／「きせる」（1988）／「版本」（1990）／「ミニチュア」（1993）／「たばこ盆」（1993）／「たばこカード」（1997）／「看板」（2001）／「蔵出し！コレクションあれこれ」（2002）／「明治民営期のたばこデザイン」（2004）／「とんこつたばこ入れ」（2005）／「パイプ」（2005）／「たばこ入れ　増補改訂版」（2005）／「風俗画と肉筆浮世絵」（2007）／「水煙具・東アジアの喫煙具・シガー＆シガレットホルダー」（2007）／「From our Collections -A Selection from the Archives of the Tobacco & Salt Museum」（2008）／「ミニチュア　増補改訂版」（2010）／「浮世絵版画図録目録」（2011）／「嗅ぎたばこ入れ」（2013）

　直近10年分の《展示図録》「ビバ・テキーラ！」（2006）／「東京陶芸家　辻厚成　くつろぎの部屋」（2006）／「昭和30年代物語」（2007）／「西アジア遊牧民の染織」（2008）／「四大嗜好品にみる嗜みの文化史」（2008）／「近世初期風俗画」（2008）／「おらんだの楽しみ方」（2008）／「わたしの句読点」（2009）／「やすらぎのオーストリア」（2009）／「浮世絵百華」（2009）／「ガレオン船が運んだ友好の夢」（2009）／「阿蘭陀とNIPPON」（2009）／「和田誠の仕事」（2010）／「華麗なる日本の輸出工芸」（2011）／「森永のお菓子箱」（2011）／「林忠彦写真展」（2012）／「わたしの句読点2」（2012）／「江戸の判

東京都

じ絵」(2012)／「版画・たばこのある風景」(2013)／「たばこと塩の博物館物語」(2013)／「浮世絵と喫煙具　世界に誇るジャパンアート」(2015)／「隅田川をめぐる文化と産業　浮世絵と写真でみる江戸・東京」(2016)／「細密工芸の華　根付と提げ物」(2016)／「伊達男のこだわり～きせる・たばこ盆・たばこ入れに見る職人の技～」(2016)／「丸山コレクション　西アジア遊牧民の染織～塩袋と旅するじゅうたん～」(2017)／「着物と装身具に見る江戸のいい女・いい男～徴古裳・中村コレクションを中心に～」(2017)／「和田誠と日本のイラストレーション」(2017)／「モボ・モガが見たトーキョー～モノでたどる日本の生活・文化～」(2018)

《研究紀要》1～10号(1985～)

《館蔵資料翻刻集》第1集～第6集(1996～)

《学術調査》「インフォルメ　vol.1」(1991)／「メモリアル」(1992)／「日本見聞記」(1993)／「きのこ石」(1994)／「カミナルフユ」(1995)／「グアテマラ民俗学調査研究報告書」(1997)／「クレブラ」(2001)

ガイドブック(和文　2015)／ガイドブック(英文　2016)

《年報》第21号～33号(2006～)

- ・所在地　〒130-0003　東京都墨田区横川1-16-3
- ・ＴＥＬ　03-3622-8801
- ・ＦＡＸ　03-3622-8807
- ・ＵＲＬ　https://www.jti.co.jp/Culture/museum/
- ・交　通　押上駅(東京メトロ半蔵門線, 京成線, 東武線, 都営浅草線)より徒歩12分, 本所吾妻橋駅(京急線, 都営浅草線)より徒歩10分, とうきょうスカイツリー駅(東武スカイツリーライン)より徒歩8分
- ・開　館　AM10:00～PM6:00(入館締切PM5:30)
- ・入館料　大人・大学生100円(50円), 高・中・小生50円(20円)
　　　　　※( )内は20名以上の団体料金, 特別展は別料金の場合あり
- ・休館日　月曜日(但し月曜日が祝日・振替休日の場合は直後の平日), 年末年始(12月29日～1月3日)
- ・施　設　鉄筋コンクリート5階建
- ・設　立　1978(昭和53)年11月(2015(平成27)年4月移転リニューアルオープン)
- ・設置者　日本たばこ産業(株)
- ・管　理　(公財)たばこ総合研究センター博物館部門
- ・責任者　館長・田中泰行

東京都

館のイチ押し

　常設展示では、「たばこ」は最古の資料といわれるメキシコ・パレンケ遺跡の十字の神殿の柱に彫られた「たばこを吸う神」の復元が見どころ。「塩」はポーランド・ヴィエリチカ岩塩坑の岩塩で作られた岩塩彫刻「聖キンガ像」が一見の価値あり。

　その他の展示も、学芸員の長年の研究成果を反映しつつ、実物資料と合わせ、デジタルや映像を駆使し、たばこと塩の歴史と文化に触れられるようになっている。

　年間5〜6回開催している特別展は多彩なテーマが好評で、中でも、小・中学生を主対象に毎年夏休みに開催している「塩の学習室」は、今年39回を迎えた当館の看板企画である。

東京都

小さな博物館 ブレーキ博物館

［交通・運輸］

　自動車整備業に携わる方々や、一般ユーザーの方々がコミュニティー・スペースとして利用される事と、一般ユーザーに対し最重要保安部品としてのブレーキの重要性を十分に理解してもらう事を主な目的として開設した。墨田区役所認定の「小さな博物館」(22番目)である。ブレーキを通じ、交通安全を提唱し社会に貢献出来ればと思っている。来館者は一般ユーザーが多く、内訳はシニアが半分を占める。ほか、小・中・高校生の社会科見学・当社取引先の新人教育の見学、一般の20〜30代の若者の来館がある。2015(平成27)年に一般ユーザー向けに改修してリニューアルオープンし、展示パネル及び展示品を解りやすく配置した。

【展示・収蔵】
1. メイン展示品(ブレーキシステム全般モデル)
　ブレーキ博物館のメイン展示品で、スズキ・アルトワークス　4WDの足回り部分をカットモデルとして使用し、ブレーキのメカニズムの動きが容易に理解出来ると共にブレーキ・システムの流れを一目で解るように展示。また、ABS、ベーパーロックの模擬体験が出来る。
2. ブレーキに関する展示品類(パット、ライニングの原材料・パーキングブレーキ・ブレーキペタ

東京都

体験コーナー

ルから伝わる圧力の力・大型のドラムブレーキ・バイクのブレーキ・自転車のブレーキ等)
3．その他・ブレーキ展示品(新幹線500系「のぞみ」の電車のブレーキ、ルマン24時間耐久レース使用後のディスクブレーキ、クレーン車用(ラフター)のディスクパット等)
4．物造りの展示
　◇接着技術…ブレーキというものは、「ライニング」・「パット」と呼ばれる「摩擦材」をタイヤの回転する金属部分(ドラム・ローター)に、直接押し付けることにより摩擦エネルギー(熱エネルギー)を生み出し、金属の動きを止めるしくみになっている。摩擦材がシューや鉄心より剥がれないような技術を長年研究して製作している。
　◇リビルド…限られた資源の有効活用を目的に、リビルド(再生)部品を提供することに力を入れている。見た目(表面)をきれいにするだけではなく、高い技術力を持って、その部品の性能を新品同様に再生しさらに何重もの検査を厳重にしたものだけを提供している。
　◇切削加工…摩擦材の当たる金属部分(ドラム・ローター)は、摩擦と摩擦熱などにより削れていき、目視では判りにくい歪みやブレが生じる。その凸凹になった表面を、精度の高い切削加工技術により平らにし、新品同等のフィーリングに戻し、再生物(リビルド品)として提供する。

東京都

【事　業】

墨田区役所の企画による各種イベント

【出版物・グッズ】

・パンフレット
・当社オリジナル化成品
　1．防錆浸透剤「サムライ」　360円
　2．ヘッドライトクリーナーコート　3,780円

・所在地　〒130-0022　東京都墨田区江東橋1-5-5
・ＴＥＬ　03-3632-6931
・ＦＡＸ　03-3632-6932
・ＵＲＬ　http://www.sasga.co.jp/brake_musum
・E-mail　h_sugimoto@sasga.co.jp
・交　通　JR総武線・東京メトロ半蔵門線 錦糸町駅徒歩7分
・開　館　AM10:00 ～ PM5:00
・入館料　無料
・休館日　月曜日，祝祭日並びに夏季・年末年始
・施　設　鉄筋コンクリート3階建，2階部分120㎡
・設　立　2000(平成12)年3月
・設置者　中山ライニング工業(株)
・責任者　ブレーキ博物館館長代理・杉本博

関東

館のイチ押し

　ドライブシュミレーターによる疑似運転体験(ABS・ベーパーロック体験等)

ものづくり記念館博物館事典　147

東京都

地下鉄博物館

[交通・運輸]

1001号車

　1983(昭和58)年3月、公益事業の一層の充実、拡大を図るとともに、(財)地下鉄互助会の事業目的の中に「地下鉄に関する資料等の収集、保管、保存等による交通知識の普及に関する事業」が加えられ、歴史的資料の収集が開始された。当時の営団地下鉄(現・東京メトロ)の全面的な協力を得て、1985(昭和60)年2月、建設工事に着手し、総工費22億5000万円、約1年半の工期を経て1986(昭和61)年7月12日に日本で初めての地下鉄博物館が開館した。地下鉄が都市生活の中でどのような役割を担っているか、どのようなシステムで動いているのか、またどのように守られているのかを特に若い世代の方々に「観て、触れて、動かして」理解を深めていただきたいと願っている。

【展示・収蔵】
　東洋初の地下鉄車両1001号車、戦後初の地下鉄車両丸ノ内線301号車、東京高速鉄道129号車、車両模型、鉄道用具機器、乗車券類、出土品、文書等合計29,000点保存。常設展示は7つのコーナーに分かれ、「地下鉄の歴史コーナー」、「地下鉄をつくるコーナー」、「地下鉄をまもるコーナー」、「日本と世界の地下鉄コーナー」、「旅客サービスコーナー」、「地下鉄車両のしくみコーナー」、「地下鉄プレイランドコーナー」があり、テーマ別に展示。

【事　業】
　企画特別展、ミニ特別展、メトロコンサート、児童絵画展、メトロ文化展(写真展)、講演会等。

東京都

【出版物・グッズ】

　館内のスタンプが押せる探検ノート、当館のキャラクター、ぎんちゃん・まるちゃんのオリジナルグッズ等

・所在地　〒134-0084　東京都江戸川区東葛西6-3-1
・ＴＥＬ　03-3878-5011
・ＦＡＸ　03-3878-5012
・ＵＲＬ　www.chikahaku.jp
・E-mail　kanri@chikahaku.jp
・交　　通　東京メトロ東西線 葛西駅 高架下
・開　　館　AM10:00 ～ PM5:00(最終入館PM4:30)
・入館料　大人210円，子供100円(4歳以上中学生まで)
・休館日　毎週月曜日(祝日・振替休日の場合は翌日，年末年始)
・施　　設　施設面積3,672㎡
・設　　立　1986(昭和61)年7月
・責任者　館長・賀山弘之

館のイチ押し

　2017(平成29)年に国の重要文化財に指定された東洋初の地下鉄車両1001号車の展示や、実際の電車に乗っている時のような揺れが体験できる動揺装置付き千代田線6000系の運転シミュレーター等がイチ押しです。

東京都

帝国データバンク史料館

[商業・金融]

株式会社帝国データバンクを運営主体とし、会社史及び信用調査業の業界史を扱う国内唯一の企業博物館。2000(平成12)年6月に刊行した社史『情報の世紀 帝国データバンク創業百年史』の編纂事業を受けて、2003(平成15)年6月に史料館設立準備室が発足、4年の準備期間を経て、2007(平成19)年4月に開館した。2010(平成22)年1月には、博物館法に基づく博物館相当施設に指定されている。

常設展示室

【展示・収蔵】
　常設展示では、200年におよぶ世界の信用調査業の歴史を通じ、信用調査業の社会的役割や、わが国の資本主義経済の発展とともに成長してきた過程を、映像や貴重史料をまじえて紹介。
　収蔵庫には、信用調査業に関する資料及び創業から現在までの会社資料約12,000件を収蔵・保管する。
　水道橋分室には、一般財団法人日本経営史研究所から寄託された約8,000件の会社史、団体史等を保管し、一般公開している(要予約)。

【事　業】
　年2〜3回、テーマ展示の他、数年に一度特別企画展「日本の会社展」シリーズを開催。

東京都

【出版物・グッズ】
「帝国データバンク史料館だより Muse」
「別冊 Muse」
「百年続く企業の条件 老舗は変化を恐れない」（朝日新聞出版　2009）

・所在地　〒160-0003　東京都新宿区四谷本塩町14-3
・ＴＥＬ　03-5919-9600
・ＦＡＸ　03-5919-9608
・ＵＲＬ　http://www.tdb-muse.jp
・E-mail　shiryokan@tdb.co.jp
・交　通　中央線・総武線 市ヶ谷駅徒歩8分
　　　　　中央線 四ツ谷駅四ツ谷口から徒歩9分
　　　　　都営新宿線 曙橋駅A4出口から徒歩9分
・開　館　AM10:00 〜 PM4:30（入館はPM4:00まで）
・入館料　無料
・休館日　土・日・月曜日および祝日，年末年始
・施　設　帝国データバンク東京支社　8・9階
・設　立　2007（平成19）年4月
・設置者　後藤信夫
・管　理　（株）帝国データバンク
・責任者　館長・高津隆

> **館のイチ押し**
>
> 　世界初の調査会社の報告書や大正〜昭和期の調査報告書、興信録など多数所蔵し、信用調査に関わる様々な史料を展示しています。充実した映像、VRやタッチパネルによる双方向展示が歴史の旅へと誘います。特別企画展では、「日本の会社展」シリーズとして、「老舗」や「企業家」、「地場産業」など、当社保有のデータを駆使した当館ならではのテーマを展開しています。

関東

ものづくり記念館博物館事典　151

東京都

TEPIA 先端技術館

[科学技術]

　TEPIA(一般財団法人高度技術社会推進協会)は機械、情報、エネルギーなどの技術分野における技術動向を調査し、情報発信することを主目的として1976(昭和51)年に財団法人機械産業記念事業財団として設立(2012(平成24)年に現在の名称に変更)。TEPIA先端技術館はTEPIAが運営する常設の展示場。社会的に重要な課題を解決する日本の最先端技術を中高生を中心に一般の方に解りやすく体験的な手法で紹介している。

【展示・収蔵】
　TEPIA先端技術館は4つのゾーンで構成されている。
◇1　テクノロジーパスウェイ(1階)
　　日本社会が抱える課題と解決についてAI・IoTにフォーカスした映像展示
◇2　テクノロジーショーケース(1階)
　　「高齢化」「人口減少」「地域間格差の拡大」という3つの課題を解決する糸口となる厳選した先端技術と「未来のくらし」を感じさせる技術を体験型展示で紹介
◇3　プログラミング体験エリア(1階)
　　約20のプログラミング教材により小学校低学年から中高生まで、レベルに合わせたプログラミング体験が可能
◇4　テクノロジーラボ(2階)
　　先端技術をはじめ、様々な分野の映像を視聴できるビデオライブラリーの他「TEPIAチャレンジ助成事業」により採択された中高生が開発したオリジナルロボットなどを展示
　　(2018(平成30)年度)

東京都

【事　業】

　年に数回のイベント（館内および出張イベント）、年に1～2回の講演会、その他青少年向けにプログラミング教室・3Dプリンタ教室、夏休み特別教室などを開催。

- ・所在地　〒107-0061　東京都港区北青山2-8-44
- ・Ｔ Ｅ Ｌ　03-5474-6128
- ・Ｆ Ａ Ｘ　03-5474-6132
- ・Ｕ Ｒ Ｌ　https://www.tepia.jp
- ・E-mail　attend@tepia.jp
- ・交　　通　東京メトロ銀座線 外苑前駅3番出口徒歩4分
- ・開　　館　AM10:00～PM6:00（土曜・日曜・祝日はPM5:00まで）
- ・入館料　無料
- ・休館日　月曜日（祝日の場合は開館し，翌平日休館）
- ・施　　設　鉄骨鉄筋コンクリート4階建（TEPIA先端技術館は1・2階のみ）
　　　　　　面積1,093㎡
- ・設　　立　1989（平成元）年5月
- ・設置者　（一財）高度技術社会推進協会
- ・管　　理　（一財）高度技術社会推進協会
- ・責任者　戦略企画部事業部長・元木英一

館のイチ押し

　様々なプログラミング教材を自由に体験できるプログラミング体験エリアの他、ロボットやAI・IoT技術を駆使した先端技術をアテンダントが分かりやすく説明。

関東

ものづくり記念館博物館事典　153

東京都

東京海洋大学マリンサイエンスミュージアム

[水産業]

セミクジラ全身骨格標本

　マリンサイエンスミュージアムの歴史は、東京水産大学の前身である農商務省水産講習所に標本室が完成した1902(明治35)年3月に始まる。水産講習所の発展と共に、標本室も図書標本室として次第に整備されてきたが、1923(大正12)年9月の関東大震災により、いったん、すべて灰燼に帰してしまった。図書標本室は1936(昭和11)年3月に再建され、故・東道太郎教授などの努力によって、その内容は再び充実したものとなった。

　1945(昭和20)年8月、第二次世界大戦の敗戦により、東京越中島の校舎は進駐軍によって接収され、図書標本室も閉鎖された。1947(昭和22)年3月、水産講習所は新天地を求めて神奈川県横須賀市久里浜の旧軍施設に移転したが、この際に、教職員、学生の努力にもかかわらず、多数の標本・模型類が破損、紛失してしまった。

　1949(昭和24)年度5月より第一水産講習所は東京水産大学となり、1951(昭和26)年には図書標本室は東京水産大学付属水産博物館と改称された。1957(昭和32)年4月、東京水産大学は現在地の品川に移転を完了し、木造1棟を水産博物館として標本類を収納した。1959(昭和34)年11月には、大学の創立70周年記念事業の一貫として展示室が設けられ、資料が一般に公開された。そして1971(昭和46)年9月、現在の建造物が完成し、名称も水産資料館と改められた。

　1998(平成10)年12月には、品川キャンパス内に展示されている練習船「雲鷹丸」が国の登録有形文化財に登録された。

　2003(平成15)年10月、東京水産大学と東京商船大学は統合し、東京海洋大学となった。これに伴い、名称も東京海洋大学海洋科学部附属水産資料館と改称され、2005(平成17)年3月31日には博物館に相当する施設として文部科学大臣から再指定されている。2014(平成26)年8月には本館を長期休館

東京都

し、耐震・改修工事を行い、2016（平成28）年1月、名称をマリンサイエンスミュージアムと改め、リニューアルオープンをし、現在に至る。

マリンサイエンスミュージアムの活動は、大学と社会の連携の一端として、
1）水産科学技術に関連した標本類の収集、整備、管理
2）資料の展示・公開
3）教育、研究用の資料の提供
4）学術関連の国際交流
5）社会・地域との連携
を目指している。

関東

【展示・収蔵】

生き物から水産加工食品、漁具等、海に関わる資料を幅広く展示している。前身である東京水産大学の活躍がわかる資料や歴代の練習船模型も陳列され、本学の歴史もわかるようになっている。

建物は本館と鯨ギャラリーとに分かれており、鯨ギャラリーには巨大なセミクジラとコククジラの全身骨格標本が並ぶ。

本館の常設展示では魚類、海産哺乳類（鯨類）、食品生産、漁業など、12のテーマに分けて展示している。

資料の中には本学の練習船で採集してきたものや、現在では入手困難な貴重資料もある。

特別展では本学での研究に関する展示や、通常公開することのない貴重な標本を紹介している。

《収蔵庫》

海洋生物に関係する標本類が整理、登録、保管されている。一般公開はされていないが、学内外の研究者が研究資料として利用している。

【事　業】

年に1〜2回、特別展を開催する。（開催は不定期）

《過去の特別展示》

「食用藻類」（2016）／「透明標本を利用してサイエンスを楽しもう」（2017）／「超深海への挑戦〜神鷹丸「FISH 2017」〜」（2018）／湊辰治作品寄贈記念特別展示「絵画からみる南極」（2018）

港区と連携して、夏休み学習会を実施。

ものづくり記念館博物館事典　155

東京都

【出版物・グッズ】
・東京海洋大学マリンサイエンスミュージアム　パンフレット
・鯨ギャラリー　パンフレット

・所在地　〒108-8477　東京都港区港南4-5-7（東京海洋大学品川キャンパス内）
・ＴＥＬ　03-5463-0430
・ＦＡＸ　03-5463-0430
・ＵＲＬ　http://www.s.kaiyodai.ac.jp/museum/public_html/
・E-mail　museum@o.kaiyodai.ac.jp
・交　通　JR品川駅東口（港南口）より徒歩10分
　　　　　モノレール天王洲アイル駅より徒歩20分
・開　館　AM10:00 ～ PM4:00（最終入館PM3:30まで）
・入館料　無料
・休館日　土・日曜日，祝日，その他臨時休館あり
・施　設　鉄筋コンクリート2階建
・設　立　1902（明治35）年
・設置者　（大）東京海洋大学
・管　理　東京海洋大学ミュージアム機構
・責任者　機構長・稲石正明

館のイチ押し

鯨ギャラリーにあるセミクジラとコククジラの全身骨格標本は必見。

東京都

東京都水道歴史館

[建設・土木]

《沿革》

館の前身は、1898(明治31)年に通水を開始した淀橋浄水場内につくられた模型室や水道参考館。

その後、淀橋浄水場跡に開館した資料室や水道記念館を経て、1995(平成7)年、東京都水道歴史館として開館。

写真提供：東京都水道歴史館

2009(平成21)年に一部改装を行い、リニューアルオープンした後、2015(平成27)年4月15日には開館20周年を迎えた。

《概要》

江戸上水開設から現在に至る水道の歴史を無料で公開している東京都水道局のPR施設。

1～2階が展示室、3階はライブラリーとなっている。

音声ガイダンス[日・英・中・韓]の無料貸出のほか、団体見学(5名様以上)の場合は、アテンダントの展示案内(要予約)を行っている。

3階ライブラリーでは、水道や江戸関連図書の閲覧・貸出サービスも行う。

【展示・収蔵】

《展示内容》

展示室は、2つのフロアからなり、1階展示室には近代水道創設時から現在までの水道を展示し、2階展示室には江戸時代の水道を展示している。いずれも映像や実物等から水道の歴史を学べる展示となっている。

また、3階のライブラリーでは、水や水道に関する資料、図書等の閲覧やビデオ等の視聴ができる。

東京都

《収蔵内容》

　江戸・東京水道に関する文書や絵図面等のほか、江戸時代の上水井戸や木樋、近代の鉄管や共用栓等の実物資料を所蔵。江戸幕府普請奉行から水道局に引き継がれた『上水記』は、江戸上水の根本史料として東京都指定有形文化財（古文書）に指定されている。

【事　業】

　秋の東京文化財ウィークにあわせて、『上水記』を特別公開する「上水記展」を毎年秋に実施。

　その他、江戸上水や水道にまつわる講座・講演会や落語会等を随時開催。

　夏休みには子ども向けの展示や自由研究に役立つワークショップなどを実施している。

- ・所在地　〒113-0033　東京都文京区本郷2-7-1
- ・ＴＥＬ　03-5802-9040
- ・ＦＡＸ　03-5802-9041
- ・ＵＲＬ　http://www.suidorekishi.jp/
- ・交　通　JR中央線・総武線 御茶ノ水駅・水道橋駅，東京メトロ丸ノ内線 御茶ノ水駅・本郷三丁目駅，東京メトロ千代田線 新御茶ノ水駅，都営地下鉄三田線 水道橋駅，都営地下鉄大江戸線 本郷三丁目駅よりいずれも徒歩8分
- ・開　館　AM9:30 ～ PM5:00（但し入館はPM4:30まで）
- ・入館料　無料
- ・休館日　毎月第4月曜日（但し祝日の場合は翌日に振替），12月28日～1月4日
- ・施　設　鉄筋コンクリート9階建のうち1 ～ 3階部分
- ・設　立　1995（平成7）年4月
- ・設置者　東京都水道局
- ・管　理　東京都水道局
- ・責任者　館長（東京都水道局サービス推進部サービス推進課長）・金山智子

館のイチ押し

- ・年1回公開の『上水記』。
- ・屋外にある本郷給水所公苑内に復原された神田上水石樋は壮観。
- ・江戸時代の木樋をはじめ、各時代の水道管。

東京都

東京臨海部広報展示室TOKYOミナトリエ

［交通・運輸］

　TOKYOミナトリエは、2017（平成29）年4月に開室した、東京都港湾局が運営する東京臨海部広報展示室である。
　当施設では、日本の経済や生活を支える東京港や、国内外から多くの人々が訪れる臨海副都心について、その歴史、現在の姿、未来を展示物やタッチモニター、タブレットを使用して紹介している。実際に見て触れて、楽しみながら東京臨海部を学べる施設である。

ロゴマーク

【展示・収蔵】
　TOKYOミナトリエは、「江戸デッキ」、「ヒストリーギャラリー」、「ポートデッキ」、「コミュニケーションデッキ」、「フューチャーデッキ」で構成されており、一部展示は多言語（英語、中国語（簡体字・繁体字）、韓国語）で紹介している。
　各デッキには、55インチのタッチモニターを設置し、昼から夜景へと移り変わる東京臨海部の展望風景をタイムラプス映像[※]でご覧いただける。
※同じ場所で一定の時間を空けて撮影された静止画を繋いで作成した動画

東京都

【事　業】

　室内にある企画展示コーナーでは、年に数回、港湾局事業や東京臨海部の
イベント等をテーマに、特別展を開催している。

- 所在地　〒135-0064　東京都江東区青海2-4-24（青海フロンティアビル20階）
- ＴＥＬ　03-5500-2587
- ＦＡＸ　03-5500-2589
- ＵＲＬ　http://www.tokyoport.or.jp/minatorie/
- 交　通　ゆりかもめ テレコムセンター駅徒歩1分
　　　　　りんかい線 東京テレポート駅徒歩15分
- 開　館　火曜日〜木曜日・日曜日　AM10:00〜PM6:00
　　　　　金曜日・土曜日・祝前日　AM10:00〜PM9:00
　　　　　※最終入室は閉室時間の30分前まで
- 入館料　無料
- 休館日　月曜日，年末年始（12月28日〜1月4日）
- 施　設　1193.78㎡
- 設　立　2017（平成29）年4月
- 設置者　東京都港湾局
- 管　理　東京都港湾局

館のイチ押し

- 「みなとづくりバーチャル探検」
　フューチャーデッキに設置されたタブレットでは、ガントリークレー
ンの操作席や共同溝内部など、普段目にすることや立ち入ることのでき
ない東京港・臨海副都心の姿を360度映像で体験できます。

東京都

東武博物館

[交通・運輸]

東武鉄道は1897(明治30)年の創立以来、人とものを乗せ、夢と文化を運んで走りつづけている。そんな鉄道の歴史や役割を遊びながら学べる施設づくりを目指し、1989(平成元)年5月20日オープンしたのが東武博物館である。

交通全般をひろくとらえ、ともに発展してきた地域社会との文化的なつながりにも焦点をあてた東武博物館は、未来へ向かう交通と文化の交差点として、新たな発見と感動を提供していきたいと考えている。

東武博物館の展示物は、リアルな体験を通して楽しみながら理解できるよう、本物の車両や、実際に動かすこともできる機器類が中心となっている。また、全コーナーに一貫したストーリー性をもたせるなど、すべての展示が、生き生きと語りかけてくるように工夫されている。

【展示・収蔵】

東武鉄道で使用した5号・6号蒸気機関車、デハ1形5号電車、ED5015・101号電気機関車、5701号電車、キャブオーバーバス、日光軌道200形、特急デラックスロマンスカーやロープウェイのゴンドラなどの実物車両を多数展示。その他、電車・バスのシミュレーション、模型電車(定時に走らせる「パノラマショー」を行っている)、線路のポイントと信号、自動改札機、定期券発行機、東武鉄道にまつわる資料などを展示している。

SLショー

東京都

【事　業】

　子供向けイベント(工作教室・キッズコンサート等)を実施。その他随時企画展を開催。

《最近の開催例》

・写真展「SL「大樹」運転開始記念写真展～写真でつづるサイドストーリー～」
・夏休みイベント「東武博物館クイズ・スタンプラリー」2018年7月21日～7月31日、「オリジナル蒸気機関車工作体験」2018年8月4日～8月5日
・「向島文化サロン」:東武博物館ホールにおいて文学・演劇などに関する講座を開催。

　他、東武博物館友の会を設けており、入館無料の他、図書室の特別利用、各種見学会などの活動を行っている。

【出版物・グッズ】

・定期刊行物「東武博物館だより」(隔月発行)
・東武博物館オリジナルグッズ
　スペーシア文具セット(500円)、スペーシアハンドタオル(500円)

・所在地　〒131-0032　東京都墨田区東向島4-28-16
・ＴＥＬ　03-3614-8811
・ＦＡＸ　03-3614-8814
・ＵＲＬ　http://www.tobu.co.jp/museum
・交　通　東武スカイツリーライン 東向島駅下車(駅のとなり)
・開　館　AM10:00～PM4:30(入館はPM4:00まで)
・入館料　大人200円，小人(4歳～中学生)100円　※団体20名以上は半額
・休館日　月曜日(祝日・振替休日の場合は翌日)，年末年始(12月29日～1月3日)
・施　設　鉄骨造・鉄筋コンクリート造2階建
・設　立　1989(平成元)年5月20日
・設置者　東武鉄道(株)
・管　理　(一財)東武博物館
・責任者　館長・山田智則

館のイチ押し

　東武鉄道で最初の蒸気機関車・電車・電気機関車をはじめとする実物車両12両を展示し、東武鉄道の歴史を紹介しています。

虎屋文庫

［食品］

　1973（昭和48）年創設。長年にわたり宮中の御用を勤めてきた虎屋には、菓子の見本帳や古文書、古器物などが多数伝えられている。虎屋文庫ではこれらを保存・整理するとともに、様々な菓子資料を収集し、機関誌の発行や企画展などを通して、和菓子情報を発信している。

竹虎青貝井籠（伝元禄11年）

【展示・収蔵】
　収蔵資料は、虎屋黒川家文書（江戸時代の虎屋の経営史料）、菓子木型などの古器物類、菓子に関する古文献や錦絵、書籍・雑誌ほか。
　資料の閲覧機能はないが、お問い合わせにはできるだけお応えしている。なお、虎屋黒川家文書の一部は、京都・同志社女子大学図書館にてマイクロフィルムで公開している。このほか、年に1回ほど和菓子をテーマにした企画展を開催（現在休止中。2019年度より、虎屋赤坂ギャラリーにて再開予定）し、所蔵資料も一部展示（常設展はなし）。

【事　業】
　和菓子関連の研究論文を掲載した機関誌『和菓子』を発行。また、虎屋のウェブサイト内「菓子資料室　虎屋文庫」のページにて、所蔵資料や和菓子にまつわる様々な情報を紹介する「和菓子だより」、コラム「歴史上の人物と和菓子」などを随時更新中。

東京都

【出版物・グッズ】
・機関誌「和菓子」(1994年創刊・年1回発行)
・社史「虎屋の五世紀」(通史編・史料編)(2003) ※虎屋のウェブサイト
　でも公開
・虎屋文庫著「和菓子を愛した人たち」山川出版社(2017)(書店にて販売)

・所在地　〒107-0052　東京都港区赤坂4-9-9赤坂MKビル2階(移転計画あり)
・ＴＥＬ　03-3408-2402(問い合わせは平日AM9:00〜PM5:30)
・ＦＡＸ　03-3408-4561
・ＵＲＬ　https://www.toraya-group.co.jp/
・E-mail　bunko@toraya-group.co.jp
・設　立　1973(昭和48)年4月
・設置者　(株)虎屋
・管　理　(株)虎屋
・責任者　文庫長・丸山良

館のイチ押し

・1698(元禄11)年に制作されたと伝わる竹虎青貝井籠(井籠とは菓子を
　運搬する容器のこと)。豪華な螺鈿細工が特徴である。
・1930(昭和5)年発売の小形羊羹パッケージ。フランスのコティの香水
　箱からヒントを得たといわれ、モダンなデザインである。
(いずれも虎屋のウェブサイトにて公開)

東京都

日本カメラ博物館

[機械・精密機器]

　日本カメラ博物館の母体である(財)日本写真機光学機器検査協会(現(一財)日本カメラ財団)は、1954(昭和29)年の設立以来(日本のカメラメーカーの協力を得て設立)、国産カメラの輸出検査を一手に行い、日本のカメラメーカーとともに国産カメラの品質の維持と向上に努めてきた。また、検査のかたわら、1969(昭和44)年からは日本の歴史的カメラを認定し保存する仕事も行ってきた。

　開館以前、すでに協会内に保存しているカメラは数千台を超え、貴重な資料も豊富に揃ってきたので、これらをできるだけ多くの方に公開し、カメラ研究の一助に、また、カメラを理解する手助けに、という主旨のもとに、1989(平成元)年11月29日に開館した。

【展示・収蔵】

　常設展では、日本のカメラの発展の歴史を物語る「日本の歴史的カメラ」約300点のほか、国内では当館が唯一所蔵展示している世界最初の市販カメラ「ジルー・ダゲレオタイプ・カメラ」、カメラの分解パネル、カットボディー、ステレオ写真等を展示する。また、特別展では、日本に限らず世界中のカメラをあらゆる角度からテーマ別に展示し、カメラの発展の歴史、魅力をあま

東京都

すところなく紹介している。

　世界最初の市販カメラ「ジルー・ダゲレオタイプ・カメラ」、「日本の歴史的カメラ」をはじめ、内外のカメラ約1万点を収蔵している。

【事　業】

　約4ヵ月ごとに特別展を開催。また、カメラ・写真をテーマとする講演会、小中学生を対象としたワークショップを開催。

【出版物・グッズ】

　《展示図録》「日本のカメラ誕生から今日まで」（1989.11）／「アメリカのカメラ展」（1990.5）／「イギリスのカメラ展」（1990.8）／「ドイツのカメラ展」（1990.12）／「フランスを中心としたヨーロッパ大陸のカメラ展」（1991.5）／「懐かしのカメラ展」（1991.9）／「秘蔵のクラシックカメラ展」（1991.12）／「思い出のスプリングカメラ展」（1992.4）／「私の二眼レフカメラ展」（1992.8）／「パノラマ＆ステレオカメラ展」（1992.12）／「一眼レフカメラ展」（1993.4）／「おもしろ・びっくり・変わりだねカメラ展」（1993.9）／「写真劇場・フィルムとカメラの物語り展」（1994.2）／「あの日あの時ファミリーカメラ展」（1994.10）／「奇想天外！！手作りカメラ展」（1995.2）／「時代の証人・報道写真機材展」（1995.6）／「カメラのおもちゃ！？大集合展」（1995.12）／「デザインから見たカメラの歩み」（1996.4）／「写真の楽しさを無限に広げる道具展」（1997.1）／「なつかしのホームムービー展」（1997.5）／「日本のカメラをおもしろくした郷愁のブランド展」（1997.9）／「金属製カメラの魅力」（1998.2）／「伸縮自在のカメラ進化論」（1998.5）／「夫婦で集めたカメラの歴史展」（1998.10）／「時代と主に生きるカメラ展」（1999.5）／「各時代に見る画面サイズ」（1999.10）／「20世紀を撮った寫眞機」（2000.4）／「デジタルカメラ」（2000.10）／「魅惑のライカ」（2001.7）／「知られざるロシアカメラ」（2002.2）／「瞬間をとらえ続けるシャッター展」（2002.7）／「極小型カメラ展」（2002.11）／「日本カメラ創製展」（2003.4）／「カメラの眼」（2003.7）／「ニコン展」（2003.10）／「コダック・カメラ展」（2004.3）／「キヤノン展」（2004.11）／「コニカミノルタ展」（2005.4）／「オリンパス展」（2005.9）／「ペンタックス展」（2006.2）／「富士フイルム展」（2006.6）／「マミヤカメラ展」（2006.11）／「リコー展」（2007.3）／「デジタルカメラヒストリー」（2007.10）／「今はなき昭和のカメラ」（2008.2）／「手作りカメラ展」（2008.5）／「おもちゃのカメラとカメラのおもちゃ展」（2008.9）／「世界のカメラ探訪」（2009.1）／「カメ

東京都

ラとデザイン」(2010.2)／「ツァイス・イコン・カメラ展」(2010.6)／「ポラ
ロイド・カメラ展」(2010.11)／「コシナとフォクトレンダー展」(2011.4)／
「カメラはじめて物語」(2011.7)／「ましかく画面のカメラ展」(2012.3)／「の
ぞきからくりの世界」(2012.7)／「フランスカメラ展」(2012.11)／「ブロー
ニーフィルム・カメラ展」(2013.3)／「カメラがわかる展」(2013.6)／「The
LEICA」(2013.10)／「世界のライカ型カメラ」(2014.3)／「写真の撮り方・
カメラの選び方」(2014.7)／「レンズ付フィルム展」(2014.10)

- ・所在地　〒102-0082　東京都千代田区一番町25（JCII一番町ビル）
- ・ＴＥＬ　03-3263-7110
- ・ＦＡＸ　03-3234-4650
- ・ＵＲＬ　http://www.jcii-cameramuseum.jp/
- ・交　通　東京メトロ半蔵門駅下車4番出口から徒歩1分，都バス(四谷駅⇔晴海埠
　　　　　　頭)半蔵門下車　徒歩4分
- ・開　館　AM10:00 〜 PM5:00
- ・入館料　一般300円(団体200円)，小・中学生無料
- ・休館日　月曜日(祝日の場合は翌日)
- ・施　設　鉄筋コンクリート造(展示フロアはB1階)
- ・設　立　1989(平成元)年11月29日
- ・設置者　(一財)日本カメラ財団
- ・管　理　(一財)日本カメラ財団
- ・責任者　館長・森山眞弓

館のイチ押し

世界最初の市販カメラ「ジルー・ダゲレオタイプ・カメラ」

東京都

日本文具資料館

[生活・文化]

　「文化を育てる文具」として、人類の歴史と文具の歴史の相互関係を解明して後世への研究資料を残し、将来の発展のための基盤を提供する。また、貴重な文化遺産が散逸するのを防ぎ、これを資料として体系づけ、次の世代を担う後継者と社会のために伝える義務があるとの考えから、1985(昭和60)年9月、柳橋の「東京文具販売健保会館」1階に「文具資料館」を開館。
　2004(平成16)年4月、文具資料館と日学財団が合体。法人改革により、2011(平成23)年8月、一般財団法人となる(移行認可取得)。名称を「日学科学技術振興記念財団」から「一般財団法人　日本文具財団」へと変更。同時に、「日本文具科学資料館」を「日本文具資料館」に変更し現在に至る。

【展示・収蔵】
　現在主として筆記具と計算器機を展示している。
　スタイラス、筆ペン、羽ペン、矢立、鋼ペン、アンティーク万年筆、鉛筆、筆(170cm　14kg大筆等)、硯(中国古硯、70cm　端渓大硯等)、文房諸具、インクビン、ボールペン、マーカー等　近代筆記用具等々の筆記具と関連諸具(レプリカを含む)

東京都

　ソロバン各種、手廻し式、電動式、電気式、現在の電卓の基礎となったリレー式、加算機、レジスター、計算尺等の計算器機類、和文・英文タイプライターなど。

　展示品約700点、所蔵500点。

　特別展示品として、伊達政宗の鉛筆(国産第1号か？)、徳川家康の鉛筆(共にレプリカ)を展示している。

【出版物・グッズ】
　《出版物》「文具・人・文化」

・所在地　〒111-0052　東京都台東区柳橋1-1-15　東京文具販売健保会館1階
・ＴＥＬ　03-3861-4905
・ＦＡＸ　03-3861-4905
・ＵＲＬ　http://www.nihon-bungu-shiryoukan.com/
・E-mail　info@nihon-bungu-shiryoukan.com
・交　通　JR総武線・都営地下鉄浅草線　浅草橋駅下車　徒歩5分
・開　館　PM1:00 ～ PM4:00
・入館料　無料
・休館日　土曜日，日曜日，祝祭日，12月28日～1月5日
・施　設　東京文具販売健保会館1階
・設　立　1985(昭和60)年9月
・設置者　渡邉正四郎
・管　理　(一財)日本文具財団
・責任者　館長・松本健次

館のイチ押し

・伊達政宗の鉛筆(国産第1号か？)、徳川家康の鉛筆(共にレプリカ)
・幕末三舟掛軸「勝海舟」「山岡鉄舟」「高橋泥舟」

東京都

皮革産業資料館

[生活・文化]

　皮革産業の貴重な資料を集め、産業発展の研究に役立てると共に、皮革の歴史と文化を後世に遺そうと、1978(昭和53)年4月、地元の金融機関・東洋信用組合本店(浅草6-1-13)の一室を借り受け、業界初の資料館を創立開館した。
　1981(昭和56)年10月、台東区産業研修センターが開設され、同施設に常設展示室と書庫をもつ研究室が得られ、移転した。
　その後、スポーツ関係の展示コーナーも増設され、ますます充実、現在に至っている。

【展示・収蔵】
　江戸時代から現代まで歴史的に貴重な資料として、武士が使用した火縄銃の火薬入れ・弾入れ、火縄入れの革袋、武士の火事装束や戦後のランドセル等とともに、世界の履物も展示している。
　また、栄光に輝いたスポーツ選手達の資料として、王貞治氏のファーストミットとスパイクシューズ、大相撲元・大関小錦八十吉氏の靴等も展示している。

武士の火事装束 皮頭巾

戦後の男子用ランドセル

東京都

- ・所在地　〒111-0023　東京都台東区橋場1-36-2(台東区立産業研修センター内)
- ・ＴＥＬ　03-3872-6780
- ・ＦＡＸ　03-3871-9525
- ・E-mail　kensyuusenta@jcom.home.ne.jp
- ・交　通　浅草駅より　北めぐりん①浅草駅より乗車⑦橋場老人福祉館西下車，徒歩3分
- ・開　館　AM9:00 ～ PM5:00(入館はPM4:30まで)
- ・入館料　無料
- ・休館日　月曜日，国民の祝日，年末年始(但し月曜日が祝日の場合は翌日も休館)
- ・施　設　台東区立産業研修センター2階
- ・設　立　1978(昭和53)年4月
- ・設置者　西谷彦四郎
- ・管　理　副館長
- ・責任者　副館長・稲川實

関東

東京都

物流博物館

[交通・運輸]

　1958(昭和33)年大手町ビルにあった日本通運本社内に創設された「通運史料室」がその基礎となっている。当初は、わが国の近世および近代初期の交通・運輸の概要を展示していた。1987(昭和62)年には名称を「物流史料館」に改め、展示内容も中世から現代にいたる物流に関わる歴史上の重要事項へと拡大し、(財)利用運送振興会に管理運営が委ねられた。1998(平成10)年、展示内容の一層の充実をはかり「物流」を社会にアピールすることを目的に「物流博物館」として港区高輪の地に誕生し、広く公開するようになった。日本通運(株)の企業博物館であるが、展示では企業色は前面に出さず、物流全般について紹介している。

【展示・収蔵】
◇展示内容
〈1F「物流の歴史」展示室〉
　旧石器時代～現代の物流史年表、江戸時代の宿場の問屋場模型、明治期の新橋駅荷物積卸場模型、戦後の貨物駅模型を展示。また収蔵資料を用いて主に江戸時代以降の物流の歴史を紹介している。

東京都

〈B1F　「現代の物流」展示室〉

　貨物の積みかえが行われる陸海空の物流ターミナルをジオラマで再現。物流に関する映像資料を視聴できるコーナーもある。物流ゲームやクイズに挑戦したり、宅配便など物流会社の制服着用体験ができる。

〈2F　映像展示室〉

　150インチスクリーンで映像を上映。また、多目的スペースとしてミニ展示や昔の運ぶ道具体験などのコーナーもある。

◇収蔵品

　伝馬朱印状など宿場に関する資料、飛脚の道具、内国通運関係資料等、文書史料約6000点、実物資料約1000点、明治・大正・昭和の物流を物語る写真資料約10数万点など。

【事　業】

　年1回、企画展を開催。春と秋から冬にかけて古文書講座、夏休みには子ども向け段ボール工作コーナーを開設。体験講座・講演会・映画会なども開催している。また、小・中・高・各種学校の課外授業を受け入れている他、一般企業の社員研修も行っている。

【出版物・グッズ】

《常設展示解説本》

　「物流がわかる本」(1998.8)　別冊「物流資料集2005年版」付(品切)

《展示パンフレット》

　「特別展　写真と映像でたどる物流の20世紀」(2000.3)(品切)

　「収蔵資料展　京都馬借／鉄道錦絵コレクション」(2001.4)(品切)

　「横浜浮世絵に見る　近代物流事始」(2002.3)

　「宅扱　昭和はじめの宅配便」(2003.4)(品切)

　「昔の荷物ミニ図鑑」(2004.4)(品切)

　「企業が写した昭和の風景」(2005.4)(品切)

　「物流博物館の収蔵資料～日本通運(株)コレクションから～」(2010.4)(品切)

　「物流写真館～運ぶ風景の時代証言～」(2011.10)(品切)

　「「はこぶ」引札これくしょん」(2013.2)

　「明治・大正・昭和の鉄道貨物輸送と小運送」(2013.9)

《展示図録》

　「図説・川の上の近代―通運丸と関東の川蒸気船交通史」(2007.10)

ものづくり記念館博物館事典　173

東京都

「追憶・西関東の鉄道貨物輸送～鉄道貨物研究家・渡辺一策氏のフィールドノートから～」(2014.5)(品切)

「飛脚問屋・嶋屋佐右衛門日記の世界(2017.10)

- ・所在地　〒108-0074　東京都港区高輪4-7-15
- ・TEL　03-3280-1616
- ・FAX　03-3280-4385
- ・URL　http://www.lmuse.or.jp
- ・交　通　JR・京浜急行 品川駅下車 徒歩7分
　　　　　　都営浅草線 高輪台駅下車 徒歩7分
- ・開　館　AM10:00 ～ PM5:00(入館はPM4:30まで)
- ・入館料　高校生以上200円，65歳以上100円，中学生以下無料，団体20名以上は半額
- ・休館日　毎週月曜日・毎月第4火曜日(これらが祝日・振替休日の場合は，その翌日)，祝日の翌日(土日の場合は開館)，年末年始(12月28日～1月4日)，展示替期間，資料整理期間
- ・施　設　地上2階・地下2階鉄筋コンクリート造，展示面積238㎡
- ・設　立　1998(平成10)年8月11日
- ・設置者　(公財)利用運送振興会
- ・管　理　(公財)利用運送振興会
- ・責任者　館長・濱中昭一郎

館のイチ押し

- ・陸海空の物流ターミナルのジオラマ模型をはじめとして物流に関するさまざまな模型が多数展示。
- ・館内各所に設置されたモニターでは、合計約100本の物流に関する映像を見ることができる。
- ・物流に関係する各種体験(飛脚の衣装着用体験、物流会社の制服着用体験、昔の運ぶ道具体験)ができる。

東京都

ブリヂストンTODAY

[交通・運輸]

「ブリヂストンTODAY」はゴム、タイヤ、ブリヂストンの情報をご紹介する企業博物館として、2001(平成13)年3月に開館。
2020年リニューアル予定。

【展示・収蔵】
現物やパネル、映像や実験装置を使って、ゴム、タイヤ、ブリヂストンについて紹介する施設。主に、ブリヂストンの歴史、モータースポーツへの参戦、タイヤの基礎知識、地震から建物を守る「免震ゴム」、タイヤができるまで、ブリヂストンの取り組みといった6つのコーナーで構成されている。

【事　業】
年2～3回企画展を実施。

東京都

タイヤの基礎知識

- 所在地　〒187-8531　東京都小平市小川東町3-1-1
- ＴＥＬ　042-342-6363
- ＦＡＸ　042-342-6307
- ＵＲＬ　https://www.bridgestone.co.jp/corporate/today/index.html
- 交　通　〈電車〉西武国分寺線 小川駅東口より徒歩5分
　　　　　駐車場：乗用車8台，大型バス2台，車いす用2台
- 開　館　AM10:00 ～ PM4:00（入館はPM3:30まで）
- 入館料　無料
- 休館日　日曜，祝日
- 施　設　1,448㎡（1F 913㎡，2F 490㎡，B1 45㎡）
- 設　立　2001（平成13）年3月
- 設置者　（株）ブリヂストン
- 管　理　遠藤俊行
- 責任者　館長・南雲美帆

館のイチ押し

- F1参戦当時に使用していたテストカーの展示。
- タイヤの作り方や構造がわかる展示。

東京都

郵政博物館

[放送・通信]

　起源は、1902(明治35)年に万国郵便連合(UPU)加盟25周年記念祝典行事の一環として逓信省が開館した「郵便博物館」にさかのぼる。
　1910(明治43)年に「逓信博物館」に改称。
　1964(昭和39)年に千代田区大手町に郵政省(現在の日本郵政株式会社)、日本電信電話公社(現在の日本電信電話株式会社)、日本放送協会及び国際電信電話株式会社(現在のKDDI株式会社)の4機関共同運営により「逓信総合博物館」を設置。
　2013(平成25)年8月31日に千代田区大手町の再開発に伴い閉館。
　2014(平成26)年3月1日に墨田区押上に移転、公益財団法人通信文化協会が運営する「郵政博物館」として開館。

【展示・収蔵】
　日本最大の約33万種の切手のほか、郵政・通信関係資料を国内外含め約400点の資料を展示。
　館内は郵便にまつわる歴史や物語を6つの世界に分けて展示や映像で紹介

東京都

する常設展示ゾーン、企画展示ゾーン、多目的スペース、ミュージアムショップで構成されている。

【事　業】

年に4〜5回、時節にあわせ郵便や手紙・切手などに関する様々な企画展を開催。

【出版物・グッズ】

《出版物》「郵政博物館研究紀要」（年に1回発行）

- ・所在地　〒131-8139　東京都墨田区押上1-1-2（東京スカイツリータウン・ソラマチ9階）
- ・T E L　03-6240-4311
- ・F A X　03-3625-2521
- ・U R L　https://www.postalmuseum.jp/
- ・交　通　東武スカイツリーライン・東京メトロ半蔵門線・京成押上線・都営浅草線 押上（スカイツリー前）駅下車，東武スカイツリーライン とうきょうスカイツリー駅下車
- ・開　館　AM10:00〜PM5:30（入館はPM5:00まで）
- ・入館料　大人300円，小・中・高校生150円　※団体10名から大人250円，小・中・高校生100円，障がい者手帳をお持ちの方と介護の方は無料
- ・休館日　不定休　※展示替え及び設備点検などにより臨時休館あり
- ・施　設　スカイツリータウン®
- ・設　立　2012（平成24）年5月22日
- ・設置者　東武鉄道(株)，東武タワースカイツリー(株)
- ・管　理　（公財）通信文化協会
- ・責任者　館長・井上卓朗

館のイチ押し

多目的スペースではラジオ体操をゲーム感覚で楽しめる「レッツエンジョイ　ラジオ☆体操」の他、世界で1枚のオリジナル絵はがきが作れる「絵はがきクリエーター」があります。来館の記念にこちらで絵はがきを作り、当館オリジナルのスカイツリー風ポスト「ポスツリー」に投函することができます。

東京都

容器文化ミュージアム

[生活・文化]

　東洋製罐は1917(大正6)年に日本初の容器製造メーカーとして誕生した。2011(平成23)年に東京工場跡地である品川区東五反田に東洋製罐グループ本社ビルを新設し、翌年4月に同ビル1階に容器文化ミュージアムをオープンした。
　いつの時代も人の暮らしを便利で豊かなものとするために、考え、作られ、利用されてきた容器包装。容器文化ミュージアムは、容器包装の中にかくれている様々な秘密を「ひらく」施設である。文明の誕生と容器の関わりから、最新の容器包装まで、その歴史や技術、工夫をご覧いただける。容器包装の文化を発信するミュージアムである。

【展示・収蔵】
　入口では100年前の製缶機が出迎える。館内に進むと容器包装の歴史、役割、工夫など実物を使い紹介している。環境コーナーでは環境配慮して作られた容器やリサイクルを紹介するとともに、ゲームで分別を学べる。他には缶・PETボトル・キャップ・紙コップ・びんを製造する映像を展示している。

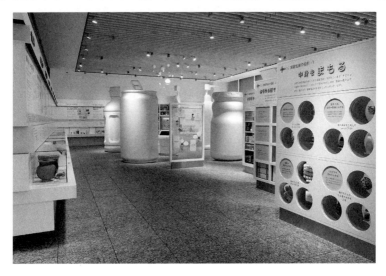

東京都

【事　業】

企画展を年2回開催。夏休みイベントは年1回開催。

団体受入は随時予約受付している。

【出版物・グッズ】

容器に関する、ちょっと気になるグッズや工作セットなど(100円～1500円)

・所在地　〒141-8627　東京都品川区東五反田2-18-1(大崎フォレストビルディング)
・T E L　03-4514-2000
・F A X　03-3280-8111
・U R L　https://www.package-museum.jp/
・E-mail　contact_museum@tskg-hd.com
・交　通　JR山手線・湘南新宿ライン・埼京線・りんかい線 大崎駅下車 徒歩6分
　　　　　JR山手線・都営浅草線・東急池上線 五反田駅下車 徒歩8分
・開　館　AM9:00 ～ PM5:00
・入館料　無料
・休館日　土・日・祝日
・施　設　ビル内のミュージアム面積300㎡
・設　立　2012(平成24)年4月11日
・設置者　東洋製罐グループホールディングス(株)
・管　理　東洋製罐グループホールディングス(株)　CSR部
・責任者　CSR部長・執行役員　嵐幸子

館のイチ押し

歴史展示の「人と容器の物語」では、容器の歴史を年表と共に実物やアニメーションで紹介しています。

昔、自分でも実際に使っていた懐かしい容器に出会えます。

神奈川県

カップヌードルミュージアム 横浜
（正式名称：安藤百福発明記念館 横浜）

[食品]

　2011(平成23)年9月17日開館。子どもたちひとりひとりの中にある創造力や探究心の芽を吹かせ、豊かに育てるための体験型食育ミュージアム。
　世界初のインスタントラーメン「チキンラーメン」を発明し、世界の食文化を革新した安藤百福の「クリエイティブシンキング＝創造的思考」を数々の展示を通じて体感することができる。見て、さわって、遊んで、食べて、楽しみながら発明・発見のヒントを学ぶことができる。

【展示・収蔵】
・インスタントラーメンヒストリーキューブ
　「チキンラーメン」から始まったインスタントラーメンが世界的な食文化に発展していく様子を3,000点を超えるパッケージで表現。
・安藤百福ヒストリー
　安藤百福の生涯を、当時の時代背景や親しみやすいイラストをまじえながら、全長約58mの大パノラマで紹介。
・百福の研究小屋
　世界初のチキンラーメンが誕生した研究小屋を忠実に再現。

神奈川県

・クリエイティブシンキング　ボックス
　安藤百福の「クリエイティブシンキング＝創造的思考」の原点となる6つのキーワードを、五感に訴えかける手法で表現。
　その他、百福シアター、ミュージアムショップなど。

【事　業】

・マイカップヌードルファクトリー
　世界でひとつだけのオリジナル「カップヌードル」を作ることができる。（要「整理券」または「利用券」）
・チキンラーメンファクトリー
　小麦粉をこね、のばし、蒸した後「瞬間油熱乾燥法」で乾燥するまでの工程を通じて、「チキンラーメン」を手作りできる工房。（小学生以上、要事前予約）
・NOODLES BAZAAR　ワールド麺ロード
　安藤百福がめんのルーツを探る旅「麺ロード」で出会った世界8カ国のめんを味わえる。

【出版物・グッズ】

　チキンラーメンまんじゅう（6個入　900円）／カップヌードルまんじゅう（8個入　900円）／チキンラーメンサブレ（12枚入　900円）／横浜ひよこちゃんストラップ（全4種／各350円）　※価格は全て税込み

・所在地　〒231-0001　神奈川県横浜市中区新港2-3-4
・ＴＥＬ　総合案内ダイヤル：045-345-0918
　　　　　チキンラーメン予約専用ダイヤル：045-345-0825
・ＵＲＬ　http://www.cupnoodles-museum.jp/
・交　通　みなとみらい線 みなとみらい駅・馬車道駅より徒歩8分，JR・市営地下鉄 桜木町駅より徒歩12分，首都高速神奈川1号横羽線 みなとみらいICより5分
・開　館　AM10:00 〜 PM6:00（入館はPM5:00まで）
・入館料　大人（大学生以上）500円，高校生以下は入館無料
　　　　　※館内の一部施設は別途利用料が必要
・休館日　火曜日（祝日の場合は翌平日），年末年始
　　　　　※詳細はホームページをご確認ください
・施　設　地上5階・地下1階，敷地面積約4千㎡　延床面積約1万㎡
・設　立　2011（平成23）年9月
・設置者　日清食品ホールディングス㈱
・管　理　（公財）安藤スポーツ・食文化振興財団
・責任者　館長・筒井之隆

182　ものづくり記念館博物館事典

神奈川県

KYB史料館

[機械・精密機器]

オレオ

　KYB史料館は、2005(平成17)年のKYB株式会社の創立70周年に設立された。KYB史料館は、KYBの技術の歴史を集約してご紹介する博物館となっている。当社は油圧技術の開発を核に戦後復興のリーダーシップを取り、ショックアブソーバや油圧機器、そしてその応用製品をその時代時代の要求に応えて開発し、世に送りつづけて来た。KYB史料館では、当社の油圧技術のルーツや油圧技術の歴史について、解説的かつ視覚的に時代を追って展示説明をしている。当社が「夢」を追い続ける姿についても、併せて新技術展示ゾーンを設けて説明している。展示内容は日本の戦後復興のインフラ整備やモータリゼーションに深い関係を持ったものが多数あり、毎週木曜日に一般公開をしている。

【展示・収蔵】

　展示点数は約240点。館内には8つのカテゴリーがあり、①KYBのDNA②メモリアル展示③未来技術展示ゾーン④油圧機器ゾーン⑤パワーステアリングゾーン⑥ショックアブソーバゾーン⑦鉄道／海洋／宇宙・航空ゾーン⑧コミュニティラウンジとなっている。各カテゴリーでは製品群の生い立ちと部品構成、使われ方などをご紹介しており、展示できない大きい製品や企画をパネル展示している(舞台装置・免震装置・船舶関連)。まず、総合展示パネルで該当製品群の全体の機能や使われ方を図解し、更に技術的歴史の位置づけを解説している。什器内展示では、年代順にどういう製品が開発・生産され、時代の変遷とともに現在までどのように進化を遂げて受け継がれてきているかをご覧いただける。また、多くの当社製品の体験型展示などもある。

神奈川県

【事　業】

《KYB史料館の活動》

・週に1回、一般公開を実施
・かながわサイエンスサマーに参加しており、年に3回程、子供向けにパスカルの原理説明と科学工作を実施

・所在地　〒252-0328　神奈川県相模原市南区麻溝台1-12-1
・TEL　042-746-5727
・FAX　042-745-8919
・URL　https://www.kyb.co.jp/
・E-mail　info-museum@kyb.co.jp
・交　通　小田急線 相模大野駅下車, 相模大野駅北口 神奈川中央交通バス 女子美術大行き乗車 麻溝台工業団地下車
　　　　　JR横浜線 古淵駅下車, 神奈川中央交通バス 女子美術大行き乗車 麻溝台工業団地下車
・開　館　一般公開日:毎週木曜日PM2:00 〜 PM4:00のみ(相模工場の休日を除く)
・入館料　無料
・休館日　開館日以外は一般公開なし
・施　設　鉄筋コンクリート5階建, 史料館フロア面積600㎡
・設　立　2005(平成17)年10月　※史料館開館年月日
・設置者　KYB(株)
・管　理　KYB(株)
・責任者　館長・伊藤和巳

館のイチ押し

【メモリアル展示】零式艦上戦闘機に装着された主脚の緩衝器を展示しています。航空機用緩衝脚の技術が今日の自動車用ショックアブソーバに引き継がれています。展示品は、瀬戸内海の海底より回収したもので、30年以上海中にありながら主脚のメッキ部は光沢を保ち当時の技術の高さを示しています。

【レース用EPS体感機】実際のレースドライバーと同じようなステアリングフィーリングが体感できます。お好みの重さを選んでスタートし、KYBオリジナルのコースをゴールできるか楽しむことができます。

神奈川県

シルク博物館

[紙・繊維]

シルク博物館は横浜開港百年記念事業として、神奈川県・横浜市・関係業界の協力によって、1959(昭和34)年3月、開港当初、英国商社ジャーディン・マセソン商会(英一番館)のあったところに、シルクセンター国際貿易観光会館が建設され、その重要な一事業部門として開設をみたものである。当館は絹の科学、技術の理解や絹服飾の工芸美の鑑賞の場を提供するとともに、絹の需要を促進することを目的としている。また、これらを通じて国際観光の振興を図るとともに、世界でも数少ない絹に関する施設として多くの人たちに親しまれている。

はた織り体験

【展示・収蔵】

《ふしぎファーム(1F)》シルクって何だろう？そんな疑問をわかりやすく紹介する。家蚕や野蚕の生態や繭から糸が作られる過程、糸の種類と、それらを原料として織られ、染められてゆくいろいろな過程を展示。また、蚕などについて学習するコーナーが設けられている。いつでも、はた織りや繭からの糸繰り体験、蚕の観察ができる。

《しらベライブラリ(1F)》シルクと横浜の繋がりや、シルクと私たちのくらしとの関わりなどを展示。

《世界の絹と民族衣装(2F)》世界の民族衣装には絹が多く用いられている。それぞれのもっている絹の美しい特色が鑑賞できるよう展示。

《日本時代風俗衣装(2F)》古代から現代までのそれぞれの時代において衣装が、どのようなかたちで私たちの祖先に愛され、受け継がれてきたかを、時代考証のもとに復元して展示。

《和装(2F)》世界の民族衣装の中でもとりわけ美しいといわれる「着物」の織りや染めについて代表作品を展示。

神奈川県

【事　業】

蚕の飼育展示（常時）。春・秋に特別展を開催。子ども向けに、夏は「かいこ教室」、冬は「たのしいかいこの発表会」を開催。隔年で「シルク博物館全国染織作品展」のための公募を行っている。その他、くみひもや真綿などのワークショップや実演、講座などを開催。（毎年、開催時期が異なるため当館HPを参照。）

【出版物・グッズ】

《刊行物》「シルク博物館所蔵品目録」（1999.3）／「人間国宝作品集」（2013.3）
《グッズ》シルク博物館オリジナルキャラクター「まゆるん」のクリアファイル（A4サイズ・A5サイズ）、シルク博物館オリジナル 桑柄のスカーフ

- ・所在地　〒231-0023　神奈川県横浜市中区山下町1（シルクセンター2F）
- ・TEL　045-641-0841
- ・FAX　045-671-0727
- ・URL　http://www.silkcenter-kbkk.jp/museum/
- ・交　通　みなとみらい線 日本大通り駅下車 3番出口徒歩3分
- ・開　館　AM9:30～PM5:00（入館はPM4:30まで）
- ・入館料　一般500円（400円），シニア（65歳以上）300円（200円），高・大学生200円（150円），小中生100円（50円）
  　　　　※（ ）は20人以上の団体料金　※障害者手帳の提示で無料　※特別展は別途料金
- ・休館日　月曜日（月曜日が祝日の場合は翌日），年末年始（12月28日～1月4日），臨時休館あり
- ・施　設　シルクセンター2階・3階，展示面積1,356.03㎡（受付前，ミュージアムショップ含む）
- ・設　立　1959（昭和34）年3月12日
- ・設置者　（一財）シルクセンター国際貿易観光会館
- ・管　理　（一財）シルクセンター国際貿易観光会館
- ・責任者　館長・坂本英介（2019年3月まで）

館のイチ押し

- ・生きている蚕を常時見学でき、時期によっては、蚕がまゆを作っているところが見られる。
- ・まゆから糸を取り出す「糸くり」体験や、糸から布を織る「はた織り」体験が常時できる（無料）

神奈川県

電車とバスの博物館

[交通・運輸]

東京急行創立60周年記念行事の一環として1982(昭和57)年4月に開館。2003(平成15)年3月には現在地に移転し、2016(平成28)年2月リニューアルオープンを果たした。

こども達を対象とした教育文化施設として、資料・車両設備等の保存・展示を行う。交通事業の社会的役割への認識を深めてもらいたいという願いから「触れて学べる博物館」を目指し、電車やバスのシミュレーターなどの展示物は、見るだけでなく、触れる、体験できる参加型・体験型展示としている。

【展示・収蔵】

《シミュレーター》(1)8090系電車:本物の運転台によりコンピューターを用いて実際の電車同様に作動。(2)コーチバス:コーチバス本体によりスクリーンに収録された路線の風景の中を運転。(3)東横線CG:乗務員訓練用に使っているCGソフトをもとに遊びやすく設定。実写映像とはひと味違う魅力がある。(4)キッズシミュレーター:保護者の方と並んで運転でき、自分でデザインしたオリジナル5000系が画面内を走行、遊んだ後はオリジナル車両のペーパークラフトが購入できる。

神奈川県

《パノラマシアター》東急沿線を模型に収め、その中を現役車両のほか、懐かしの名車たちが走り回る。

《3450形電車》動く仕組みを理解できるように各機器は正常に作動し、ノッチ操作により、前方の車輪が回転する。

《路線バス》エンジン以外の機器は全て正常に作動。

【事　業】

各種イベントを開催。

【出版物・グッズ】

東急線キャラクター「のるるん」の関連グッズをDENBUSショップで販売

- ・所在地　〒216-0033　神奈川県川崎市宮前区宮崎2-10-12
- ・ＴＥＬ　044-861-6787
- ・ＦＡＸ　044-863-2155
- ・ＵＲＬ　http://www.tokyu.co.jp/museum-2/index.html
- ・交　通　東急田園都市線　宮崎台駅直結
- ・開　館　AM10:00 ～ PM4:30(入館はPM4:00まで)
- ・入館料　大人200円、3歳以上中学生まで100円
- ・休館日　木曜日(祝日の場合は翌日)、年末年始
- ・施　設　A棟:鉄筋4階建　B棟:鉄筋2階建
- ・設　立　1982(昭和57)年4月3日
- ・設置者　東京急行電鉄(株)
- ・管　理　(株)東急レールウェイサービス
- ・責任者　館長・古山昌明

館のイチ押し

　親子で並んで操作できるベンチ型の「キッズ・シミュレーター」を鉄道系の博物館としてはじめて導入。

　また、HOゲージの走るパノラマシアターでは、夜明けから終電後の夜間作業までの東急線の一日を放映します。

　その他各種シミュレーターや模型電車のレンタルサービスもあるNゲージのジオラマコーナー「Nゲージパーク」など、幅広い層の方にお楽しみいただけます。

神奈川県

東芝未来科学館

[科学技術]

　1961(昭和36)年に会社創立85周年記念事業の一環として設立された施設。2014(平成26)年1月31日、川崎駅西口にあるショッピングモール「ラゾーナ川崎プラザ」に隣接する東芝スマートコミュニティセンター2Fにリニューアルオープン。「人と科学のふれあい」をテーマに、科学技術に親しみ、次世代を担う子どもたちの科学に対する興味を喚起する教育的活動に貢献している。様々な先進技術で人々の暮らしを変えてきた東芝のあゆみを振り返ることが出来るヒストリーゾーン、実験やワークショップを通じて子どもたちが科学技術を楽しく学べるサイエンスゾーンなど、体験しながら科学に親しめる。

【展示・収蔵】

　ヒストリーゾーン「創業者の部屋」…からくり儀右衛門こと田中久重と、日本電気の父・藤岡市助ゆかりの品々を展示。「1号機ものがたり」は世界初・日本初の東芝製品1号機を展示。動態保存もあり。

　「エネルギーの未来へ」ハツデントライ…回転運動や化学反応などを使って、実際に発電を体験出来る。それぞれの発電方法の特徴や違いを画面で見る事で、発電方法を組み合わせる事の大切さを学べる。

　「まちの未来へ」マチスキャナー…まちの模型にあるマーカーをタブレットで覗き込むと、ARアニメーションで、楽しくまちのしくみを理解する事が出来る。

　スマートステップ…全身を動かしながらスマートアイテムを取得し、自分だけのスマートな家をつくる。楽しみながら、安心・安全な生活を提供してくれるホームソリューションについて学べる。

神奈川県

ビルタッチ…ビルのエレベーターや照明・空調を、パネルにタッチしてコントロールする。頭脳を持った賢いビルの凄さを、遊びながら学ぶことが出来る。

「じょうほうの未来へ」ナノライダー…マシンに乗り込みハンドルを操作して、ナノの世界を自由に移動することが出来るアミューズメント。楽しみながら、微細化技術の凄さを体験することが出来る。

キミセンサー…センサーを利用して、自分の生体情報をビジュアル化することで生体センサー技術とヘルスケアの関係を体験出来る。

「サイエンスゾーン」…1日3回、サイエンスステージにてサイエンスショーを実施。また、旧館からの人気アミューズメント「静電気発生装置」や「超電導実験」も。

【事 業】

アテンダントによる展示案内(日・英・中)があり、団体・個人・外国人などに対応している。

- ・所在地 〒210-8585 神奈川県川崎市幸区堀川町72-34 ラゾーナ川崎東芝ビル2F
- ・TEL 044-549-2200
- ・FAX 044-520-1500
- ・URL http://toshiba-mirai-kagakukan.jp/
- ・交 通 JR川崎駅(西口)徒歩1分,または京急川崎駅下車 徒歩7分
- ・開 館 火〜金…AM10:00〜PM5:30,土・日・祝…AM10:00〜PM6:00
- ・入館料 無料
- ・休館日 月曜日・当館の定める日(詳しくは東芝未来科学館HPをご確認ください)
- ・設 立 1961(昭和36)年11月
- ・設置者 (株)東芝
- ・責任者 館長・岩切貴乃

館のイチ押し

国の重要文化財である和時計の最高傑作「万年自鳴鐘」や、からくり人形の実演。日本初の電気洗濯機は動態保存で、今でも動かすことが出来る。

神奈川県

日本郵船氷川丸

[交通・運輸]

1930(昭和5)年に横浜船渠株式会社(現三菱重工業株式会社横浜製作所)で建造された氷川丸は、主として戦前、戦後期はシアトル定期航路に就航し、戦中期は海軍特設病院船、終戦直後は復員船・引揚船として使用され、1960(昭和35)年の現役引退後は現在地に係留され横浜港のシンボルとして人々に親しまれてきた。2008(平成20)年、竣工当時の姿に近い形に復元し、日本郵船氷川丸としてリニュールオープン。船舶という非日常的な空間を気軽に体験できる場を提供している。建造当時の先進の造船技術や、アールデコ様式が日本に直輸入された最初の建造意匠を現す貴重な遺構として、さらには、海外との輸送手段を貨客船が担っていた時代及び戦中戦後の激動の時代において社会・経済史上に大きな役割を果たしたことが評価され、2016(平成28)年に、海上で保存されている船舶としては初めて国の重要文化財に指定された。

【展示・収蔵】

船内は美しいアールデコ様式のインテリアを見ることができる「船客エリア」、現役時代そのままに残された操舵室、迫力ある機関室など乗組員たちの仕事場を紹介する「乗組員エリア」、氷川丸の歴史を伝える「展示エリア」に分けて一般公開している。屋外デッキでは、港の景色を楽しみながらデッキチェアーでくつろぐこともできる。

【事 業】

1月2日の「船上もちつき」、4月の「バースデーイベント」、夏休み期間の「こどもクイズラリー」等、季節に合わせたイベントを適宜開催、3カ月毎に「コ

神奈川県

ンサート on 氷川丸」も開催している。正午や大晦日に鳴らされる汽笛は横浜を代表する音風景であり、夜間のライトアップとなどとも合わせ山下公園と一体で活用され、市民や観光客に親しまれている。

【出版物・グッズ】

氷川丸クリアファイル（（大）320円　（小）240円　（イラスト）250円）、付箋セット（480円）、パノラマペーパークラフト（300円）、サーモステンレスボトル（1,800円）、氷川丸付箋3種セット（380円）、氷川丸タグパッド（500円）、氷川丸重文化記念ポストカード（150円）、氷川丸ブロックメモ（780円）、氷川丸ロング一筆箋（610円）

- ・所在地　〒231-0023　神奈川県横浜市中区山下町山下公園地先
- ・ＴＥＬ　045-641-4362
- ・ＦＡＸ　045-641-4366
- ・ＵＲＬ　https://www.nyk.com/rekishi/
- ・E-mail　nyk_maritime_museum@nykgroup.com
- ・交　通　みなとみらい線　元町・中華街駅　4番出口から徒歩3分
- ・開　館　AM10:00 ～ PM5:00（入館締切PM4:30）
- ・入館料　一般300円，シニア（65歳以上）200円，小中高生100円
- ・休館日　月曜日（但し月曜日が祝日の場合は翌平日），臨時休館
- ・施　設　全長163.3m，船幅20.12m
- ・設　立　1930（昭和5）年建造，1961（昭和36）年山下公園前係留
　　　　　　2008（平成20）年「日本郵船氷川丸」としてリニューアルオープン
- ・設置者　日本郵船（株）
- ・管　理　日本郵船（株）
- ・責任者　歴史博物館・氷川丸グループ長・大須賀由紀

館のイチ押し

①現役時代そのままに残された操舵、荷役装置、エンジン。

②洗練された船内のアール・デコの船室。中でも一等特別室、一等社交室、一等食堂、一等喫煙室の室内装飾。

③デッキから臨む横浜港、横浜マリンタワー、山下公園、そして美しいみなとみらいの景色。

神奈川県

日本郵船歴史博物館

［交通・運輸］

　人類は有史以来海と深い関わりをもち、海を介して人とモノとの交流が盛んに行われてきた。文明は海を渡って広まり、「船」によって地上の文化は均衡ある発展を保ち得た。
　「日本郵船歴史博物館」は1993(平成5)年12月に「日本郵船歴史資料館」として開館した企業博物館であり、青少年を含む一般市民に海・船・海運の重要性を認識してもらうとともに研究者への協力、社員教育、歴史的資料の散逸を防ぐことを目的として設立された。2003(平成15)年6月には、コリント式の柱が印象的な横浜郵船ビル1階へ移転し、「日本郵船歴史博物館」に改称している。当社の歴史を通して海運の役割と進歩を物語るとともに、人が海とともに生きてきた歴史の様々なエピソードを楽しんでいただければ幸いである。

【展示・収蔵】
　収蔵品数は約4万点(収蔵品2万7000点、模型約180点、視聴覚資料750点、図書1万2000点)。常設展は、三菱の創業者岩崎彌太郎による当社の誕生秘

神奈川県

話から現代に至るまでの約130年にわたる社史を通し、日本の近代海運史を時代別に展示している。

　主な展示は昭和初期の豪華客船「浅間丸（Ⅰ）」、「鎌倉丸（Ⅱ）」、「氷川丸」などの精巧な大型モデルシップをはじめ、美しい客船メニュー、絵はがきなど。

【事　業】

　海や船をテーマとした企画展を年3回程度開催、市民演奏家によるクラシックコンサートも月に一回開催している。館内には図書室、来館者用ティーコーナー、ミュージアムショップも設けている。

- ・所在地　〒231-0002　神奈川県横浜市中区海岸通3-9
- ・ＴＥＬ　045-211-1923
- ・ＦＡＸ　045-211-1929
- ・ＵＲＬ　https://www.nyk.com/rekishi/
- ・E-mail　nyk_maritime_museum@nykgroup.com
- ・交　通　みなとみらい線 馬車道駅6番出口より徒歩2分，JR関内駅より徒歩8分
- ・開　館　AM10:00 〜 PM5:00（入館締切PM4:30）
- ・入館料　大人・大学生400円（300円），65歳以上・中高生250円（200円）
　　　　　小学生以下無料　※（　）内は15名以上の団体料金
- ・休館日　月曜日（但し月曜日が祝日の場合は翌平日），年末年始，臨時休館
- ・設　立　1993（平成5）年12月
- ・設置者　日本郵船（株）
- ・管　理　日本郵船（株）
- ・責任者　歴史博物館・氷川丸グループ長・大須賀由紀

館のイチ押し

　明治初期より現代まで、海運業を営む弊社が保有する資料を常設展等で公開展示。大変好評をいただいている。

神奈川県

ニュースパーク（日本新聞博物館）

[生活・文化]

　1986（昭和61）年、日本新聞協会の小林與三次会長（当時）の「近年の急激な技術革新により、伝統的な新聞製作機材が廃棄されている。このような機材を集め、新聞製作の歴史を明らかにする新聞博物館設置の可能性を探ってほしい」との発意がきっかけとなって生まれた博物館である。検討・準備の過程で、製作技術だけでなく編集、販売、

ジオラマ

広告、事業など新聞のあらゆる分野を扱う「新聞の総合博物館」に発展した。2000（平成12）年、日本最初の日刊新聞「横浜毎日新聞」発祥の地である横浜に愛称を「ニュースパーク」として開館、新聞文化の継承・発展と教育への貢献を目的に掲げた。

　一方、開館から15年がたち、情報社会の大きな変化に対応する展示の見直しが求められていたことから、2016（平成28）年夏、小中学生を主な対象に据えた体験と交流の施設としてリニューアルオープンした。展示で情報社会における情報の見極めなどを学ぶことができるほか、団体来館者向けに各種の体験プログラムも用意している。

【展示・収蔵】
《2階》　企画展示室
　年3〜4回、企画展を開催している。新聞社との共催のほか、収蔵物を活用した自主企画展も開催。
《3階》　常設展示室
　情報社会における情報の見極めの大切さを学んだうえで、新聞記者の仕事、情報産業としての新聞について学べるストーリーで展示を展開している。

神奈川県

《コレクションギャラリー》幕末のかわら版から初の日刊紙「横浜毎日新聞」、明治期の新聞のほか、報道機材、原稿を運んだ伝書鳩など、新聞の歴史を伝える資料を展示。

《情報の海》現代社会は情報がいかに爆発的に増えているかを知り、情報の見極めの大切さについて学ぶ。

《真実を伝える》情報があふれる中で、正確な情報を伝えるために日夜取材に駆け回る記者の姿を紹介する。

《新聞が届くまで》「情報産業としての新聞」を学ぶコーナーとして、新聞が毎日、読者に届くまでの工程を体験型展示とともに紹介。

《横浜タイムトラベル》開港の地・横浜をテーマにした取材を体験できるタブレット端末のゲーム。

《新聞ひろば》歴史的瞬間を伝えてきた新聞を紹介するほか、子供たちが新聞に触れて遊べるコーナー。

《新聞閲覧室》全国の新聞（約130紙）・1週間分を配架。自由に閲覧できるほか、パソコンで各社の記事データベース（約60社）を参照できる。複写は不可。

【事 業】

企画展示室にて、年3〜4回企画展を開催。関連シンポジウムやイベントも随時開催している。製作工房ではその場でオリジナル新聞を作成できる個人向けプログラムを毎日実施。

そのほか、教育連携事業として団体来館者向けに「パソコンで新聞づくり」「新聞レクチャー」「取材クルーズ」の3つのプログラムを用意。職場体験・研修の受け入れや修学旅行向け特別プログラムの開発も行っている。展示での協力のほか、新聞の活用をテーマとした教員免許状更新講習を実施するなど、大学との連携事業にも取り組んでいる。

単発イベントとしてニュースカフェやワークショップも開催し、入園・入学時期や夏休みには毎年小中学生向けのイベントを実施している。

【出版物・グッズ】

《書籍》「新聞のあゆみ」/「新聞経営の先人」/「取材と報道」など

《オリジナルグッズ》ボールペン、シャープペンシル、ポストカード、クリアファイル、一筆箋、シール、メモ帳、ポストカード

神奈川県

- ・所在地　〒231-8311　神奈川県横浜市中区日本大通11　横浜情報文化センター内
- ・ＴＥＬ　045-661-2040
- ・ＦＡＸ　045-661-2029
- ・ＵＲＬ　https://newspark.jp/newspark/
- ・E-mail　hakubutsukan@pressnet.or.jp
- ・交　　通　〈電車〉みなとみらい線 日本大通り駅3番情文センター口直結，JR・横
浜市営地下鉄 関内駅から徒歩10分
〈バス〉横浜市営バス 日本大通り駅県庁前から徒歩1分
- ・開　　館　AM10:00 ～ PM5:00（入館はPM4:30まで）
- ・入館料　一般400円，大学生300円，高校生200円，中学生以下 無料
- ・休館日　月曜日（月曜日が祝日・振替休日の場合は次の平日），12月29日～1月4日
- ・施　　設　延床面積約2300㎡
- ・設　　立　2000（平成12）年10月12日
- ・設置者　（一社）日本新聞協会
- ・管　　理　（一社）日本新聞協会
- ・責任者　館長・尾高泉

関東

館のイチ押し

　日刊新聞誕生の地・横浜で新聞の歴史について学べるほか、情報化が
進む現代において情報の見極めがいかに大切かを実感できる。横浜の歴
史に触れながら、新聞記者の取材を体験できるタブレット端末を利用し
た取材体験ゲーム「横浜タイムトラベル」は小学生から大人まで楽しめ
る。自分の写真が入ったオリジナル新聞は記念のお土産におすすめ。

神奈川県

ミツトヨ測定博物館

［機械・精密機器］

産業の発展を支えた長さ精密測定機器のルーツと変遷を知ることができる、世界で唯一の専門博物館である。

「沼田記念館」と「測定機器館」で構成され、2016（平成28）年8月に「ミツトヨ測定博物館」としてリニューアルオープンした。

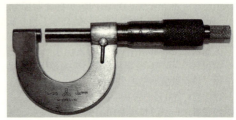

国産化第一マイクロメーター

沼田記念館は、ミツトヨ創業50周年記念行事として、ミツトヨ創業者沼田恵範の名を冠して1987（昭和62）年10月に開館。ミツトヨの創業の理念、及び創業以来精密測定一筋に、ものづくり産業界のご要望に応えて、精密測定機器に取り組んできた道のりとしてのミツトヨの歴史、「精密測定で社会に貢献する」、「Precision is our profession」というコーポレートスローガンの様子を、広さ526㎡の中に資料2,500点で示している。これらは、日本の精密測定機器工業の歩みも示しているといえる。

ミツトヨは、数多くの先人、先輩企業に学んで今日があると考えている。その先達の業績を称えるとともに、世界の精密測定機器の変遷を示し、産業考古学分野での貢献も果たすという考えの下、沼田記念館に併設の形で、ミツトヨ博物館（現 測定機器館）が1990（平成2）年に開館した。1850年代の精密測定機器から今日に至る各種の長さ精密測定機器、表面形状測定機器等、約400点を広さ506㎡の中に展示している。

両館の収蔵物は、2007（平成19）年と2009（平成21）年に、近代の「日本のものづくり」を根底から支えた工作機械・精密機器の歩みを物語る近代化産業遺産群として、経済産業省より認定されている。

【展示・収蔵】
・国産化第一号のマイクロメーター（1936年12月）
・時代ごとに開発された測定工具（マイクロメーター、ノギス、ダイヤルゲージ等）と精密測定機器（投影検査機、測定工具顕微鏡、光波干渉計、輪郭形

神奈川県

状測定機、表面粗さ測定機、真円度測定機、画像測定機、三次元測定機等)
- ジェームス・ワット(英)の卓上型マイクロメータ(1772年)の複製品と最近のマイクロメータまで200年の変化を示す展示
- ジョセフ・ウイットワース(英)測長機(1850年)
- SIP社(スイス)縦動比較機(1957年頃)、円周目盛機械(1920年頃)
- ウオルサム社(米)製世界最古のダイヤルゲージ(1880年頃)
- その他各種の投影検査機、表面粗さ測定機。真円測定機、形状測定機、歯車試験機、長さの標準、測定機器が現れた年を代表的工業製品や日本の風物と対照しながらみることのできる年譜等

- 所在地　〒213-8533　神奈川県川崎市高津区坂戸1-20-1
- ＴＥＬ　044-813-8204
- ＦＡＸ　044-813-1658
- ＵＲＬ　http://www.mitutoyo.co.jp
- 交　通　JR南武線 武蔵溝ノ口駅下車，または東急田園都市線 溝の口駅下車 徒歩15分
- 開　館　AM9:00 ～ PM5:00
- 入館料　無料
- 休館日　土曜日，日曜日，祝日，会社の休日
- 施　設　鉄筋4階建の2階，3階部分
- 設　立　沼田記念館：1987(昭和62)年10月
　　　　　測定機器館：1990(平成2)年11月
- 設置者　(株)ミツトヨ
- 責任者　館長・山田秀好

神奈川県

三菱みなとみらい技術館

[科学技術]

　当館は、横浜市の経済・文化活動の中心地である「みなとみらい21」地区に集う人々とコミュニケーションを深めるとともに、明日を担う青少年たちが「科学技術」に触れ、夢を膨らませることのできる場になることを願い、三菱重工業(株)が企画・設計・建設した科学博物館である。2018(平成30)年9月には来館者数300万人を達成した。

MRJの実物大模型

　館内は「航空宇宙」「海洋」「環境・エネルギー」などのテーマ別ゾーンに、バーチャルツアーステーションやキッズグラウンドを始めとする様々な展示・体験コーナーで構成している。各ゾーンやコーナーでは、実物や大型模型、体験装置、映像などを活用し親しみやすいかたちで最先端の科学技術を紹介。産業の過去・現在・未来への理解を深めることができる。

　平日は理科実験、週末はワークショップやサイエンスショーなどのイベントも開催している。

　また、学校団体の受け入れにも積極的で、学校の校外学習での見学は無料で受け入れており(要事前予約)、毎年遠足や修学旅行・総合的な学習やクラブ活動などで、全国からたくさんの児童生徒・学生が訪れる。

【展示・収蔵】
《1F》
◇航空・宇宙ゾーン…MRJの実物大模型の操縦体験と新旧2つのロケットエンジンの実物展示を中心に、日本が誇る航空宇宙開発の先端技術を紹介。
◇海洋ゾーン…有人潜水調査船「しんかい6500」の実物大分解展示をはじめ、最新技術や調査研究を臨場感あふれる映像やタッチパネルによる展示で学

神奈川県

べる。また、シミュレータ「SUPER SHINKAI」では、未来の深海調査を体験できる。

《2F》

◇環境・エネルギーゾーン…火力・原子力・自然エネルギーなどが、実物や映像、模型、タッチパネルなどを通して楽しくわかる。

◇バーチャルツアーステーション…半径7m、全幅15mの巨大シリンドリカル(円筒形)スクリーンいっぱいに広がるVRシアター。まるで映像の中に入り込んでしまったような異次元空間体験ができる。

◇サイエンスプラザ…ジェスチャーで操作するディスプレイで科学の原理に親しんだり、サイエンスショーなどのイベントなどいろいろ楽しめる科学体験広場。ソファに座って科学技術に関する本を読むこともできる。

◇ハンズ・オンコーナー…歯車や滑車など、科学の原理について体験しながら学ぶことができる。

◇キッズグラウンド…大型ブロックを組み合わせて遊べる、未就学児のお子様とその保護者限定のコーナー。ものづくりをからだ全体をつかって楽しく体感できる。

- ・所在地　〒220-8401　神奈川県横浜市西区みなとみらい3-3-1(三菱重工横浜ビル)
- ・ＴＥＬ　045-200-7351
- ・ＦＡＸ　045-200-9902
- ・ＵＲＬ　https://www.mhi.com/minatomirai/
- ・交　通　みなとみらい線 みなとみらい駅けやき通り口より徒歩3分，JR根岸線・横浜市営地下鉄・東急東横線いずれも桜木町駅より徒歩8分
- ・開　館　AM10:00 ～ PM5:00(入館締切PM4:30)※2018年10月1日～2019年2月28日の平日はAM10:00 ～ PM4:30(入館締切PM4:00)
- ・入館料　大人500円(400円)，中・高校生300円(200円)，小学生200円(100円)※(　)内は20名以上の団体料金
- ・休館日　火曜日(祝日の場合は翌日)，年末年始および特定休館日
- ・施　設　鉄筋コンクリート造地上3階　三菱重工横浜ビルの1階・2階部分が展示スペース，総面積3,451㎡　展示面積2,814㎡　事務局等234㎡　エントランススペース約403㎡(ショップ含む)ほか
- ・設　立　1994(平成6)年6月
- ・設置者　三菱重工業(株)
- ・責任者　館長・久保庭章夫

ものづくり記念館博物館事典　201

神奈川県

横浜みなと博物館

[交通・運輸]

　横浜みなと博物館は横浜港をテーマにした初めての博物館。2009（平成21）年4月に開港150周年事業で横浜マリタイムミュージアム（1989（平成元）年開館）を全面リニューアルし、横浜みなと博物館が誕生した。「歴史と暮らしのなかの横浜港」をメインテーマに横浜港の歴史とその仕組みや役割を伝える展示で構成されている。2018（平成30）年3月、アンクルトリスのデザインや船の絵で知られる柳原良平の作品を常設展示する「柳原良平アートミュージアム」が博物館内にオープンした。
　当館はみなとみらい21地区の日本丸メモリアルパークに立地しており、パーク内の旧横浜船渠株式会社第一号ドックには帆船日本丸が係留保存されている。第一号ドックと帆船日本丸はともに国指定重要文化財となっている。

【展示・収蔵】
　常設展示室は2つのゾーンに分かれている。
　「横浜港の歴史」ゾーンは横浜港160年の歴史を7つの時代に分けて展示している。神奈川湊、吉田新田、横浜村から、黒船来航、大さん橋建設、昭和戦前の客船黄金時代、コンテナ船の初入港、そして国際競争力強化を目指す現代までを紹介する。

神奈川県

「横浜港の再発見」ゾーンでは、「港のしくみ」や「築港」「海運」「港運」「造船・修繕」「くらし・環境」を切り口に横浜港の仕組みと役割を紹介する。

3月には日本で唯一の柳原良平作品の常設展示施設「柳原良平アートミュージアム」を館内に開設した。

2018年度現在、横浜港の歴史を中心に、港や船の仕事や生活、文化に関わる資料を約75,000点所蔵している。また、海事関係の図書も約25,000点所蔵しており、逐次刊行物（雑誌・新聞）とともに博物館内のライブラリーで公開している。

【事　業】

年3回程度、特別展示室で企画展を開催している。横浜港という地域性を重視した題材や、海と港と船に関する題材を企画展のテーマとして設定している。企画展の開催にあわせて、担当学芸員による展示解説や記念講演会・ワークショップなどの関連行事も実施している。また、柳原良平アートミュージアムでもテーマを設定し、期間を決めて作品を展示する特集展示を行っている。

この他に折り紙教室やペーパークラフト教室、船の工作教室、海図教室などの教育普及事業も実施している。

【出版物・グッズ】

・横浜みなと博物館　展覧会図録各種
・柳原良平グッズ(絵ハガキ、ピンバッジ、切手セットなど)
・日本丸チョロQ(1,080円)
・国指定重要文化財　帆船日本丸の記念切手シートセット(1,728円)

・所在地　〒220-0012　神奈川県横浜市西区みなとみらい2-1-1
・TEL　045-221-0280
・FAX　045-221-0277
・URL　http://www.nippon-maru.or.jp/
・E-mail　n-info@nippon-maru.or.jp
・交　通　JR根岸線 横浜市営地下鉄ブルーライン 桜木町駅下車 徒歩5分
　　　　　みなとみらい線 みなとみらい駅・馬車道駅下車 徒歩5分
・開　館　AM10:00 ～ PM5:00
・入館料　単館券　一般400円(350円)，65歳以上250円(200円)，小・中・高校
　　　　　生200円(150円)
　　　　　共通券　一般600円(500円)，65歳以上400円(300円)，小・中・高校

神奈川県

生300円（200円）

※共通券は帆船日本丸と横浜みなと博物館の両方が見学できる

※（ ）内は団体割引料金　団体割引料金の適用は，小学生以上が20名以上の場合

※横浜市の「濱ともカード」を提示すると，65歳以上は団体割引料金

※土曜日は，小・中・高校生は共通券が100円の特別料金になる

この特別料金は帆船日本丸進水100周年に向けた保存活動に使用

※企画展等は別料金になる場合があり

・休館日　月曜日（祝日に当たる場合は開館し，翌日休館），年末その他臨時休館日
・施　設　鉄筋鉄骨コンクリート造　地上1階地下1階，建築面積2,976㎡
・設　立　1989（平成元）年3月25日
・設置者　横浜市
・管　理　帆船日本丸記念財団・JTBコミュニケーションデザイン共同事業体
・責任者　館長・青木治

館のイチ押し

・「柳原良平アートミュージアム」は日本で唯一の柳原良平作品の常設展示施設です。

・「空から見た横浜港」では横浜港全景の空撮写真を床一面に展示しています。

・「操船シミュレーター」では横浜港をリアルに再現した映像のなかで、船の操縦が体験できます。

新潟県

越後出雲崎時代館　出雲崎石油記念館

[金属・鉱業]

　越後出雲崎時代館は出雲崎町が江戸時代天領であったことを紹介するため、また出雲崎町の観光拠点として1994(平成6)年4月に開館。佐渡の金銀の荷揚げ港であったことや北前船の寄港地であったこと、また北国街道の宿場町であったことなどの資料を展示している。館内には出雲崎町特有の街並み「妻入りの街並み」を再現。松尾芭蕉が奥の細道で詠んだ俳句や、良寛さんの生誕の地であることから幼少の頃の逸話などを知ることもできる。

　出雲崎石油記念館は出雲崎町が近代石油産業発祥の地であることから建てられた。日本で最初の海底油田が掘られた場所であり、日本石油の創始者内藤久寛が1891(明治24)年にこの地で石油の機械掘りを行った場所である。これらのことから当時の灯りの文化や産油状況、機械設備などを展示。貴重な資料なども保管している。

【展示・収蔵】
《時代館》　御奉行船(2/3サイズ)、北前船模型、北前船の羅針盤や船箪笥、佐渡金銀鉱石、時代屏風、千両箱、古銭等
《石油記念館》　ランプ、石油発掘機械、書籍・資料等

【出版物・グッズ】
《出版物》「出雲崎町史」/「良寛の詩歌碑めぐり」/「出雲崎の良寛史跡・街並み探訪の手引き」/「妻入りの街」/「北越史料」/「春風秋雨録・内藤久寛の生涯」/「石油産業発祥の地・出雲崎」/「燃ゆる水献上の図」/「芭蕉の真筆・銀河の序拓本」

新潟県

《グッズ》 佐渡小判（レプリカ）、灯油ランプ、和ろうそく

- ・所在地 〒949-4308 新潟県三島郡出雲崎町尼瀬6-57
- ・ＴＥＬ 0258-78-4000
- ・ＦＡＸ 0258-78-4770
- ・ＵＲＬ http://www.shidax.co.jp/tenryo/
- ・E-mail m29640@shidax.co.jp
- ・交 通 〈車〉北陸自動車道 西山ICより20分
　　　　　〈バス〉JR出雲崎駅よりバス10分 良寛堂前下車 徒歩10分
- ・開 館 AM9:00〜PM5:00
- ・入館料 大人500円，子供400円
- ・休館日 毎月第1水曜日（5月・8月を除く），年末年始
- ・施 設 越後出雲崎時代館，出雲崎石油記念館
- ・設 立 1994（平成6）年4月
- ・設置者 出雲崎町
- ・管 理 シダックスコントラクトフードサービス(株)
- ・責任者 支配人・嶋野仁

館のイチ押し

- ・館内はお客様がスイッチを押すことにより演出が楽しめる。
- ・本物の佐渡金銀鉱石に直接触れることも出来、千両箱の持上げ体験が出来る。
- ・出雲崎町の特産品、紙風船づくり（装飾）体験も出来る。（要予約）

新潟県

史跡佐渡金山 展示資料館

[金属・鉱業]

　「史跡 佐渡金山」は1601(慶長6)年に開山されると、1989(平成元)年の採掘休止まで388年間も金銀採掘を続けた日本を代表する金銀山跡である。人力のみの時代から近代まで、鉱山技術と金銀生産システムの変遷のほぼすべてを見ることができる、世界でも例のない大変貴重な遺産である。現在は(株)ゴールデン佐渡がその管理・運営を担い、観光施設として様々な視点から鉱山の歴史を紹介している。採掘業と並行して1970(昭和45)年から観光業をスタートすると、併せて展示資料館も公開された。2001(平成13)年に開山400年を記念して増築されている。史跡佐渡金山を含む佐渡島は2010(平成22)年にはユネスコ世界遺産暫定リストに記載され、現在も本登録に向けて準備が進んでいる。

【展示・収蔵】
　選鉱・製錬から小判鋳造までの過程をミニチュアで紹介。実際の金銀鉱石や採掘・製錬の道具類等を展示。その他に測量器、鉱業用水車模型、奉行船模型、南沢疎水坑道模型、鉱脈模型、やわらぎ奉納絵馬、藁衣装小道具、佐

新潟県

佐渡小判

金塊

渡金山祝絵図、勧請祭文、相川百枚鉱区実測図、山の神お能絵馬、金銀山敷岡稼方(絵巻)、純金塊(12.5kg)等。

【出版物・グッズ】
「図説・佐渡金山」

- 所在地　〒952-1501　新潟県佐渡市下相川1305
- ＴＥＬ　0259-74-2389
- ＦＡＸ　0259-74-3235
- ＵＲＬ　http://www.sado-kinzan.com/
- E-mail　gsado@sado-kinzan.com
- 交　通　佐渡汽船両津港より車で50分
- 開　館　4～10月…AM8:00～PM5:30, 11月～3月…AM8:30～PM5:00
- 入館料　個人900円～
- 休館日　無休
- 施　設　鉄筋コンクリート2階建 他
- 設　立　1970(昭和45)年4月2日
- 設置者　伊藤重久
- 管　理　(株)ゴールデン佐渡
- 責任者　取締役社長・浦野成昭

館のイチ押し
佐渡小判、純金塊

新潟県

燕市産業史料館

[金属・鉱業]

　燕市は金属加工産業がさかんな地域で、当館ではその歴史を紹介している。産業を文化としてとらえ、職人文化を全国に発信すると同時に、市民に職人文化を残すための施設である。設立の経緯は、1968（昭和43）年に燕の有志がつくる「産業史料保存会」の推進によるもので、「今日（こんにち）のために昨日までの過去を保存し学ぶ」を根幹に5年の歳月をかけて本館が建設された。1984（昭和59）年には別館が、2008（平成20）年には新館が、既存の施設に隣接するかたちで設立、開館。また、2019年4月頃に本館リニューアル、体験工房館新設でリニューアルオープン（予定）。

【展示・収蔵】

　本館では、江戸時代から続く鎚起銅器（ついきどうき）・鑢（やすり）・煙管（きせる）・彫金をはじめとする伝統的金属工芸技術を作業場の復元とともに紹介。新館においては、金属洋食器製造や金属ハウスウェア製造についてなど、現在の金属産業の変遷について展示している。企画展では、金工以外にも、ものづくりに関連した展示を行い、県内外のものづくり技術を紹介し、ものづくりに関わっている人たちにインスピレーションを与えたり、来館者に「用の美」を伝えたりできるよう目指している。当館のコレクションとしては、丸山清次郎氏が収集した煙

新潟県

管・矢立のコレクション計439点、伊藤豊成氏が世界中を旅して収集したスプーン約5000本である。

【事　業】

　年10回程度、企画展を開催。その他、ミニチュアスプーン製作やタンブラー鎚目入れなどの体験も随時可能。また、企画展に関連したものづくり体験会も職人・作家の指導つきで開催することもあり。

【出版物・グッズ】

《出版物》「丸山清次郎 畢生の収集 煙管・矢立のすべて」(1999)／「人間国宝 玉川宣夫 作品集　鍛金・木目金 金工の美」(2011)／「伊藤豊成 コレクション 世界のスプーン」(2016)／「鎚起銅器」(2016)

《グッズ》オリジナルポストカード(1枚　500円)

- ・所在地　〒959-1263　新潟県燕市大曲4330-1
- ・ＴＥＬ　0256-63-7666
- ・ＦＡＸ　0256-63-7669
- ・ＵＲＬ　http://tsubame-shiryoukan.jp/
- ・交　通　上越新幹線 燕三条駅から車で5分
　　　　　　北陸自動車道 三条・燕ICから車で5分
- ・開　館　AM9:00 ～ PM4:30(但し入館はPM4:00まで)
- ・入館料　大人300円(240円)，小中学生100円(80円)
　　　　　　※(　)内は20名以上の団体料金
- ・休館日　月曜日(祝日の場合は開館)，祝日の翌日，12月29日～1月3日
- ・施　設　本館・別館・新館・体験工房館　鉄筋コンクリート
- ・設　立　1973(昭和48)年8月1日
- ・設置者　燕市
- ・管　理　燕市
- ・責任者　館長・赤坂一夫

館のイチ押し

- ・本館2階の人間国宝 玉川宣夫による木目金作品。
- ・別館の日本有数の煙管コレクション。
- ・新館の世界中から集めた5000本ものスプーンコレクション。

新潟県

新潟市新津鉄道資料館
[交通・運輸]

　昭和30年代から40年代にかけて東日本最大の鉄道の要衝として栄えた新津に「鉄道の文化を後世に伝えていく」ことを目的に旧新津市が新津鉄道資料館を設立した。

1983(昭和58)年10月	旧新津市と旧国鉄と協議し資料保存を図り新津市鉄道資料館がオープン。
1998(平成10)年4月	旧国鉄から鉄道職員研修所新津鉄道学園を買い取り、改修し、2代目新津鉄道資料館としてオープン。
2012(平成24)年4月	開館30周年を記念しリニューアル事業を開始。
2013(平成25)年5月	200系新幹線、C57形蒸気機関車など新規に実物車両の展示を開始。以後、計6両展示。
2014(平成26)年7月	全館リニューアルオープン。

【展示・収蔵】
展示約800点　収蔵約5万点

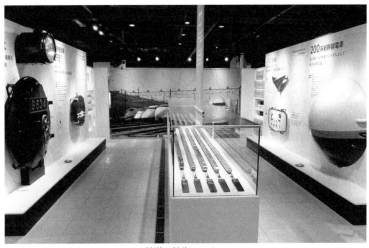

鉄道の技術コーナー

新潟県

200系新幹線とSLC57形19号機

【事業】
・巡回バス運行、鉄道模型走行会、年6回、特別展周年祭「サンクスフェア」
・その他企画展(鉄道書初め、鉄道七夕、鉄道凧作り、収蔵展等)

【出版物・グッズ】
《出版物》特別展図録
《グッズ》鉄道の街にいつオリジナルグッズ(タオル、扇子、クリアファイル、バッチ等)取扱い

- 所在地　〒956-0816　新潟県新潟市秋葉区新津東町2-5-6
- TEL　0250-24-5700
- FAX　0250-25-7808
- URL　http://ncnrm.com/
- E-mail　railwaymuseum@city.niigata.lg.jp
- 交通　JR信越本線 新津駅からバスで5分, 磐越自動車道 新津ICから車で2分
- 開館　AM9:30～PM5:00(最終入館PM4:30)
- 入館料　大人300円, 高・大学生200円, 小・中学生100円
　　　　　※団体割引20名以上　上記金額より2割引き
　　　　　年間パスポート　大人1000円, 高・大学生800円
- 休館日　毎週火曜日(休日の場合は翌日), 年末年始(12月28日～1月3日)
- 施設　RC2階建
- 設立　1983(昭和58)年10月
- 設置者　新津市(現新潟市)
- 管理　新潟市
- 責任者　館長・高山光一

【館のイチ押し】
200系新幹線やE4系新幹線Maxなど実物車両6両の展示。

富山県

高岡地域地場産業センター

［生活・文化］

高岡地域の地場産品には、長い歴史の中で培われ、生活に密着しながら成長してきた工芸品が多く、その製品は伝統的技術・技法による独特の味わいを醸し出しており、広く全国の皆さまにご愛用頂いている。伝統的工芸品として国の指定を受けているものに高岡銅器・高岡漆器・井波彫刻・庄川挽物木地、越中和紙並びに越中福岡の菅笠がある。また、近代産業の部門でも、たゆまぬ努力と研究でめざましく発展している。

鋳物体験教室ミニ水盤・ぐいのみの製作例

高岡地域地場産業センターは、富山県西部地域の地場産業界とその市町村、商工団体が結集し、地場産業の振興と地域の発展を目指すとともに県内外の方々により深く地域の産業を理解して頂くため、その拠点として建てられたものである。

【展示・収蔵】
《産業資料館》
◇１階
　富山県内5つの産地の伝統的工芸品である高岡銅器、高岡漆器、井波彫刻、庄川挽物木地、越中和紙を中心として地場産品の製作工程や歴史について紹介。
◇２階
　高岡銅器、高岡漆器、井波彫刻、庄川挽物木地などの優れた工人・作家の逸品とともに展示・紹介。

富山県

《常設展示場》
　富山県西部地区及び富山市の地場産品の展示及び産地価格による販売。
◇地場産品展示コーナー
　高岡銅器、工芸鉄器、高岡漆器、井波彫刻、庄川挽物木地、越中和紙、越
中福岡の菅笠、高岡仏壇・仏具
◇銘菓、食品等コーナー
　県内各種有名銘菓、かまぼこ、乾燥麺、地酒、食品類等

【事　業】
ものづくり体験教室(鋳物体験・漆器体験)5名様以上、要予約

- ・所在地　〒933-0909　富山県高岡市開発本町1-1
- ・ＴＥＬ　0766-25-8283
- ・ＦＡＸ　0766-26-7323
- ・ＵＲＬ　https://www.takaokajibasan.or.jp/
- ・E-mail　gtcenter@orion.ocn.ne.jp
- ・交　通　JR高岡駅より車で10分
　　　　　　JR新高岡駅より車で20分
- ・開　館　AM9:30 ～ PM5:00
- ・入館料　無料
- ・休館日　毎週火曜日，12月29日～1月3日
- ・施　設　鉄筋コンクリート2階建，一部5階建，敷地面積5582.84㎡，延床面積4687.73㎡
- ・設　立　1983(昭和58)年4月
- ・設置者　富山県西部市町村商工団体等67団体
- ・管　理　(公財)高岡地域地場産業センター
- ・責任者　理事長・髙橋正樹

石川県

石川県海洋漁業科学館

[水産業]

　海洋漁業科学館(通称：うみとさかなの科学館)は、海洋と水産業の自然科学知識の普及のために石川県が建設した施設である。海や水産業の研究を行っている石川県水産総合センターの付属施設として1994(平成6)年4月にオープンした。海洋漁業に関する諸情報、水産総合センターの研究成果を紹介し、また展示物、観察やゲームを通し、広く県民に水産業の理解と興味を深めてもらうことを目的としている。

【展示・収蔵】
　石川県の漁業生産の場、海洋漁業科学館の立地場所をも踏まえ、展示のメインテーマを「日本海」「魚の科学」「石川の漁業」としている。
《2階展示室》
　・「日本海」…日本海と世界の海、日本海の海流
　・「魚の科学」…魚のからだ、魚の目で見る、魚の泳ぎ方、魚との速さ比べ、魚の成長、年齢、ライブラリー
《中2階展示室》
　・世界最大のイカ、イカの利用、イカ釣り漁
《1階展示室》
　・オーシャンシアター、巨大海藻展示、研修室

石川県

【事 業】

・工作教室（毎日）：貝殻や海藻を利用した工作教室を開催（月替りに2つの
メニューを用意：海藻しおり、マリンマグネットなど）。イカとっくり教
室、ガラス玉編み込み教室は周年開催しているが予約が必要。全て無料。
・イベント・特別展・企画展：『コイにふれてみよう！』『ヒラメを放流して
みよう！』『コイを釣ってみよう！』『アユをつかまえてみよう！』（2018
（平成30）年度展示企画）

・所在地　〒927-0435　石川県鳳珠郡能登町字宇出津新港3-7
・ＴＥＬ　0768-62-4655（直通），0768-62-1324（代表）
・ＦＡＸ　0768-62-4324
・ＵＲＬ　http://www.pref.ishikawa.lg.jp/suisan/center/（石川県水産総合セン
ターHP内）
・交　通　〈電車〉JR金沢駅からJR七尾線・のと鉄道で穴水駅で乗り換え，路線
バス「能登高校（旧・能都北辰高校）南」または「辺田の浜」下車約2時
間40分
〈車〉金沢から能登有料道路で宇出津まで約2時間30分
・開　館　AM9:30〜PM4:30（但し入館はPM4:00まで）
・入館料　無料
・休館日　月曜日（但し月曜日が休日の場合は開館）
年末年始（12月29日〜1月3日）
・施　設　鉄筋コンクリート造2階建，建築面積910㎡，展示面積200㎡
・設　立　1994（平成6）年4月
・設置者　石川県
・管　理　石川県水産総合センター
・責任者　館長・山下邦治

石川県

金沢市立安江金箔工芸館
[生活・文化]

　金は、古代からいつまでも美しく輝き色あせず、また、産出量が極めて少ない貴重な金属として人々を魅了してきた。金属の中でも、特に延びる性質に優れて他のものの表面によくなじむために、箔として建築の装飾や美術工芸品など、多くの箇所に使われてきた。現在、わが国で作られる金箔のほぼ全てが金沢で生産されている。当館は、金箔職人であった安江孝明氏（1898〜1997）が、「金箔職人の誇りとその証」を後生に残したいと、北安江に金箔工芸館を建設し、美術品や道具類を展示したことが前身となっている。より多くの方が愉しんでいただきたいとの願いから、2010（平成22）年秋に東山の地に移転した。金箔の無限の奥行き、深みを湛えた煌めき、金箔の持つ魅力とともに、金箔を生産し続けてきた、金沢の職人たちの情熱を感じ取っていただければ幸いである。

【展示・収蔵】
　春・夏・秋・冬で展示替。当館は、金箔製造道具、工程見本及び美術工芸作品を所蔵している。
　美術工芸作品は、金屏風をはじめとする絵画や加賀蒔絵などの漆工、加賀象嵌に代表される金工、金糸を用いた染織、陶磁、七宝ガラス、彫刻、書、その他の金箔工芸など多岐にわたっている。

【事　業】
・きらめきコンサート
・箔の日親子金箔教室
・東山地域交流会
・東山探訪会

石川県

【出版物・グッズ】

《出版物》金沢市立安江金箔工芸館図録（1,000円）

《グッズ》金箔ハガキ（300円）、色紙・大（510円）、色紙・小（410円）、ポストカード（100円）、金箔バッジ（200円）、缶バッジ（150円）等

- ・所在地　〒920-0831　石川県金沢市東山1-3-10
- ・ＴＥＬ　076-251-8950
- ・ＦＡＸ　076-251-8952
- ・ＵＲＬ　http://kanazawa-museum.jp/kinpaku/
- ・E-mail　kinpaku@kanazawa-museum.jp
- ・交　通　〈路線バス〉
　　　　　　金沢駅から北陸鉄道バス・JRバスで「橋場町」下車徒歩3分
　　　　　　〈城下まち金沢周遊バス〉
　　　　　　金沢駅東口のりば乗車
　　　　　　右回りルートで「橋場町」（ひがし・主計町茶屋街）下車徒歩3分
　　　　　　左回りルートで「橋場町」（金城樓向い）下車徒歩4分
- ・開　館　AM9:30～PM5:00（入館はPM4:30まで）
- ・入館料　大人300円，団体20人以上250円，65才以上200円，高校生以下無料
- ・休館日　年末年始，展示替期間
- ・施　設　3階建，敷地面積757.51㎡，床面積1392.74㎡
- ・設　立　1985（昭和60）年6月
- ・設置者　金沢市
- ・管　理　（財）金沢文化振興財団
- ・責任者　館長・川上明孝

石川県

日本自動車博物館

[交通・運輸]

　1978(昭和53)年に富山県小矢部市に開館し、1995(平成7)年石川県小松市に移転オープンしたこの博物館は、この地の事業家の初代館長 前田彰三が個人で収集した車を基礎とした私設博物館である。「国内外での先人達の足跡を懐かしみ、参考とし、各々が考え、未来の豊かな生活に役立てたい」とのコンセプトのもと、日本の経済成長に寄与してきた商用車や、人々の生活に根ざした大衆車など、わが国の庶民にとって身近であった国産車を充実させている、それがこの博物館の大きな特徴である。

【展示・収蔵】
　ガソリン自動車の元祖とも言えるド・ディオン・ブートンの4輪車(1899年)など歴史的価値の高いモデルの他、英国のダイアナ妃が来日時に使用したロールス・ロイス、日本が好景気に沸く1989(平成元)年に発表されたものの量産には至らなかったスポーツカー ジオット・キャピスタなど、ここでしか見られないモデルも数多く存在する。また、それら貴重なコレクションと庶民の日常の足として活躍してきた量産モデルや、生活を支えるトラックや消防車に優先順位をつけずに整然と区分けされた展示スペースを設けて、500台を展示している。東北大震災(2011(平成23)年)で被災地の復興のため

石川県

ダイムラー AGから無償で提供された車両のうちの3台、メルセデスベンツ「ゼトロス」「ウニモグ」「Gクラス」もここで展示されている。

　自動車以外にも古い車のカタログやミニカー、様々な時代のホーンやライトを集めたコーナーを設置。

　また、トイレは男性用、女性用ともに世界各国の様々なタイプの便器が備わっている。もちろん、こちらは展示ではなく来館者が利用するためのものである。こちらは自動車以上に生活に密着したものだけになんとも不思議な楽しさを感じさせる。

【事　業】

　年2回、5月のゴールデンウイーク(3日～5日)と8月のお盆(13日～15日)にファミリーイベントを開催、その他企画展や講演会、ミニイベントを開催。

- ・所在地　〒923-0345　石川県小松市二ツ梨町一貫山40
- ・T E L　0761-43-4343
- ・F A X　0761-43-4444
- ・U R L　http://mmj-car.com/
- ・E-mail　mmj@ishikurosangyo.co.jp
- ・交　通　国道8号線小松バイパス沿い・二ツ梨IC下りる
　　　　　　JR加賀温泉駅より周遊バス(CANBUS)が運行
- ・開　館　AM10:00～PM5:00(但し入館はPM4:30まで)
- ・入館料　大人1000円, 小人(小・中学生)500円, 団体割引あり(15人以上1割引), シニア割引あり
- ・休館日　無し(但し12月26日～31日休館)
- ・施　設　鉄筋コンクリートレンガ造5階建　建築面積11,500㎡
- ・設　立　1978(昭和53)年
- ・設置者　前田彰三
- ・管　理　石黒産業(株)
- ・責任者　館長・前田智嗣

館のイチ押し

　日本で最初に出来た自動車博物館、展示台数500台。ガソリン自動車の元祖とも言えるド・ディオン・ブートンの4輪車(1899年)、英国のダイアナ妃が来日時に使用したロールス・ロイス、日本が好景気に沸く1989(平成元)年に発表されたものの量産には至らなかったスポーツカージオット・キャピスタなど、歴史的に価値があり、ここでしか見られないモデルが数多く存在します。

石川県

ひととものづくり科学館
[科学技術]

　小松市が未来を創るひとづくり、ものづくりをテーマに、旧小松製作所小松工場跡地に建設した科学館。2013(平成25)年12月1日プレオープン。2014(平成26)年3月22日全館オープン。

【展示・収蔵】
《ワンダーランド》
　ものづくりの現場で、科学技術がどのように使われているのかがわかる体験型展示ゾーン。身の回りにある不思議や、子供たちの「なぜ？」「どうして？」という疑問が驚きと感動に変わる。

【事　業】
　毎週末を中心に様々な体験教室を開催。
　館主催による特別企画催事も開催。

- ・所在地　〒923-8610　石川県小松市こまつの杜2
- ・TEL　0761-22-8610
- ・FAX　0761-23-8686
- ・URL　http://science-hills-komatsu.jp/

石川県

- ・E-mail　kagaku@city.komatsu.lg.jp
- ・交　通　北陸自動車道 小松ICから車で約8分
　　　　　　小松空港から車で約10分
　　　　　　JR小松駅東口より徒歩3分
- ・開　館　AM9:30 ～ PM6:00（有料観覧受付はPM5:00まで）
- ・入館料　セット券（ワンダーランド＋3Dスタジオ）大人800円，高校生500円
　　　　　　幼児（3歳以上）・小中学生300円
- ・休館日　月曜日（但し祝日の場合は翌日が休館日，夏休み，GWは開館）
- ・施　設　鉄筋コンクリート造平屋一部2階建，建築面積6153.21㎡
- ・設　立　2014（平成26）年3月22日
- ・設置者　小松市
- ・管　理　小松市
- ・責任者　ひととものづくり科学館館長・石黒和彦

中部

館のイチ押し

◇ワンダーランド
　3Dスタジオ（日本最大級のドーム型3Dシアターでは、明るく美しい
映像で科学関連番組を上映できる4Kプロジェクターを備えています）

福井県

敦賀鉄道資料館（旧敦賀港駅舎）

[交通・運輸]

　敦賀は古くから鉄道と港が栄えたまちであった。江戸〜明治にかけては北前船の寄港地として栄え、1882（明治15）年には日本海側初の鉄道が敷かれた。また1902（明治35）年には敦賀とウラジオストクを結ぶ定期航路、1912（明治45）年には新橋（東京）- 敦賀間を結ぶ欧亜国際連絡列車が運行。シベリア鉄道を経由し東京とヨーロッパを繋ぐ最短ルートの玄関口として多くの渡航者で賑わうなど、国際的な交通の要衝地であった。本建物は1999（平成11）年の敦賀港開港100周年記念に、当時の駅舎を再現して建てられたものである。その後、敦賀の鉄道や港についての歴史を学ぶとともにそれらの貴重な資料を後世に残すため、2009（平成21）年に「鉄道資料館」として再整備され開館した。

【展示・収蔵】
　1階の「資料コーナー」では、線路や信号機、駅員の制服など、当時実際に使用されていた貴重な部品や鉄道用品の展示を行っている。また「模型コーナー」では、敦賀を走っていた列車以外にも機関庫や転車台の模型を展示している。

中部

福井県

2階は「展示・資料コーナー」となっており、敦賀の鉄道の歴史をパネルと写真で紹介しているほか、当時の時刻表や欧亜連絡切符などの複製資料も展示されている。

【事　業】

年3回程度、敦賀の鉄道や港の歴史を学ぶ公開講座「鉄道カフェ」を開催。

- ・所在地　〒914-0079　福井県敦賀市港町1-25
- ・TEL　0770-21-0056
- ・FAX　0770-21-0056
- ・URL　http://www.city.tsuruga.lg.jp/about_city/cityhall-facility/shiyakusho_shisetsu/gaibushisetsu/tetsudoushiryoukan.html（敦賀市HP内）
- ・交　通　〈電車・バス〉JR敦賀駅から「ぐるっと敦賀周遊バス」又はコミュニティバス「海岸線」にて「金ヶ崎緑地」下車
　　　　　　〈車〉北陸自動車道 敦賀ICから約10分
- ・開　館　AM9:00 ～ PM5:00
- ・入館料　無料
- ・休館日　毎週月曜日（休日の場合はその翌日），年末年始（12月29日～1月3日）
- ・施　設　木造2階建，建築面積111.79㎡
- ・設　立　2009（平成21）年3月10日
- ・設置者　敦賀市
- ・管　理　敦賀市
- ・責任者　館長・大南祐之（敦賀市産業経済部観光振興課長）

館のイチ押し

欧亜国際連絡列車の写真パネルや切符、時刻表から、国際都市の浪漫に溢れた当時の雰囲気を感じることができる。

はたや記念館ゆめおーれ勝山

[紙・繊維]

　「はたや(機屋)」とは、布を織る工場のことである。はたや記念館ゆめおーれ勝山の建物は、1905(明治38)年から1998(平成10)年まで、勝山の中堅機業場として操業していた建物を保存・活用したものである。主に、福井県で盛んであった輸出用の絹織物「羽二重」の製織を行っていた。この建物は、勝山市指定文化財であり、国の近代化産業遺産にも認定されている。

　1階には、まちなか案内所を備え、勝山の魅力を紹介している。手織り体験・まゆ玉クラフト体験やカフェ、総合おみやげ店があり、勝山ならではの味や体験をお楽しみいただける。2階には、機屋の建物を生かした臨場感あふれる展示や勝山(福井)の産業の歴史を学べる展示をご覧いただける。

【展示・収蔵】

　昭和時代に実際使われていた織物関連の機械(糸繰機、糊付機、整経機、力織機)や道具が展示されており、特に機械は動態展示を行って、動いている様子を体感することができる。また、実際に織物工場で働いていた方の解説を聞きながら展示を見学したり、機械の実演を見ることもできる。

　福井県で盛んであった輸出用の絹織物「羽二重」の生産工程のパネル展示や関連する道具の展示があり、それを含めた地域の産業の歴史がわかるパネル展示がある。

　収蔵品は、織物を中心とした勝山の産業に関わるものがある。

福井県

【事　業】
　毎年2回程度の企画展・講演会の開催や、近代の歴史や織物に関する講座・ワークショップを行っている。また、織物の仕組みを知るための手織りコースター体験、絹織物の原料である繭について知るためのまゆ玉クラフト体験を中心として様々な体験を行っている。

【出版物・グッズ】
　「はたや記念館GUIDE BOOK」（常設展示図録）／「はたやブックレット」1〜7（1：羽二重がやってきた、2：発見！わが家の「はた織り」さん、3：織り子さんのくらしと学び、4：世界へとどけ！勝山シルク、5：明治の勝山産業、6：ミュージアムとまちづくり、7：近代の産業・インフラ・都市）（企画展・講演会の内容をまとめた書籍、以降続刊）

- ・所在地　〒911-0802　福井県勝山市昭和町1-7-40
- ・ＴＥＬ　0779-87-1200
- ・ＦＡＸ　0779-87-1221
- ・ＵＲＬ　www.city.katsuyama.fukui.jp/hataya/
- ・E-mail　yumekatsu@city.katsuyama.lg.jp
- ・交　通　JR福井駅から，えちぜん鉄道　勝山駅下車，コミュニティバス等で3分
　　　　　　はたや記念館前下車すぐ
　　　　　　中部縦貫自動車道　勝山ICから約10分（北陸自動車道　福井北JCT・ICから約30分）
　　　　　　東海北陸自動車道　白鳥JCT・ICから，中部縦貫自動車道　油坂峠道路→国道158号→国道157号経由約1時間30分
　　　　　　石川県白峰からは，国道157号経由　約30分
- ・開　館　AM9:00〜PM5:00（カフェはAM10:00〜PM7:00）
- ・入館料　無料
- ・休館日　12月29日〜1月2日
- ・施　設　おみやげ処「シルク」，カフェ「たまご工房　エグエグ」，ゆめおーれ広場，屋外トイレ，駐車場
- ・設　立　2009（平成21）年7月
- ・設置者　勝山市
- ・管　理　勝山市
- ・責任者　館長（勝山市商工観光部商工振興課長）・米村衛

館のイチ押し

　昭和時代に活躍した織物関連の機械が動態展示されており、臨場感たっぷりに動く様子は必見。また、手織りコースター体験等、自分のオリジナル作品作りも満喫できます。

山梨県

サントリーウイスキー博物館

[飲料]

　ウイスキー博物館は、1979(昭和54)年、サントリーが創業80周年を記念してウイスキーづくりの現場、白州蒸溜所内に開設したウイスキー専門の博物館である。建物の外観は京都郊外・山崎峡にそびえていたサントリー山崎蒸溜所初期のキルン(麦芽乾燥塔)を象ったものである。日本のウイスキーの歴史は、サントリーが1923(大正12)年、この山崎蒸溜所の建設に着手した年に始まる。白州蒸溜所は、それから半世紀後の1973(昭和48)年、南アルプスのふもとの広大な森に開設されたサントリー第二のモルト蒸溜所である。ウイスキー博物館は、世界で最も多くの人々に愛されているお酒、ウイスキーをテーマとしたユニークな博物館で、世界のウイスキーの歴史と文化を中心に豊富な資料や実物等を多角的に興味深く紹介している。また、2018(平成30)年5月に1階部分を改装し、白州蒸溜所にまつわる展示も加わり、新しいウイスキー博物館に生まれ変わっている。

【展示・収蔵】
《1階》白州蒸溜所のつくりのこだわりやシングルモルトウイスキー「白州」の魅力を様々な展示物を通して分かりやすく紹介。

山梨県

《2階・3階》醸造や蒸溜の神秘をはじめ、世界のウイスキー文化についての展示が楽しめる。

《展望台》標高712mの展望台から南アルプスや八ヶ岳をはじめとする雄峰を一望でき、眼下には白州蒸溜所の広大な森を見渡せる。

【事 業】
　ウイスキー博物館ガイド(不定期開催)

- 所在地　〒408-0316　山梨県北杜市白州町鳥原2913-1
- ＴＥＬ　0551-35-2211
- ＵＲＬ　https://www.suntory.co.jp/factory/hakushu/
- 交　通　中央自動車道小淵沢ICより車で20分，JR小淵沢駅より車で15分
- 開　館　AM9:30～PM4:30(受付はPM4:00まで)
- 入館料　無料(要予約)
- 休館日　年末年始，臨時休業あり
- 施　設　展示面積約1300㎡，建築総面積約1500㎡
- 設　立　1979(昭和54)年5月
- 設置者　サントリー(株)(現サントリーホールディングス株式会社)
- 責任者　サントリー白州蒸溜所工場長・小野武

山梨ジュエリーミュージアム

[生活・文化]

日本一の宝飾産地である山梨県のジュエリーを広く国内外に情報発信することによる宝飾産業への支援活動、また児童・生徒へ向けた産業教育や産業観光の拠点活動を行うため、山梨県が県立宝石美術専門学校の附属施設として設置。2013(平成25)年9月に山梨県庁防災新館1階やまなしプラザ内に開館。

【展示・収蔵】

山梨県内で制作された宝飾品を常時60〜70点程度展示。

展示室は、山梨県の宝飾産業の歴史をたどる展示室「人とジュエリーのタイムライン」、ジュエリーの素材や加工用具を紹介する展示室「ジュエリーをかたちづくるもの」、高度な技術力を活かして制作された山梨ジュエリーの数々や宝飾産地山梨の産地ブランドKoo-fuを紹介する展示室「山梨ジュエリーの今」、ジュエリーや宝石、鉱物など幅広いテーマで宝飾産業の様々な側面を紹介する「企画展示室」、宝石の研磨や彫刻、貴金属加工の優れた技法を作品や映像を通して紹介する展示室「職人の流儀」の5つで構成されている。

また、山梨県内の優れた職人の技術を間近に見ることができる「実演工房」や、職人の指導を受けながらジュエリーの制作を体験できる「体験工房」を施設内に設置している。

山梨県

【事 業】

山梨県のジュエリー産業の歴史、伝統、技術、名工の逸品から最新の作品までを総合的に展示・紹介。

運営の主体は山梨県であり、展示品の収集等運営の一部は山梨県水晶宝飾協同組合が担当。

- 所在地　〒400-0031　山梨県甲府市丸の内1-6-1（山梨県防災新館1階）
- ＴＥＬ　055-223-1570
- ＦＡＸ　055-223-1572
- ＵＲＬ　https://www.pref.yamanashi.jp/yjm
- E-mail　jewelry-museum@pref.yamanashi.lg.jp
- 交　通　JR甲府駅南口から徒歩7分
- 開　館　AM10:00～PM5:30（最終入館PM5:00）
- 入館料　無料
- 休館日　火曜日（祝日の場合はその翌日）、年末年始、その他臨時休館あり
- 施　設　鉄筋コンクリート9階　1階の一部
- 設　立　2013（平成25）年9月28日
- 設置者　山梨県
- 管　理　山梨県
- 責任者　館長・飯野一朗

【館のイチ押し】

山梨県内のデザイナーや職人の優れた感性と技術を駆使して制作された展示作品群と、宝飾品の制作過程などを紹介する映像の数々によって宝飾産地山梨の様子が詳しく分かる。

長野県

岡谷蚕糸博物館 −シルクファクトおかや−

[紙・繊維]

　岡谷市は、明治、大正、昭和初期にかけ、製糸業が隆盛を極め全国一の生産量を誇った。その生糸の多くは海外に輸出され、外資を獲得するとともに、「シルク岡谷」としてその名を世界に轟かせ、日本の近代化に大きな貢献を果たした。未来への創造性を秘めたシルクの今昔を観て、聴いて、触れて五感で楽しむことができる。2014(平成26)年8月リニューアルオープンを機に「株式会社宮坂製糸所」を併設し、工場見学ができる。「シルクファクトおかや」の愛称で親しまれている。

【展示・収蔵】
　常設展示室では、明治初期から現在までの蚕糸・製糸機械類を時代的背景に基づき一堂に展示している。糸繰り体験コーナーでは繭から生糸を繰ることができる。企画展示室ではシルクにまつわる様々な展示を期間を定めて紹介している。また、「株式会社宮坂製糸所」を併設し、生糸づくりの生産現場を直接観ることができる。その他、1年中生きたカイコを展示している「カイコふれあいルーム」、まゆ工作やミニ機織体験ができる「まゆちゃん工房」がある。

長野県

【事　業】

　年4～5回の企画展を開催するとともに、テーマに沿った講演会などのイベントを実施。その他、カイコの飼育体験、繭や生糸を使ったワークショップ、染色講座などの様々なイベントを随時開催している。また、市内小学生や園児を対象としたカイコ学習や職員が博物館内を案内するガイドツアー、富岡製糸場で使われていたフランス式繰糸機の復元機での糸繰り実演などを定期的に行っている。

【出版物・グッズ】

・シルクパウダー入りのシルク石鹸
・岡谷絹を使った手織りの絹製品
・岡谷蚕糸博物館紀要1号～14号
・書籍「カイコとシルクのおはなし」および「製糸のおはなし」
・DVD「岡谷の蚕糸業」

・所在地　〒394-0021　長野県岡谷市郷田1-4-8
・ＴＥＬ　0266-23-3489
・ＦＡＸ　0266-22-3675
・ＵＲＬ　http://silkfact.jp/
・交　通　〈電車〉JR中央線 岡谷駅下車，タクシー5分
　　　　　〈車〉長野自動車道 岡谷ICから車で5分
・開　館　AM9:00～PM5:00(但し製糸工場とまゆちゃん工房はAM9:00～12:00，PM1:00～4:00)
・入館料　一般500円(400円)，中・高校生300円(200円)，小学生150円(100円)
　　　　　※(　)内は10名以上の団体料金
・休館日　水曜日，祝日の翌日，年末年始，その他展示替え等により臨時休館有り
・施　設　鉄骨，コンクリートブロック，鉄筋コンクリート　建築面積2376.63㎡
・設　立　1964(昭和39)年10月
・設置者　岡谷市長
・管　理　岡谷市
・責任者　館長・髙林千幸

館のイチ押し

　国内でも数少ない製糸工場を博物館に併設し、生糸づくりの生産現場を直接観ることができる日本で唯一の博物館。職員の展示解説も人気。

岐阜県

岐阜かかみがはら航空宇宙科学博物館

[交通・運輸]

　ライト兄弟が人類初の動力飛行に成功した1903（明治36）年からわずか14年後、各務原の地に国内2番目の飛行場が造られた。以来、航空機産業と飛行実験の街として日本の航空機開発の重要な拠点であり続け、近年、その挑戦と歴史は宇宙開発にも拡がっている。

　当博物館は、本格的な航空と宇宙の展示を兼ね備えた国内唯一の専門博物館で、リニューアル後の展示面積は、1.7倍の9,400㎡となり、実機34機、実物大模型9機の計34機が展示されている。（実機展示数は日本一。）さらに、アメリカのスミソニアン博物館、フランスのル・ブルジェ博物館などと連携し、展示物の貸借、展示・企画手法をはじめとした、国際交流、国際協力を進め、魅力ある博物館づくりに取り組んでいく。

【展示・収蔵】
　人類の航空技術開発の歴史と物語にふれる「航空エリア」と人類の宇宙への挑戦の物語と、最新テクノロジーを体感する「宇宙エリア」で展示を行っている。

A3実機展示

岐阜県

　「航空エリア」では、各務原で量産された最初の飛行機の乙式一型偵察機「サルムソン２Ａ２（復元機）」と世界で最初の動力付飛行機の「ライトフライヤー」の実寸大模型を展示。また、大戦期に各務原で最も多く生産された三式戦闘機「飛燕」の唯一現存する実機と各務原で初飛行を行った「十二試艦士戦闘機」の実寸大模型を展示し、航空機産業の始まりと戦前・戦中の航空機開発の様子を紹介、また、日本最多を誇る20機の実機を年代ごとに配置。人類が空に挑んだ歴史や挑戦の物語をわかりやすく展示している。

　「宇宙エリア」では、アポロ計画やスペースシャトルをはじめとした人類の宇宙への挑戦の物語を映像で紹介するとともに、国際宇宙ステーション（ISS）の日本実験棟「きぼう」や、日本を代表する探査機「はやぶさ２」の実寸大模型、現在、火星探査を行っている「キュリオシティ」の実寸大模型を展示し、最先端の宇宙開発を紹介している。

【事　業】

　開館日平日は、航空エリアでは「飛燕」、宇宙エリアでは「ISSきぼう」についてそれぞれ１日３回、学芸員によるスポットガイドを実施。また、土・日・祝日は、航空エリア・宇宙エリアのガイドツアーを実施。各エリア１日２回、学芸員が館内をガイドし、展示機の紹介を行う。

　夏期・春期には、イベントや企画展、講演会などを実施予定。

　また、年間を通して水ロケット製作教室や航空教室、アイデア水ロケットコンテスト全国大会などのものづくり教室も実施。ものづくり体験を通し、将来の航空宇宙産業の担い手を育成する。

【出版物・グッズ】

《出版物》「岐阜かかみがはら航空宇宙博物館　ガイドブック」（2018）

- ・所在地　〒504-0924　岐阜県各務原市下切町5-1
- ・ＴＥＬ　058-386-8500
- ・ＦＡＸ　058-386-9912
- ・ＵＲＬ　www.sorahaku.net/
- ・E-mail　sorahaku@sorahaku.net
- ・交　　通　〈車〉東海北陸自動車道 岐阜各務原ICより約15分
　　　　　〈公共交通機関〉名鉄各務原線 各務原市役所前駅下車 ふれあいバスで約30分

岐阜県

- ・開　館　平日AM10:00 〜 PM5:00（入館締切PM4:30）
　　　　　土日・祝AM10:00 〜 PM6:00（入館締切PM5:30）
- ・入館料　大人800円（700円），シルバー（60歳以上）・高校生500円（400円），小・中学生無料
　　　　　※（　）内は20名以上の団体料金，障がい・療育手帳などお持ちの方と付添いの方1名半額
- ・休館日　第1火曜日（休日の場合，翌平日），年末年始（月に1度メンテナンス休館があり）
- ・施　設　鉄骨造一部2階建，敷地面積62,748.37㎡，延床面積12,320.05㎡
- ・設　立　1996（平成8）年3月，2018（平成30）年3月リニューアルオープン
- ・設置者　岐阜県・各務原市
- ・管　理　（公財）岐阜かかみがはら航空宇宙博物館
- ・責任者　理事長・松井孝典

中部

館のイチ押し

- ・現存する唯一の実機、三式戦闘機二型「飛燕」を当時の姿のまま展示。
- ・国際宇宙ステーション（ISS）「きぼう」の細部まで忠実に再現した実物大模型。
- ・シミュレーターや体験装置で体感しながら飛行機の仕組みを学び、旅客機や小型機の操縦などを体験できる。

ものづくり記念館博物館事典　235

岐阜県

氷砂糖資料館
[食品]

　中日本氷糖(株)は、1895(明治28)年の創業以来、永年にわたり多様化する食生活に合わせ、つねにより良い商品をお届けするために、堅実な努力を積み重ねてきた。
　氷砂糖資料館は、当社の創業100年を迎えるにあたり、収集・収蔵してきた氷砂糖に関する資料を保管するとともに、できるだけ多くの方々にご覧いただき、氷砂糖を始めとする食品の生産とそのしくみなどに対するご理解をいただける一助になればと考えて設立したもの。建物は名誉会長福井大一が役員を退任するにあたり記念館として建築した施設である。

【展示・収蔵】
◇1F
　「砂糖の歴史」、「砂糖とは」、「砂糖のできるまで」
◇2F
　「砂糖の消費と健康」、「氷砂糖との出会い」、「世界の氷砂糖」
◇3F
　「中日本氷糖の歴史」、「氷砂糖と健康」、「LET'S　TRY　楽しい体験コーナー」
◇4F
　「特別資料展示室」「『甘い宝石』と言い伝えられてきた氷砂糖の『今』と『昔』を見る」として、それぞれ現物サンプルやパネルなどを展示。

岐阜県

- ・所在地　〒503-0401　岐阜県海津市南濃町津屋2812-100
- ・ＴＥＬ　0584-57-2711
- ・ＦＡＸ　0584-57-2163
- ・ＵＲＬ　http://www.nakahyo.co.jp
- ・交　通　近鉄養老線　養老駅より約5km,
　　　　　　美濃津屋駅より約1km
- ・開　館　AM10:00 ～ PM4:00
- ・入館料　大人300円，学生(小・中・高)100円
- ・休館日　要予約
- ・施　設　鉄筋コンクリート造4階建，1階多目的ホール他展示スペース
- ・設　立　1995(平成7)年1月
- ・設置者　中日本氷糖(株)
- ・責任者　代表取締役社長・福井直也

館のイチ押し

　小学生以下のお子様に限り、氷砂糖でつくる綿菓子体験が出来ます。

中部

岐阜県

こども陶器博物館 KIDS★LAND
[窯業]

　1946(昭和21)年より、こども向け食器をつくりつづけてきた(株)金正陶器(かねしょうとうき)は、1959(昭和34)年の赤胴鈴之助からはじまり、食器に使用したキャラクターはすでに1000種類を超える。

　当館では当社のこども茶碗コレクションと、戦前戦後のこども茶碗を展示。懐かしい茶碗と資料などの展示は、来館された方それぞれの幼い頃の思い出がたくさんつまった空間となり、時の過ぎるのを忘れさせてくれると同時に、20世紀の日本の文化が見えてくることであろう。

　また、陶磁器絵付け体験コーナーや絵本コーナー、キッズプレイルームも併設し、親子で楽しめる博物館である。

【展示・収蔵】
《2F》
　昭和初期～平成のこども茶碗　約800点および、製造工程のパネル展示
《地下1階》
　絵本作家直筆陶皿展示(五味太郎・やなせたかし・高畠純・さとうわきこ他)

岐阜県

《収蔵品》
　昭和からのこども茶碗(当社製が主)1000点、茶碗のデザイン資料1000点

【事　業】
　年数回の企画展示(こども向けの絵本原画展等)。
　絵付工房で常時、絵付体験ができる。
　約月1回、ものつくりイベントを実施。

【出版物・グッズ】
　こども陶器博物館オリジナル食器

・所在地　〒507-0071　岐阜県多治見市旭ヶ丘10-6-67　(株)金正陶器(多治見美
　　　　　濃焼卸センター内)
・ＴＥＬ　0572-27-8038
・ＦＡＸ　0572-27-8039
・ＵＲＬ　http://museum.kanesho.co.jp/
・E-mail　kidsland@kanesho.co.jp
・交　　通　〈車〉中央道 多治見ICより車で5分
　　　　　〈バス〉JR中央線 多治見駅北口よりバスで15分
・開　　館　AM10:00 〜 PM5:00
・入館料　大人(中学生以上)300円　※企画展中は変更あり，小学生以下無料
・休館日　月曜日・火曜日(祝日・夏休みは休まず開館)
・施　　設　鉄筋コンクリート造，地下1階・地上3階
・設　　立　2000(平成12)年
・設置者　(株)金正陶器
・管　　理　(株)金正陶器
・責任者　代表取締役会長・竹内幸太郎

[館のイチ押し]

　絵付け工房では陶磁器への絵付け体験ができ、世界にたった一つのオ
リジナル食器づくりが楽しめます。
　他では見られない絵本作家直筆の陶皿展示や、年数回行われる絵本原
画展は、こどもと大人が一緒に豊かな感性を育める空間です。

中部

ものづくり記念館博物館事典　239

岐阜県

関鍛冶伝承館

[生活・文化]

関は古くから刀鍛冶の里として知られ、その伝統技術が現代まで受け継がれるとともに、その技術をもととした刃物産業が発達している。こうした関の伝統技術を保存伝承し、刀剣産業・刃物産業をひろく紹介することを目的に、日本刀鍛錬塾の跡地を利用して、1984（昭和59）年に「産業振興センター」として開館した。

2002（平成14）年、館内を改装するとともに「関鍛冶伝承館」と改称した。

2018（平成30）年には、老朽化のため、鍛錬場を改修し、リニューアルオープンした。

【展示・収蔵】

主な収蔵資料は、美術刀剣、刀装具、刀剣製作用具、近世・近代・現代の関の刃物など。

1階の常設展示では、700年におよぶ関鍛冶の歴史と、現代に受け継がれる職人の技を映像・実物資料で紹介。刀剣展示室には、関を代表する刀工・兼元や兼定をはじめとして、常時約30点の日本刀を展示。

2階では、年4〜5回の企画展を開催するとともに、近現代の関の刃物製品や国内外から収集したナイフコレクションを展示。

【事　業】

毎月第一日曜日（1月・10月を除く）の一般公開日には、古式日本刀鍛錬の公開や外装技能師の実演を行っている。

年4〜5回の企画展を開催。

岐阜県

【出版物・グッズ】

《出版物》

「関市の所有刀剣・拵」（2008）

「関鍛冶の起源をさぐる」（1995）

《販売物》

「写真で覚える 日本刀の基礎知識」（2006）

「写真で覚える 日本刀の基礎知識Ⅱ」（2010）

- ・所在地　〒501-3857　岐阜県関市南春日町9-1
- ・ＴＥＬ　0575-23-3825
- ・ＦＡＸ　0575-23-3825
- ・ＵＲＬ　http://www.city.seki.lg.jp
- ・E-mail　kankou@city.seki.lg.jp
- ・交　通　長良川鉄道 刃物会館前駅下車 徒歩5分
- ・開　館　AM9:00 ～ PM4:30
- ・入館料　一般300円（250円），高校生200円（150円），小中学生100円（50円）
  ※（　）内は20名以上の団体料金
- ・休館日　毎週火曜日，祝日の翌日（いずれも祝日を除く）
- ・設　立　1984（昭和59）年4月21日
- ・設置者　関市
- ・管　理　関鍛冶伝承館
- ・責任者　館長・今井田和也

中部

館のイチ押し

- ・月に一度開催する古式日本刀鍛錬や外装技能の公開は必見。
- ・実物の日本刀を持てるコーナー。

ものづくり記念館博物館事典　241

岐阜県

多治見市モザイクタイルミュージアム

[窯業]

　多治見市はモザイクタイルの製造において全国一の生産量を誇る。モザイクタイルミュージアムは、地元の有志が約20年をかけて収集してきたモザイクタイルに関する資料を紹介し、後世に伝えるとともに、タイルの魅力を発信することを目的に、笠原町と多治見市の合併を機に多治見市によって建設され、2016(平成28)年6月に開館した。建物のデザインは国際的に活躍する建築家・藤森照信氏が担い、業界有志の設立した財団法人が指定管理者として運営する。

【展示・収蔵】
　地元の有志が約20年かけて収集したタイルに関する様々な形態の資料、すなわち解体された建物の一部や、見本台紙などを収蔵する。これらのタイルの資料の一部は、4階展示室に、藤森照信氏の指示に基づき常設展示として施工されている。3階は、そのほかの収蔵資料を活用しながら、地元のタイルの歴史と製造工程を紹介するコーナーと、特別展示ができるギャラリーがある。2階では、産業振興のため、タイルメーカーおよび商社が直接製品を展示、販売することもできるように設定されている。

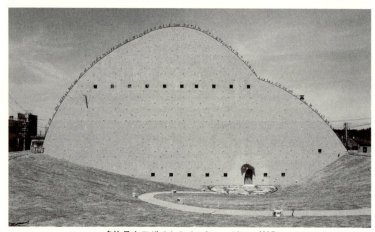

多治見市モザイクタイルミュージアム外観　　©Akitsugu Kojima

岐阜県

【事　業】

　年間3回程度の特別展を開催。関連企画としてワークショップ、講演会、まち歩き、工場見学などを随時実施。地元のタイル業界と連携して、館外の施設、団体のタイルに関する事業に協力することもある。1階体験工房では、子供でも常時工作ができる簡単なプログラムを設定。ミュージアムショップでは、地元のタイル業界からの委託販売でバラのタイルや小物を販売している。なお2階産業振興エリアは業界関係者が賃貸してタイルを直接販売できるようにしている。

【出版物・グッズ】

　ロゴマーク入りの文具、ポストカード

- ・所在地　〒507-0901　岐阜県多治見市笠原町2082-5
- ・ＴＥＬ　0572-43-5101
- ・ＦＡＸ　0572-43-5114
- ・ＵＲＬ　http://mosaictile-museum.jp
- ・E-mail　info@mosaictile-museum.jp
- ・交　通　JR中央線 多治見駅から東鉄バス 笠原線で約20分
- 　　　　　東海環状自動車道 土岐南多治見ICより車で約15分
- ・開　館　AM9:00～PM5:00(但し入館はPM4:30まで)
- ・入館料　大人300円(250円)，高校生以下無料
- 　　　　　※(　)内は20名以上の団体料金
- ・休館日　月曜日(但し祝休日の場合は翌平日に休館)，12月29日～1月3日
- ・施　設　鉄筋コンクリート造(地上4階)，建築面積793.95㎡
- ・設　立　2016(平成28)年6月
- ・設置者　多治見市
- ・管　理　(一財)たじみ・笠原タイル館
- ・責任者　館長・各務寛治

> **館のイチ押し**
>
> ・藤森照信氏がデザインした建物のインパクトのある外観だけでなく、ディテールにこだわった館内、特にタイルの魅力を引き出した4階展示室など見どころがたくさん。
> ・タイルをより深く知っていただくための特別展関連企画や工場見学など、ここでしかできない内容にこだわって実施している。

岐阜県

内藤記念くすり博物館

[医薬品]

　エーザイ(株)の創業者である内藤豊次(1889-1978)が、「日本には総合的な薬の博物館がなく、このままでは薬学薬業の発展を伝える貴重な資料が失われ、後世に悔いを残すおそれがある…」と考え、多くの方々のご協力を得て1971(昭和46)年6月に博物館を開設した。
　エーザイ(株)の社会貢献活動の一環として運営され、薬や医療に関する資料の調査、研究、収集、保存、展示、普及活動を行っている。薬草園の管理と一般公開をしている。

【展示・収蔵】
　1300㎡の展示室は、1Fに「健康への願い」「医療のあけぼの」「くすりを作る」「くすりを商う」「蘭方医学の伝来」、2Fには「はかる」「彩る」「くすり入れ」「錦絵に見る病との戦い」「海外コレクション」「近代の医薬」そして「企画展示室」がある。
　所蔵資料の総数は約6万5000点、所蔵図書は約6万2000点にのぼる。屋外には附属薬用植物園(温室を含む)も併設。約700種類の薬用植物を見ることが出来る。

【事　業】
　特別展示室において年間1回の企画展を開催。春から秋には薬草などに関

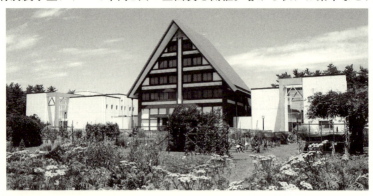

岐阜県

わるイベントも開催。

【出版物・グッズ】

《出版物》「目で見るくすりの博物誌」(1982.12)／「くすり博物館収蔵資料集
（1）くすり看板」(1986.10)／「くすり博物館収蔵資料集（2）くすり広告」
(1995.5)／「くすり博物館収蔵資料集（3）くすり入れ」(1998.4)／「薬草に
親しむためのハンドブック1～3」(1990～2001)／「病と祈りの歳時記」
(1994.5)／「百年前のくすり」(1996.5)／「丸める・煎じる　むかしの製
薬道具」(1997.5)／「薬の神様・神農さんの贈り物」(1999.4)／「女・こど
も・男のくすり」(2000.3)／「くすり博物館収蔵資料集（4）はやり病の錦絵」
(2001.4)／「鍼のひびき　灸のぬくもり」(2002.4)／「くすりの広告文化」
(2003.4)／「大同薬室文庫資料目録」(2005.4)／「くすり博物館収蔵資料
集（5）薬と秤」(2007.7)／「くすりの夜明け―近代の薬品と看護」(2008.9)
／「江戸に学ぶ　からだと養生」(2009.5)／「綺麗の妙薬―健やかな美と薬
を求めて」(2010.5)／「江戸のくすりハンター　小野蘭山―採薬を重視し
た本草学者がめざしたもの」(2011.4)／「病まざるものなし～日本人を苦
しめた感染症・病気　そして医家～」(2012.4)／くすりワンダーブック
(2017.3)／「くすり創りの歴史」(2018.8)
《グッズ》白沢キーホルダー、長寿頌（絵馬）

- ・所在地　〒501-6195　岐阜県各務原市川島竹早町1
- ・ＴＥＬ　0586-89-2101
- ・ＦＡＸ　0586-89-2197
- ・ＵＲＬ　http://www.eisai.co.jp/museum/
- ・E-mail　公式ウェブサイト「くすりの博物館」の「ご意見ご感想フォーム」より
- ・交　通　JR東海道線 尾張一宮駅より名鉄バス川島行で約25分，「川島口」より
　　　　　徒歩1.5km
- ・開　館　AM9:00～PM4:30（最終入館PM4:00）
- ・入館料　無料
- ・休館日　月曜日，年末年始
- ・施　設　鉄筋コンクリート6階（本館）と鉄筋コンクリート2階（展示館）と鉄筋コ
　　　　　ンクリート2階（図書館）
- ・設　立　1971（昭和46）年6月
- ・設置者　エーザイ（株）
- ・管　理　エーザイ（株）
- ・責任者　館長・森田宏

岐阜県

館のイチ押し

　当館の医薬品や衛生器具、薬の看板、広告類は経済産業省より近代化産業遺産に認定された。19世紀末ドイツで発明されたアスピリンや喘息薬エフェドリン、梅毒の特効薬サルバルサンから第二次世界大戦中に開発された日本製ペニシリン(碧素)まで、近代の医薬品を展示している。

　このほか、骨密度計や血管年齢計・脳年齢計など、健康管理に役立つ測定ができる体験コーナーも設けている。

　近年の企画展では、がんや認知症、かえりみられない熱帯の感染症とその治療薬を紹介し、さらにブレークスルー医薬品や、創薬に注目したくすり創りの展示を開催。

中部

岐阜県

フェザーミュージアム（世界初の刃物総合博物館）

[生活・文化]

　フェザーミュージアムは、2000（平成12）年5月にカミソリ文化伝承館フェザーミュージアムとして開館し、2016（平成28）年3月に「世界初の刃物総合博物館」として、新築リニューアルした。
　リニューアルしたコンセプトは、
(1) 関市から世界へ発信（日本の刃物の聖地から世界に向けて）
(2) 展示内容の一新（カミソリ文化伝承館からメス、産業用刃物も含めた精密刃物を扱う刃物総合博物館へ）
(3) 収蔵庫の編集（フェザーミュージアム開館以来収集した1万点を超える収蔵資料の活用と編集）
となっている。
　来館者が刃物の未来を考える未来創造型刃物の総合博物館であり、「切る」物語を楽しんで学べる体験型ミュージアムである。

【展示・収蔵】

　展示はフェザーヒストリー（フェザー安全剃刀（株）創業より現在までの製品が400点が紹介されている）、広報展示、「切る」の展示映像、精密刃物展示、収蔵展示、カミソリウォール（壁一面にカミソリ17,000枚を貼り巡らせている）、「切る」の沢山の紹介展示、「切る」のひみつ（原理・原則）、3Dトリックアート（館内に3ヶ所にひみつのアート）。エントランスホールには実物の35倍のジャンボカミソリホルダーが設置。
　また館内には6000点の刃物関連品を展示（ミュージアム収蔵数は約1万点）。

【事　業】

　年2回ミニコンサート、関市刃物まつり協賛で子供向けイベント開催。

岐阜県

- ・所在地　〒501-3873　岐阜県関市日ノ出町1-17
- ・ＴＥＬ　0575-22-1923
- ・ＦＡＸ　0575-22-1923
- ・ＵＲＬ　https://www.feather.co.jp/
- ・E-mail　museum@feather.co.jp
- ・交　通　東海北陸自動車道 関ICより車で10分
　　　　　　名古屋・名鉄バスターミナルより高速バスで1時間
- ・開　館　AM9:30 ～ PM4:00(最終入館時間)
- ・入館料　無料
- ・休館日　毎週火曜日(夏季休暇，年末年始，その他臨時休暇あり)
- ・施　設　鉄骨2階建　建築面積741.5㎡(1階700㎡　2階699㎡)
- ・設　立　2016(平成28)年3月
- ・設置者　代表取締役会長・藤田直人
- ・管　理　代表取締役社長・岸田英三
- ・責任者　総務部　部長代理・土本和範

館のイチ押し

・収蔵庫

ガラス越しに展示されている過去から使用されてきた理容・美容製品、メディカル製品。

男性用カミソリ、美粧用品が一堂に展示紹介されています。必見！

静岡県

清水港湾博物館（フェルケール博物館）

[交通・運輸]

　当館は、清水港を中心に海事に関する資料を収集、保存、及び展示し、清水港の歴史的変遷を紹介することにより、海事関係者に対する海事知識の普及を図るとともに、清水港の発展と振興に寄与することを目的としている。

【展示・収蔵】
　"港と船の博物館"として、清水港に関係する船の模型や航海に必要な船舶関連品、港湾労働者が使用していた荷役道具、明治時代の茶輸出蘭字などで港の歴史や役割を紹介している。
　また、博物館奥に設置された「缶詰記念館」では、実際に使用されていた昭和初期の缶やラベル、ツナ缶詰製造器などを展示しながら、清水・静岡の缶詰産業の歴史を紹介している。

【事　業】
　港湾・海洋に関係した企画展の他、美術や歴史など様々なジャンルの企画展を行っている。

静岡県

【出版物・グッズ】

各企画展・特別展冊子

- ・所在地　〒424-0943　静岡県静岡市清水区港町2-8-11
- ・ＴＥＬ　054-352-8060
- ・ＦＡＸ　054-352-9095
- ・ＵＲＬ　http://www.suzuyo.co.jp/suzuyo/verkehr/
- ・E-mail　ver-m-szy@po2.across.or.jp
- ・交　通　〈電車〉JR清水駅または静鉄新清水駅から，静鉄バスの三保方面行きで5分「波止場フェルケール博物館」下車すぐ
　　　　　　〈車〉東名高速　清水ICから県道338号線経由の三保方面に5.5km，約10分
- ・開　館　AM9:30 〜 PM4:30
- ・入館料　一般・大学生400円，中・高生300円，小学生200円
　　　　　　※毎週土曜日と「こどもの日」「海の日」は小中学生無料
- ・休館日　月曜日（祝祭日の場合は開館）
- ・施　設　鉄筋コンクリート2階建，建築面積1198.65㎡
- ・設　立　1978(昭和53)年7月20日
- ・設置者　(一財)清水港湾博物館
- ・管　理　(一財)清水港湾博物館
- ・責任者　館長・山梨豊

館のイチ押し

- ・和船1/10模型
- ・明治後期の輸出用茶箱、茶箱ラベル
- ・昭和初期の缶詰ラベル

静岡県

沼津市戸田(へだ)造船郷土資料博物館

[交通・運輸]

　1854(安政元)年開国を求めて来航したロシア軍艦ディアナ号が、安政の大地震による津波で大破、修理のため戸田港に向かう途中、嵐に遭い沈没した。帰る船を無くしたプチャーチン提督率いるロシア使節は、戸田で新しい船を造り帰国した。この近代日本造船の礎となった西洋式帆船「ヘダ号」の造船資料と、ロシア人の遺品を展示するため、1969(昭和44)年戸田村立造船郷土資料博物館として開館。2005(平成17)年沼津市との合併に伴い、沼津市戸田造船郷土資料博物館と改称した。

【展示・収蔵】
　ディアナ号・ヘダ号の模型、ヘダ号の設計図や造船に用いられた道具類、プチャーチンらの遺品、駿河湾の珍しい深海生物の標本を集めた駿河湾深海生物館を併設。

静岡県

- ・所在地　〒410-3402　静岡県沼津市戸田2710-1
- ・ＴＥＬ　0558-94-2384
- ・ＦＡＸ　0558-94-2384
- ・ＵＲＬ　http://www.city.numazu.shizuoka.jp/kurashi/shisetsu/zousen/
- ・E-mail　cul-zousen@city.numazu.lg.jp
- ・交　通　伊豆箱根鉄道 修善寺駅から東海バス戸田行，終点戸田下車 徒歩30分
- ・開　館　AM9:00 ～ PM5:00(但し入館はPM4:30まで)
- ・入館料　大人200円(160円)，小中学生100円(80円)
　　　　　※(　)内は20名以上の団体料金
- ・休館日　水曜日(但し祝日の場合は翌日に振替)，祝日の翌日，12月29日～1月1日
- ・施　設　鉄筋コンクリート3階建　建築面積247.9㎡
- ・設　立　1969(昭和44)年7月
- ・設置者　沼津市
- ・管　理　沼津市
- ・責任者　館長・原将史

館のイチ押し

- ・駿河湾から引き揚げられたディアナ号の錨、そして近代造船の礎となったヘダ号の設計図。
　日露友好の証をぜひ見に来てください。

静岡県

ふじのくに茶の都ミュージアム

[飲料]

　静岡県島田市にあるお茶に特化したミュージアムである。お茶の産業、歴史、民俗、文化、機能性を紹介する博物館のほか、小堀遠州ゆかりの日本庭園や茶室、綺麗さびのデザインに統一されたレストラン、ミュージアムショップがある。またお茶の飲みくらべや抹茶挽き体験、茶道体験等を通して、お茶の魅力を楽しく学ぶことができる。同館は、静岡県が2014(平成26)年3月に策定したふじのくに「茶の都しずおか構想」に基づき、茶の都しずおかの拠点として整備された。①お茶に関する様々な情報の集積・発信、②静岡県の観光の拠点、③静岡茶愛飲促進条例に基づき子どもたちがお茶を体験・学ぶなどの機能を持った拠点を目指している。

【展示・収蔵】
《博物館3階》「世界のお茶」をテーマとした常設展示室
　お茶の起源とされる中国雲南省の茶樹王のレプリカ、中国、チベット、トルコの喫茶室の復元、世界や日本の60種類の茶葉に触れ、香りを楽しむコーナー、月替わりで様々なお茶のいれ方や飲み方を紹介するティーステーション。
《博物館2階》「日本のお茶、静岡のお茶」をテーマとした常設展示室
　昭和30年代の製茶機械の実物を展示、お茶の機能性をタッチパネルで体験。
《茶室》
　京都の石清水八幡の滝本坊の書院、伏見奉行屋敷の茶室が復元されている。茶道体験では、静岡県産抹茶と季節に合った和菓子を頂ける。熊倉館長による無料音声ガイドあり。
《日本庭園》
　小堀遠州が手掛けた後水尾院の仙洞御所の東庭を復元している。

静岡県

池の周りを歩き、舟を浮かべて舟遊びなどをした池泉回遊式・舟遊式の庭園で、自然と人工、直線と曲線といった対立的な要素が対比されている点が特徴。

【事　業】

年3〜4回、企画展を開催。その他、新茶フェア、夜の茶会、子ども和菓子づくり教室など。

- ・所在地　〒428-0034　静岡県島田市金谷富士見町3053-2
- ・ＴＥＬ　0547-46-5588
- ・ＦＡＸ　0547-46-5007
- ・ＵＲＬ　https://tea-museum.jp/
- ・E-mail　chamuseum-kikaku@pref.shizuoka.lg.jp
- ・交　通　〈公共交通機関〉JR金谷駅からバス・タクシーで約5分（約2km），徒歩約25分（約1.5km）
　　　　　※バスをご利用の場合
　　　　　・しずてつジャストライン：「相良営業所方面行き」または「静波海岸入口方面行き」，バス停「二軒家原」から徒歩3分
　　　　　・島田市コミュニティバス：菊川神谷城線（循環），バス停「ふじのくに茶の都ミュージアム」から徒歩1分
　　　　　〈車〉東名高速道路 相良牧之原ICより約10分，新東名高速道路 島田金谷ICより約13分，国道1号線 大代ICより約10分
- ・開　館　AM9:00〜PM5:00（茶室はAM9:30〜PM4:00）
　　　　　※最終受付は各30分前まで
- ・入館料　一般300円，団体200円，大学生以下，70歳以上，障害者手帳をお持ちの方無料
- ・休館日　火曜日（祝日の場合は翌平日），年末年始
- ・施　設　鉄筋コンクリート3階建，建築面積2,695.88㎡
- ・設　立　2018（平成30）年3月24日
- ・設置者　静岡県
- ・管　理　静岡県
- ・責任者　館長・熊倉功夫

館のイチ押し

- ・外観
　県産材「ヒノキ」を使用し「綺麗さび」の要素を取り入れた吹き寄せ壁。
- ・博物館2階　体験コーナー
　抹茶挽き体験、お茶の飲みくらべ、ブレンド体験を提供。

静岡県

焼津漁業資料館
［水産業］

　焼津漁業資料館は、焼津漁業協同組合が創立三十周年を記念して1979(昭和54)年8月10日に開館した。
　焼津の漁業は、すでに徳川時代より相当な規模を以て営まれていたことが、幾多の文献等より知られている。
　こうした先人の活躍ぶりや港無き荒浜から現在のこの焼津港に成長してきた過程を伝える品々を陳列している。

【展示・収蔵】
　主な収蔵資料は、漁具や漁師の生活用具約1,300点。

【事　業】
　常設展のみ。

鰹船ブリッジと漁民の家

静岡県

- ・所在地　〒425-8701　静岡県焼津市中港2-6-13
- ・ＴＥＬ　054-620-0080
- ・ＵＲＬ　https://www.yaizu-gyokyo.or.jp/
- ・交　通　〈電車〉JR焼津駅から徒歩7分
　　　　　　〈車〉東名高速 焼津ICから8分
- ・開　館　AM8:30 ～ PM12:00，PM1:00 ～ PM4:30
- ・入館料　300円(20名以上150円)　市内在住者及び子供は無料
- ・休館日　日曜，祭日，お盆，年末年始
- ・施　設　鉄筋コンクリート造2階建　459.70㎡
- ・設　立　1979(昭和54)年8月10日
- ・設置者　焼津漁業(協組)
- ・管　理　焼津漁業(協組)
- ・責任者　焼津漁業(協組)　代表理事組合長・西川角次郎

中部

館のイチ押し

- ・鰹船の一部(実物のブリッジ部分を移築)、漁民の家(実物を移築)。
- ・展示品は撮影自由、おさわり自由。

静岡県

ヤマハ発動機 コミュニケーションプラザ

[交通・運輸]

「世界の人々に新たな感動と豊かな生活を提供する」ことを目的に人々の夢を知恵と情熱で実現し、つねに「次の感動」を期待される企業をめざすヤマハ発動機グループ。

コミュニケーションプラザには、世界で使われている様々な分野の製品やエポックメイキングな歴史製品の数々、そしてヤマハ発動機の最新技術や活動、情報が集約されている。

【展示・収蔵】

1階は二輪車を中心にボート、船外機、自動車(トヨタ2000GTなど)・エンジン、四輪バギー、スノーモビル、電動アシスト自転車PAS、発電機、除雪機、レーシングカート、ゴルフカー、電動車いす、プール、産業用ロボット、無人ヘリコプターなど、現在ヤマハ発動機が製造販売する様々な製品をご覧いただける。

2階はヤマハ発動機の歴史とともに往年のレーシングマシン、各年代を代表する名車、各製品の第一号機などを展示。またご来場いただいた方がくつろげるラウンジスペースをご用意している。

3階にはカフェを設置しており、天気の良い日には富士山を眺めながら軽食とドリンクをお楽しみいただける。

【事　業】

季節に合わせた展示の入替え、ヤマハ発動機の活動に応じた企画展などを実施。

また夏休み、春休みに合わせた子供向けのものづくり教室、館内での音楽イベントなども開催。

静岡県

【出版物・グッズ】

《グッズ》1階の「Plaza Shop」にてヤマハレーシングアパレル、オリジナルノベルティ、地場の名産などを販売。

- ・所在地　〒438-8501　静岡県磐田市新貝2500
- ・ＴＥＬ　0538-33-2520
- ・ＦＡＸ　0538-33-2530
- ・ＵＲＬ　https://global.yamaha-motor.com/jp/showroom/cp/
- ・交　通　〈電車〉JR磐田駅より　タクシーで約10分(約4.5km)
　　　　　JR磐田駅前バスターミナル1番のりば
　　　　　遠鉄バス 城之崎経由磐田営業所行き ヤマハ発動機前下車 徒歩約2分
　　　　　JR磐田駅前バスターミナル1番のりば
　　　　　遠鉄バス 東新町行き 西貝塚北下車 徒歩約12分
　　　　　〈車〉東名高速道路 磐田ICより約5km，袋井ICより約6.5km
　　　　　磐田バイパス 岩井ICより約2km
- ・開　館　平日AM9:00 ～ PM5:00(土日に開館する場合　AM10:00 ～ PM5:00)
- ・入館料　無料
- ・休館日　ヤマハ発動機の休日に順ずる
　　　　　※開館カレンダーは公式サイトを参照
- ・施　設　鉄筋コンクリート3階建
- ・設　立　1998(平成10)年7月1日
- ・設置者　ヤマハ発動機(株)
- ・管　理　ヤマハ発動機(株)
- ・責任者　本田勝豊

館のイチ押し

　歴代のチャンピオンマシンをスターティンググリッドを模して展示しております。

　オートバイ、フィッシング、水上バイクなどのシミュレーターもあり、お子様も楽しめます。

　また子供向けのものづくり教室、学生を対象とした工場見学、館内での様々な演奏イベントなど地域の皆様に活用いただける施設にもなっています。

愛知県陶磁美術館

[窯業]

　猿投・瀬戸そして常滑、愛知県の産業と文化は、これらのやきものと深いつながりをもって発展し育まれてきた。愛知県をはじめとする東海地方は、古くから日本の代表的な陶磁器生産地として、陶磁器に関する多くの文化遺産と伝統を受け継いできた場所である。しかし、時代の推移とともに、多くの文化遺産や貴重な資料が失われつつあり、この古い文化の伝統を正しく後世に伝えることは、この地域に課せられた責務でもある。

　愛知県陶磁資料館は、このような要請に応え、愛知県政100年記念事業の一環として、やきものの町、瀬戸市の緑濃い丘陵地の一角に1978(昭和53)年6月に開館し、それ以来、数々の大規模な拡張整備を進め、1994(平成6)年度にそれまでの装いを一新した、世界に誇る総合文化施設として再スタートを切った。2013(平成25)年6月に、35周年を迎えたことを期に「愛知県陶磁美術館」に名称変更。約27.7haの敷地に展示を主に行う本館・南館・西館、作陶の体験ができる陶芸館、古窯を保存・展示する古窯館、そして陶芸作家の作品で薄茶が楽しめる茶室を設置。

【展示・収蔵】

《本館》

　歴史的・美術的陶磁資料の展示を中心とし、当時の歴史を知るための常設

愛知県

展示、日本の代表的な陶磁をテーマに沿って展示する特別企画展、東海地方の窯業地・外国陶磁・現代陶芸などを紹介する企画展示を実施。

《南館》
愛知県の陶磁器産業の歴史と現況を、小中学生向けにわかりやすく紹介する常設展示を実施。

《西館》
愛知県指定有形民俗文化財の陶磁のこま犬を常時100点ほど展示。

《古窯館》
実際に発掘された平安時代と鎌倉時代の古窯を保存・展示。

《陶芸館》
子どもから大人まで、初心者から経験者まで、どなたでも陶芸指導員の指導を受けながら自由に作陶したり絵付けをすることができ、土のぬくもりや手づくりの楽しさを味わうことができる。
〈作陶/粘土1kg〉大人840円から、中学生以下720円から
〈絵付け/湯呑1個〉大人780円から、中学生以下660円から

《茶室》
瀬戸・常滑・美濃等の陶芸作家の茶碗で薄茶を楽しめる。
一人(お菓子含む)550円。

【事　業】

収蔵資料は、鎌倉・室町時代の渥美・常滑・瀬戸・珠洲・信楽・丹波・備前等の中世窯製品約500点、桃山時代の瀬戸黒・黄瀬戸・志野・織部・伊賀・備前・唐津等の製品を約120点、江戸時代の瀬戸・美濃・常滑・萬古や名古屋等の東海地方の諸窯、有田等の肥前陶磁、仁清・乾山等の京焼をはじめとする日本各地の製品約1100点、近現代産業陶瓷や現代作家の陶磁作品を約2300点等、日本陶磁を合わせて約4600点と、中国陶磁をはじめとする外国陶磁を約2300点、その他関連資料約1000点を収蔵。

常設展、企画展、講演会(企画展に合せて)、シンポジウム(企画展に合せて)、ギャラリートーク(企画展に合せて)、学校出前講座、陶芸教室、復元古窯焼成。

【出版物・グッズ】

館報(年刊)／図録(企画展)

愛知県

- ・所在地　〒489-0965　愛知県瀬戸市南山口町234
- ・ＴＥＬ　0561-84-7474
- ・ＦＡＸ　0561-84-4932
- ・ＵＲＬ　http://www.pref.aichi.jp/touji
- ・E-mail　touji@pref.aichi.lg.jp
- ・交　通　〈自家用車〉東名高速道路　日進JCT経由，名古屋瀬戸道路　長久手ICから足助・瀬戸方面に約5km

　　　　　　東名高速道路　名古屋IC・名二環道　本郷ICから瀬戸・長久手・足助方面に約10km

　　　　　　東海環状自動車道　せと赤津ICから約7km

　　　　　　〈公共交通機関〉地下鉄東山線終点　藤が丘駅下車，リニモ「藤が丘」から「八草」行き「陶磁資料館南」駅下車，徒歩600m

　　　　　　名鉄瀬戸線終点　尾張瀬戸駅下車，「瀬戸駅前」のりば1から名鉄バス「菱野団地」経由「愛・地球博記念公園」行き「陶磁美術館」下車(土・日・休日のみ運行)

　　　　　　愛知環状鉄道　八草駅下車，リニモ「八草」から「藤が丘」行き「陶磁資料館南」駅下車，徒歩600m
- ・開　館　AM9:30 ～ PM4:30(7月1日～9月30日はPM5:00まで，入館は閉館時刻の30分前まで)
- ・入館料　〈常設展〉一般400円，高・大学生300円，中学生以下無料，20人以上の団体は2割引

　　　　　　※リニモ「藤が丘」「愛・地球博記念公園」「陶磁資料館南」「八草」各駅に設置の割引チラシ(リニモ利用者に限る)／リニモ「一日乗車券」／名古屋市交通局「一日乗車券」及び「ドニチエコきっぷ」／モリコロパーク駐車場再入場券／名都美術館有料観覧券の半券(2か月以内)を持参の方は，企画展及び特別企画展が2割引

　　　　　　※チラシ等の割引引換券又はJAF会員証を持参の方は，企画展及び特別企画展が100円引となる

　　　　　　※身体障害者手帳，精神障害者保健福祉手帳又は療育手帳を受付に提示すると，常設展は無料，企画展及び特別企画展は半額となる。また，身体障害者手帳または療育手帳に「第1種」と記載されている方，並びに精神障害者保健福祉手帳に「1級」と記載されている方に付き添われる方は，1名まで常設展は無料，企画展及び特別企画展は半額となる

　　　　　　※各割引制度の併用はできません

　　　　　　〈企画展〉その都度定める　〈陶芸館〉作陶840円から，絵付け780円から
- ・休館日　月曜日(但し休日の場合は開館し，直後の平日を休館とする)，12月28日～1月4日
- ・施　設　本館，南館，西館，陶芸館，古窯館，茶室，敷地面積27.7ha，延床面積2100㎡
- ・設　立　1978(昭和53)年6月
- ・設置者　愛知県
- ・管　理　愛知県

中部

ものづくり記念館博物館事典　261

愛知県

愛知製鋼 鍛造技術の館
[金属・鉱業]

　愛知製鋼 鍛造技術の館は、愛知製鋼(株)創立60周年記念事業のひとつとして、開設。
　当社を創業した豊田喜一郎の「良きクルマは良きハガネから」の開発精神のもと、創業以来培ってきた「自動車用鍛造品」づくりの技術に加えて、地元知多半島に残る「大野鍛冶」の伝統の技である野鍛冶の「ものづくりの心と技」もあわせて後世に伝承することを目的として設立した。

【展示・収蔵】
　自動車用鍛造品で約150点、大野鍛冶コーナーで約200点、合計約350点の展示。
　自動車用鍛造品は、「技術」、「工程」、「精度」など、大野鍛冶コーナーは、「大野鍛冶」、「匠と慣わし」、「道具」など、それぞれテーマ別に展示。

愛知県

- ・所 在 地　〒476-8666　愛知県東海市新宝町33-1
- ・Ｔ Ｅ Ｌ　052-603-9383
- ・Ｆ Ａ Ｘ　052-603-9390
- ・Ｕ Ｒ Ｌ　http://www.aichi-steel.co.jp/about/forging_technology/index.html
- ・交　　通　名鉄常滑・河和線　太田川駅下車　タクシーで15分
- ・開　　館　AM9:00 ～ PM12:00，PM1:00 ～ PM5:00(但し入館はPM4:00まで)
　　　　　　　※見学は前日までに電話予約
- ・入 館 料　無料
- ・休 館 日　土・日曜日及び年末年始，GW，夏季連休
- ・施　　設　鉄筋コンクリート3階建事務所の1・2階部分の一部(200㎡)を使用して
　　　　　　　展示
- ・設　　立　2000(平成12)年3月
- ・設 置 者　愛知製鋼(株)
- ・管　　理　愛知製鋼(株)
- ・責 任 者　館長・広瀬明次

中部

館のイチ押し

- ・自動車が量産されるようになってから、現在までの鍛造品の歴史をクランクシャフトで説明。
- ・備中鍬の作り方を実物と映像で紹介。
- ・昭和初期の鍛冶屋の風景をジオラマで再現。

愛知県

岡崎信用金庫資料館

[商業・金融]

　資料館の建物は、前身の岡崎銀行（1890（明治23）年設立）の本店として1917（大正6）年4月竣工したもの。しかし、1945（昭和20）年7月の大空襲で外郭のみを残して焼失した。
　極端な資材難で市内の戦災復興は進まなかったが、岡崎商工会議所が、取りあえずの修復・内装工事を施し、1950（昭和25）年10月から使用を始めた。しかし、新築時に設けられていた南面の東隅にあった角部屋や尖塔を再現するには至らなかった。
　その後、経済の高度成長に伴う商工会議所拡張の要請に加えて、東海大地震を警戒する声も手伝って、このビルを取り壊して高層化しようとする動きが出てきたが、一方で、被災前の優美な建物に復元し、保存を望む声も高まったことから、商工会議所の新築移転とともに、岡崎信用金庫がこれを買い取って3年がかりで修復工事を施し、建物の保存を兼ねて金融関係の資料館として1982（昭和57）年オープンした。2008（平成20）年国の有形文化財として登録される。

愛知県

【展示・収蔵】

◇1階展示室

〈当金庫の歩み〉 店舗網・営業地区等、岡崎信用金庫を紹介。

〈各種企画展〉 幅広い分野の芸術家の作品展を随時開催している。

◇2階展示室

〈暮らしと商い〉 「市」「貨幣」「看板」「のれん」等で時代的にさぐる「あきないのおこり」「江戸時代のくらしとあきない」「城下町岡崎のあきない」「岡崎を中心とした近代100年のあゆみ」をレプリカ・写真等をパネル化して分かりやすく解説。

〈世界の貨幣〉 《日本の貨幣》和銅開珎（708（和銅元）年）の古代から現代に至るまでの各時代の紙幣105点・硬貨140点を展示。《世界各国の貨幣》ヨーロッパ、南・北アメリカ、オセアニア、アフリカ、アジア地域160カ国の現行通貨、紙幣250点・硬貨470点の計720点を展示。《記念コイン等》世界最大・最小の通貨、紙幣、ヤップ島の石貨、シャム（タイ）の変形コイン、オリンピック記念コイン、ユニセフ国際児童年コイン、世界野生生物保護コイン他195点を展示。

〈ビデオコーナー〉 造幣局・国立印刷局を紹介。

・所在地 〒444-0038 愛知県岡崎市伝馬通1-58
・ＴＥＬ 0564-24-2367
・ＦＡＸ 0564-24-2367
・交 通 〈電車〉名鉄本線 東岡崎駅下車 徒歩約10分
　　　　　〈バス〉名鉄バス 篭田公園下車 徒歩約2分
　　　　　〈車〉東名高速 岡崎ICから約10分
・開 館 AM10:00〜PM5:00
・入館料 無料
・休館日 月曜日，祝日，12月31日〜1月3日
・施 設 鉄筋コンクリート2階建，駐車場
・設 立 1982（昭和57）年11月2日
・設置者 岡崎信用金庫
・責任者 資料館長・貝吹彰則

館のイチ押し

赤レンガと地元岡崎産の御影石をふんだんに使用した建物の外観

ものづくり記念館博物館事典　265

愛知県

カクキュー八丁味噌（八丁味噌の郷）
[食品]

　今川義元の家臣であった当家（早川家）の先祖・早川新六郎勝久は、桶狭間の戦いで今川が敗れた後、岡崎の寺へと逃れ、武士をやめ、名を久右衛門と改めた。

　久右衛門は寺で味噌造りを学び、数代の後、現在の場所である岡崎市八帖町（旧・八丁村）へと移り、1645（正保2）年に業として「八丁味噌」を造り始めた。これが「八丁味噌」の起こりと伝えられており、現当主で19代目である。

　伝統的な八丁味噌の製法を目に見える形で後世に伝えようという趣旨から、1907（明治40）年に建てられた味噌蔵を改装して1991（平成3）年12月1日に史料館をオープンした。

【展示・収蔵】
　工場見学では、八丁味噌の味噌蔵や味噌の袋詰めライン、史料館などを見学することができる。史料館では等身大の人形を用いて、昔ながらの味噌造りの様子を再現している。また、宮内省御用達関係の史料や昔の看板、古文書、味噌造りの道具やレトロな商品パッケージなどを展示している。

愛知県

【事　業】
　工場見学(味噌蔵・史料館・試食)を年中無休で行っている(年末年始を除く)。

【出版物・グッズ】
　併設の売店では八丁味噌や八丁味噌の加工品、お菓子などを販売している。
また、八丁味噌のお料理が楽しめるお食事処も用意している。

・所在地　〒444-0923　愛知県岡崎市八帖町字往還通69
・Ｔ Ｅ Ｌ　0564-21-1355
・Ｆ Ａ Ｘ　0564-21-1382
・Ｕ Ｒ Ｌ　http://kakukyu.jp/
・E-mail　infom@hatcho-miso.co.jp
・交　通　名鉄 岡崎公園前駅から徒歩5分，愛知環状鉄道 中岡崎駅から徒歩5分
・開　館　平日　AM10:00 〜 PM4:00(毎時00分開始)
　　　　　土日祝　AM9:30 〜 PM4:00(毎時00分，30分開始　但し12:30の回は
　　　　　お休み)
・入館料　無料
・休館日　年末年始
・施　設　味噌蔵，史料館，売店，お食事処
・設　立　1991(平成3)年12月1日
・設置者　(資)八丁味噌
・管　理　(資)八丁味噌
・責任者　企画室長・野村健治

中部

> **館のイチ押し**
>
> ・八丁味噌が6t仕込まれた高さ1.8mの木桶に、職人の手で円錐状に積
> 　み上げられた3tの重石の乗る木桶が並ぶ味噌蔵は圧巻です。
> ・工場見学の最後は、八丁味噌と赤出し味噌のお味噌汁の試飲、こんにゃ
> 　く田楽の試食ができます。

ものづくり記念館博物館事典　267

愛知県

國盛・酒の文化館
くにざかり
［飲料］

　國盛のふるさと、尾州半田は酒造り300年の歴史を誇る銘醸地。國盛蔵では、さらに磨かれたうまさを求めて、1984(昭和59)年に最新設備の新工場を完成して以来、妥協のない技術革新への挑戦を続けている。

　日本酒造りの今昔(文化)を正しくご理解いただけるようにと、江戸時代に造られた土蔵造の酒蔵をそのまま利用し、ここで使われた伝統の道具や資料を保存展示し、日本の文化遺産を守る気持もこめて「國盛・酒の文化館」を創設した。

【展示・収蔵】
　國盛の醸造に使われた伝統の道具や資料約500点を展示するほか、日本酒の知識あれこれや、國盛のふるさと、半田の歴史・自然をパネルでわかりやすく紹介。また酒醸造の映画(10分)と、7〜8種類のきき酒、酒蔵ケーキの試食もできる。

愛知県

- 所在地　〒475-0878　愛知県半田市東本町2-24
- ＴＥＬ　0569-23-1499
- ＦＡＸ　0569-23-1379
- ＵＲＬ　http://www.nakanoshuzou.jp
- E-mail　ns1118701_oohashi@nakanoshuzou.co.jp
- 交　通　JR東海武豊線半田駅徒歩7分，名鉄半田駅徒歩15分
- 開　館　AM10:00 〜 PM4:00
- 入館料　無料
- 休館日　毎週木曜日
- 施　設　木造2階建，展示室総面積645㎡
- 設　立　1985(昭和60)年1月
- 設置者　中埜酒造(株)
- 責任者　館長・大橋昭宏

愛知県

九重みりん時代館

[食品]

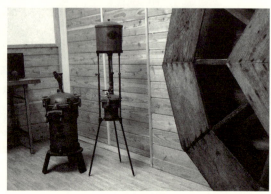

九重味淋大蔵

三河みりんの元祖であり、創業(1772(安永元)年)者である三河国大浜村(現愛知県碧南市)の廻船問屋・石川八郎右衛門信敦(石川家第22世)に関する資料、家業の古文書、酒造道具を収蔵。酒造蔵の一部を改修し、九重みりん時代館(資料室、展示室)として1975(昭和50)年に設置されたみりんの専門博物館である。観光、社会科見学と自社PRを兼ねて公開している(事前予約のこと)。

【展示・収蔵】

石川家に伝わる古文書、大福帳、足踏み式の精米機などの酒造道具、各国博覧会出品の賞状、メダルなどを展示。

- 所在地　〒447-8603　愛知県碧南市浜寺町2-11
- ＴＥＬ　0566-41-0708
- ＦＡＸ　0566-48-0993
- ＵＲＬ　https://www.kokonoe.co.jp/
- 交　通　名鉄電車三河線 碧南駅から徒歩5分
- 開　館　①AM10:30～, ②PM1:30～(3日前まで要予約)
- 入館料　無料
- 休館日　土日祝日, 夏季休業, 年末年始
- 施　設　木造2階建
- 設　立　1975(昭和50)年10月
- 設置者　九重味淋(株)
- 責任者　舟橋成彦

愛知県

高浜市やきものの里かわら美術館

[窯業]

　かわら美術館は、生産量日本一を誇る三州瓦の中心的な産地・高浜市にある、日本で唯一の瓦をテーマにした美術館。瓦を美術的に鑑賞するとともに、地域の芸術文化活動の拠点として1995(平成7)年に開館した。

　瓦をはじめ、考古、歴史、美術からサブカルチャーまで、さまざまなジャンルの展覧会を開催するとともに、2016(平成28)年度より「みんなで美術館」をキャッチコピーに、美術館という枠をこえて、さまざまなひとやコトが集まる場をつくっている。

　ホール、スタジオ、講義室・会議室、シアター等を貸出しているほか、やきものづくりの楽しさを味わえる陶芸創作・絵付体験も開催している。

【展示・収蔵】

　主な収蔵資料は日本及び世界の瓦資料はじめ、屋根の造形資料や瓦に関する文様の資料である。その他瓦ややきものに関連した美術作品(絵画、版画、浮世絵、書、写真等)を所蔵しており考古資料、美術作品合わせて約2,500点である。所蔵資料は1階と3階の常設展示にて一部を紹介している。

愛知県

【事　業】

年に5回程度、展覧会を開催。あわせて、歴史・考古・美術分野にとどまらない講演会、ワークショップ、コンサート、上映会等を開催。その他、陶芸体験、貸し施設を実施。

【出版物・グッズ】

書籍は主に「三州瓦と高浜いま・むかし」(2010)、「高浜市やきものの里かわら美術館収蔵作品木村伊兵衛」(2013)、「高浜市やきものの里かわら美術館館蔵名品選」(2015)はじめ、これまで開催してきた展覧会－瓦、やきもの、美術等－の各種図録。

かわら美術館オリジナルグッズとして「館蔵品ポストカード」(24種)、「瓦オーナメントガチャガチャ」、「瓦クリアファイル」ほか。

- ・所在地　〒444-1325　愛知県高浜市青木町9-6-18
- ・TEL　0566-52-3366
- ・FAX　0566-52-8100
- ・URL　http://www.takahama-kawara-museum.com/
- ・E-mail　info@takahama-kawara-museum.com
- ・交　通　名鉄三河線 高浜港駅下車 徒歩10分
- ・開　館　AM10:00 〜 PM5:00(観覧券の販売はPM4:30まで)
　　　　　※施設利用はPM9:00まで可
- ・入館料　常設展示：無料
　　　　　特別展・企画展：高校生以上　展覧会により異なる，中学生以下　無料
- ・休館日　月曜日・火曜日(祝休日の場合は翌平日)，12月27日〜1月3日
- ・施　設　鉄筋コンクリート造(地上4階，地下1階)，建築面積1,681.04㎡
- ・設　立　1995(平成7)年10月7日
- ・設置者　高浜市
- ・管　理　乃村工藝社・NTTファシリティーズ美術館運営共同事業体
- ・責任者　館長・若松文人

館のイチ押し

- ・正面玄関では、鬼師(鬼瓦職人)が手掛けた、日本で一番大きい鯱瓦が出迎える。
- ・1階ホワイエには、三州の名工による飾り瓦や、高浜周辺の遺跡・文化を資料やパネルにて紹介。
- ・3階では、瓦に関する歴史や技術を紹介し、数十点の古代瓦を常設展示している。

愛知県

トヨタ会館

[交通・運輸]

トヨタ自動車創立40周年を記念して1977(昭和52)年にオープン。環境や安全技術などの最新技術や新型車を展示。またトヨタ会館を起点にしたガイド付き工場見学ツアーも行っている。

【事 業】

トヨタ会館展示場は無料で一般開放、予約なしで自由にご覧いただける。工場見学も無料だが予約が必要。

- 所在地　〒471-8571　愛知県豊田市トヨタ町1
- ＴＥＬ　0565-29-3355(工場見学)，0565-29-3345(トヨタ会館)
- ＦＡＸ　0565-23-5712
- ＵＲＬ　http://www.toyota.co.jp/toyotakaikan
- 交　通　東名高速道路　豊田ICより約15分，名鉄　豊田市駅より名鉄バスで約20分，愛知環状鉄道　三河豊田駅より徒歩20分
- 開　館　AM9:00～PM5:00
- 入館料　無料
- 休館日　日曜日，年末年始，GW，夏期連休等
- 施　設　鉄筋コンクリート2階建
- 設　立　1977(昭和52)年11月
- 設置者　トヨタ自動車(株)
- 責任者　館長・大洞和彦

ものづくり記念館博物館事典　273

愛知県

トヨタ産業技術記念館

[機械・精密機器]

　トヨタグループ発祥の地に残された大正時代の赤レンガ造りの工場を、貴重な産業遺産として保存・活用して設立された博物館。グループの歴史でもある近代日本の発展を支えた基幹産業のひとつである繊維機械と、現代を開拓し続ける自動車を中心に、産業と技術の変遷を紹介している。展示の特徴は、繊維製品や自動車の製造に使われる本物の機械を動かす「動態展示」とスタッフによる「実演」である。「見て」「驚いて」「学ぶ」ことができる。これらを通じて「研究と創造の精神」と「モノづくり」の大切さを伝えている。繊維機械館と自動車館をメインの展示場としており、この中の主な展示物を見るだけでも1時間半はかけたいところである。子ども連れの家族には、遊びながら学べるテクノランドもオススメ。図書室やミュージアムショップ、レストラン、カフェもあり家族で一日楽しめる。

【展示・収蔵】
《エントランスロビー》
　環状織機
《繊維機械館》
　紡ぐ・織る技術の基本と繊維機械技術のうつり変わり〜道具から機械への展示、紡機の展示、豊田佐吉が発明した織機など代表的な織機の展示、工業に必要な主要技術の変遷を展示。

愛知県

繊維機械館

自動車館

《自動車館》
　自動車のしくみと構成部品、創業時から現在に至る自動車技術と生産技術の変遷、代表車種展示、研究技術開発展示、大型生産機械の動態展示など。

《テクノランド》
　繊維機械や自動車に使われる機構や原理を遊びながら楽しく体験～機織りマシーン、テクノサーキット、風に向かって立て(風洞装置を使った空気抵抗装置)など。

《金属加工技術の実演》
　鋳造・鍛造・切削などの加工作業実演。

《佐吉・喜一郎コーナー》
　豊田佐吉・喜一郎親子を中心に、創造と産業につくした人々の足跡を紹介。

《トヨタグループ館》
　大正時代の事務棟にトヨタグループの歴史や、佐吉・喜一郎のゆかりの品を紹介。

【事　業】
・次代を担う子供たちが「モノづくり」に興味を持ち、豊かな創造性を育むきっかけとなるプログラムを開催
・春休み、夏休み、冬休みの期間中、どなたにもお楽しみいただけるモノづくりイベントを開催
・トヨタコレクション(江戸時代後期から明治初期にかけての貴重な科学技術資料)企画展を年1回開催

愛知県

【出版物・グッズ】

- ・トヨタ産業技術記念館「広報誌:赤れんが便り」(年3回:1月、6月、10月)
- ・ガイドブック:和文(323ページ)、英文(323ページ)
- ・公式メモリーブック:和文(50ページ)、英文(50ページ)、中文(50ページ)

- ・所在地　〒451-0051　愛知県名古屋市西区則武新町4-1-35
- ・ＴＥＬ　052-551-6115
- ・ＦＡＸ　052-551-6199
- ・ＵＲＬ　http://www.tcmit.org
- ・交　通　名鉄名古屋本線 栄生駅から徒歩3分, 名古屋駅からタクシー利用で5分
- ・開　館　AM9:30 ～ PM5:00(入場受付はPM4:30まで)
- ・入館料　大人(含大学生)500円, 中・高生300円, 小学生200円
　　　　　　※団体割引等あり
- ・休館日　月曜日(祝日の場合は翌日), 年末年始
- ・施　設　鉄筋コンクリート造1階建(一部2階建)
- ・設　立　1994(平成6)年6月11日
- ・設置者　トヨタグループ17社
- ・責任者　館長・飯島修

豊田市近代の産業とくらし発見館

［紙・繊維］

　発見館は、1921(大正10)年に建設された国の登録有形文化財・旧愛知県蚕業取締所第九支所の建物を利用し、豊田市の近代産業とくらしを取り扱う資料館として2005(平成17)年に開館した。近代において、愛知県は全国屈指の養蚕県で、現在の中心市街地周辺は西三河地方北部の繭取引の中心地として栄えていたため、第九支所では蚕病予防のための蚕卵検査やカイコの品種改良に関する研究等を行っていた。今では、この建物は豊田市域が養蚕で栄えていた頃を偲ぶことができる、数少ない遺産のひとつである。

【展示・収蔵】
　明治時代から「豊田市」への市名変更した1959(昭和34)年頃までの豊田市域にまつわる資料を主に展示。常設展示は第1展示室でダルマ窯、ガラ紡、トロンミルをはじめとする「とよたの近代産業」を、第2展示室で「まちの変遷」を展示。第2展示室では情景展示「茶の間の風景」も展示している。近代の産業と市街地の変遷やくらしの紹介を通じて、豊田市域の特色を発見する場、人や情報等の交流の場、市内に点在する近代の遺産の保存と活用を図る場となることを目指している。

愛知県

【事　業】

年3回程度企画展を開催。そのほか、体験講座や近代の遺産に関する情報提供や現地見学会等の案内、広報・普及活動等。

【出版物・グッズ】

・発見館オリジナルグッズ(一筆箋(300円)、クリアファイル(100円)、絵葉書6枚セット(200円))
・書籍「近代化遺産探訪案内」(500円)
・企画展パンフレット
・まちあるきマップ「ぶらコロモ」(年4回発行)

・所在地　〒471-0027　愛知県豊田市喜多町4-45
・ＴＥＬ　0565-33-0301
・ＦＡＸ　0565-33-0319
・ＵＲＬ　http://www.toyota-hakken.com/
・E-mail　hakken@city.toyota.aichi.jp
・交　通　名鉄豊田市駅より東へ徒歩約5分
　　　　　愛知環状鉄道 新豊田駅より東へ徒歩約8分
・開　館　AM9:00 ～ PM5:00
・入館料　無料
・休館日　月曜日(祝日は開館)，年末年始(12月28日～1月4日)
・施　設　鉄筋コンクリート造の壁に木造小屋組の入母屋風瓦葺屋根を載せた平屋建，敷地面積2,225㎡　本館562.5㎡
・設　立　2005(平成17)年11月1日
・設置者　豊田市教育委員会
・管　理　豊田市教育委員会
・責任者　館長・森泰通

館のイチ押し

・毎年春に企画展「まゆまつり」を開催。実際に生きたカイコを育てながら展示している。
・飼育したカイコが作った繭を利用して、年数回まゆ工作の講座を開催。

トヨタ博物館

[交通・運輸]

　トヨタ自動車(株)の創立50周年記念事業の一環として、"皆様とともに自動車の歴史を学び人と車の豊かな未来のために"の趣旨のもと、社会に開かれたトヨタの本格的な社会文化施設として建設された。1999(平成11)年、開館10周年を記念して新館を開設。

【展示・収蔵】

　本館は、ガソリン自動車が誕生した19世紀末から現代までの発達史を、時代を追って紹介。展示車両は約140台。

　フランスのガラス工芸家ルネ・ラリックが制作したカー・マスコット全29種32点を展示。

　「図書閲覧室」では、自動車関連の書籍約11,000冊をはじめ、自動車雑誌、映像資料、自動車カタログを公開している。またお子さま向けに、乗り物の絵本ばかりを集めた「のりもの・えほん・としょしつ」を併設。

※新館2階北側展示場はリニューアル工事のため閉鎖中。2019年春リニューアルオープン予定。

【事　業】

　クルマにまつわるさまざまなテーマの企画展を開催するほか、季節毎の各種イベントを実施。また全国のクラシックカー・オーナーが集う「クラシックカー・フェスティバル」を開催する。

愛知県

【出版物・グッズ】

《刊行物》「T-TIME（館だより）」（年2回）/「トヨタ博物館紀要」（年1回）

《図録》/「蘇る筑波号」（1992.9）/「懐かしの木炭乗用車」（1997.3）/「大正ロマン　オートモ号復元の記録」（1999.3）

《特別展図録》「マイカー時代の訪れ」（1992.6）/「BIG3時代」（1993.6）/「国産車を創造った人々」（1994.6）/「昭和20年代の国産車」（1995.6）/「乗り物の文明開化」（1995.10）/「戦後ヨーロッパ車の復興」（1996.6）/「自動車の広告史」（1996.10）/「T型フォード展」（1997.6）/「モダーンな時代のクルマとくらし」（1997.10）/「100年前の自動車」（1998.6）

《企画展図録》「薮野健絵画展」（1996.7）/「穂積和夫の世界」（1997.7）/「細川武志の世界」（1999.8）

《写真集》「The Museum of MOTION」

- ・所在地　〒480-1118　愛知県長久手市横道41-100
- ・ＴＥＬ　0561-63-5151（代表）
- ・ＦＡＸ　0561-63-5159
- ・ＵＲＬ　http://www.toyota.co.jp/Museum/
（公式Facebook）https://www.facebook.com/ToyotaAutomobileMuseum/
- ・交　通　名古屋瀬戸道路　長久手ICより0.4km（東名高速道路　日進JCT経由），名古屋駅→地下鉄東山線　藤ヶ丘駅→名鉄バス　トヨタ博物館前→（徒歩5分）→トヨタ博物館，名古屋駅→地下鉄東山線　藤ヶ丘駅→東部丘陵線〈リニモ〉芸大通駅→（徒歩5分）→トヨタ博物館
- ・開　館　AM9:30〜PM5:00　※入館受付はPM4:30まで
- ・入館料　大人1000円，中高生600円，小学生400円　※団体割引あり
- ・休館日　月曜日（祝・祭日の場合は翌日）および年末年始
- ・施　設　本館：鉄骨造3階建　新館：鉄骨4階建
- ・設　立　1989（平成元）年4月
- ・設置者　トヨタ自動車（株）
- ・責任者　館長・布垣直昭

館のイチ押し

　本館は自動車誕生から現代までの発達史を時代順に展示しており、日米欧の自動車が互いに影響を受け発展してきた歴史を一望できます。ルネ・ラリックが量産したカーマスコット全種類を常設展示しています。また2019年に創立30周年を迎えるにあたり現在新館の一部をリニューアル工事のため閉鎖中です。新館には5000点以上の自動車文化資料を展示予定です。2019年春のリニューアルオープン（予定）をご期待ください。

愛知県

名古屋海洋博物館・南極観測船ふじ

[交通・運輸]

　名古屋海洋博物館は、海、船、港を紹介する博物館として1984(昭和59)年にオープンした。開館30周年を迎えた2014(平成26)年に、「日本一の国際貿易港・名古屋港」をテーマにリニューアルをし、港の役割や人々の暮らしとの関わりなどをわかりやすく紹介している。実物やパノラマ模型、港の臨場感をたっぷり体験できるシミュレータなど、魅力いっぱいの展示となっている。

　また、南極観測船ふじは、1985(昭和60)年から名古屋海洋博物館の付帯設備としてガーデンふ頭に永久係留されている。1965(昭和40)年から18年間という長い間、南極観測のための砕氷船として活躍し、その役目を終えた後、「南極の博物館」として活躍当時の姿で保存されている。

【展示・収蔵】

　名古屋海洋博物館は、「A.日本一の名古屋港」「B.みなとの役割」「C.おたのしみブリッジ」「D.体験リアルポート」「E.名古屋港の歴史」「F.ライブラリー&プレイ」「G.海を通じた交易と世界とのつながり」のコーナーから成

愛知県

り、近代船舶模型、自働化コンテナターミナルの模型、船舶模型、操船シミュレータ、ガントリークレーンシミュレータ、宮宿の模型、帆船模型等の展示を行っている。またQ&Aコーナー、映像コーナー、図書コーナーで学習することも可能である。東海道五十三次錦絵、名古屋港開港当時の新聞、地図、絵葉書、船大工道具、船舶艤装品等約4,000点を収蔵。

南極観測船ふじは、当時の船内の様子が当時に近い状態で見学することができ、ヘリコプター格納庫を改修した「南極の博物館」では、南極の自然、南極観測事業や南極の歴史が、観測機器の模型や生物のはく製、実物の南極の氷、映像等で紹介している。南極観測隊や南極観測船に関する資料を収蔵。

【事 業】

年に1回特別展または企画展を開催。「ボトルシップ教室」「3D立体カード教室」「ペーパークラフト教室」等の工作教室の他、「帆船模型展」「ボトルシップ展」等の企画展示、「南極教室」「南極観測船ふじでの星空観察会」「オホーツクの流氷に触れてみませんか」等の南極に関する普及事業を開催。

- ・所在地　〒455-0033　愛知県名古屋市港区港町1-9
- ・TEL　052-652-1111
- ・FAX　052-661-8646
- ・URL　http://pier.nagoyaaqua.jp/
- ・交　通　名鉄・JR 金山駅下車,地下鉄乗りかえ,名港線「名古屋港」行き,終点「名古屋港」駅下車(3番出口)徒歩5分
- ・開　館　AM9:30 〜 PM5:00　※夏期に夜間延長あり
- ・入館料　名古屋海洋博物館・南極観測船ふじ・展望室　各単独入場券　大人300円, 小・中学生200円, 他共通セット券あり
- ・休館日　毎週月曜日　GW・7月〜9月・年末年始・春休みは無休　臨時休館(冬期にメンテナンス休館あり)
- ・施　設　名古屋海洋博物館:鉄骨造一部鉄筋コンクリート造　建築面積1,660㎡
　　　　　南極観測船ふじ:鋼構造　1,410.39㎡
- ・設　立　名古屋海洋博物館:1984(昭和59)年7月20日
　　　　　南極観測船ふじ:1985(昭和60)年8月16日
- ・設置者　名古屋港管理組合
- ・管　理　(公財)名古屋みなと振興財団
- ・責任者　理事長・森俊裕

愛知県

ノリタケの森 クラフトセンター・ノリタケミュージアム
[窯業]

「ノリタケの森」は(株)ノリタケカンパニーリミテドの創立100周年を記念してオープンした産業観光施設。

緑豊かな園内には陶磁器の製造工程の見学や絵付け体験ができる「クラフトセンター」や、オールドノリタケ、ディナーウェアを展示している「ノリタケミュージアム」をはじめ、ショップやレストランが点在している。

クラフトセンター 画付け作業風景

【展示・収蔵】
◇1F　クラフトセンター　ボーンチャイナの生地製造工程
　「原型製作」から「釉焼」まで、流し込み成形によるボーンチャイナの生地製造工程を見学できる。
◇2F　クラフトセンター　画付け工程
　職人によるハンドペイントや転写紙画付けや金仕上げなどの画付け作業を見学できる。お皿やマグカップに自由に絵を描いてオリジナル作品を作ることができる絵付け体験コーナーもある。(有料)
◇3F　ノリタケミュージアム
　歴代のディナーウェアを展示
◇4F　ノリタケミュージアム
　オールドノリタケやデザイン画帖を展示

【事　業】
　月に2回ほど、ミュージアムガイドを開催。

愛知県

【出版物・グッズ】
・オリジナルポストカード
・クリアファイル
・ノリタケの森オリジナルマグカップ
・フィギュアリン

・所在地　〒451-8501　愛知県名古屋市西区則武新町3-1-36
・ＴＥＬ　052-561-7114
・ＦＡＸ　052-561-7276
・ＵＲＬ　https://www.noritake.co.jp/mori/
・E-mail　garden@n.noritake.co.jp
・交　通　名古屋市営地下鉄東山線 亀島駅2番出口より徒歩5分
　　　　　JR・名鉄・近鉄名古屋駅より徒歩15分
・開　館　AM10:00 ～ PM5:00(体験コーナーの受付はPM4:00まで)
・入館料　大人500円，高校生300円，中学生以下無料
　　　　　障がい者手帳をお持ちの方，65歳以上の方は証明書提示により無料
・休館日　毎週月曜日(祝日の場合は翌日)年末年始
・施　設　鉄筋コンクリート5階建のうち1階から4階までが展示スペース
・設　立　2001(平成13)年10月
・設置者　(株)ノリタケカンパニーリミテド
・責任者　(株)ノリタケの森　代表取締役社長・渡邊潤

> **館のイチ押し**
>
> クラフトセンターでは職人との距離が近く、インタビューも可能。

愛知県

ブラザーミュージアム

[機械・精密機器]

　2005(平成17)年愛知万博開催に合わせ開館。
　2008(平成20)年ブラザー創業100周年を記念して、ミシンゾーンを増築した。
　100年以上受け継いできたブラザーのモノ創りのDNAを見て・触れて・楽しむ体験型の展示館。
　貴重なミシンのコレクションやブラザーの市場開拓の歴史をお見せするとともに、新製品を体験するコーナーも用意した。

【展示・収蔵】
・ブラザーグループ・製品の歴史
・現在のブラザー製品
・ミシンの博物館として、世界中のアンティークミシンの展示をはじめ、ミシンの構造も紹介

【事　業】
　地域への社会貢献として、NPO団体などの公共性の高い団体への会議室・ホールの貸し出しを行っている。

愛知県

ミシンゾーン

- ・所在地　〒467-0851　愛知県名古屋市瑞穂区塩入町5-15
- ・TEL　052-824-2227
- ・FAX　052-824-2069
- ・URL　http://www.brother.co.jp/museum/index.htm
- ・E-mail　museum@brother.co.jp
- ・交　通　名鉄名古屋本線(岡崎・豊橋方面)堀田駅下車 徒歩2分
　　　　　JR東海道本線または中央本線 金山駅にて，名鉄名古屋本線(岡崎・豊橋方面)に乗り換え 堀田駅下車 徒歩2分
　　　　　地下鉄名城線 堀田駅下車 1番出口 徒歩3分
- ・開　館　AM10:00 ～ PM5:00　水曜日のみAM10:00 ～ PM7:00
- ・入館料　無料
- ・休館日　日曜日，祝日，GW，夏期連休，年末年始
　　　　　※但し，開館予定日でもイベント等の「貸切り」により休館にする場合があります
- ・施　設　鉄筋コンクリート2階建　敷地面積約2,644㎡　建物延床面積約1,350㎡
- ・設　立　2005(平成17)年4月
- ・設置者　ブラザー工業(株)
- ・管　理　ブラザー工業(株)
- ・責任者　CSR＆コミュニケーション部　部長・出原遠宏

館のイチ押し

- ・国内有数のアンティークミシンのコレクションが自慢です。
- ・特に壁一面のミシンはフォトスポットです。

愛知県

三菱UFJ銀行貨幣資料館

［商業・金融］

　1961（昭和36）年、当行の前身のひとつである東海銀行創立20周年事業のひとつとして、当時の東海銀行本店ビル（名古屋市中区錦）に貨幣展示室として開館。その後2回の移転を経て、2009（平成21）年4月より現在地（名古屋市東区赤塚）に移転。当行の貴重な歴史的資産である「貨幣」「浮世絵」を保存しつつ、社会貢献活動の拠点として一般に公開している。

【展示・収蔵】
　日本および世界各国の紀元前からの珍しい貨幣約1万点を展示し、有数のコレクションを誇る。日本貨幣のコーナーでは、富本銭（複製）や和同開珎をはじめ、大判・小判から明治以降今日に至るまでのあらゆる貨幣と関係資料を体系的に展示。また、江戸時代の両替商の店頭を再現したコーナー、千両箱の重さ体験、自分の身長や体重を1万円札に換算すると幾らになるか測定するコーナーなど、体験コーナーも充実。中国の貨幣コーナーでは、世界最古の貨幣とされる紀元前13世紀頃のタカラ貝から発展した貝貨から近代までの貨幣を展示。外国の貨幣コーナーでは、ヨーロッパ最古の貨幣である紀

愛知県

元前7世紀のエレクトラム金貨から、古代ローマ帝国、ヤップ島の石貨、ドイツの超インフレ貨幣の1兆マルク貨など、世界史上で活躍した時期の国家の貨幣を中心に展示。また、東海道五拾三次に代表される歌川広重の浮世絵版画も多数所蔵しており、企画展形式で年間4～5回入替え展示。

【事　業】
　館内にビデオコーナーを設置し、「日本の貨幣」・「広重の世界」などを随時放映。

- 所在地　〒461-0026　愛知県名古屋市東区赤塚町25
- ＴＥＬ　052-933-5151
- ＦＡＸ　052-933-7340
- ＵＲＬ　http://www.bk.mufg.jp/csr/contribution/kids/gallery
- 交　通　名古屋駅バスターミナルより，名古屋市バス基幹2系統 猪高車庫行「赤塚白壁」停下車すぐ
　　　　　栄バスターミナル（オアシス21）より，名古屋市バス基幹2系統 引山・四軒家行「赤塚白壁」停下車すぐ
- 開　館　AM9:00～PM4:00（入館はPM3:30まで）
- 入館料　無料
- 休館日　月曜・祝日・年末年始
- 施　設　鉄筋コンクリート建（地上3階）1階，約350㎡
- 設　立　1961（昭和36）年6月
- 設置者　（株）三菱UFJ銀行
- 責任者　館長・北岡泰秀

館のイチ押し

- 豊臣秀吉が作らせた現存3枚といわれる世界最大の金貨、天正沢瀉大判は必見。
- 館内展示物を巡りながら答える「お金のクイズ」実施（対象小3～中3）。

愛知県

養蜂博物館

[農業・林業・畜産]

　1957(昭和32)年、養蜂研究所を名古屋市守山区に設立(初代所長井上丹治)。海外より女王蜂を輸入し女王蜂改良に着手。時を同じくしてローマ法王ピオ12世のローヤルゼリーによる奇跡的回復がメディアで紹介され、その生産方法に着手。プラスチック人工王椀によるローヤルゼリー多収法を確立し、全国に普及。
　養蜂指導書、ローヤルゼリー普及書多数発行。
　1996(平成8)年養蜂博物館を愛知県瀬戸市に開設。養蜂の紹介、ミツバチの不思議を直に見学・体験して頂くことにより養蜂界の発展を目指す。

【展示・収蔵】
　養蜂巣箱、交尾箱、燻煙器、蜂蜜分離器、蜜こし器等の養蜂管理用具、ハニーポット、ミツバチ玩具、スズメバチ標本、切手、コイン、化石等、2,000余点を展示。

愛知県

【事　業】

　ミツバチ見学（有料）、はちみつ搾り体験（有料）、シートキャンドル作り体験（有料）、蜂蜜のテイスティング（無料）

【出版物・グッズ】

《出版物》

　「養蜂のスタート」/「新しい蜜蜂の飼い方」/「ローヤルゼリー多収の新技術」/「ローヤルゼリーの秘密」/「プロポリスの威力」/「蜂蜜」/「ローヤルゼリーの不思議」

《グッズ》

　ミツバチ関連グッズ、ハチミツ、ローヤルゼリー、プロポリスエキス、キャンドルなどミツバチ産品。

- ・所在地　〒480-1214　愛知県瀬戸市上品野町1665
- ・ＴＥＬ　0561-41-3833
- ・ＦＡＸ　0561-41-3833
- ・ＵＲＬ　www.8keninoue.com
- ・E-mail　inoueyoho@hachiken.jp
- ・交　通　一般交通手段無し、自家用車のみ
- ・開　館　AM10:00 ～ PM4:00
- ・入館料　大人1000円（高校生以上）、小人400円（3歳以上）
- ・休館日　5月末より8月末の指定日開館につき、それ以外は休館
- ・施　設　カナディアンシーダーハウス（一部2階建）
- ・設　立　1996（平成8）年8月8日
- ・設置者　（株）養蜂研究所
- ・管　理　（株）養蜂研究所
- ・責任者　代表取締役　社長・井上凱夫

館のイチ押し

　直にミツバチの巣箱を開け、ミツバチの生態を見学でき、遠心分離器を使用してはちみつ搾りができる。

三重県

神宮徴古館・農業館
（ちょうこかん）

［農業・林業・畜産］

《神宮徴古館》

　神宮徴古館は「歴史と文化の総合博物館」である。徴古館は、1887(明治20)年に日本で初めての私立博物館として財団法人「神苑会」により企画され、1909(明治42)年にルネッサンス式の鉄筋コンクリート平屋建とベルサイユ宮殿を模した前庭による施設が完成した。1911(明治44)年に神宮に奉納されて以来、現在地で長い間親しまれている。1945(昭和20)年に戦火をうけ、建物と収蔵品の大部分を焼失したが、1953(昭和28)年に第59回神宮式年遷宮を記念して、外壁をそのままに2階建に改修された。

　設計は赤坂離宮(現在の迎賓館)や東京・奈良の国立博物館を手がけた当時の宮廷建築の第一人者、片山東熊。前庭の設計は宮内省内苑局の市川之雄。なお、建物は1998(平成10)年に国の登録有形文化財になった。

《神宮農業館》

　神宮農業館は"自然の産物がいかに役立つか"をテーマとする「日本最古の産業博物館」である。農業館は、皇祖天照大御神と、産業の守護神である豊受大御神の神徳を広めることを目的としている。1891(明治24)年に外宮前に開設され、1905(明治38)年に倉田山に移転増築したのち神宮に奉納された。1989(平成元)年に神宮美術館創設のため一時閉鎖されたが、1996(平成8)年に現在地に移転して再開した。建物は徴古館と同じ片山東熊の設計

三重県

による数少ない木造建築で、平等院の鳳凰堂をイメージする和洋折衷を取り入れたもの。1996（平成8）年の復元にあたり、もと巡回形だったものを凹形に縮小した。なお、建物は徴古館同様に国の登録有形文化財である。

【展示・収蔵】

《徴古館の収蔵品》

(1) 御装束神宝…伊勢の神宮で行われる「神宮式年遷宮」では20年に一度、内宮と外宮の両正宮と、14の別宮を新しく建て替え、殿内に奉納する神々の宝物類「御装束神宝」も重要無形文化財保持者（人間国宝）など当代最高の美術工芸家により古式のまま新調される。遷宮後に古い御殿から下げられた御装束神宝はかつては埋納または焼納されていたが、現在では技術伝承のために保存し、式年遷宮の意義を紹介するためにその一部を徴古館で公開している。その時代の最高の技術をもって奉製された神宝はこの博物館でなければ見ることのできない貴重な資料である。

(2) 神宮のおまつり…年間約1500回行われる神宮の祭儀を紹介。毎日のお祭り（日別朝夕大御饌祭）が行われる御殿を復元したものが館内に展示されている。

(3) 考古・歴史資料…古墳時代の出土品（土器、鏡、太刀）、古文書、国史絵画、荒木田守武神主・月僊上人関係資料、平賀亀祐コレクションなど国の重要文化財11点を含む約8千点の資料がある。

(4) 参宮資料…室町時代に遷宮の復興につとめた慶光院上人が皇室や豊臣・徳川家から拝領した品々を始め、おかげ参りや江戸時代の御師の資料を展示している。

(5) 第59回神宮式年遷宮奉賛美術品…戦後の経済難により式年遷宮の準備が危ぶまれたとき、当代一流の芸術家が結集し遷宮の費用に充てようと作品を献納。幸いに作品は売却されることなく芸術家達の真心を今に伝える資料としてその一部を展示している。戦後を代表する作家の日本画、洋画、彫刻、工芸、書など約130点を収蔵。

《農業館の収蔵品》

(1) 皇室御下賜品…毎年秋に初穂をお供えする神宮の神嘗祭には、天皇陛下が宮中の御田でお作りになられた御初穂も両宮の御垣にかけられる。その奉献された稲束を始め、生糸などの御下賜品を展示している。

(2) 神宮の御料地関係資料…神宮では自給自足の伝統を守り、神田・御園・御塩殿・干鯛やアワビの調製所などから収穫されたものを、神饌として神

様にお供えする。この施設を御料地といい、それに関する資料を展示している。

(3) 農業資料…農業の発展を示す絵画や、米の大切さを知る資料である。農具、米の品種、園芸農産物の品種などを展示している。

(4) 林業・水産業・繊維業の資料…明治期の林業・水産業・繊維業、木材標本や養蚕、鳥類やサメの剥製コレクションなど。

(5) 田中芳男コレクション…田中芳男は1838(天保9)年生まれ。1867(慶応3)年のパリ万国博覧会にも参加し、「日本の博覧会や博物館の生みの親」といわれる物産学者で、明治政府の殖産興業政策推進の中心的人物であった。1891(明治24)年に神苑会が農業館を創設するにあたり、主幹として収集から展示までの一切にたずさわった。

・所在地　〒516-0016　三重県伊勢市神田久志本町1754-1
・ＴＥＬ　0596-22-1700
・ＦＡＸ　0596-22-5515
・ＵＲＬ　http://museum.isejingu.or.jp
・交　通　近鉄宇治山田駅・JR伊勢市駅より徴古館経由の外宮内宮循環バスで徴古館前下車徒歩3分(『CANばす』利用なら徴古館下車すぐ)
　　　　　近鉄宇治山田駅よりタクシー15分
　　　　　伊勢自動車道 伊勢ICより3分
・開　館　AM9:00 ～ PM4:00(観覧はPM4:30まで)
・入館料　大人500円，小中学生100円
　　　　　※団体割引あり，神宮美術館との共通観覧券あり
・休館日　木曜日(祝日等の場合は翌日)，年末3日間
・設　立　徴古館:1909(明治42)年9月
　　　　　農業館:1891(明治24)年5月
・設置者　(社)神苑会
・管　理　(宗)神宮

三重県

真珠博物館（ミキモト真珠島内）

[生活・文化]

　ミキモト真珠島は、1893（明治26）年御木本幸吉が真珠の養殖に成功した島である。1951（昭和26）年、彼は当時相島(おじま)と呼ばれていたこの島を開放し、真珠ヶ島として真珠養殖工場のモデル工場をつくり、見学者に披露した。
　養殖真珠生誕の地として、真珠と人とのかかわりあいをテーマにした真珠博物館が開館したのは1985（昭和60）年である。天然真珠の時代からつくり続けられてきたジュエリーのコレクションをはじめ、養殖真珠の時代になってからのミキモト製装身具の所蔵品は、年々充実してきている。

【展示・収蔵】
◇第1展示室「天然真珠の時代」
　約110年前の世界のパールダイバーの様子や主な産地をパネルで示す。真珠にまつわる伝説を映像で紹介するコーナーも人気。展示のメインはヨーロッパのアンティークジュエリーコレクション。約140点を収蔵。
◇第2展示室「養殖真珠の時代」
　真珠について研究した人物等をはじめ、養殖真珠によってつくられた装身具の数々を展示。それまでジュエリーと言えば櫛くらいであった日本が、

三重県

短期間のうちに西洋の技術をとり入れていった様子がうかがえる。また、美術工芸品も展示。
◇第3・第4展示室「真珠のできるしくみ」「真珠の生産と流通」
真珠の成因や養殖方法等を、道具や映像、パネルで解説。ネックレスの製作工程等を紹介。
◇企画展示室

【事　業】
　年1回の企画展、GWや夏休み期間には子供を対象にしたイベントを開催。他、要望に応じて、「真珠教室」、「ジュエリーハンドリングセミナー」、「ミキモトジュエリーのデザインの変遷」等、レクチャー・セミナーを開催。

【出版物・グッズ】
　「真珠博物館図録」(2008　第8版)／「御木本幸吉記念館図録」(2013　第4版)／「真珠博物館のジュエリーⅠ」(2008　第3版)／「真珠王からのメッセージ」(2011　第2版)

・所在地　〒517-8511　三重県鳥羽市鳥羽1-7-1
・ＴＥＬ　0599-25-2028
・ＦＡＸ　0599-25-1713
・ＵＲＬ　http://www.mikimoto-pearl-museum.co.jp
・E-mail　info@pearl-island.jp
・交　通　JR・近鉄鳥羽駅下車　徒歩5分
・開　館　AM8:30 ～ PM5:00(季節により変更あり)
・入館料　大人1500円，小人750円　※団体(20名以上)1200円
・休館日　12月第2火曜日より3日間
・施　設　鉄骨鉄筋コンクリート2階建
・設　立　1985(昭和60)年9月1日
・設置者　(株)御木本真珠島
・責任者　館長・松月清郎

┌─ 館のイチ押し ─┐

・日本の伝統技法を駆使して製作された美術工芸品は必見。
・養殖真珠をアピールするため海外の万国博覧会に出品された作品や養殖真珠誕生何周年かを記念して製作された作品等。

三重県

鈴鹿市伝統産業会館
[生活・文化]

　当伝統産業会館は、伝統的工芸用具である伊勢型紙(形紙)と、伝統的工芸品である鈴鹿墨を紹介し、その優れた技法を後世に伝えることを目的に1983(昭和58)年3月に建設された。
　展示室、研修室、和室、資料室などがあり、展示室には鈴鹿墨の製造に使用される木型、ジャッキ、江戸時代の古墨などと、伊勢型紙の彫刻用具、元禄時代からの型紙、古文書、またこの型紙を用いて染め上げた訪問着などを展示。

【展示・収蔵】
・鈴鹿墨
　古墨、現代墨、製墨用具など
・伊勢型紙
　型地紙の製造用具、4技法(縞彫り、突彫り、道具彫り、錐彫り)の用具及び型紙、その他型紙の製品
・鈴鹿墨、伊勢型紙の展示・PR
・伊勢型紙の体験彫り、型紙教室
・「匠の里 伊勢型紙フェスタ」(11月に開催)

三重県

展示室

- ・所在地　〒510-0254　三重県鈴鹿市寺家3-10-1
- ・ＴＥＬ　0593-86-7511
- ・ＦＡＸ　0593-86-7511
- ・ＵＲＬ　www.densansuzukacity.com/
- ・E-mail　j.densan@mecha.ne.jp
- ・交　通　近鉄名古屋本線鼓ヶ浦駅下車　徒歩10分
- ・開　館　AM9:00～PM4:30
- ・入館料　無料
- ・休館日　月曜日(祝日等の場合は翌日)，年末年始
- ・施　設　鉄筋平屋建，敷地面積4258.1㎡，延床面積536.27㎡，展示室142.65㎡
- ・設　立　1983(昭和58)年4月
- ・設置者　鈴鹿市
- ・管　理　伊勢形紙(協組)
- ・責任者　理事長・林庸生

近畿

滋賀県

国友鉄砲の里資料館
くにとも
[生活・文化]

　1543(天文12)年、種子島に鉄砲が伝来、翌年には国友(現長浜市)で初めて鉄砲が完成、足利将軍に献上された。火縄銃は戦国時代には欠くことのできない武器であり、信長、秀吉、家康と時の覇者と共に発展してきた。
　国友の地は特に家康の加護のもと幕府から大量の発注を受け、日本で初めて分業制度を取り入れた工業地帯として栄えた。火縄銃の需要がなくなった後、鉄砲鍛冶師達はその技術を花火、彫金に生かし数々の作品を残している。
　当館は火縄銃の細筒、中筒、大筒、花火等を展示、又、それらに関する資料の他、国友が生んだ「東洋のエジソン」と呼ばれる国友一貫斎をはじめ、茶道遠州流の辻宗範、彫金師国友充昌、儒学者富永滄浪、御典医三角有裕など先人の心を受け継ぐ町づくり事業の一環として設立された。

【展示・収蔵】
　国友鉄砲鍛冶の成立と鉄砲ができるまでを柱に細筒、中筒、大筒の展示と国友が生んだ人と文化で構成している。
◇2階
　(1) 鉄砲鍛冶の作業をジオラマとナレーションで再現。
　(2) 細筒、中筒の国友鉄砲のいろいろな鉄砲ができるまで、銃身、銃床を作る道具を展示。

滋賀県

(3) 国友鉄砲鍛冶に関する古文書(長浜市指定文化財)。
(4) 「国友鉄砲にふれてみよう」というコーナーでは、実際に入館者が手にとってみることができる。

◇1階
(1) マルチスクリーンを使って湖北の美しい自然と国友の豊かな歴史を紹介。
(2) 大筒、細筒、花火を展示(この大筒は瀬戸内で信長が村上水軍と戦った際、信長の鉄鋼船に取り付けてあったもの)。

【出版物・グッズ】
　特別展資料「国友鉄砲鍛冶-その世界」(1991)／火縄銃研究「銃床製作の控」(1991)／「国友鉄砲の歴史」(1996)

・所在地　〒526-0001　滋賀県長浜市国友町534
・ＴＥＬ　0749-62-1250
・ＦＡＸ　0749-62-1250
・ＵＲＬ　http://www.kunitomo-teppo.jp/
・交　通　〈車〉北陸自動車道 長浜ICから5分　〈電車〉JR北陸本線 長浜駅下車
　　　　　〈バス〉湖国バス健康パーク浅井線・浅井支所線 資料館前下車
・開　館　AM9:00 〜 PM5:00
・入館料　大人・大学生・高校生300円(240円)，中学生・小学生150円(120円)
　　　　　※(　)内は20名以上の団体料金
・休館日　無休(但し12月28日〜1月3日のみ休館)
・施　設　鉄筋コンクリート2階建
・設　立　1987(昭和62)年10月
・設置者　長浜市
・責任者　館長・吉田二郎

近畿

ものづくり記念館博物館事典　299

滋賀県

長浜鉄道スクエア

[交通・運輸]

　「旧長浜駅舎」は敦賀線(北陸線)の起点駅として、また長浜〜大津間の鉄道連絡船の駅として、1882(明治15)年3月10日の鉄道開通と同時に完成した。1958(昭和33)年10月、現存する日本最古の駅舎として「鉄道記念物」に指定され、明治の鉄道の姿を今に伝える歴史遺産として、大切に保存している。長浜の鉄道文化を後世に伝える資料館である「長浜鉄道文化館」や、D51形蒸気機関車とED70形交流電気機関車を並べて展示している「北陸線電化記念館」の3館を通じて日本の鉄道の歴史を見て、ふれて、知ることができる鉄道の博物館である。

【展示・収蔵】

　鉄道関連資料を約2000点収蔵。
　長浜鉄道文化館では、日本初の鉄道連絡船に関する資料や北陸線を走った鉄道の模型車両などを展示し、北陸線の起点駅となった長浜駅の鉄道史の紹介などをわかりやすく常設展示している。北陸線電化記念館では、かつて北陸線で活躍したD51形蒸気機関車と電化後に登場したED70形交流電気機関車を展示。運転台に上がれる人気のコーナーである。

滋賀県

【事　業】

　長浜鉄道文化館で企画展を開催している。北陸本線直流化10周年記念の企画展やSL北びわこ号の記念展など、この地域ならではの企画展や、夏休みの子ども向け企画など、1年に3〜4回の開催。

　10月14日の鉄道の日に、北陸線電化記念館に展示中の機関車2台を清掃するイベントを開催している。

【出版物・グッズ】

　鉄道関連のグッズを販売。

・所在地　〒526-0057　滋賀県長浜市北船町1-41
・ＴＥＬ　0749-63-4091
・ＦＡＸ　0749-63-4011
・ＵＲＬ　http://kitabiwako.jp/tetsudou/
・交　通　〈電車〉JR北陸本線　長浜駅下車　西口から徒歩3分
　　　　　〈車〉北陸自動車道　長浜ICより　15分(約5km)
　　　　　※隣に長浜駅西有料駐車場有
・開　館　AM9:30〜PM5:00(入館はPM4:30まで)
・入館料　大人300円，小中学生150円　※20名以上は2割引
・休館日　12月29日〜1月3日
・施　設　旧長浜駅舎・長浜鉄道文化館・北陸線電化記念館
・設　立　1882(明治15)年3月10日
・設置者　国鉄金沢局
・管　理　(公社)長浜観光協会
・責任者　局長・今井克美(長浜鉄道スクエア　館長)

> #### 館のイチ押し
>
> ・滋賀県指定有形文化財の現存する日本最古の鉄道駅舎「旧長浜駅舎」は必見。
> ・かつて活躍した本物の機関車を展示。
> ・SL・機関車運転台体験、子ども駅長さん制服で写真撮影などができます。

滋賀県

ヤンマーミュージアム

[機械・精密機器]

　ヤンマー創業100周年を記念し、創業者山岡孫吉の生誕地である滋賀県長浜市に2013(平成25)年3月21日にオープンした体験型ミュージアム。2018(平成30)年9月1日より、展示リニューアルのため約1年間休館。2019年秋リニューアルオープン予定。

- 所在地　〒526-0055　滋賀県長浜市三和町6-50
- ＴＥＬ　0749-62-8887
- ＦＡＸ　0749-62-8780
- ＵＲＬ　http://www.yanmar.co.jp/museum/
- E-mail　yanmarmuseum@yanmar.co.jp
- 交　通　〈鉄道〉JR北陸本線 長浜駅より徒歩約10分
　　　　　〈車〉北陸自動車道 長浜ICより車で約10分
- 施　設　鉄骨造地上2階
- 設　立　2013(平成25)年3月21日
- 設置者　ヤンマー㈱
- 管　理　ヤンマー㈱総務部ヤンマーミュージアム
- 責任者　館長・山本昇

近畿

京都府

宇治・上林(かんばやし)記念館

[飲料]

記念館の建物は「長屋門」と称され、将軍家の御用をつとめた宇治茶師の独特な建築物で、1698(元禄11)年の宇治大火災で類焼後再建されたもので、300年余の年月を経ている。その間には何度か修復されているが、1914(大正3)年に大修理された際、東側の長屋が老朽化が激しく、使用出来る古材を生かし平屋建に再建されたが、建物の構造は当時のまま復元され今に伝えられている。

茶師の長屋門

1978(昭和53)年「宇治・上林記念館」の展示場として開館した。

【展示・収蔵】

主として、上林春松に伝わる宇治茶、宇治茶師に関する資料を収蔵、展示。

茶の生産(製造)の資料については、製茶図(製造工程を詳細に描いたもの)及び図にある当時の製茶用具(蒸し釜・ほいろ・抹茶用の石臼等々)、茶壺(呂宋壺等)、茶壺道中に使用された茶壺籠。古文書(消息)等は、豊臣秀吉、古田織部、小堀遠州等の消息、秀吉の茶会記等。

その他、茶壺詰め、茶料等に関する文書多数。

【出版物・グッズ】

「宇治茶と上林一族」(上林春松・上林英敏共著　2017　宮帯出版社)

京都府

- ・所在地　〒611-0021　京都府宇治市宇治妙楽38
- ・ＴＥＬ　0774-22-2513
- ・ＦＡＸ　0774-22-4962
- ・E-mail　shanein@gold.ocn.ne.jp
- ・交　通　JR奈良線宇治駅・京阪電鉄宇治線宇治駅下車 徒歩約10分
- ・開　館　AM10:00～PM4:00
- ・入館料　200円(20名以上 150円，要予約)
- ・休館日　毎週金曜日，8月13日～16日，12月30日～1月4日
- ・設　立　1978(昭和53)年設立
- ・設置者　十三代　上林春松
- ・管　理　上林春松
- ・責任者　館長・上林春松

> 【館のイチ押し】
>
> 記念館ロビーに、宇治茶(製造等)に関するVTR上映設備あり。

京都府

オムロン コミュニケーションプラザ

[機械・精密機器]

オムロンでは、潜在するニーズを感知し、社会課題を解決する技術・製品・サービスを世に先駆けて開発、提供していくことを「ソーシャルニーズの創造」と称し、創業以来、当社のDNAとして受け継いできた。

当施設では、創業から現在そして未来へと続く「ソーシャルニーズの創造」の取り組みを紹介している。

歴史フロアから技術フロアの展示を通して、オムロンの軌跡と未来への挑戦をご覧いただきたい。

【展示・収蔵】

3F歴史フロアでは、オムロンの創業から現在にいたる歴史、そして自社の永遠なるチャレンジ精神を、映像や当時の商品で紹介する。

2F技術フロアでは、半導体や精密機器の工場で求められる「液体を揺らさずに搬送する技術」や交通事故の削減に向けた「ドライバーの視線を検知する技術」など、様々なオムロンの最新技術を体験することができる。

京都府

2F技術フロア

- ・所在地　〒600-8530　京都府京都市下京区塩小路通堀川東入　オムロン京都センタービル啓真館内
- ・ＴＥＬ　075-344-6092
- ・ＦＡＸ　075-344-6093
- ・ＵＲＬ　https://www.omron.co.jp/about/promo/showroom/plaza/
- ・E-mail　comm_plaza@omron.co.jp
- ・交　通　JR京都駅下車　烏丸中央口または西口（南北自由通路側）から徒歩約5分
- ・開　館　AM10:00〜PM4:00
- ・入館料　無料
- ・休館日　土・日曜日，祝日およびオムロンの休業日
- ・施　設　地上8階　鉄骨造　建築面積460㎡
　　　　　（コミュニケーションプラザは1階受付，2・3階展示スペース）
- ・設　立　2007(平成19)年7月
- ・管　理　オムロン(株)

> 館のイチ押し
>
> 　技術フロアでは、様々な技術をご体験いただけるとともに、オムロンのビジョンや技術を分かりやすく説明するプロジェクションマッピングも展示の魅力のひとつとなっています。
> 　ぜひコミュニケーションプラザにご来館いただき、オムロンの最新技術をお楽しみください。

京都府

川島織物文化館

[紙・繊維]

　川島織物セルコンが、現在まで培ってきた織物に対する技術や資料を広く一般に公開し、織物文化の発展に貢献することを目的として1984(昭和59)年にオープン。当館の所在する市原事業所には、伝統的な手織工場と最新の機械設備を導入した近代的な工場が共存する。他に染織技術の教育を目的として設立した川島テキスタイル・スクールを併設している。

　川島織物文化館の見学は事前に予約が必要。(工場は非公開)

【展示・収蔵】

　収蔵資料は、創業1843(天保14)年以来、織物の研究のために蒐集してきた貴重な染織品のコレクション8万点。その内容には、飛鳥・奈良時代の「上代裂」から名物裂、有職裂、装束、衣裳類、コプト裂、中国裂、ペルシャ裂、インド裂、ヨーロッパ裂などがある。また、1884(明治17)年西陣に織工場の建設以来製作してきた帯、室内装飾織物、美術工芸織物などの様々な織物とその膨大な織物のサンプル。そしてその関連資料となる原画や図案、当時の写真などを保存保管している。

　館内の展示は、明治から現代まで当社が製作した織物の資料を主とした構成で、綴織の壁掛や室内装飾裂、海外における万国博覧会や国内の博覧会への出品資料、現代画家の作品を織物で製作した壁掛や織額などを随時展示替を行いながら紹介している。

【出版物・グッズ】

　《特別展図録／研究書籍》「上代裂組織の考察」／「太田英蔵・染織史著作集」

京都府

- ・所在地　〒601-1123　京都府京都市左京区静市市原町265
- ・ＴＥＬ　075-741-4120
- ・ＦＡＸ　075-741-4108
- ・交　通　〈電車〉叡山電車　市原駅下車　徒歩7分，地下鉄　北大路駅5番出口を右に曲がり更に右に向かったバス停より京都バス　市原・静市方面行きに乗車，小町寺下車　徒歩5分
　　　　　　〈タクシー〉地下鉄　国際会館駅より約15分，京阪　出町柳駅より約25分，京都駅より約40分
　　　　　　〈車〉名神高速道路　京都南ICから約60分，名神高速道路　京都東ICから約60分
- ・開　館　AM10:00 ～ PM4:30(入館PM4:00まで)
- ・入館料　無料(要予約)　予約専用：075-741-4323
- ・休館日　土・日，祝日，夏期　年末年始(詳しくはお問い合わせ下さい)
- ・施　設　鉄筋コンクリート3階建および4階建の3階部を使用
　　　　　　(展示スペース：約600㎡)
- ・設　立　1984(昭和59)年10月9日
- ・設置者　(株)川島織物セルコン
- ・責任者　館長・辻本憲志

近畿

館のイチ押し

　描き込まれた原画・図案、精緻な織下絵、繊細で表現力豊かな織物等を通じて、日本の染織文化の歴史、モノづくりの素晴らしさを感じて頂ければ幸いです。

京都府

京菓子資料館

[食品]

　1978(昭和53)年に、俵屋吉富烏丸店オープンとともに、京菓子文化の総合的な資料館として「ギルドハウス京菓子」を発足。その後、和菓子全般の資料の蒐集を始め、日本の菓子文化の歴史的考察物を加え、各界有識者の参画を得て、1985(昭和60)年財団法人として認可される。21世紀を迎え、京都の文化資源として活動の幅をより一層広げるため、2001(平成13)年に「京菓子資料館・龍宝館」としてリニューアルオープンした。2013(平成25)年に一般財団法人として認可される。観光旅行の方々はもちろん、京都市民の皆様にも一服のお茶とお菓子を通して楽しく語り合える課外学習や生涯学習の場として活用していただければと心から願っている。

【展示・収蔵】
◇1F　裏千家十五世鵬雲斎大宗匠ご命名の「祥雲軒(しょううんけん)」で、季節の生菓子と抹茶で一服できる。(一客700円)
◇2F　古代より始まる和菓子の歩みに関する資料を、解説員がわかりやすく説明している。また、京の四季を最高の技術で巧みに表現した糖芸菓子は感嘆のため息がでるほど見応え十分である。

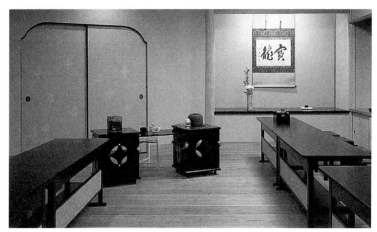

祥雲軒

京都府

◇3F 相国寺有馬頼底管長ご命名の菓仙堂(かせんどう)では、弥勒菩薩像を安置。
宮中節句菓子(復元)や菊紋入菓子重箱といった御所御用関連の資料、菓子木型、菓子書、砂糖株仲間鑑札や添証文といった古文書等約600点を収蔵。

【事　業】
　総合学習の一環として小・中学生の社会見学を受け入れている。
　また、菓子教室を実施。(どちらも要予約)

糖芸菓子「秋風」

【出版物・グッズ】
　絵ハガキ

- 所在地　〒602-0021　京都府京都市上京区烏丸通り上立売上る柳図子町331-2
- ＴＥＬ　075-432-3101
- ＦＡＸ　075-432-3102
- ＵＲＬ　http://www.kyogashi.co.jp
- E-mail　unryu@kyogashi.co.jp
- 交　通　京都市営地下鉄烏丸線　今出川駅下車 2番出口より北へ徒歩3分
- 開　館　AM10:00～PM5:00
- 入館料　無料(茶席有料)
- 休館日　水曜日，年末年始，展示替え時
- 設　立　1978(昭和53)年12月創設
- 設置者　(一財)ギルドハウス京菓子
- 責任者　理事長・石原義正

京都府

京セラファインセラミック館

[窯業]

　当社が取り組む文化事業の一環として、1998(平成10)年10月に本社ビル2階に開館。ファインセラミックスを学ぶ学生や研究者の方はもとより、広く一般の方々に理解を深めていただきたいと願い、当社創業以来のファインセラミック技術の発展過程を公開。同ビル1階には「京セラ美術館」があり、所蔵する現代日本画・ガラス製品・ピカソ銅版画・洋画・彫刻等の美術品を展示。同ビル2階の「ショールーム」では、自動車関連、通信・ネットワーク関連、生活文化・医療、産業機器の産業分野において、それぞれで活躍する当社の最新製品やサービスを展示。環境エネルギーエリアでは、太陽電池開発の歴史など大型スクリーンで視聴できる。

【展示・収蔵】
(1) ファインセラミックスの基礎知識
　　材料、加工技術など、ファインセラミックスについて、また、縄文時代の土器から、現在に受け継がれている各種の焼き物を経て、ファインセラミックスの出現までの歴史を紹介。
(2) ファインセラミックスの技術変遷
　　当社が開発してきた数多くの製品を、1959(昭和34)年の創業当時から年代を追って展示。ファインセラミック技術の変遷を、実際の製品とそれが使用された完成機器、時代背景を物語る年表などと併せて解説。
(3) ファインセラミックスの特性
　　高硬度や剛性、圧電性や耐熱性など様々なセラミックスの特性を実験VTRで視聴。動作モデルでの体感コーナー有り。

京都府

(4) 極限の世界で活躍するファインセラミックス

　　小惑星探査機「はやぶさ」のリチウムイオン電池端子に採用された製品、約11,000mの深海で地震観測現場を支える耐圧容器など宇宙や深海など極限の世界で活躍するファインセラミック製品を展示。

(5) 半導体産業とセラミックパッケージの歴史

　　半導体産業の発展を支え続けてきた当社製セラミックパッケージ製品の開発の変遷を半導体産業や当社のトピックスとともに紹介。

- ・所在地　〒612-8501　京都府京都市伏見区竹田鳥羽殿町6
- ・ＴＥＬ　075-604-3500（大代表）
- ・ＦＡＸ　075-604-3501
- ・ＵＲＬ　https://www.kyocera.co.jp
- ・交　通　近鉄京都線または京都市営地下鉄烏丸線 竹田駅下車，北西口より市バスで パルスプラザ前下車 徒歩1分
- ・開　館　AM10:00 〜 PM5:00
- ・入館料　無料
- ・休館日　当社休業日（原則として土・日・祝日とお盆・年末年始・GWの休日）
- ・施　設　鉄筋コンクリート造地上20階建
　　　　　　当社本社ビルの2階部分が展示スペース
- ・設　立　1998（平成10）年10月
- ・設置者　京セラ（株）
- ・責任者　代表取締役社長・谷本秀夫

京都府

京都工芸繊維大学 美術工芸資料館

［紙・繊維］

　京都工芸繊維大学の前身である京都高等工芸学校が、1902（明治35）年の設立以来収集してきた各種資料を学問的調査研究対象とし、また教材として活用を図り、かつ保存、展示するために1980（昭和55）年に学内共同教育研究施設として設立。翌1981（昭和56）年10月に開館。現在に至る。

【展示・収蔵】
　本館の収蔵品は、絵画、版画、彫刻、陶磁器、金工、漆工、建築図面、染織品、考古資料、風俗資料など多岐にわたり、その件数は、約51,000点超に及んでいる。その中には、明治画壇の巨星であり、京都高等工芸学校の図案科教授でもあった浅井忠の「武士山狩図」やヨーロッパの近代ポスターコレクション、古今の裂地資料など、芸術的、学術的あるいは歴史的に高く評価されるものが多くある。

【事　業】
　年7～8回、企画展を開催。

京都府

【出版物・グッズ】
《出版物》年報、企画展パンフレット
《グッズ》ポストカード、コレクション・カレンダー

- ・所在地　〒606-8585　京都府京都市左京区松ヶ崎橋上町
- ・T E L　075-724-7924
- ・F A X　075-724-7920
- ・U R L　http://www.museum.kit.ac.jp
- ・E-mail　shiryokan@jim.kit.ac.jp
- ・交　通　JR京都駅から地下鉄松ヶ崎駅下車 徒歩8分
　　　　　　京阪出町柳駅から京都バス高野泉町下車 徒歩8分
- ・開　館　AM10:00 ～ PM5:00(入館はPM4:30まで)
- ・入館料　一般200円，大学生150円，高校生以下無料
　　　　　　※京都・大学ミュージアム連携所属大学の学生・院生は学生証の提示に
　　　　　　より無料
　　　　　　※身体障害者手帳，療育手帳，精神障害者保健福祉手帳，戦傷病者手帳
　　　　　　または被爆者健康手帳をお持ちの方及び付添の方1名は無料
　　　　　　※展覧会によって異なる場合あり
- ・休館日　日曜日・祝日　※展覧会によって異なる場合あり
　　　　　　展示替え期間，夏季休業期間，計画停電日，年末年始，入試日
- ・施　設　鉄筋コンクリート3階建，建物の総面積2,296㎡
- ・設　立　1981(昭和56)年10月
- ・設置者　国
- ・管　理　京都工芸繊維大学
- ・責任者　京都工芸繊維大学美術工芸資料館長・並木誠士

館のイチ押し

　ロートレック《歓楽の女王》など、アールヌーヴォー期のポスターや
工芸品

京都府

京都鉄道博物館

［交通・運輸］

　当館は2016（平成28）年4月29日にグランドオープン。「地域と歩む鉄道文化拠点」を基本コンセプトに、2015（平成27）年8月、43年の歴史に幕を閉じた「梅小路蒸気機関車館」と一体となる施設を梅小路公園内に建設し、2014（平成26）年4月に閉館した「交通科学博物館」の展示車両や収蔵物も移設し開業。国内最大級の敷地面積を持ち、蒸気機関車から新幹線まで日本の近代化を牽引した53両の車両を収蔵。

　「見る、さわる、体験する」を重視した展示構成で、子どもから大人まですべての人が楽しめる施設。

【展示・収蔵】

　鉄道の安全な運行の仕組みや鉄道の進化を学んでいただく施設として、体験展示を随所に設置し、運転シミュレータ、踏切非常ボタン、車掌体験、切符発券体験が可能。

　鉄道ジオラマは、実物車両の1/80スケールの鉄道模型を運転する幅約30m・奥行約10mのスケールで、鉄道に欠かすことの出来ない施設を忠実に再現しており、日本全国のさまざまな車両を運転。

　国内の鉄道系博物館で唯一、営業線につながった線路を引き込んでおり、定期的に展示車両を入れ替えることが可能。

　建設から100年を迎えた国指定の重要文化財である扇形車庫には、明治から昭和にかけて活躍した代表的な蒸気機関車20両を保存・展示している。その内C62形2号機など8両は動く状態で保存されている。

京都府

【事　業】
・SLスチーム号の体験乗車を実施（一般・大学生・高校生300円、中学生・小学生・幼児（3歳以上）100円）
・企画展示室にて、特別展、企画展の実施
・土日祝日は、JR西日本の現役社員による仕事内容を伝えるイベントを開催

【出版物・グッズ】
　旧二条駅舎においてミュージアムショップを営業。公式ガイドブックなどの書籍やオリジナルグッズの販売など子どもから大人まで楽しめる空間となっている。ミュージアムショップのみの利用は無料。

・所在地　〒600-8835　京都府京都市下京区観喜寺町
・T E L　0570-080-462
・F A X　0570-080-462
・U R L　http://www.kyotorailwaymuseum.jp
・交　通　〈電車〉JR京都駅中央口より徒歩約20分　または　嵯峨野線丹波口駅より徒歩約15分
　　　　　〈バス〉JR京都駅北口より　梅小路公園前　または　梅小路公園・京都鉄道博物館前下車
・開　館　AM10:00 ～ PM5:30（入館はPM5:00まで）　※開館時刻の繰り上げ、閉館時刻の繰り下げを実施する場合あり
・入館料　一般1200円，大学生・高校生1000円，中学生・小学生500円，幼児（3歳以上）200円　障がい者入館料金：一般600円，大学生・高校生500円，中学生・小学生250円，幼児（3歳以上）100円
・休館日　水曜日（祝日・春休み（3月25日～4月7日）・夏休み（7月21日～8月31日）は開館），年末年始（12月30日～1月1日）ほか
・施　設　エントランスホール，プロムナード，本館，トワイライトプラザ，扇形車庫，旧二条駅舎
・設　立　2016（平成28）年4月29日
・設置者　西日本旅客鉄道（株）
・管　理　（公財）交通文化振興財団
・責任者　館長・三浦英之

館のイチ押し
　蒸気機関車から新幹線電車まで53両の迫力をお楽しみください。

京都府

グンゼ博物苑

[紙・繊維]

繊維メーカー、グンゼは養蚕が盛んだった綾部市が創業の地である。創業者の波多野鶴吉が蚕糸業による地元綾部の振興を目的に会社を設立。創業当時から海外に生糸を輸出するなど、急速に業績を拡大。グンゼ博物苑は創業100周年記念事業の一環として1996(平成8)年にオープン。「創業」「現代」「未来」の三つの蔵

現代蔵2階展示品

で構成し、グンゼの歴史と現代そして未来へと続く道のりを紹介している。記念館は1917(大正6)年の創業20周年に本社事務所として建立。1950(昭和25)年より「グンゼ記念館」として歴史的資料を展示するようにしている。

【展示・収蔵】

《グンゼ記念館》創業当時の様子や歴史、経営理念などを資料展示により紹介している。

《グンゼ博物苑》

◇展示蔵

・創業蔵…1Fでは蚕糸業で使用していた機械や道具などを展示。2Fでは、グンゼの創業当時のあゆみを近代史とともに振り返り、波多野鶴吉の目指した会社づくりを紹介。

・現代蔵…1Fでは、日常生活の中で発見することができるグンゼの製品やサービスを、各事業ごとに紹介。2Fでは、インナーやパンストをはじめとするアパレル事業のこれまでのあゆみを紹介。

・未来蔵…「明日をもっと、ここちよく」をテーマに事業展開するグンゼの最新の製品や技術を紹介。

京都府

◇今昔蔵

　グンゼ博物苑の受付。グンゼと綾部市の昔と今を紹介。

◇集蔵（つどいぐら）

　展示会等、イベント利用できる多目的スペース。

◇道光庵（どうこうあん）

　グンゼ創業者波多野鶴吉が妻、そして川合信水と暮らした社宅の一部を移設。休憩の場として活用している。

【事　業】

年間を通して、企画展やイベントを開催。

- ・所在地　〒623-0011　京都府綾部市青野町膳所1
- ・ＴＥＬ　0773-42-3181
- ・ＦＡＸ　0773-42-3193
- ・ＵＲＬ　http://www.gunze.co.jp/gunzehakubutu/
- ・交　通　〈電車〉JR綾部駅から徒歩約10分
　　　　　　〈車〉舞鶴若狭自動車道　綾部ICから車で約5分，京都縦貫自動車道　綾部安国寺ICから車で約10分
- ・開　館　AM10:00 ～ PM4:00
- ・入館料　無料
- ・休館日　グンゼ博物館：火曜日（祝日の場合は翌日）　グンゼ記念館：土～木
- ・設　立　1996(平成8)年4月
- ・設置者　グンゼ(株)
- ・管　理　グンゼ(株)
- ・責任者　グンゼ博物苑　苑長・吉川智美

館のイチ押し

　四季折々の花を楽しみながらグンゼの創業から未来までを知って、学んで、体験することができる。

- ・グンゼの是（ぜ）がわかる紙しばい（所要20分）。
- ・無料工作教室（こけ玉作り・多肉植物寄せ植え）。
- ・包装フィルムをシュリンクさせて「マイペットボトル」をgetできる。（無料）

京都府

月桂冠大倉記念館

[飲料]

　1982(昭和57)年に開館したお酒のミュージアム。京都市の有形民俗文化財に指定された酒造用具約6120点の中から約400点を常設展示している。界隈は「京都百景」に数えられ、酒どころ伏見の象徴として、多くの人達に親しまれている。建物は1909(明治42)年に壜詰め工場として新設した蔵を改装したもの。月桂冠(株)の創業360年を迎えた1997(平成9)年には、記念館に隣接する内蔵内部に、実際にお酒が発酵している様子を見たり、モロミの香りを嗅いだりして、身近に日本酒に触れて頂く事ができるミニプラント「酒香房(さけこうぼう)」を開設。また、内蔵や周辺の大倉家(創業家)本宅、更に1993(平成5)年まで本店として使用されていた旧本店は、2007(平成19)年に経済産業省より地域活性化に役立つ近代化産業遺産として認定を受けている。

【展示・収蔵】
　京都市有形民俗文化財に指定されている昔ながらの酒づくり用具を製造工程に沿って展示。
　月桂冠の所有する資料(樽や徳利、焼印やポスター等)を展示し、日本酒の

京都府

造り方を分かりやすく紹介するとともに、写真やポスター等で380年以上続く月桂冠の伝統と歴史に触れる事ができる。

【事　業】

15名以上の団体で予約の場合ガイド付きで館内を案内。前日までの予約で「酒香房」をガイド付きで案内。その他、伏見名水スタンプラリー（4〜5月）。歴史街道スタンプラリーなど地域イベントとのタイアップ。酒蔵開き（3月）など。

【出版物・グッズ】

売店では、記念館オリジナルのTシャツや扇子・前掛けなどのグッズの他、しぼりたて大吟醸生原酒など、記念館限定のお酒などが購入できる。

月桂冠のお酒を使った酒まんじゅうや、酒粕クッキー等も人気。

- 所在地　〒612-8660　京都府京都市伏見区南浜町247
- ＴＥＬ　075-623-2056
- ＦＡＸ　075-612-7571
- ＵＲＬ　http://www.gekkeikan.co.jp/enjoy/museum/
- 交　通　京阪電車 中書島駅より徒歩5分，近鉄電車 桃山御料前駅より徒歩10分
- 開　館　AM9:30 〜 PM4:30（受付はPM4:15まで）
- 入館料　大人400円（純米吟醸酒1本お土産付），中高生100円（絵葉書付）
- 休館日　お盆，年末年始
- 施　設　木造平屋建
- 設　立　1982（昭和57）年10月
- 設置者　月桂冠（株）
- 責任者　大倉記念館　館長・西岡成一郎

館のイチ押し

100年以上昔の酒蔵を見ながらタイムスリップ。実際のお酒の仕込み水が飲めたり、見学後にはきき酒（3種類）が出来る。

三休庵（さんきゅうあん）・宇治茶資料室

[飲料]

　三休庵・宇治茶資料室は、創業以来五百余年の歴史を持ち、将軍家御用茶師の上林三入本店に伝えられた歴史資料の保存と活用を目的として、宇治茶の歴史や文化に関する研究の成果と、資料を無料で紹介している。観光客や市民の方々に宇治茶の歴史と文化を伝えてゆくのが目的である。

【展示・収蔵】
《展示》
◇2F　上林三入本店に伝えられた資料を宇治茶と地域の歴史資料とともに展示する。定期的に展示替えを行っている。
◇3F　製茶道具の展示や、製茶体験コーナー、お茶室がある。
《収蔵》
　豊臣・徳川時代の古文書、茶壺、製茶道具等約1000点を所有。

【事　業】
　伝統産業宇治茶を伝えるための抹茶づくり体験。自身で宇治茶を石臼で挽き、お抹茶を立てて飲んでもらうもの。団体最大60名可。
　体験費用　1名864円（要予約）

・所在地　〒611-0021　京都府宇治市宇治蓮華27-2
・ＴＥＬ　0774-21-2636
・ＦＡＸ　0774-24-3395
・ＵＲＬ　http://ujicha-kanbayashi.co.jp
・E-mail　ujicha-mitsuboshien@tulip.osn.co.jp
・交　通　京阪宇治駅・JR宇治駅　徒歩10分

京都府

- ・開　館　　AM9:00 ～ PM6:00
- ・入館料　　無料
- ・休館日　　無休
- ・施　設　　3階建，1階喫茶室　2階資料室　3階抹茶体験教室
- ・設　立　　1999(平成11)年10月
- ・設置者　　三星園上林三入本店
- ・管　理　　田中守
- ・責任者　　代表取締役社長・田中守

館のイチ押し

- ・1kg5万円の宇治抹茶を使用した抹茶づくり体験。
- ・昔の茶道具や茶壺の展示。

島津製作所 創業記念資料館

[機械・精密機器]

　島津製作所創業100周年を記念して、1975(昭和50)年に開設した資料館。明治期京都における勧業政策の中心地であった、木屋町二条に位置する。建物は創業者・島津源蔵の住居兼店舗として利用されたものをそのまま保存しており、国の登録有形文化財にも登録されている。

【展示・収蔵】
　館内には創業以来製造してきた理化学器械や標本・マネキン、X線装置、産業機器などを展示。創業の歴史を当時の時代背景と照らし合わせながら紹介しているため、京都と近代日本科学の発展のつながりを学ぶことができる。田中耕一のノーベル化学賞受賞技術の紹介映像や、科学のふしぎを体験できる実験コーナーも人気。

【事　業】
　年に3回、無料公開を実施(4月 科学技術週間協賛、9月 高瀬川舟まつり協賛、11月 関西文化の日協賛)。

1階展示室

京都府

2階展示室

- 所在地　〒604-0921　京都府京都市中京区木屋町二条南
- ＴＥＬ　075-255-0980
- ＦＡＸ　075-225-0985
- ＵＲＬ　https://www.shimadzu.co.jp/visionary/memorial-hall/
- 交　通　地下鉄東西線 京都市役所前駅下車 2番出口より徒歩約3分，京阪電車 三条駅下車 徒歩約7分，市バス 京都市役所前停下車 徒歩約3分
- 開　館　AM9:30～PM5:00(入館はPM4:30まで)
- 入館料　大人300円，中高生200円，小学生以下無料
　　　　　※団体(20名以上)は2割引
- 休館日　水曜日(祝日の場合は開館)，年末年始
- 施　設　地上2階木造2棟つづき
- 設　立　1975(昭和50)年11月
- 設置者　(株)島津製作所
- 責任者　館長・山内幹雄

館のイチ押し

- 教育用理化学機器
- 医療用X線装置(ダイアナ号)
- 国産初の汎用ガスクロマトグラフ
- 足踏式木製旋盤
- 実験コーナー(坂を上る不思議なコマ(転上体)、映画の仕組みがわかる器械(ストロボスコープ)など)

京都府

西陣織会館

［紙・繊維］

　西陣織の起源は古く平安朝創設以前にまで遡ることが出来るが、今から550年ほど前、国を二分する応仁の乱が京都で起こった。東軍と西軍に分かれて行われたこの戦は11年間にも及んだ。
　この戦乱で朝廷の織物を司っていた職人たちは、堺や山口などに難を逃れた。戦乱後、職人たちは、山名宗全が率いた西軍の本陣跡一帯にもどり、織物を盛んに織り出した。「西陣」という名称はここから起こった。
　以降、西陣織はその時々の為政者の庇護もあって大きく発展し、華やかな桃山文化や元禄文化の開花にも、西陣織は重要な役割を果たしてきた。
　明治を迎えると、東京遷都により西陣をはじめ京都の産業は急激に衰退した。そこで1872(明治5)年、京都府は西陣から3人の留学生をヨーロッパに派遣、ジャカードをはじめとする近代織物技術を導入し、精緻な高級織物の量産を可能とした。それ以降、西陣織はわが国高級織物の代名詞としてその地位を確かなものとしてきた。近年、和装をとりまく状況は大きく変わりつつあるが、高度な技と洗練された意匠に培われた西陣織は、これからも私たちの生活に豊かさと潤いを届け続けてくれる。

京都府

【展示・収蔵】

◇ジオラマ展示（1F）蚕の一生、繭から生糸ができるまで、絹糸により西陣織ができるまでをジオラマの展示やビデオ映像を通して、楽しみながら学んでいただける。

◇蚕の飼育（1F）卵が孵化するところから始まり、繭を作るまでの蚕の成長がひと目でわかるように飼育展示している。また、繭から糸を引く「座繰り」の実演も行っている。

◇製造工程の紹介（1F）西陣織の生産には、1.企画製紋工程、2.原料準備工程、3.機準備工程、4.製織工程、5.仕上げ工程の五段階で、15〜20以上の細かい工程があり、その製造工程を写真つきの大きな壁面パネルにて説明している。

◇西陣織史料室（3F）衣裳、裂地など、西陣織の歴史を物語る貴重な史料を展示している。常設展示コーナーでは、近代化産業遺産の木製ジャカード機（国産第1機）や西陣発展の礎となった1872（明治5）年のフランスへの留学と織機買入への出張命令書などを展示している。

【事　業】

・きものショー（3Fホール）（無料）※所要時間10分間
・着付体験［要予約］舞妓衣装・芸妓衣装・十二単　13,000円（消費税別）
　●1カット、小紋きもの（着付け・貸出）　4,000円−外出可　3,000円−館内のみ、体験時間　AM10:00〜PM3:00
・手織体験［要予約］一般2,000円（1,800円）、学生1,700円（1,500円）ミニ手織機による手織体験。織巾約20cm、長さ約30cmのテーブルセンター状の物が織れる。※（　）内は15名以上の団体料金

・所在地　〒602-8216　京都府京都市上京区堀川通今出川南入
・ＴＥＬ　075-451-9231
・ＦＡＸ　075-432-6156
・交　通　〈市バス〉京都駅より9番, 三条京阪より12番・51番・59番, 四条河原町・四条烏丸より12番　堀川今出川下車
　　　　　〈電車〉地下鉄烏丸線　今出川駅下車　徒歩7分
・開　館　AM10:00〜PM6:00（3月31日〜10月31日）
　　　　　AM10:00〜PM5:00（11月1日〜2月28日）
・入館料　無料
・休館日　12月29日〜1月3日

大阪府

池田文庫

[生活・文化]

阪急や東宝の創業者であり、宝塚歌劇の創始者である小林一三(雅号・逸翁)が開いた娯楽場・宝塚新温泉に、1915(大正4)年に開設した図書室が始まりである。

1932(昭和7)年には、演劇の専門図書館を目指して宝塚文芸図書館に発展し、演劇や映画に関する図書や雑誌、宝塚歌劇の上演資料、役者絵や番付などの歌舞伎資料を精力的に収集した。

1949(昭和24)年、宝塚文芸図書館の蔵書を引き継ぎ、池田文庫が開館。阪急電鉄や宝塚歌劇に関する資料を網羅的に収集している。また、小林一三ゆかりの人物から寄贈された特殊文庫もある。

2011(平成23)年4月には逸翁美術館と阪急学園(池田文庫)が合併し、阪急文化財団となった。

【展示・収蔵】
◇阪急電鉄関連資料
　阪急電鉄の歴史は、1910(明治43)年開業の箕面有馬電気軌道株式会社から始まる。ポスターや広報誌など、100年を超える企業の歴史を伝える資料を所蔵し、企業図書館としても機能している。
◇宝塚歌劇関連関係
　宝塚少女歌劇団(現在の宝塚歌劇)の第一回公演が行われたのは、1914(大正3)年のこと。その当時から現在までのプログラムや公演ポスター、図書・雑誌、新聞スクラップ、原作まで、関連資料を網羅的に収集している。
◇歌舞伎関連資料
　江戸時代中期以降の歌舞伎資料。役者絵は江戸絵が約15,000枚、上方

大阪府

絵が約8,500枚。絵看板約800点。台帳約1,100点。番付約10,000枚。

◇民俗芸能関連資料

　1958（昭和33）年、日本の民俗芸能を舞台化する目的で、宝塚歌劇団に「郷土芸能研究会」が発足。約20年にわたって芸能所在地や芸能大会などを訪れ、約5,000件の民俗芸能を取材。映像フィルム（8ミリ）・録音テープは約3,000点、取材写真（ネガフィルム）は70,000コマ、取材レポートなど。中には既に消滅した芸能もあり、取材資料は文化的に貴重な財産としての価値が認められている。

◇特殊文庫

「逸翁文庫」

　1952（昭和27）年に寄贈された小林一三の蔵書約12,000冊。内容は文学、演劇、茶道や政治経済など、多分野に及ぶ。なかには一三と親交のあった人物から贈られ、サインがしたためられたものもあり、交流の広さがうかがえる。

「美術品売立目録」

　逸翁文庫とともに寄贈された蔵書1,900冊。「売立目録」とは、名家や所蔵家が伝来の品を売りに出した際、写真を入れるなどして作成される目録である。事業家であった一三は同時に茶人としても知られ、古美術商や古書店から終生にわたって茶道具や書画などを購入していたため、多数の「売立目録」が遺されている。

「布屋文庫」

　1981（昭和56）年に移管された、一三の生家で保管されていた約3,000点の文書と約1,500冊の書籍。山梨県韮崎にあった生家の屋号「布屋」から名づけられた。古文書は小林家が村役人を勤めた際の江戸後期から明治前期の公文書と、醸造業、製糸業、金融、地主経営をしていた当時の小林家の私文書からなっている。書籍は江戸文学、歴史、山梨の地誌、辞書、明治初期の教科書など、様々な分野にわたる。

「小林家文庫」

　小林家の収集による図書や雑誌。なかでも一三の長男・冨佐雄が収集した約500冊の近代文学書は、尾崎紅葉、泉鏡花、永井荷風の著書を中心に、同一書名につき初版本だけでなく、再版、改版、さらには文庫本までが揃っているのもあり、美麗な装幀がもてはやされた時代の貴重なコレクションである。

　また、冨佐雄夫人の富士子収集の資料のなかには、他機関にも見あた

大阪府

らない昭和初期の雑誌『ファッション』がある。

「松岡家文庫」

2004(平成16)年に寄贈された松岡家収集の2,300冊。これらは、松岡家に養子に入った小林一三の二男・辰郎らの蔵書である。辰郎は東宝の社長をしていたこともあり、映画演劇関連の資料も含まれる。

「白井文庫」

1984(昭和59)年に寄贈された宝塚歌劇団演出家白井鐵造の収集した資料約13,000点。白井は宝塚の舞台作りのため5回にわたり洋行し、多数の洋雑誌やオペラの台本、楽譜、パリミュージックホールのプログラム、レコード、ポスターなどを収集した。宝塚レビューを完成させた白井の足跡がたどれる資料。

「川崎文庫」

1934(昭和9)年に寄贈された元川崎造船副社長・川崎芳太郎が収集した和本約2,000冊。芳太郎は美術に造詣が深く、自らも「暁雨」と名乗る画人であったため絵本読本の挿絵を収集していた。その蔵書の内容は、江戸時代に刊行された絵本読本のほか、名所図会といった地誌、歴史、文学など、多岐にわたる。幕末明治期の絵師・松川半山の旧蔵本も含んだコレクションである。

【事　業】

池田文庫内の茶室「大小庵」「古彩庵」において、茶道(表千家・裏千家)、華道(小原流)の「おけいこ講座」を開設。

阪急文化財団は、図書館である「池田文庫」のほか、小林一三収集の美術工芸品を展示する「逸翁美術館」、一三の旧邸「雅俗山荘」を保存し、その事績を紹介する「小林一三記念館」の3館を運営。

逸翁美術館内「マグノリアホール」では、コンサートや講演会など、様々なイベントを開催している。

【出版物・グッズ】

《出版物》「阪急文化」(第1号〜第11号) (2011.12 〜 2017.12)／「阪急文化研究年報」(第1号〜第6号) (2012 〜 2017)／「レール&ステージ　小林一三の贈り物」(2015.9)／「館報　池田文庫」(創刊号〜第38号) (1992.4 〜 2011.6)／「芝居番付目録」(1 〜 3) (1981.12 〜 1990.3)／「北洲と豊国」(1983.10)／「歌舞伎台本目録」(1970.12)／「薄物唄本目録」(1993.11)

大阪府

／「小林家文書(布屋文庫)目録」(1996.3)／「上方役者絵集成」(第1巻～
第5巻)(1997.10～2005.9)／「合羽摺の世界」(2002.3)／「日本民俗芸
能資料目録」(改訂版)(2007.7)／「宝塚歌劇の写真展―春日野八千代を
中心に―」(2010.10)／「宝塚歌劇における民俗芸能と渡辺武雄」(2011.3)
《グッズ》絵はがき

- ・所在地　〒563-0058　大阪府池田市栄本町12-1
- ・ＴＥＬ　072-751-3185
- ・ＦＡＸ　072-751-3302
- ・ＵＲＬ　http://www.hankyu-bunka.or.jp/ikedabunko/
- ・E-mail　ikedabunko@hankyu-group.jp
- ・交　通　阪急電鉄宝塚線 池田駅より徒歩10分
- ・開　館　AM10:00～PM5:00
- ・入館料　無料
- ・休館日　月曜日(祝日・振替休日の場合は翌日)，年末年始，図書整理休館
- ・設　立　1949(昭和24)年4月
- ・設置者　(財)阪急学園
- ・管　理　(公財)阪急文化財団
- ・責任者　館長・仙海義之

館のイチ押し

- ・阪急電鉄、宝塚歌劇、民俗芸能、歌舞伎に関する資料を所蔵する専門
図書館。
- ・図書・雑誌は約24万冊を所蔵し、書誌情報のほか、小林一三、阪急電鉄、
宝塚歌劇等に関する雑誌記事索引もOPAC(https://ikedabunko.opac.
jp/opac/top)で検索が可能。
- ・「阪急・宝塚ポスター」「浮世絵・番付」「民俗芸能資料」に関する情報は、
阪急文化アーカイブズ(http://www.hankyu-bunka.or.jp/archive/)で
検索でき、一部を除き、画像も公開。
- ・昭和初期の阪急電鉄資料や宝塚歌劇資料は、経済産業省の2008(平成
20)年度「近代化産業遺産群　続33」の認定を受けている。

大阪府

泉大津市立織編館(おりあむ)

[紙・繊維]

泉大津市の地域産業である毛布などの繊維をテーマとし、織物・編物などを通した伝統と歴史や文化にふれる施設として、1993(平成5)年に開館。重要文化財1点を含む民族・歴史資料などを収蔵しており、常設展示などで一般公開している。

【展示・収蔵】

主な収蔵資料は、毛布や織機、その部品など約2,200点。その他に地域の歴史資料、民具など約6,000点がある。常設展示は毛布の歴史についての展示に絞っており、他の資料は企画展にて展示をしている。

《収蔵品》国指定重要文化財「白地松鶴亀草花文繡箔肩裾小袖(しろじまつつるかめそうかもんぬいはくかたすそこそで)」をはじめ、泉大津の歴史を物語る民族資料の収蔵。

《体験学習室》体験学習室では、高機による手織り体験を実施している。また、夏休みを利用した子供(小学生・中学生)の手織り体験も実施している。

【事 業】

《企画情報展示室》企画情報展示室では、泉大津市教育委員会等が主催する、本市に関わりのある企画展及び特別展が年間4回程度開催され、また、講演会も4回程度開かれている。

《織編館ギャラリーの利用》織編館ギャラリーは、洋画・日本画・書・陶芸・版画・彫刻・写真などの展示、作品発表の場として一般の人々に利用されている。利用期間は、木曜日から翌週の火曜日を一単位とする。使用料は3万円。

大阪府

常設展示室

【出版物・グッズ】

《図録》「真田紐の美と歴史」(1994)／「泉大津と木綿」(1994)／「世界の毛布」(1995)／「天正小袖の技と美」(1998)

《グッズ》真田紐(300円)、キーホルダー木・革(各100円)

- 所在地　〒595-0025　大阪府泉大津市旭町22-45
- ＴＥＬ　0725-31-4455
- ＦＡＸ　0725-31-4457
- ＵＲＬ　http://www.city.izumiotsu.lg.jp/kakuka/kyoikuiinkai/oriamukan/oriamu.html
- E-mail　oriamu@city.izumiotsu.osaka.jp
- 交　通　南海電鉄 なんば駅より南海線急行・空港急行20分 泉大津駅下車 東口徒歩5分
- 開　館　AM10:00 ～ PM5:00(但し入館はPM4:30まで)
- 入館料　無料
- 休館日　毎週水曜日, 12月29日～1月3日
- 施　設　テクスピア大阪1階の一部　常設展示室60.00㎡, 内ギャラリー 62.00㎡, 2階体験室57.00㎡
- 設　立　1993(平成5)年
- 設置者　泉大津市
- 管　理　泉大津市教育委員会
- 責任者　館長・上西菊雄

【館のイチ押し】

ジャカード織機

大阪府

江崎記念館

[食品]

江崎グリコは、創業者江崎利一(1882-1980)が牡蠣の煮汁からグリコーゲンを抽出、病気の予防に役立てようと考え、国民の体力・健康づくりを目的として栄養菓子「グリコ」を創製したことにはじまる。

当館は、1972(昭和47)年3月、創立50周年の記念事業の一環として、従業員に創業の志を伝え、社業の発展に寄与する目的で設立したものである。館内には創業以来のあゆみに関する資料をはじめとして、創業者ゆかりの品々を展示している。

道頓堀グリコサインの歴史

【展示・収蔵】

◇創業時代のコーナー

有明海で採れる牡蠣の標本等グリコーゲン関連資料や、ゴールインマークの成り立ちと変遷、創業時の工場模型、ハート型ローラーや真空釜等を展示。あわせて1935(昭和10)年発行の社内報や社員証・給料袋等従業員に関連した品々も展示。

◇名品の歴史コーナー

江崎利一は製品名やキャッチフレーズまで用意周到に準備した上で、1922(大正11)年2月に「グリコ」を売り出した。ここでは栄養菓子グリコ、ビスコをはじめ、アーモンドチョコ・ポッキー・プリッツ等当社を代表する製品を紹介。

◇おもちゃの歴史

「子供にとって食べることと遊ぶことは2大天職」と考えた江崎は、豆玩具をお菓子と一つの箱に収めることを思いついた。オマケと愛称され今で

大阪府

も親しまれ続ける豆玩具、創業時から現在までの約4000点を展示。

◇広告の歴史コーナー

江崎グリコはいつも楽しいことを考えていたい…ここでは創業時からのユニークな新聞広告やテレビ広告、引換賞品、道頓堀グリコサインの歴史等を展示。「映画付き自動販売機」（1931（昭和6）年）は10銭玉を入れると音楽と映画が流れ、「グリコ」とおつり2銭が出てくる仕掛けで、当時は行列が出来るほどの人気を呼んだもの。

＊道頓堀グリコサインの歴史（ネオン看板時代の初代から5代目までの看板の模型）は2016（平成28）年から展示

◇創業者江崎利一コーナー

佐賀に薬種業の長男として生まれ、グリコーゲンと出会い、そしてこの世を去るまで、全身全霊を傾けて事業をおこし、発展させた情熱・精神は晩年まで途絶えることなく、その創意工夫の精神と「おいしさと健康」の企業理念は、今日の江崎グリコに受け継がれている。この江崎利一コーナーは、家業を助けながらも人一倍勉学に励んだ学生時代の品々、商道を志し熱心に研究を重ねた資料や文献、愛用の机、写真等、江崎が生前使用していた思い出の品々を多数展示している。

- ・所在地　〒555-8502　大阪府大阪市西淀川区歌島4-6-5
- ・ＴＥＬ　06-6477-8257（平日は要予約）
- ・ＦＡＸ　06-6477-8250
- ・ＵＲＬ　https://www.glico.com/jp/enjoy/experience/ezakikinenkan/
- ・交　通　JR東海道本線　塚本駅より徒歩16分
- ・開　館　AM10:00 ～ PM4:00
- ・入館料　無料
- ・休館日　第1・3土曜以外の土曜，日曜・祝日，盆休み，年末年始
- ・設　立　1972（昭和47）年3月
- ・設置者　江崎グリコ㈱
- ・管　理　コーポレートコミュニケーション部社史グループ
- ・責任者　コーポレートコミュニケーション部長・江口あつみ

館のイチ押し

　江崎グリコの歴史と創業者江崎利一の創業の理念を知っていただける企業ミュージアム。

大阪府

大阪企業家ミュージアム

［商業・金融］

　大阪商工会議所が設立・運営。企業家たちの高い志、勇気、英知を後世に伝えるとともに、その気概を人々の心に触発することを通じて、企業家精神の高揚、次代を切り拓く人づくり、ひいては活力ある社会づくりをめざすものである。

【展示・収蔵】
《展示》
(1) プロローグ映像「大阪の企業家精神のルーツ」
　大阪の企業家精神のルーツやその特徴を、豊臣秀吉や江戸時代に遡って、約13分の映像で紹介。
(2) 主展示「企業家たちのチャレンジとイノベーション」
　明治以降、大阪を舞台に活躍した企業家（105名）たちが、社会経済の発展や生活向上の原動力としていかに重要な役割を果たしてきたかを、彼らの抱いた大きな夢や優れた発想力・着眼点等を織り交ぜながら、パネルやめくり式ファイル、ゆかりの展示物等で紹介。

大阪府

その他、企業家デジタルアーカイブ（企業家に関するデジタルデータベース）、関西企業家映像ライブラリー（独自制作ビデオ）等がある。

【事　業】
各種セミナー、講演会、見学会等を開催している。

【出版物・グッズ】
ガイドブック・大阪企業家名言集（税込各500円）

- 所在地　〒541-0053　大阪府大阪市中央区本町1-4-5　大阪産業創造館地下1階
- ＴＥＬ　06-4964-7601
- ＦＡＸ　06-6264-6011
- ＵＲＬ　http://www.kigyoka.jp/
- E-mail　museum@osaka.cci.or.jp
- 交　通　OsakaMetro（地下鉄）堺筋本町駅下車1番または12番出口徒歩5分
- 開　館　火・木・金・土曜日…AM10:00 〜 PM5:00（入館はPM4:30まで）
　　　　　水曜日…AM10:00 〜 PM8:00（入館はPM7:30まで）
- 入館料　大人300円, 中・高・大学生100円, 小学生以下は無料（保護者引率同伴）,
　　　　　65才以上・障がい者200円, 団体割引料金（10名以上）大人200円（一人）,
　　　　　年間パス1000円
- 休館日　日曜日, 月曜日, 祝休日, 年末年始, お盆
- 設　立　2001（平成13）年6月
- 設置者　大阪商工会議所
- 責任者　大阪商工会議所

> **館のイチ押し**
>
> 大阪が育んできた「企業家精神」を伝える施設です。小学校高学年の子どもから大人まで楽しんでいただけます。

大阪府

大林組歴史館

[建設・土木]

　明治期から現代にいたるわが国の近代化の歩みと、大林組の歴史が軌を一にし、社会基盤の充実に多大に関与してきた実績をパネル写真を中心に紹介している。
　大林組創業110年を機に、2001(平成13)年10月に開設された。

【展示・収蔵】
◇展示内容
　〈人の譜〉創業社主の大林芳五郎をはじめ、歴代の社長を紹介している。
　　また、大阪大林ビルにあった大林芳郎名誉会長室の一部も再現している。
　〈建設の譜〉「礎の時代」「激動と発展の時代」「革新の時代」「東京スカイツリー®」と大林組の歩みを時系列に紹介している。
　〈技術〉「しなやかな未来」の創造に向けた大林組の先端技術を紹介している。

大阪府

〈情報ライブラリー〉大林組の関連図書等を社史を中心に収録している。他にDVDの視聴やデータベースの検索サービスも利用できる。

・参考図書　・映像資料　・データベース

◇収蔵品

1892（明治25）年創業時の大林組店舗の屋根を飾っていた鬼瓦（実物）。

第5回内国勧業博覧会（1901（明治34）年）の各種資料、大阪市築港（1898（明治31）年）、東京中央停車場（1911（明治44）年）、大阪城天守閣再建（1930（昭和5）年）などの工事中写真他各種写真が多数。総展示点数約500点。

【出版物・グッズ】

パンフレット

・所在地　〒540-8584　大阪府大阪市中央区北浜東6-9
・TEL　06-6946-4626
・FAX　06-6456-7190
・URL　http://www.obayashi.co.jp/company/rekishi/index.html
・交　通　大阪メトロ堺筋線 北浜駅・谷町線天満橋駅または京阪電車 北浜駅・天満橋駅から徒歩5分
・開　館　AM9:00 ～ PM5:00（入館はPM4:30まで）
・入館料　無料
・休館日　土曜，日曜，祝日，会社指定日
・施　設　ルポンドシエルビル3F
・設　立　2001（平成13）年10月
・設置者　（株）大林組
・管　理　（株）大林組大阪本店総務部社史課
・責任者　社史課課長・丸山和紀

カップヌードルミュージアム 大阪池田
（正式名称：安藤百福発明記念館 大阪池田）

[食品]

インスタントラーメンの歴史を通して発明・発見の大切さを伝えたいとの思いから、1999(平成11)年11月にインスタントラーメン発祥の地、大阪府池田市に設立。展示スペースやインスタントラーメンの手作り体験コーナーも実施。

【展示・収蔵】

〈研究小屋〉
　世界初のインスタントラーメン「チキンラーメン」開発当時のままに再現した研究小屋

〈安藤百福とインスタントラーメン物語〉
　インスタントラーメンの歴史や発展のエピソードの壁面展示

〈インスタントラーメン・トンネル〉
　半世紀以上前にたったひとつの商品から始まったインスタントラーメンが発展していく様子を、約800種類のパッケージで表現

〈カップヌードルドラマシアター〉
　カップヌードル型の体感シアター。「カップヌードル」の発明にいたるひらめきのエピソードや製造工程などを迫力ある大型映像で紹介

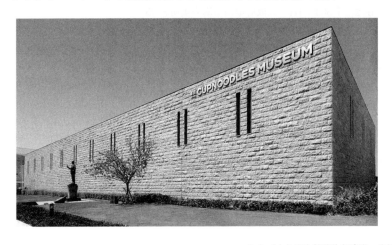

大阪府

〈マジカルテーブル(クイズコーナー)〉
　インスタントラーメンに関する様々なクイズを通じ、楽しみながら、インスタントラーメンへの理解が深められる
〈安藤百福の軌跡〉
　世界の食文化を変えた安藤百福が残した「語録」や、勲章・表彰状や、愛用していた品々を展示

【事　業】

・「チキンラーメンファクトリー」では、小麦粉をこね、のばし、味付けをして、自分だけのチキンラーメンを手作りすることができる。1日に4回、各90分で開催。小学生300円、中学生以上500円で要予約。2人1組での作業となるため、偶数人数での申し込みとなる。小学生1・2・3年生は、中学生以上の方とペアで体験。
　参加希望日の3ヵ月前の同日から予約可能であるが、基本的に休日は予約がいっぱいの状況である。HPか予約専用ダイヤルから予約ができる。小・中・高等学校の学校教育で利用の場合は無料となり、1年前から予約可能。
・「マイカップヌードルファクトリー」では、自分でデザインしたカップに、4種類のスープの中から1種類、12種類の具材の中から4つ選んで、オリジナルのカップヌードルを作ることができる。組み合わせは5460通り。1食300円。予約不要。混雑時には待ち時間の発生や、カップの販売を早めに終了する場合あり。

・所在地　　〒563-0041　大阪府池田市満寿美町8-25
・ＴＥＬ　　072-752-3484
・ＵＲＬ　　https://www.cupnoodles-museum.jp/
・交　　通　阪急電車宝塚線 池田駅下車 満寿美町方面出口より徒歩約5分
・開　　館　AM9:30 ～ PM4:30(入館はPM3:30まで)
・入館料　　無料(体験は有料)
・休館日　　火曜日(祝日の場合は翌日が休館),　年末年始
・施　　設　鉄筋コンクリート造2階建,　延床面積3423㎡
・設　　立　1999(平成11)年11月
・設置者　　日清食品ホールディングス(株)
・管　　理　(公財)安藤スポーツ・食文化振興財団

堺伝統産業会館

[生活・文化]

　2000(平成12)年に設立された堺刃物伝統産業会館を堺市の伝統産業振興拠点「堺伝統産業会館」として、2011(平成23)年にリニューアルオープン。刃物をはじめ線香、注染和晒(ちゅうせんわざらし)、緞通(だんつう)、昆布加工、自転車、鯉幟(こいのぼり)、和菓子など堺の伝統産品の体験学習・展示や、ショップでの販売を行なっている。

【展示・収蔵】
◇匠のひろば
　　刃物、線香、注染和晒、緞通、昆布、自転車、鯉幟、和菓子の体験・学習・展示コーナー。ものづくり体験イベントも実施。
◇ショップ堺いち
　　刃物、線香、注染和晒、昆布、敷物、和菓子など、堺の伝統産業の逸品と名産品を一堂に集め、販売。
◇堺刃物ミュージアム
　　刃物の工程見本や種類見本、めずらしい刃物などの展示や、高級・プロ用の刃物の販売。包丁・はさみの研ぎ直し実施。

大阪府

【事 業】

・定例イベント

　　包丁研ぎ直し実演、お香づくり体験、手織緞通実演、包丁研ぎの実演、和菓子づくり実演

・スポットイベント

　　包丁の銘切実演、包丁研ぎ方教室、昆布手すき実演、注染染めの実演、和菓子づくり教室など

・所在地　〒590-0941　大阪府堺市堺区材木町西1丁1-30
・ＴＥＬ　072-227-1001
・ＦＡＸ　072-227-5006
・ＵＲＬ　http://www.sakaidensan.jp/
・E-mail　info@sakaidensan.jp
・交　通　阪堺線 妙国寺前駅下車 南西へ徒歩3分
　　　　　南海本線 堺駅下車 北東へ徒歩10分
・開　館　AM10:00 ～ PM5:00
・入館料　無料
・休館日　なし(但し年末年始および点検などのため休館する場合があり)
・施　設　敷地面積618.18㎡，延床面積943.49㎡
・設　立　2011(平成23)年10月
・設置者　(公財)堺市産業振興センター
・管　理　(公財)堺市産業振興センター
・責任者　理事長・利國信行

館のイチ押し

　職人が実演や指導を行うイベントを定期的に実施しており、職人の技を間近に体験することが可能。

　ショップも併設されているので体験して気に入った商品を購入することもできる。

大阪府

自転車博物館サイクルセンター

［交通・運輸］

　堺の主要産業のひとつが、自転車の部品生産であり、オリンピックや世界選手権、ツール・ド・フランスなど国際レースで使われる自転車の基幹部品は堺で作られたものだ。その精緻な技術は、ポルトガル伝来の鉄砲を堺で製作したことに端を発すると伝えられる。自転車博物館サイクル

2F展示室

センターは、自転車が人の健康や環境や環境保全に役立つすばらしい道具であることを広めて、日本の自転車産業の発展と国民生活の向上を目指すという目的の元、堺の地場産業の一つである自転車部品メーカーが創設した財団によって1992（平成4）年4月に開館した日本で唯一の自転車博物館で、普段、自転車に乗り慣れている方でも、乗れない方でも、子ども・大人に関係なく、最も身近な乗り物である自転車を環境問題・健康などを含め、あらゆる角度から再認識していただき、改めて自転車の魅力を感じていただける体験型博物館である。

【展示・収蔵】

　日本で唯一の自転車博物館は"自転車のまち堺"にあり、19世紀初頭にヨーロッパで誕生した黎明期の自転車から、ツールド・フランスで使用された最新のレース用自転車まで3階建ての館内に約300台の自転車を展示。

　2Fでは、約200年前にドイツで生まれた自転車の始祖「ドライジーネ」木製自転車（複製）から、最新テクノロジーのコンピュータ制御自転車まで自転車の進化の歴史を5段階にて展示・解説。

　3F文化フロアでは環境・健康・社会に対して優れた効能を持つ自転車について解説。体感コーナーでは、ブレーキ・変速機・発電機などの機能を体

大阪府

感できる。また、世界3大レースのツール・ド・フランス(フランス一周レース)、ジロ・デ・イタリア(イタリア一周レース)、世界選手権で優勝した実物自転車を展示。

1F収蔵庫では、約250台の収蔵自転車を見ることができる。また、開館時から行っている「夏休みこども絵画コンクール」の入選作品を年度毎に展示している。

【事　業】

特別展開催(期間1年間)、企画展開催(年2～3回)、夏休みこども絵画コンクール開催(毎年)、こんな自転車欲しかってん!コンテスト開催(毎年)、サイクリング開催(毎月)、近隣の「自転車ひろば」では、博物館に展示の9種類のクラシック自転車のレプリカに体験試乗ができる。他に、地域の方々の健康と余暇の充実を図る生涯学習活動の一環として、自転車散歩、健康サイクリング、大人のための自転車ライフ体験セミナーや、こども交通安全教室・大仙公園サイクリング、講演会、出張展示など。

- ・所在地　〒590-0801　大阪府堺市堺区大仙中町18-2
- ・ＴＥＬ　072-243-3196
- ・ＦＡＸ　072-244-4119
- ・ＵＲＬ　http://www.bikemuse.jp
- ・E-mail　info@bikemuse.jp
- ・交　通　JR阪和線 百舌鳥駅から西へ徒歩13分
- ・開　館　AM10:00 ～ PM4:30(入館締切PM4:00)
- ・入館料　一般200円，中・高・大学生100円，小学生50円，65才以上100円
　　　　　　※小中学生は土・日・祝日は無料
- ・休館日　月曜日・祝日の翌日、年末年始
- ・施　設　鉄筋コンクリート3階建，延床面積1355.6㎡，大仙公園内の自転車ひろば敷地2640.85㎡
- ・設　立　1991(平成3)年2月8日
- ・設置者　(株)シマノ
- ・管　理　(公財)シマノ・サイクル開発センター
- ・責任者　館長・國方伸泰

館のイチ押し

自転車の進化と歴史と将来が学べ、クラシック自転車(レプリカ)の体験試乗ができる、体験型博物館。

大阪府

造幣博物館

[商業・金融]

　造幣博物館は、1911(明治44)年に火力発電所として建てられた建物で、造幣局構内に残る唯一の明治時代のレンガ造りの西洋風建物である。
　1969(昭和44)年に建物の保存を図り、当局が保管していた貴重な貨幣等を一般公開し、造幣事業を紹介するため当時の外観をそのままに改装し、「造幣博物館」として開館した。
　2008(平成20)年より「人に優しい博物館、環境に配慮した博物館、魅せる博物館」を目指し、展示や設備に最新の手法を導入し、皆様方により親しんでいただけるよう大改装を行い、2009(平成21)年4月にリニューアルオープンした。

【展示・収蔵】
　常設の展示は約4000点に及び、古代から現代までの貨幣の変遷や製造に使用される機器等、貨幣と造幣局の歴史と今を学ぶことができる施設となっ

大阪府

ている。また、体験コーナーでは、貨幣袋や千両箱の重さを、実際に手に取って体感いただける。

【事　業】

年2〜3回の特別(企画)展。月1回程度、拓本体験、鋳造体験等のイベント。出張講演(要相談)。

【出版物・グッズ】

絵葉書等

- ・所在地　〒530-0043　大阪府大阪市北区天満1-1-79
- ・TEL　06-6351-8509
- ・FAX　06-6351-5414
- ・URL　https://www.mint.go.jp/
- ・交　通　〈電車〉JR東西線 大阪天満宮駅 徒歩15分, 地下鉄 南森町駅 徒歩15分, 地下鉄 天満橋駅 徒歩20分, 京阪電車 天満橋駅 徒歩20分
　　　　　〈バス〉桜の宮橋停留所すぐ
- ・開　館　AM9:00〜PM4:45(入館はPM4:00まで)
- ・入館料　無料
- ・休館日　年末年始(12月29日〜1月3日), 展示品入替日等(不定期, HPにて案内)
- ・施　設　1階 エントランスホール, 2階 造幣局の歴史と現在の造幣局, 体験コーナー, 3階 貨幣の歴史と外国貨幣
- ・設　立　1969(昭和44)年4月17日
- ・設置者　造幣局
- ・管　理　造幣局
- ・責任者　館長・金子智一

館のイチ押し

- ・江戸時代の竹流金、菊桐金錠は造幣局でしか見られません。
- ・明治近代化の先駆けである造幣局の創業当時の文明開化を感じていただけます。
- ・現在の造幣局の事業である、貨幣製造、勲章製造等を紹介しています。

大阪府

つまようじ資料室

[生活・文化]

　(株)広栄社は1917(大正6)年創業。以来オーラルケア用品の専門の製造メーカーとして歩んできた。このつまようじ資料室は、1990(平成2)年創立73周年を記念して設立したもの。

　三代にわたる事業の経過の中で使った初期の道具・製造機械や「つまようじ」に関する文化遺産、民族資料、文献をもとに文化・産業史的側面を展示し、地場産業として「つまようじの歴史と文化」を伝えることが出来ればと願っている。

【展示・収蔵】
1．黒文字ようじ製造工程の道具
2．卯木ようじ製造工程の一部道具
3．白樺ようじ製造工程の機械
4．大正時代にアメリカより輸入した製造機械
5．世界50ケ国以上の過去・現在のつまようじ
6．歯ブラシとようじの原型である歯木

大阪府

7．世界のめずらしいようじ
8．浮世絵（房楊枝を使う吉原美人（国貞画）等）
9．関係文献

【出版物・グッズ】
「楊枝から世界が見える」（1998　冬青社）
「From toothpicks to the world」（2015　広栄社）英語本

・所在地　〒586-0037　大阪府河内長野市上原町885
・ＴＥＬ　0721-52-2901
・ＦＡＸ　0721-54-1092
・ＵＲＬ　http://www.cleardent.co.jp
・E-mail　koeisha@cleardent.co.jp
・交　通　南海高野線 河内長野駅下車　バス高向線 車庫前下車 西へ上る約3分
・開　館　AM10:00 〜 PM12:00，PM1:00 〜 PM3:00
・入館料　無料
・休館日　日曜日〜金曜日（祭日，年末年始，盆休み，5月の連休，秋の連休）
・設　立　1990（平成2）年5月
・設置者　（株）広栄社
・責任者　室長・稲葉修

館のイチ押し

　腰に吊り下げる銀製のケア用品セット（ようじ、耳掻き、鋏と鋏入れ、金貨入れと金貨、香水入れ、ボタン通し）

大阪府

パナソニックミュージアム
「松下幸之助歴史館」「ものづくりイズム館」
[科学技術]

　松下電器(現パナソニック)の創業50周年記念事業の一つとして、松下電気器具製作所設立の1968(昭和43)年3月7日に開館。建物は1933(昭和8)年の門真移転時に建設された第3次本店がモチーフとなった。1994(平成6)年、松下幸之助創業者の生誕100年に合わせて、展示を刷新するとともに、「松下電器歴史館 松下幸之助メモリアルホール」に改称。そして2008(平成20)年、社名変更に合わせて、現在の名称、「パナソニックミュージアム 松下幸之助歴史館」となった。

　さらに、2018(平成30)年の創業100周年事業として、第3次本店があった場所に「松下幸之助歴史館」を新築復元。旧歴史館は内装をリニューアルし、商品ミュージアム「ものづくりイズム館」として開館。隣接する「さくら広場」(2006(平成18)年オープン)等を含めて「パナソニックミュージアム」として、創業から100年目にあたる2018(平成30)年3月7日にオープンした。

　ここは、創業者・松下幸之助の言葉や、歴代の製品を通じて、パナソニックの"心"を未来に伝承したいという思いで開設した、広く皆様に開かれた場である。

大阪府

【展示・収蔵】

「松下幸之助歴史館」は、パナソニックの創業者・松下幸之助の94年の生涯を"道"にたとえ、それをたどることで幸之助の経営観、人生観に触れられる場。創業期からの資料や製品で、幸之助と会社の歩みを紹介している。また、ライブラリーでは、幸之助の言葉や、100年間に蓄積してきた膨大な資料をアーカイブズ化したデータベースを閲覧できる。

「ものづくりイズム館」は、当社がこの100年間に世の中に出してきた製品約550点を展示。製品や宣伝資料等を通じて、幸之助や諸先輩のものづくりに対する熱意や思いを伝える場。パナソニックのものづくりのDNAを探ることができる。メインコーナー奥にある、16m×2.2mの大スクリーンに約2000点の歴代製品が8K映像で映し出されるヒストリーウォールは迫力満点である。

「さくら広場」は、ソメイヨシノ190本を配した桜一色の公園。年間を通じて自然を楽しむことができる憩いの場として親しまれている。

【事　業】

・「松下幸之助歴史館」「ものづくりイズム館」ともに、常設展に加え、企画展を年3、4回開催。
・幸之助の命日（4月27日）をはさんだ「創業者メモリアルウィーク」には、特別展を開催予定。
・3月末から4月上旬の桜の開花期には、「さくら広場」で夜間ライトアップ（20時まで）を実施。
・土曜日と祝日には、両館ともガイドツアーを実施。
・土曜日と祝日には、子ども向けワークショップ（参加無料）や、大人向けの講演会を開催（参加無料）。

【出版物・グッズ】

・松下幸之助の著書や関連書籍（特に、英語版・中国語版は一般書店に置かれていないので人気）
・テレビ、冷蔵庫、洗濯機、クーラーの一号機と、炊飯器のヒット商品のカプセルトイ（ガチャ）
・100周年記念で復刻したナショナル坊やシリーズ（貯金箱、手ぬぐい、ランチバック、カップ、ノート等）
・昭和30年代までの家電イラストシリーズ（手ぬぐい、トートバック、ノート

大阪府

・13カテゴリの製品の進化が分かる「家電トランプ」　等

・所　在　地　〒570-8501　大阪府門真市大字門真1006
・Ｔ Ｅ Ｌ　06-6906-0106
・Ｆ Ａ Ｘ　06-6906-1894
・Ｕ Ｒ Ｌ　https://panasonic.com/jp/corporate/history/museum/
・E-mail　panasonicmuseum_gp@gg.jp.panasonic.com
・交　　　通　京阪電車　西三荘駅下車　徒歩2分
・開　　　館　AM9:00 〜 PM5:00
・入　館　料　無料
・休　館　日　日曜・年末年始
・施　　　設　敷地面積：25,329.7㎡（7,676坪）　※内「さくら広場」16,198㎡（4,908坪）
　　　　　　　延床面積：「松下幸之助歴史館」1906.19㎡，「ものづくりイズム館」1,418.58㎡
　　　　　　　駐車場：乗用車10台，大型バス4台収容可能
・設　　　立　2018（平成30）年3月7日
・設　置　者　パナソニック（株）
・管　　　理　パナソニック（株）
・責　任　者　館長・山田昌子

近畿

館のイチ押し

　「松下幸之助歴史館」は、旧歴史館内に幸之助自身が監修して建てた「創業の家」を移築。パナソニックの創業時の様子を体感できる。
　「ものづくりイズム館」には、人びとの暮らしを豊かにしたいという思いで作られた製品が勢ぞろい。年配の方から若い人まで、それぞれの年代に応じて楽しめる。

ものづくり記念館博物館事典　351

大阪府

枚方市立旧田中家鋳物民俗資料館
[金属・鉱業]

　河内国茨田郡枚方村(現在の枚方市枚方上之町)の田中家は、近世には北河内で唯一、正式に営業を許可された鋳物師として、日常生活に使う鍋・釜や農具のほか、寺院の梵鐘なども製造していた。明治以降鋳物業が近代化する中、田中家は伝統技術を守って営業を続けていたが、1960(昭和35)年頃に廃業した。
　枚方市では、貴重な文化遺産である江戸時代の鋳物工場と主屋の寄贈を受け、両建物を移築・復原、全国でも珍しい鋳造関係の専門資料館として整備し、1984(昭和59)年に「枚方市立旧田中家鋳物民俗資料館」として開館した。

【展示・収蔵】
　主な収蔵品は、枚方市指定民俗文化財である旧田中家鋳物用具と製品一式506点をはじめ、その他の鋳物関係資料、および枚方市内で使用された農具や衣食住などの民具類。常設展示は鋳物工場では鋳造の歴史・技術や田中家の歴史などを、主屋では枚方の昔の暮らしを展示。展示点数は約200点。
　敷地内に、市内遺跡から出土した弥生時代の竪穴住居跡をモデルにした復元住居と、遺構を保存処理し移設した弥生時代の竪穴住居跡を展示している。

田中家住宅 主屋

大阪府

【事　業】

- ・年4回企画展を開催。
- ・学芸員による古文書講座、ビデオ上映会、布ぞうりづくり、竹かごづくりなどの講座。
- ・専門の指導者による鋳造・彫金・バーナーワーク・七宝・ステンドグラスの体験工房講座。
- ・かまどを使っての飯炊き体験を開催。

【出版物・グッズ】

《出版物》「枚方市立旧田中家鋳物民俗資料館」(1997)／「枚方の鋳物師2―古文書編―」(2014)／「枚方市立旧田中家鋳物民俗資料館展示案内」(2018)

- ・所在地　〒573-0155　大阪府枚方市藤阪天神町5-1
- ・ＴＥＬ　072-858-4665
- ・ＦＡＸ　072-858-4665
- ・ＵＲＬ　http://www.city.hirakata.osaka.jp/0000002648.html
- ・E-mail　tanaka-museum@city.hirakata.osaka.jp
- ・交　通　JR片町線(学研都市線)藤阪駅下車　徒歩7分
  京阪電車　枚方市駅南口ターミナル1番乗場から，京阪バス　長尾駅行き乗車　藤阪下車　徒歩5分
- ・開　館　AM9:30 ～ PM5:00(但し入館はPM4:30まで)
- ・入館料　無料
- ・休館日　毎週月曜日(祝休日の場合は翌日)，年末年始(12月29日～1月4日)
- ・施　設　木造平屋建2棟，鉄骨2階建1棟
- ・設　立　1984(昭和59)年10月3日
- ・設置者　枚方市教育委員会
- ・管　理　枚方市教育委員会
- ・責任者　館長・川口政芳

館のイチ押し

国内でただ一つ、江戸時代の姿を残す鋳物工場の建物。

兵庫県

赤穂市立歴史博物館

[食品]

　赤穂市立歴史博物館は、郷土の歴史に関する資料の収集、保管、調査研究および展示をすることによって、教養の向上、文化の発展に資することを目的として、1989(平成元)年に建設された。
　また、本市の特性であり、多くの人々から親しまれている赤穂義士と塩を普及啓発する拠点となることをめざし、愛称を「塩と義士の館」とした。

【展示・収蔵】

　常設展示は、1階に国指定重要有形民俗文化財の製塩用具を中心にした「赤穂の塩」、2階に模型・絵図・出土遺物等による「赤穂の城と城下町」、史実と文化の両側面からとらえた「赤穂義士」、出土遺物・映像等で説明する「旧赤穂上水道」の4テーマで構成している。
　主な収蔵資料に銅鐸鋳型片、赤穂塩田東浜全図、万鍬と子立鎌、真塩俵、赤穂城縄張図、赤穂城出土木簡、赤穂藩札、浅野内匠家来口上、「義士討入」(長安雅山)、雲火焼手焙(大嶋黄谷)、夕立帰農図(長安周得)、忠臣蔵十一段目一「夜打押寄」(歌川広重)、蝦蟇手本ひやうきんぐら(歌川国芳)。
　国指定重要有形民俗文化財となっている赤穂の入浜式製塩用具(237点)は、旧赤穂市塩業資料館より受け継いだもので、今日では目にすることので

兵庫県

きない塩田製塩の技術や、塩づくりに携わった先人の苦労を教えてくれるものである。

【事　業】

　特別展・企画展はそれぞれ年に1～2回程度開催しており、常設展示以外のテーマで、様々な切り口から郷土赤穂の歴史と文化を紹介していこうと努めている。

【出版物・グッズ】

　特別展図録、忠臣蔵扇子等

- ・所在地　〒678-0235　兵庫県赤穂市上仮屋916-1
- ・ＴＥＬ　0791-43-4600
- ・ＦＡＸ　0791-45-3501
- ・ＵＲＬ　www.ako-rekishi.jp
- ・E-mail　info@ako-rekishi.jp
- ・交　通　JR播州赤穂駅から徒歩約20分，相生駅から車で約25分，山陽自動車道赤穂ICから車で約10分
- ・開　館　AM9:00～PM5:00(但し入館はPM4:30まで)
- ・入館料　大人200円，小中学生100円(30名以上団体割引あり)
　　　　　　※特別展の開催中は別に入館料を定める
- ・休館日　水曜日(祝日と重なった場合は翌日)，12月28日～1月4日
- ・施　設　鉄筋コンクリート造(一部鉄骨)2階建
- ・設　立　1989(平成元)年4月26日
- ・設置者　赤穂市

近畿

兵庫県

アシックス スポーツ ミュージアム
[生活・文化]

アシックス スポーツ ミュージアムは、2009(平成21)年7月より企業博物館として一般公開された。アシックス創業60周年の記念事業として、当社の創業哲学である「健全なる身体に、健全なる精神があれかし」(Anima Sana In Corpore Sano)をコンセプトに、創業精神であるスポーツを通じて、スポーツ文化の発展・青少年の健全な育成・地域社会への貢献を目的に設立された。

【展示・収蔵】
　創業から現在まで、各年代を象徴する商品を通じてアシックスの企業理念や活動を紹介。また、トップ選手の使用したシューズなどを選手のプロフィールと共に展示。更に138インチのスーパービジョンと、LEDライトシステムを利用した、トップアスリートのスピードを体感できるアトラクションをご覧いただき、世界記録の凄さを体感していただける。
　1階エントランスでは、当社最新情報(商品やイベント)を提供している。
　2階では当社や製品の歴史、有名選手が使用したシューズ類を紹介している。
　1階ではLEDライトシステムを利用した体感アトラクションを楽しんで頂ける。100Mダッシュ、テニス、野球のピッチングなど、トップアスリートのスピードを体感して頂ける。

【事　業】
《ミニチュアシューズ作製教室》トップ選手用に使用したシューズと同じ素材を活用して、ミニチュアシューズ作製教室を開催している。10歳以上の方を対象に、ものづくりの楽しさや難しさ、大切さを学んでいただく教

兵庫県

室である。開催は毎週土曜日、午後3時より、事前予約が必要。
（500円/1人　所要時間約90分）
《アテンドツアー》アテンドによるツアー見学を希望の場合事前に予約が
　必要。（案内できる最大40名　所要時間約1時間　ツアー時間：AM10:00
　〜11:30、PM2:30〜5:00）

- ・所在地　〒650-8555　兵庫県神戸市中央区港島中町7-1-1
- ・ＴＥＬ　078-303-1329
- ・ＦＡＸ　078-303-6165
- ・ＵＲＬ　http://www.asics.co.jp/corp/museum
- ・交　通　JR三ノ宮駅，阪神・阪急 神戸三宮駅，神戸市営地下鉄 三宮駅乗り換え，
　　　　　　ポートライナーで「中埠頭」駅下車 徒歩約2分
- ・開　館　AM10:00〜PM5:00（入館はPM4:30まで）
- ・入館料　無料
- ・休館日　日曜日，月曜日，祝日，夏季休暇，年末年始休暇
- ・施　設　鉄筋コンクリート2階建，ミュージアム建設面積900㎡（1階 450㎡ 2階
　　　　　　450㎡）　クラフトルーム115㎡
- ・設　立　2009（平成21）年7月1日
- ・設置者　尾山基
- ・管　理　（株）アシックス
- ・責任者　館長・久米勝冬

館のイチ押し

　アシックスの歴代製品や有名選手が使用した製品を展示しています。
　さらに1階に設置している138インチのスーパービジョンでは、LED
ライトシステムを利用した、トップアスリートのスピード体感アトラク
ションをご覧いただけます。

近畿

ものづくり記念館博物館事典　357

兵庫県

うすくち龍野醤油資料館
[食品]

　醤油の起源は古代にまでさかのぼることが出来るが、産業として現在の主産地、龍野・野田・銚子・小豆島などに成立したのは16世紀のことである。このうち龍野は17世紀後半より「うすくち」を特色として、栄えてきた。
　4世紀にわたって京・大阪の文化に育まれ洗練されつつ、日本人の食生活に深くしみこんだこの調味料は、次第に世界の食文化にも味わいを加えようとしている。
　当館は、元ヒガシマル醤油(株)本社社屋として使用されていた建物および、これに隣接した江戸時代からの醤油蔵に、機械化、近代化される前の醤油づくりの道具や仕掛、資料等を展示し、醤油のふるさとを偲ぶことが出来る施設である。

【展示・収蔵】
　醤油仕込蔵：2棟、醤油づくり用具77種2130点は兵庫県重要有形民俗文化財に指定されている。その他井戸、原料処理場、麦炒、麹室、仕込蔵、圧

兵庫県

搾場、帳場など。

　醤油についての文献・古文書129種163点。蔵方江法度書之覚、上京記録、他国醤油仲ヶ間式目帳、造元連名帳、諸船賃併小揚割附控、大坂運送方より下シ候書付之写シ、他所入津醤油問屋名前書、醤油造渡世書上帳など。

　参考資料76種122点など、広く龍野醤油協同組合各社の保管になる資料を中心に展示。

　資料館の建物は、国登録有形文化財になっており、醤油蔵を利用したギャラリーには"未完の画家"山下摩起の絵画42点を展示している。

・所在地　〒679-4178　兵庫県たつの市龍野町大手54-1
・ＴＥＬ　0791-63-4573
・ＦＡＸ　0791-62-5054
・ＵＲＬ　http://usukuchi.sakura.ne.jp
・交　通　JR姫新線　本竜野駅より徒歩20分
・開　館　AM9:00 ～ PM5:00(入館PM4:30まで)
・入館料　小学生以上10円
・休館日　月曜日(祝日・振替休日の場合は翌日)，年末年始
・施　設　木造瓦葺2階建，正面煉瓦造洋館風
・設　立　1979(昭和54)年11月1日
・設置者　(公財)東丸記念財団
・責任者　館長・安井卓男

近畿

兵庫県

菊正宗酒造記念館

[飲料]

　菊正宗は1659(万治2)年、摂津の国 御影の素封家、本嘉納家当主、嘉納屋宗徳翁が酒造業を始めたのが始まりとされている。

　当時から使われ、主に高級酒を仕込んだとされる酒蔵「本店蔵」を、1953(昭和28)年国道43号線建設の区画整理に伴い、創業当時の原型を残して、この地に移築し、記念館として残されることとなった。館内には古くから伝わる酒造器具や、小道具類を収集。酒造りを伝える貴重な資料として高く評価され、1970(昭和45)年には兵庫県の、1971(昭和46)年12月には文部省より国の重要有形民俗文化財「灘の酒造用具」の指定を受けた。その後、皆様に親しまれてきたが、1995(平成7)年1月の阪神淡路大震災で、建物は倒壊した。

　4年の歳月をかけて1999(平成11)年1月、新しい記念館を建築、展示スペースや映像スペース、売店も設けて、お酒の博物館として、復興した。収蔵物は、全壊した蔵の瓦礫の中から社員が手作業で掘り出し、その8割以上を回収した。さらに販売関係(ポスター・看板など)等の新たな物品も加えて、2000(平

兵庫県

成12)年12月 重要有形民俗文化財「灘の酒造用具」566点の再指定を受けている。

【展示・収蔵】

国指定の重要有形民俗文化財「灘の酒造用具」566点を製造工程順に展示・解説する「蔵」(展示室)。「蔵」では酒造工程順に各コーナーを設け、コーナーごとに日本語のほか、英語、中国語、ハングルの解説を加えている。また、これらの解説は、QRコードを読み取ることによって、自分の携帯電話で見ることができる。

きき酒コーナーでは、搾りたての生の原酒や梅酒、ここでしか味わえない限定酒も味わっていただける(無料)。

売店では、菊正宗の人気商品、他では売っていない限定品など清酒のほか、酒粕、奈良漬や酒粕関連商品、菊正宗が開発した、清酒から造られた化粧品、入浴剤、などを取り揃えている。また、全国から「これぞ酒の肴」といわれるような珍味なども販売している。

【事 業】

記念館西側には、樽の製造からその効能まで、樽酒のすべてのわかる「樽酒ファクトリーマイスター」が2017(平成29)年秋にオープンした。

吉野杉を使った杉樽を、栽培、伐採から順を追って説明し、樽の組立作業から完成、酒を充填して樽酒を作る過程を、実際の作業として見学できる、樽酒瓶詰め生産量日本一のメーカーだからできた施設である。

吉野杉の香り、樽を組み上げる様々な音も実体験として味わっていただきたい。

※見学ご希望の方はあらかじめ次の番号までお問い合わせください。
(TEL 078-277-3493)

兵庫県

- ・所在地　〒658-0026　兵庫県神戸市東灘区魚崎西町1-9-1
- ・ＴＥＬ　078-854-1029
- ・ＦＡＸ　078-854-1028
- ・ＵＲＬ　http://www.kikumasamune.co.jp
- ・交　通　阪神電車 魚崎駅より南(海側)へ徒歩8分
　　　　　　神戸新交通 六甲ライナー 南魚崎駅より北(山側)へ2分
- ・開　館　AM9:30 ～ PM4:30(来館はPM4:00まで)
- ・入館料　無料
- ・休館日　年末年始のみ
- ・施　設　鉄筋コンクリート2階建, 本瓦葺, 焼杉板板強仕様, 展示室ほか総面積599㎡
- ・設　立　1960(昭和35)年11月
- ・設置者　菊正宗酒造(株)
- ・管　理　菊正宗酒造(株)総務部記念館
- ・責任者　館長・後藤守

館のイチ押し

　唯一、国の重要有形民俗文化財に指定された「灘の酒造用具」を収蔵展示し、皆様に見ていただくお酒の博物館です。

　日本語だけでなく英、中、韓の言語で、各ブースや商品の開設があり、QRコードを使用して、各自の携帯電話でも見ることができます。

　掲示だけでなく、グループでお越しのお客様には、ご要望により弊館職員が肉声で館内のご案内をさせていただきます。

兵庫県

グリコピア神戸

［食品］

「グリコピア神戸」は、江崎グリコの創立者・江崎利一の提唱していた「食べることと遊ぶことは、子供の二大天職である」という企業哲学を推し進め、お子さまたちに楽しく学んでいただける施設をとの願いを込めて開館したものである。

おなじみのグリコ製品の製造工程をご見学していただくのをはじめ、映像、展示などを通じて、お菓子の知識や食文化について、みなさまに再認識していただく機会になればと願っている。2018(平成30)年10月30周年を機に全面リニューアルした。

【展示・収蔵】
《1F》エントランス、映像上映ホール
　グリコのものづくりを紹介する「創意工夫」、おいしいチョコレートが出来るまで「チョコレートの世界」のビデオ上映。
《2F・4F》それぞれポッキー、プリッツの工場見学。
《3F》グリコの歴史を知る「グリコミュージアム」、世界にひとつだけのデジタルお菓子づくり「デジタルクッキング」、有料体験コーナーがある。

兵庫県

- ・所在地　〒651-2271　兵庫県神戸市西区高塚台7-1
- ・TEL　078-991-3693
- ・FAX　078-992-6436
- ・URL　https://www.glico.com/jp/enjoy/experience/glicopia/kobe/
- ・交　通　〈電車〉神戸市営地下鉄 西神中央駅から神姫バス12系統 高塚台1丁目（約10分）下車 徒歩1分
〈車〉第2神明道路 玉津IC，阪神高速北神戸線 前開IC，神戸淡路鳴門自動車道・山陽自動車道 神戸西ICから約15分／山陽自動車道 三木小野ICより約30分／中国自動車道からは神戸JCTから山陽自動車道へ
- ・開　館　〈案内時間〉AM10:00, 11:00, PM1:00, 2:00, 3:00 ※原則事前予約
- ・入館料　無料　※駐車料（30台駐車可）も無料
- ・休館日　金曜日，お盆休み，年末年始
- ・施　設　鉄筋コンクリート4階建，車イス使用可（要事前連絡），施設面積1650㎡，ウェルカムホール73席
- ・設　立　1988（昭和63）年4月
- ・設置者　江崎グリコ㈱
- ・責任者　館長・田井英明

兵庫県

神戸海洋博物館・カワサキワールド

[交通・運輸]

　1868(慶応3)年の近代神戸港開港から120年を記念して、近代神戸港発祥の地のひとつメリケン波止場に隣接するウォーターフロント公園「メリケンパーク」のシンボル施設として、1987(昭和62)年4月30日開館した日本でも有数の海・船・港の総合博物館である。

　阪神淡路大震災から10年を迎えた2005(平成17)年、震災10年事業「神戸からの発信　タイムズメリケン」開催を機に館内をリニューアルした。

　震災10年事業終了後の2006(平成18)年5月17日には、震災10年事業後のスペースに神戸港とともに歩んできた川崎重工業(株)の企業博物館「カワサキワールド」を誘致、併設した神戸海洋博物館／カワサキワールドとして改めてリニューアルオープンした。

【展示・収蔵】
1) 神戸海洋博物館
　　神戸は、千数百年の昔から天然の良港として栄え、中国大陸や朝鮮半島との交易の窓口として、また瀬戸内海の要衝として、歴史上重要な役割を果たしていた。神戸海洋博物館では、「海から港から、神戸が始まり未来が船出する」をテーマに、神戸港の昨日・今日・明日を中心に展示している。
2) カワサキワールド
　　神戸の地に生まれ、日本に、そして世界に最新のテクノロジーを送り出す川崎重工グループの歴史のほか、それぞれの時代に最先端技術を駆使し、社会発展に貢献してきた陸・海・空の代表的な製品の紹介をとおして、楽

兵庫県

しく学び、遊びながら「技術の素晴らしさ」、「ものづくりの大切さ」を実感させることを目的に展示している。

【事　業】

年に10回程度の企画展示(展示協力を含む)と2年に一度特別展を開催するほか、大人向けの帆船模型教室(5月〜12月　全15回)や講演会の開催、子供向けの夏休みボトルシップ教室などを開催している。

- ・所在地　〒650-0042　兵庫県神戸市中央区波止場町2-2
- ・ＴＥＬ　078-327-8983
- ・ＦＡＸ　078-391-6751
- ・ＵＲＬ　http://www.kobe-maritime-museum.com/
- ・交　通　JR神戸線または阪神 元町駅 南へ徒歩約15分
　　　　　　市営地下鉄海岸線 みなと元町駅 南へ徒歩約10分
- ・開　館　AM10:00 〜 PM5:00(入館はPM4:30まで)
- ・入館料　大人(高校生以上)600円，小・中学生250円(神戸ポートタワー共通券
　　　　　　大人1000円，小・中学生400円)
- ・休館日　月曜日(祝日の場合は開館，翌日休館)，年末年始(12月29日〜1月3日)
- ・施　設　鉄筋コンクリート造(一部鉄骨造)，延床面積7,564㎡
- ・設　立　1987(昭和62)年4月
- ・設置者　(一社)神戸港振興協会
- ・管　理　(一社)神戸港振興協会
- ・責任者　会長・岡口憲義

館のイチ押し

神戸港の歴史や船のしくみに加え、併設する川崎重工グループの企業ミュージアム「カワサキワールド」では、同社の製品をとおしてものづくりの大切さや最新のテクノロジーを体験できる。

兵庫県

神戸大学大学院海事科学研究科海事博物館

[交通・運輸]

通称：神戸大学海事博物館。海事博物館は、その前身の神戸商船大学、さらにその前の神戸高等商船学校時代から現在にかけて海事に関する参考資料を広く収集展示して教育研究の資に供し、あわせて海事の普及に寄与することを目的として1958（昭和33）年に『海事参考館』として発足し、爾来、収蔵資料の保管とともに社会変化で散逸しつつあった資料の蒐集に努めてきた。1967（昭和42）年の神戸商船大学50周年（私立川崎商船学校創基50周年）記念事業において現在の展示室が講堂の一階部分に完成したのを機に1968（昭和43）年『海事資料館』へと改称し、さらに2003（平成15）年10月1日に神戸商船大学と神戸大学とが大学統合したが、その1年後の2004（平成16）年10月1日に『海事博物館』へと名称を改めて現在に至る。

【展示・収蔵】

収蔵品には、江戸時代後期から瀬戸内海や日本沿岸で活躍した北前船の和船模型を始め和船の部分実物、船大工の板図や大工道具類、航路図や海路図屏風、航海の安全を祈願して奉納された絵馬、西洋型帆船や商船模型、近代の航海用具、レシプロ機関やボイラー模型、進水式絵葉書、船や船旅と近代の日本商船隊に関連した寄贈コレクションの他、寄贈書籍など約3万点を数える。

兵庫県

【事　業】

　常設展示に加え、毎年海の日を記念して7月中旬から10月末の間に企画展を開催する。また、秋季には海事博物館市民セミナー（神戸大学大学院海事科学研究科公開講座）を開催する。企画展及び市民セミナーの内容は毎年異なる。

【出版物・グッズ】

　海事博物館研究年報（年1回：神戸大学学術成果リポジトリにて公開）

　企画展図録（年1回・企画展ごと）

- ・所在地　〒658-0022　兵庫県神戸市東灘区深江南町5-1-1　神戸大学大学院海事科学研究科海事博物館
- ・T E L　078-431-3564
- ・F A X　078-431-3564
- ・U R L　http://www.museum.maritime.kobe-u.ac.jp/
- ・E-mail　siryokan@maritime.kobe-u.ac.jp
- ・交　通　阪神電鉄 深江駅下車，南西方向へ徒歩約10分（国道43号線の南側）
- ・開　館　月曜・水曜・金曜の午後（PM1:30 ～ PM4:00）　＜要問合せ＞
- ・入館料　無料
- ・休館日　火曜・木曜・土曜・日曜・祝日，企画展準備期間（6月中旬～7月中旬），盆前後，年末年始　＜要問合せ＞
- ・施　設　鉄筋コンクリート2階建建屋の1階部分（2階は講堂）　床面積632㎡　収蔵庫等の別棟あり（504㎡）
- ・設　立　1958（昭和33）年「海事参考館」，1968（昭和43）年「海事資料館」，2004（平成16）年10月1日「海事博物館」
- ・設置者　（大）神戸大学
- ・管　理　（大）神戸大学大学院海事科学研究科
- ・責任者　館長・矢野吉治（教授）

館のイチ押し

- ・北前船模型と北前船の部分実物
- ・江戸－大坂間の海路を描いた大図
- ・近代日本商船隊の建造・戦没資料

近畿

兵庫県

酒ミュージアム（白鹿記念酒造博物館）
　　　　　　　　　　　　　（はくしか）

[飲料]

　清酒「白鹿」醸造元の辰馬本家酒造（株）が創業320年にあたる1982（昭和57）年に設立。1983（昭和58）年2月には登録博物館認可を受けた。
　時の流れにともないお酒の醸造も近代化され古い酒造りを見ることは難しくなった現在、次第に姿を消しつつあるお酒に関する古い資料や文書などを保存・展示し、日本人の文化的遺産である酒造りの歴史を後世に正しく伝えていくことを目的としている。
　博物館設立時に公開していたレンガ造の「酒蔵館」は阪神・淡路大震災で全壊したが、3年後の1998（平成10）年3月、「明治の酒蔵が帰ってきた」をコンセプトに現在の木造蔵の「酒蔵館」が復興オープンした。

【展示・収蔵】
　白鹿記念酒造博物館は、「酒蔵館」と「記念館」の2棟で構成されている。
　1869（明治2）年築の酒蔵を利用した「酒蔵館」では、酒造道具に触れる体験や酒造り映像・酒造り唄の視聴ができる。
　「記念館」には企画展示室のほか、酒に関する資料や書画・工芸品を展示する「酒資料室」、西宮市より寄託を受けている故笹部新太郎翁の収集した

酒蔵館

兵庫県

桜に関する資料「笹部さくらコレクション」を公開する「笹部さくら資料室」がある。

隣接する「白鹿クラシックス」では食事や買い物が楽しめる。

【事　業】

毎年春と秋に特別展を開催。

春季は「笹部さくらコレクション」の特別展を行う。

冬には「堀内ゑびすコレクション」展、企画展「節句の人形」を開催。

【出版物・グッズ】

・「白鹿記念酒造博物館－開館記念－」(1982)
・「白鹿記念酒造博物館－暮しの中の美－」(1982)
・「'83吉祥展」(1983)
・「－開館十周年記念－白鹿記念酒造博物館　館蔵名品図録」(1992)
・「灘の酒つくり」(白鹿記念酒造博物館・西宮市教育委員会　1992)
・「瓦　近代の酒蔵所用」(2001)
・「本蔵釜場発掘調査報告書」(2002)
・「翻刻　無而七癖」(2008)
・「櫻つれづれ」(2013)

その他　美人画ポスター3種、「明治二十八年度全国酒造家造石高見立鑑」ポスター

・所在地　〒662-0926　兵庫県西宮市鞍掛町8-21
・ＴＥＬ　0798-33-0008(代)
・ＦＡＸ　0798-32-2790
・ＵＲＬ　http://www.hakushika.co.jp/museum/
・E-mail　sake-museum@hakushika.co.jp
・交　通　〈電車〉阪神電鉄　西宮駅より札場筋を南へ徒歩15分
　　　　　〈バス〉阪神電鉄　西宮駅南側・JR西宮駅南側より阪神バスマリナパーク方面行「交通公園前」停留所下車南西へ徒歩1分，阪急電鉄　西宮北口駅より阪急バス朝凪町方面行「東町」停留所下車西へ徒歩5分
　　　　　〈車〉名神高速　西宮ICより5分，大阪方面より阪神高速神戸3号線　武庫川出口より8分，湾岸5号線　西宮浜出口より3分，神戸方面より阪神高速神戸3号線　西宮出口より2分，湾岸5号線　南芦屋浜出口より8分
・開　館　AM10:00～PM5:00(入館はPM4:30まで)
・入館料　一般400円，小・中学生200円

兵庫県

※記念館・酒蔵館の共通チケット
※団体割引20名以上2割引
※特別展は別料金
・休館日　火曜日(祝日の場合は翌日，連休の場合は連休明け休館)，夏期・年末年始
・施　設　酒蔵館：敷地面積2348.95㎡，建築面積1821.91㎡，延床面積1619.68㎡
　　　　　記念館：敷地面積2234.79㎡，建築面積1235㎡，延床面積2250.86㎡
・設　立　1982(昭和57)年4月
・設置者　(公財)白鹿記念酒造博物館
・責任者　副館長・弾正原佐和

館のイチ押し

・「酒蔵館」では、昔の酒造りを追体験できます。
・「記念館」では、お酒に関する資料と、桜の保護・育成のために生涯を捧げた故笹部新太郎翁が遺した「笹部さくらコレクション」をご覧頂けます。
・隣接する「白鹿クラシックス」と併せて、お酒の文化ゾーンとしてお楽しみ頂けます。

近畿

兵庫県

史跡・生野銀山と生野鉱物館

[金属・鉱業]

　1200年続いた生野銀山が1973（昭和48）年に閉山した。代表的坑道の一部を稼動時の機械や、江戸時代の坑内作業を電動人形で再現し、観光坑道としてご覧頂いている。

【展示・収蔵】
《鉱山資料館》
　江戸時代の生野銀山立体模型や銀山の様子を詳細に描いた絵巻物、道具類等の資料を豊富に展示。
《吹屋資料館》
　電動人形が「上納銀」が出来るまでの製錬工程を作業毎に再現している。

【出版物・グッズ】
　「生野銀山史の概説」（1992.11　（株）シルバー生野）

兵庫県

- ・所在地　〒679-3324　兵庫県朝来市生野町小野33-5
- ・ＴＥＬ　0796-79-2010
- ・ＦＡＸ　0796-79-2755
- ・ＵＲＬ　http://www.ikuno-ginzan.co.jp/index.php
- ・E-mail　mail@ikuno-ginzan.co.jp
- ・交　通　JR生野駅(播但線)からバス10分，播但連絡道路生野ランプから5分
- ・開　館　4月〜10月…AM9:00〜PM5:30，11月…AM9:00〜PM5:00
　　　　　　12月〜2月…AM9:30〜PM4:30，3月…AM9:30〜PM5:00
- ・入館料　大人900円，中高生600円，小学生400円
　　　　　　※団体15名以上10％引，50名以上15％引
- ・休館日　年末年始，定休日12月〜2月の3ヶ月間のみ毎週火曜日(但し火曜日が
　　　　　　祝祭日の場合，翌日に振替)
- ・施　設　鉄筋コンクリート2階建
- ・設　立　1973(昭和48)年2月
- ・設置者　(株)シルバー生野
- ・責任者　館長・妹尾高明

近畿

兵庫県

竹中大工道具館

[建設・土木]

　大工道具は、品質のよいものほど摩耗するまで使われ、消滅するという厳しい宿命をもっている。また、戦後の高度成長を経て機械製材と電動工具が広まり、今日ではテクノロジーの発達とともに、手道具を使う職人は急激に少なくなってきた。

　消えてゆく大工道具を民族遺産として収集・保存し、さらに研究・展示を通じて後世に伝えていくことを目的に、1984(昭和59)年、神戸市中山手に設立されたのが日本で唯一の大工道具の博物館「竹中大工道具館」である。

　今日までに収集した資料は34,000余点に上り、古い時代の優れた道具を保存することはさることながら、「道具」を使いこなす「人」の技と知恵や心、そこから生まれる「建築」とそれを取り巻く木の文化について、様々な企画展や講演会、セミナー、出張授業、体験教室などのイベントを定期的に開催してきた。

　なお、2014(平成26)年10月には、建物の老朽化や展示・収蔵スペースの不足等から新神戸駅近くの竹中工務店ゆかりの地へと移転している。

兵庫県

唐招提寺金堂の組物模型

【展示・収蔵】

　これまで収蔵した約34,000点のなかから選りすぐった約1,000点の大工道具を展示するほか、吹き抜け空間にそびえ立つ7m超の唐招提寺金堂の組物模型、数寄屋の繊細な仕事がみえるスケルトン茶室といった大型模型があり、嗅いだり触ったりできるハンズオン展示やタッチパネル式の解説ツールも設置している。

　常設展は「歴史の旅へ」「棟梁に学ぶ」「道具と手仕事」「世界を巡る」「和の伝統美」「名工の輝き」「木を生かす」の7つのコーナーに分かれている。

　一見モダンに見える建物は多目的ホールの舟底天井や漆喰塗りの壁、名栗仕上げの自動ドア、鍛冶が鍛造した案内サインというように伝統の技をちりばめており、博物館そのものが「匠の技の数々を肌で感じられる場」となっている。

【事　業】

　企画展は財団設立時より年1回開催、近年は1年に複数回開催中。また、企画展ごとにギャラリートークやワークショップなどの関連イベントも開催。

　講演会は毎年秋に、また、セミナーについては原則奇数月に1回開催している。

　そのほか、木工室での工作・体験といったワークショップも適宜開催。

兵庫県

【出版物・グッズ】

《常設展示図録》研究紀要1～29号／収蔵品目録1～11号／「ヨーロッパの伝統木工具」(写真集)／10年史、20年史、30年史(非売品)

《企画展図録》以下は2018(平成30)年9月現在、在庫ありのものに限る
「数寄屋大工－美を創造する匠－」／「日中韓－棟梁の技と心－」／「木と共に生きる－木地屋 小椋榮一の仕事－」／「千代鶴是秀－用を極めて美に至る－」／「近代建築－ものづくりの挑戦－」／「土のしらべ－和の伝統を再構築する左官の技－」／「漆彩讃歌－石本愛子漆芸展－」／「千年の甍－古代瓦を葺く」

・水彩画で綴る－大工道具物語
・イラストでよくわかる！大工道具入門
・DVD「棟梁」、大工の手ぬぐい、樹文字手ぬぐい(紺・白)、一筆箋、大工道具物語　絵ハガキセット(8枚入・4種)、鉋えんぴつ削り、ひのきの鉛筆、キーホルダー・ストラップ(各3種)、肥後守、墨壺(彫刻有・なし)、木のしおり(3種)、木のおもちゃ(3種)、箸置きセット(2種)など

・所在地　〒651-0056　兵庫県神戸市中央区熊内町7-5-1
・ＴＥＬ　078-242-0216
・ＦＡＸ　078-241-4713
・ＵＲＬ　http://dougukan.jp
・交　通　JR山陽新幹線 新神戸駅中央改札口より徒歩約3分
　　　　　市営地下鉄 新神戸駅北出口2より徒歩約3分
　　　　　市バス2・18系統「熊内6丁目」下車、徒歩約2分
・開　館　AM9:30～PM4:30(入館はPM4:00まで)
・入館料　一般500円, 大高生300円, 中学生以下無料, 65歳以上は年齢証明提示で200円
・休館日　月曜日(祝日の場合は翌平日)、年末年始(12月29日～1月3日)
・施　設　地下2階, 地上18階　鉄筋コンクリート造・鉄骨造　建築面積539㎡, 延床面積1,884㎡
　　　　　地上1階：出入口, ロビー, シアター, ショップ, 事務室他　地下1階：展示室, 倉庫他　地下2階：展示室, 木工室, ライブラリー他
　　　　　建設設計施工：(株)竹中工務店
・設　立　1984(昭和59)年7月1日
・設置者　(公財)竹中大工道具館
・責任者　館長・赤尾建蔵

兵庫県

手柄山交流ステーション
(てがらやま)
[交通・運輸]

昭和30年代後半から計画され「姫路大博覧会」への輸送手段として1966(昭和41)年5月17日開業するも、わずか13年で廃止となった「姫路モノレール」の遺構をそのまま展示施設とするため改修し、手柄山中央公園内にある多様な施設をつなぐ交流拠点及び情報発信基地として緑化推進活動の場として2011(平成23)年4月29日に開館。

姫路モノレール

【展示・収蔵】

昭和40年代当時、実際に使用されていたモノレール車両実物のほか、2010(平成22)年まで運営していた姫路市営バスや書写山ロープウェイの資料も展示。また、廃止時から保管されていた当時の資料も保存。ゆくゆくは整理、分類のうえ公開展示を目指す。

【事　業】

毎年、春・秋に手柄山中央公園内各施設と連携し集客イベントを開催。また、姫路モノレールに特化したものとして知見のあるNPO法人と共同で「姫路モノレール」を広く知らしめるため不定期ではあるもののイベントを開催。

【出版物・グッズ】

直接販売ではないがキーホルダー、ハンドタオル、缶バッヂ(以上施設内無人自動販売器にて)、クリアファイル、ボールペン等(手柄山中央公園内「姫路市立温室植物園」にて対面販売)

兵庫県

- ・所在地　〒670-0971　兵庫県姫路市西延末440(手柄山中央公園内)
- ・ＴＥＬ　079-299-2500
- ・ＦＡＸ　079-299-2522
- ・ＵＲＬ　http://www.city.himeji.lg.jp/koryustation
- ・E-mail　koryustation@city.himeji.hyogo.jp
- ・交　通　〈電車〉山陽電車 手柄駅下車 徒歩約10分, JR姫路駅下車 徒歩約15分 (モノレール橋脚跡をたどって)
　　　　　〈バス〉JR姫路駅より神姫バス
　　　　　[駅南95, 96系統]「姫路市文化センター前」下車 徒歩南に約5分
　　　　　[駅南97系統(手柄山ループバス)]「姫路市文化センター前」下車 徒歩南に約5分
　　　　　※手柄山ループバスは土日祝のみの運行
　　　　　〈車〉姫路バイパス 中地ランプ から約5分
- ・開　館　AM9:00 ～ PM5:00
- ・入館料　無料
- ・休館日　火曜日(祝日の場合は翌平日), 12月29日～1月1日(但し多目的ホールは1月3日まで)
- ・施　設　鉄筋コンクリート造一部鉄骨造　地上3階, 敷地面積1,357㎡　延床面積4,216㎡
- ・設　立　2011(平成23)年4月29日
- ・設置者　姫路市
- ・管　理　姫路市建設局公園部公園緑地課
- ・責任者　公園緑地課長・竹田敏郎

館のイチ押し

　昭和40年代に実際に姫路の街を走っていた旧姫路モノレールの実物車両と旧手柄山駅をそのまま展示施設として改修し、2011(平成23)年4月29日に開館。車両展示だけでなく、2010(平成22)年3月26日をもって神姫バス(株)に事業移管・廃止となった姫路市営バスの資料なども展示。

兵庫県

白鶴酒造資料館
はくつる

[飲料]

　白鶴酒造は、1743（寛保3）年の創業から伝統を守りつつ、新しい文化の創造を目指し、人々に愛される企業として社会と共に成長してきた。それは四季醸造工場の建設や紙容器の導入など、先進的に歩む一方で、伝統的な酒造りの"こころと技法"を守り続ける姿勢として表れている。

　歴史の変遷とともに、清酒業界にも近代化の波が押し寄せ、古い酒造りが次々と新しく生まれ変わりつつあり、同時に古い酒造道具や資料も次々と姿を消していくのが現実である。

　白鶴酒造では、当社の古い酒蔵をそのまま酒造資料館として1982（昭和57）年に公開。皆様の目と肌で、伝統の酒造りの世界にふれていただき、"日本のこころ"が広く、深く伝えられれば幸いである。

　なおこの建物は大正初期に建造され、1969（昭和44）年3月まで本店1号蔵として稼働していたもの。1995（平成7）年の阪神大震災で被害を受け、1997（平成9）年に「前蔵」の修復および「大蔵」の再築を行っている。

兵庫県

麹室

【展示・収蔵】
　洗米、放冷、麹取り込みなど、昔の酒造りの行程に従って、蔵人が作業する姿を人形に再現、現実に使った道具類も可能な限り忠実に展示している。機械の発達していなかった時代の蔵人の創意工夫が見て取れる。
《主な展示物》
　昭和初期の仕込用大桶（1.8ℓ瓶で3300本分）、酒槽(さかぶね)、暖気樽(だきだる)、きつね桶、阿弥陀車(あみだぐるま)、猿(さる、あるいはこま)、分司(ぶんじ)など、木製の酒造用具や資料など約500点を展示している。

- 所在地　〒658-0041　兵庫県神戸市東灘区住吉南町4-5-5
- ＴＥＬ　078-822-8907
- ＦＡＸ　078-822-4891
- ＵＲＬ　http://www.hakutsuru.co.jp/
- 交　通　阪神 住吉駅下車 徒歩約5分、JR住吉駅下車 徒歩約15分、阪急 御影駅下車 車で約10分
- 開　館　AM9:30 〜 PM4:30（入館締切PM4:00）　※団体は予約制
- 入館料　無料
- 休館日　月曜日（但し月曜日が祝日・振替休日の場合翌日）
- 施　設　前蔵：木造2階建、大蔵：鉄筋コンクリート2階建
　　　　　建築面積約1100㎡、延面積約1950㎡
- 設　立　1982（昭和57）年
- 設置者　白鶴酒造（株）
- 責任者　館長・髙田昌和

兵庫県

美味伝承 甲南漬資料館

[食品]

　髙嶋酒類食品(株)の本家にあたる髙嶋太助商店は江戸末期に御影町東明で酒造業を始めた。その頃四代目嘉多九郎左衛門(東明で製樽業を営んでいた)の三男、音松(初代髙嶋平介)は姉、とみの嫁ぎ先である髙嶋太助の援助を受け酒粕の仲介業から1870(明治3)年には髙嶋姓を名乗り、粕取焼酎の製造を始める。この年を当社の創業の年としている。その粕取焼酎(酒粕を蒸してアルコール分を蒸発させ、それを集めて冷却して作る焼酎)をもとにして、1896(明治29)年には味醂の製造を始め、さらに1904(明治37)年奈良漬の製造を始める。酒粕の仲介業として出発したこともあり、十分に酒粕を使い、また自家製の味淋粕もあったため、非常に優れた奈良漬ができ、大正時代には"髙嶋の奈良漬"は有名ブランドになった。1923(大正12)年には、当時の阪神電車「東明停留所」前に現在の本店を新築、その頃類似品が出回り出したために1930(昭和5)年「六甲山の南で漬けた美味しい奈良漬」ということから"甲南漬"という商標を登録、阪神間では、奈良漬の代名詞となるまでとなった。これら当社の歴史と共に、灘の酒造業や奈良漬のルーツについても知っていただくために資料館を開設した。

兵庫県

【展示・収蔵】

　奈良漬の歴史や奈良漬の主原料たる酒粕の主産地である灘五郷との関係や、当社の約150年に渡る歴史やみりんに関する道具を展示。また1995（平成7）年1月17日の阪神淡路大震災により古くからの蔵のほとんどが倒壊したため、会長の髙嶋良平は、かねてから甲南漬ゆかりの御影郷、魚崎郷の街並み模型を少しずつ製作していたものを、資料館がリニューアルオープンしたのを機に、展示した手作りの貴重な資料や昔のラベルや帳簿類、お酒に関する資料、帳場を再現している。

【事　業】

　カルチャー倶楽部（常設教室。例として、甲南漬教室、絵画教室、陶芸など）。他に、チャリティバザー、フリーマーケット、音楽ライブなどいろいろなイベントを行っている。

【出版物・グッズ】

　会報誌「武庫の郷通信」（隔月発刊）

- ・所在地　〒658-0044　兵庫県神戸市東灘区御影塚町4-4-8
- ・ＴＥＬ　078-842-2508
- ・ＦＡＸ　078-842-0197
- ・ＵＲＬ　http://www.konanzuke.co.jp/mukonosato/
- ・E-mail　information@konanzuke.co.jp
- ・交　通　阪神電車 新在家駅から東へ徒歩5分，JR線六甲道駅から南へ徒歩15分
- ・開　館　AM10:00 ～ PM5:00
- ・入館料　無料
- ・休館日　年末年始（12月29日～1月5日）
- ・施　設　鉄筋コンクリート3階建（資料館は1階のみ）
- ・設　立　1997（平成9）年4月9日
- ・設置者　髙嶋酒類食品（株）
- ・責任者　館長・豊山和仁

> **館のイチ押し**
>
> - ・〈国・登録有形文化財建造物〉に選ばれた建物
> - ・震災前の灘の酒蔵（魚崎郷、御影郷）の街並みの模型
> - ・建築当時（1930（昭和5）年）のままのレトロな雰囲気のラウンジ

兵庫県

UCCコーヒー博物館

[飲料]

UCCコーヒー博物館は、日本で唯一、世界にも数少ないコーヒー専門の博物館である。

「カップから農園まで」を網羅する総合的な展示をしている。

1987(昭和62)年10月1日"コーヒーの日"に「コーヒーの素晴らしさを一人でも多くの人に伝えたい」と、UCCグループ創業の地である神戸に誕生した。

【展示・収蔵】

◇展示室1.「起源」 コーヒー発見伝説、飲用と栽培伝播の歴史
エチオピアで発見されたコーヒーが、世界で愛される飲み物になるまでの壮大な歴史を紹介している。

◇展示室2.「栽培」 種まき、収穫、精製
大切に育てられるコーヒーの木々。栽培から収穫されたコーヒーが生豆になるまでをご覧いただける。

◇展示室3.「鑑定」 鑑定士による格付け、麻袋の重さ体験、各生産国の麻袋
香りや味を検査するブラジルのコーヒー鑑定を中心に、コーヒー生豆が消費国へ旅立つまでの工程を紹介している。

◇展示室4.「焙煎」 8段階の焙煎度合、熱風式焙煎機の構造、古い時代の焙煎器
生豆が焙煎、ブレンドされて製品へと加工される様子をご覧いただける。

◇展示室5.「抽出」 抽出器具の進化と歴史、おいしいコーヒーの淹れ方
コーヒーをおいしく淹れる基本からアレンジメニューまで。
コーヒーの楽しみが広がる情報をご覧いただきたい。

兵庫県

◇展示室6.「文化」　コーヒーカップ、世界のコーヒー切手、コーヒーと音楽
切手や音楽、小説などにも数多く登場してきたコーヒー。
生活を彩るコーヒー文化をお楽しみいただきたい。

◇UCCヒストリー
懐かしい歴代の製品など、UCCの歴史がご覧いただけるコーナー。

◇コーヒーと環境
自然と人にやさしいコーヒー作りやコーヒー抽出カスの脱臭効果などを紹
介している。

◇コーヒーと健康
コーヒーをもっとおいしく健康に。健康ライフのお役立ち情報コーナーで
ある。

◇テイスティングコーナー
コーヒーの飲み比べを1日4回開催している。月ごとのテーマに応じて、2
種類のコーヒーをご試飲いただける。

◇コーヒークイズQ&A
展示の中から出題されるクイズに挑戦すると、顔写真入りのコーヒー博士
認定証がもらえる。

◇焙煎体験
オリジナルコーヒーを作れる焙煎体験。手網を使った焙煎したコーヒーを
お持ち帰りいただける。
◎参加費用／一人1,000円
申込みは当館HPから（https://www.ucc.co.jp/museum/）
詳しくは電話で問い合わせ

《収蔵品》コーヒーカップ・コーヒーポット、農工具、コーヒー鑑定道具、
焙煎器、ミル、抽出器具、コーヒー切手、コーヒー版画、コーヒー生産国
の通貨(コイン・紙幣)、コーヒー関連のレコード・CD、世界のカフェの
メニューブック、ポスター、書籍など。

【事　業】

コーヒーをテーマにしたイベントの定期開催、焙煎体験、ブレンド体験、
飲み比べセミナー、おいしいコーヒーの淹れ方実演、3Dラテアート、ミュー
ジアムアテンダントによる見どころ紹介、コーヒーの木の育て方ワーク
ショップ、コーヒーの盆栽ワークショップ、カフェ・コンサート、UCCコー
ヒー博物館見学ツアー、親子向け見学ツアー、親子向けコーヒー抽出体験プ

兵庫県

ログラム、お子さま向け夏休み特別企画、館長のおしゃべりcafe、中学高等学校向けの無償教材の提供活動。

【出版物・グッズ】

《図書》「図説コーヒー(ふくろうの本)」(UCCコーヒー博物館著 河出書房新社 2016)/「神戸とコーヒー—港からはじまる物語—」(UCCコーヒー博物館監修 神戸新聞総合出版センター編 神戸新聞総合出版センター 2017)

《グッズ》UCCコーヒー博物館オリジナルコーヒー100g 800円(税込)、コーヒーの木380円(税込)、ミニ樽500円(税込)、ヘンプバッグ410円(税込)、ミニカップ(ピンク・ブルー)各500円(税込)

- 所在地 〒650-0046 兵庫県神戸市中央区港島中町6-6-2
- ＴＥＬ 078-302-8880
- ＦＡＸ 078-302-8824
- ＵＲＬ https://www.ucc.co.jp/museum/
- 交 通 ポートライナー三宮で「北埠頭行」に乗車, 南公園駅下車 徒歩1分
- 開 館 AM10:00 ～ PM5:00(入館はPM4:30まで)
- 入館料 大人(高校生以上)300円, 団体(20名以上)240円, シニア(65歳以上)150円, 障がい者(介添人1名まで同額)150円, 証明できるものを提示 ※中学生以下 無料
- 休館日 毎週月曜日(月曜祝日の場合は翌日), 年末年始
- 施 設 鉄骨造・外壁ストーンパネル貼・屋根ステンレス 地下1階・地上3階
- 設 立 1987(昭和62)年10月1日
- 設置者 UCCホールディングス(株)
- 管 理 UCCホールディングス(株)
- 責任者 館長・山岡昭雄

近畿

館のイチ押し

- コーヒーの歴史や栽培、鑑定、焙煎、抽出、そして文化まで、コーヒーの魅力をご紹介しています。
- 「テイスティングコーナー(1日4回開催)」や、顔写真入りの認定証がもらえる「コーヒークイズQ&A」、「焙煎体験(要予約)」など、数多くの体験型プログラムをご用意しています。

奈良県

三光丸クスリ資料館
[医薬品]

三光丸(健胃薬、和漢薬)は約700年の歴史をもつ和漢薬であり、江戸中期以降は置き薬の製造、販売において奈良県の中心的役割を果たしてきた。当館では江戸から現代までの資料(置き薬に関するものおよび生薬)を展示している。

昔の薬づくりの道具、古文書、版木、引札など、古い資料を多く所蔵して

こころの館と庭園

おり、しかも奈良県においては薬の資料館が希少なこともあって、資料館を設立して当該資料の紹介と、新たな資料の蒐集に努めてきた。ホームページにおいても積極的に資料紹介を行っている。

【展示・収蔵】
〈薬のまほろば館〉　大和(奈良)の薬の歴史に関する展示
- やうじゃう座(ミニシアター)　大和の薬の歴史を映像で体験。
- 和漢薬曼陀羅　様々な生薬に実際に触れ、においを嗅いでみることができる。
- 和漢薬百科(クスリに関する楽しいクイズ)
- 和漢薬のあゆみ(年表コーナー)

〈こころの館〉
- 薬づくり体験工房　薬研、乳鉢、石臼などを実際に使って薬づくりを体験。丸薬の袋詰め体験もできる。
- 先用後利のこころ　置きぐすりのシステムの解説と昔の配置員の姿、道具、心得など。
- 三光丸ギャラリー　新旧三光丸、クスリのパッケージ、版木、古文書、

奈良県

　ポスター、置きぐすりのおみやげなど。

〈薬草の小径〉　生薬を栽培している。（散策可）。

〈和の庭〉　和風庭園は解放しているので、昼食をひろげることも可。

　このほか、敷地内にある製剤工場の見学も可能。

【事　業】

　年1回企画展を開催するほか、依頼があれば「大和のクスリ」に関する講演および近隣小中学校への“出前授業”も行っている。

【出版物・グッズ】

・「新 三光丸物語」／「子供向け売薬史」（無料）
・館内にてミュージアムグッズを販売中

・所在地　〒639-2245　奈良県御所市今住700-1
・ＴＥＬ　0745-67-0003
・ＦＡＸ　0745-67-9003
・ＵＲＬ　http://www.sankogan.co.jp/
・E-mail　museum@sankogan.co.jp
・交　通　JR和歌山線掖上駅下車徒歩10分，近鉄吉野線市尾駅下車徒歩15分
・開　館　AM9:00 ～ PM4:30（但し入館はPM4:00まで）
・入館料　無料
・休館日　土・日・祝日および夏季・冬季休館日（但し月の第2土曜日は開館）
　　　　　他に特別開館日あり（HPで告知）
・施　設　木造1階建および木造2階建（計2棟）計265㎡，和風庭園850㎡
・設　立　1990（平成2）年12月
・設置者　米田徳七郎
・管　理　（一財）三光丸クスリ資料館
・責任者　館長・浅見潤

近畿

館のイチ押し

・見る、聞く、ふれる、味見する、嗅ぐ…五感をフルに使って大和のクスリを学べます。
・昔のクスリづくりの道具を、実際に手に取って、クスリづくりを体験できます。

ものづくり記念館博物館事典　387

奈良県

大和(だいわ)ハウス工業 総合技術研究所
[建設・土木]

　大和ハウス工業 総合技術研究所は、40周年記念事業の一環として、1994（平成6）年9月に関西文化学術研究都市の平城地区「ならやま研究パーク」内に設立された。社会への価値を創造するため、より良い暮らしの実現に向けた研究開発、そして今後直面するであろう社会課題を解決するため、単なるハウスメーカーとしてだけではなく、物流施設や商業施設などの事業用建築物の研究開発もすすめている。歴史・文化・自然環境に恵まれた京阪奈丘陵の一角の約3万㎡の広大な敷地で、人・街・暮らしのより良い未来をつくるため、"明日"の社会に不可欠なこと＝ア・ス・フ・カ・ケ・ツ・ノ：「ア（安全・安心）」、「ス（スピード・ストック）」、「フ（福祉）」、「カ（環境）」、「ケ（健康）」、「ツ（通信）」、「ノ（農業）」をキーワードに掲げ、お客さまや社会の次世代のニーズに応える様々な研究開発に挑戦している。

【展示・収蔵】
◇D'ミュージアム…環境共生の原点を伝え、技術の発展の歩みをたどる展示エリア
　・世界の環境共生住宅：自然との共生を実現している世界各国の22点の住居を模型や映像で紹介

奈良県

・テクノロジーアーカイブ：創業から今日に至るまでの、技術における研究開発の記録を展示
・ストックギャラリー：創業商品「パイプハウス」などの実物を展示
◇テクノギャラリー…社会課題の解決に向けて研究開発した成果に加え、研究所が思い描く未来の技術について、ビジネスゾーン・ハウジングゾーン・メッセージゾーンの3つのエリアで紹介
◇石橋信夫記念館…建築の工業化に懸けた創業者の「夢」と人生の展示

【出版物・グッズ】
　「エイジング・イン・プレイス─超高齢社会の居住デザイン」(学芸出版社2009.9)／「改築上手　「心地いい家」のヒント52」(新潮社　2011.3)／「いい家は「細部」で決まる」(新潮社　2012.7)／「段取りの"段"はどこの"段"？─住まいの語源楽─」(新潮社　2015.7)

・所在地　〒631-0801　奈良県奈良市左京6-6-2
・ＴＥＬ　0742-70-2111
・ＦＡＸ　0742-72-3060
・ＵＲＬ　http://www.daiwahouse.co.jp/lab/
・交　通　近鉄京都線 高の原駅からバス10分
・開　館　AM10:00 ～ PM5:00(但し見学には予約が必要)
・入館料　無料
・休館日　土・日曜日，祝祭日，夏期休日，年末年始
・施　設　石橋信夫記念館，D'ミュージアム，本館(テクノギャラリー)など
・設　立　1994(平成6)年9月
・設置者　大和ハウス工業(株)

近畿

館のイチ押し

　日本の科学技術の発展を示す貴重な資料として、独立行政法人国立科学博物館の重要科学技術史資料(愛称：未来技術遺産)に「黎明期のプレハブ住宅」として登録された、創業商品「パイプハウス」及び工業化住宅の原点となる「ミゼットハウス」の実物展示。

鳥取県

鳥取二十世紀梨記念館 なしっこ館
［農業・林業・畜産］

　二十世紀梨の生産量で日本一を誇る鳥取県が、梨をテーマとした日本唯一の展示施設として、2001(平成13)年4月に「鳥取二十世紀梨記念館」を開館した。梨に関する産業、歴史および文化への県民の理解を深めるとともに、観光及び果樹の振興に資することを設置目的としている。

【展示・収蔵】
　シンボルツリー(二十世紀梨の巨木)や梨に関する各種資料の展示を行うとともに、鳥取県が二十世紀梨の一大産地になるまでの歴史を紹介する「二十世紀梨ものがたり劇場」、日本の梨のルーツなどを映像でたどる「シアター」、子どもたちが楽しみながら梨を学べる「梨の不思議ガーデン」など館内には様々なテーマ別のエリアがあり、館外では実物の梨を栽培する梨ガーデンを管理している。

鳥取県

【事　業】

- ・観光の振興、果樹の振興、食農教育の主要テーマに沿った事業を展開
- ・毎日3品種の梨の食べくらべを実施
- ・鳥取梨つくり大学の開講
- ・梨つくり体験メニューの提供
- ・夏休み親子自由研究の実施　など

【出版物・グッズ】

《出版物》「アジア浪漫紀行　梨の来た道」（2001）

《グッズ》なしのなかまたちキャラマグネット（200円）、オリジナルクリアファイル（200円）

- ・所在地　〒682-0816　鳥取県倉吉市駄経寺町198-4（倉吉パークスクエア内）
- ・ＴＥＬ　0858-23-1174
- ・ＦＡＸ　0858-47-1174
- ・ＵＲＬ　http://1174.sanin.jp/
- ・E-mail　nashi-info@1174.sanin.jp
- ・交　通　〈車〉JR倉吉駅から約10分
  〈バス〉倉吉駅から西倉吉，生田車庫，広瀬行き倉吉パークスクエアで下車
- ・開　館　AM9:00 〜 PM5:00（最終入館時間PM4:40）
- ・入館料　大人300円（10名以上270円，20名以上240円）
  小中学生150円（10名以上130円，20名以上100円）
- ・休館日　毎月第1・3・5月曜日（祝日の場合は翌日）
- ・施　設　RC2階造
- ・設　立　2001（平成13）年4月27日開館
- ・設置者　鳥取県
- ・管　理　（一財）鳥取県観光事業団
- ・責任者　館長・山﨑嘉彦

館のイチ押し

- ・毎年約4,000個の果実を実らせていた直径20mの二十世紀梨の巨木は必見。
- ・1年中3品種の梨の食べ比べを実施。
- ・実物の梨や梨に関するお土産、人気の梨ソフトクリームなどを販売。
- ・実物の梨を栽培する梨ガーデンを整備。

島根県

石見銀山資料館
いわみ

[金属・鉱業]

　石見銀山は、戦国時代に発見され、江戸時代は幕府の直轄地となり、近代以降は銅を中心に1923（大正12）年の休山まで採掘された。1969（昭和44）年の国史跡指定を契機に史跡整備が進められ、2007（平成19）年にはユネスコの世界文化遺産に登録された。
　1976（昭和51）年、旧邇摩郡役所（1902（明治35）年建築）の建物を大森観光開発協会が無償譲渡を受け、石見銀山資料館を開館。2001（平成13）年に独立し、2007（平成19）年にリニューアルオープンした。

【展示・収蔵】
　主な収蔵資料は、石見銀山関係資料約500点、島根県内を中心に各地の鉱山を踏査して採取した約400点の鉱石など。
　常設展示は、歴史・鉱山・文化・鉱物と各室ごとにテーマを設定している。

島根県

【事　業】

　年2〜3回企画展を開催するほか、毎月講座を行っている。

【出版物・グッズ】

　図録「資料で見る石見銀山の歴史」（2007再版）／図録「世界遺産登録10周年記念　石見銀山展—銀が世界を変えた—」（2017）

・所在地　〒694-0305　島根県大田市大森町ハ51-1
・Ｔ Ｅ Ｌ　0854-89-0846
・Ｆ Ａ Ｘ　0854-89-0159
・Ｕ Ｒ Ｌ　http://fish.miracle.ne.jp/silver/
・E-mail　silver@tx.miracle.ne.jp
・交　　通　〈車〉山陰自動車道　出雲ICから約60分　〈バス〉JR山陰本線　大田市駅
　　　　　　からバスで約26分，大森代官所跡バス停下車すぐ
・開　　館　AM9:00〜PM5:00
・入館料　大人500円（400円），小中高生200円（150円）
　　　　　　※（　）内は20名以上の団体料金
・休館日　年末年始（12月29日〜1月4日）
・設　　立　1976（昭和51）年8月1日
・設置者　（特非）石見銀山資料館
・管　　理　（特非）石見銀山資料館
・責任者　館長・仲野義文

中国

館のイチ押し

　江戸幕府の石見銀山支配を語る歴史資料、鉱山の経営や技術・暮らしを語る鉱山資料、銀山の地下資源を語る鉱物標本などを展示する石見銀山唯一の博物館です。往事の面影を偲びながら、有終の歴史を資料や遺跡とともに感じてみてはいかがでしょうか。

ものづくり記念館博物館事典　393

島根県

和鋼博物館

[金属・鉱業]

　中国山地は良質の砂鉄と豊かな森林資源に恵まれ、古くからたたら製鉄が盛んであり、江戸時代の後半には、国内総生産量の約80％を占めていた。
　「和鋼博物館」は1993（平成5）年春に日本の伝統的製鉄法の「たたら」に関する総合博物館として開館し、館内は国の重要有形民俗文化財に指定される「たたら製鉄用具」や映像、体験コーナーなどをとおして、生産技術や流通、そして神秘的な輝きを放つ日本刀剣を紹介している。

【展示・収蔵】

　たたら製鉄とその歴史・流通、さらに各種匠技を広く紹介するとともに、前身である和鋼記念館の和鋼・たたらの調査・研究に関する業績を引き継ぎ、発展させることを目指す。
　収蔵資料は和鋼記念館から受け継いだ資料約1万5000点を中心とする。展示は、重要有形民俗文化財に指定されている「たたら製鉄用具」250点を中核として、砂鉄の採取、木炭の生産、たたらの地下設備の構築、たたら操業の技術、たたらの集落「山内」の暮らし、和鉄の流通と安来港の発展、「ハガネの町」安来の成り立ち、など様々な視点からたたら製鉄を紹介している。

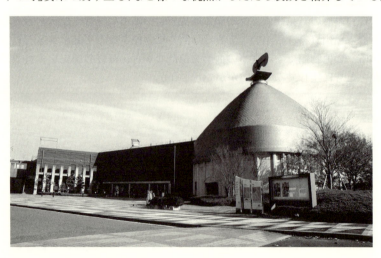

島根県

　また、たたら製鉄で生産された和鋼を原料として作られる日本刀、冶金学者俣國一博士によるたたら製鉄と日本刀に関する科学的研究資料、ヤスキハガネの特殊鋼を使った製品なども常設展示している。

【事　業】
　春季・秋季特別展、公開講座、刃物鋼シンポジウム、安来刃物まつり、古代たたら製鉄の復元操業。

【出版物・グッズ】
　「和鋼博物館総合案内」／「和鋼博物館へのご案内」／「絵図にあらわされた製鉄・鍛冶の神像」／「鉄人伝説・鍛冶神の身体」／「玉鋼の杜」

- ・所在地　　〒692-0011　島根県安来市安来町1058
- ・ＴＥＬ　　0854-23-2500
- ・ＦＡＸ　　0854-23-0880
- ・ＵＲＬ　　http://www.wakou-museum.gr.jp/
- ・E-mail　　wakou@tx.miracle.ne.jp
- ・交　通　　JR山陰本線 安来駅下車 徒歩15分，山陰道 安来ICより車で10分
- ・開　館　　AM9:00 ～ PM5:00(但し最終入館はPM4:30まで)
- ・入館料　　一般300円(250円)，高校生200円(150円)，中学生以下は無料
  　　　　　　※(　)内は20名以上の団体料金
- ・休館日　　毎週水曜日(祝日の場合は翌日休)，12月29日～1月3日
- ・施　設　　鉄筋コンクリート，鉄骨造2階建　建築面積2334.6㎡
- ・設　立　　1993(平成5)年4月25日
- ・設置者　　安来市
- ・責任者　　館長・小村滴水

中国

岡山県

倉紡記念館
[紙・繊維]

　1888(明治21)年に倉敷で創業した有限責任 倉敷紡績所、現在の倉敷紡績株式会社(以下クラボウ)の創立80周年記念行事のひとつとして、1969(昭和44)年に建設された。記念館建物は創業時の原綿倉庫を利用しており、床板や壁、柱梁などは創業当時のままである。
　国内紡績産業の時代の移り変わりを背景に、クラボウの歩みを当時使用された機械や文書、写真、絵画、模型など多様な資料によって紹介している。また、文化庁から登録有形文化財、経済産業省から近代化産業遺産に認定される。さらに、文化庁から岡山県倉敷市の繊維産業発展のストーリーが日本遺産に認定され、その構成文化財の中に倉紡記念館も含まれている。

【展示・収蔵】
　館内は5つの部屋に分かれている。
◇第1室 「明治時代」
　創業時イギリスから輸入した紡績機械や消防用蒸気ポンプを展示。また、創業当時の定款、職工規則などの貴重な文書を展示し、クラボウ創立の背景とその状況を紹介している。さらに、クラボウの社訓である「謙受」や社章の「二三のマーク」の由来も紹介し、約130年間受け継がれてきたク

第1室

岡山県

ラボウの精神を読み取ることができる。

◇第2室 「大正時代」

クラボウの発展期についての資料を展示するとともに、第2代社長 大原孫三郎が描いた労働理想主義を具体化するために設立され、従業員の健康確保や生産能率向上の課題に取り組んだ倉敷労働科学研究所、従業員のための総合病院である倉紡中央病院、当時では先進的な分散寄宿舎などの写真や資料、模型を展示している。

◇第3室 「昭和時代（戦前・戦中）」

世界的な不況を乗り越えるため、レーヨンや羊毛工業に進出した経緯を示すとともに、戦時下にあってクラボウが次第に軍需産業に組み込まれていった様子を展示。また当時倉敷に滞在していた棟方志功が従業員教育のためにと依頼されて襖に描いた書画を展示している。

◇第4室 「昭和時代（戦後）・平成時代」

戦後の経済復興に伴うクラボウの歩みと、化成品事業・エンジニアリング事業・エレクトロニクス事業、バイオメディカル事業などの非繊維分野への事業展開を年表風に紹介。また創立100周年での記念行事や、現在の各工場も紹介している。

◇第5室 「年表コーナー」

創業時の明治時代から現在までのクラボウの代表的事柄や世相・風俗を年表形式で紹介。大正時代の倉敷の街並や工場生活の様子、1970（昭和45）年開催の日本万国博覧会のせんい館の映像も見ることができる。また、100年以上の歴史があるクラボウの社内報を画像データで閲覧できる社内報データベースシステムも設置している。

- ・所在地　〒710-0054　岡山県倉敷市本町7-1（倉敷アイビースクエア敷地内）
- ・ＴＥＬ　086-422-0011
- ・ＵＲＬ　http://www.kurabo.co.jp/kurabo_kinenkan/index.html
- ・交　通　JR倉敷駅下車 徒歩15分
- ・開　館　AM9:00 〜 PM5:00（但し入館はPM4:45まで）
- ・入館料　一般250円（220円），学生200円（170円）
　　　　　　※（　）内は30名以上の団体料金
- ・休館日　年中無休　※臨時休館あり
- ・施　設　土蔵造
- ・設　立　1969（昭和44）年3月
- ・設置者　クラボウ（倉敷紡績（株））
- ・責任者　倉紡記念館館長・北勝浩之

中国

岡山県

津山まなびの鉄道館
[交通・運輸]

「旧津山扇形機関車庫」は1936（昭和11）年に建設され、現存する扇形機関車庫の中で2番目の規模を誇る。

津山まなびの鉄道館は、旧津山扇形機関車庫や収蔵車両を中心に価値ある鉄道遺産を後世に伝えていくとともに、暮らしに深くかかわる鉄道の成り立ち、歴史や仕組みの変遷について紹介することで若い世代の方へ鉄道に対して一層の理解を深めていただくため「見て、さわって、楽しく学べる鉄道館」をコンセプトに、2016（平成28）年4月にオープンした。

旧津山扇形機関車庫と転車台

・2009（平成21）年2月　旧津山扇形機関車庫及び転車台が、経済産業省の近代化産業遺産に認定される。
・2018（平成30）年10月14日　旧津山扇形機関車庫と転車台が、鉄道記念物に指定される。
※JR西日本では、管内の鉄道文化遺産基準としての価値を評価し、「鉄道記念物」、「準鉄道記念物」、「登録鉄道文化財」に区分し、保存管理を行っている。「登録鉄道文化財」であった旧津山扇形機関車庫と転車台が、「鉄道記念物」に指定された。

【展示・収蔵】
貴重な鉄道車両（静態保存）を13両展示し、デゴイチの愛称で知られるD51形蒸気機関車や1両のみ製造されたDE50形ディーゼル機関車等を扇形機関車庫内に展示。

津山のまちなみをジオラマで再現した展示室（まちなみルーム）では、Nゲージ模型が走る姿や、津山市中心部の観光施設や沿線を紹介。

その他の展示室では、鉄道の歴史や仕組み等体験コーナーを交え紹介している。

岡山県

【事　業】

　月に1度、転車台に展示車両を搭載して展示。また、転車台回転実演を開催。
（土日祝等）

【出版物・グッズ】
　・津山まなびの鉄道館オリジナルグッズ
　・鉄道関連グッズ　等

・所在地　〒708-0882　岡山県津山市大谷
・ＴＥＬ　0868-35-3343
・ＦＡＸ　0868-35-3396
・ＵＲＬ　http://www.tsuyamakan.jp/manabi/
・E-mail　manabi@tsuyamakan.sakura.ne.jp
・交　通　JR津山駅下車　徒歩約10分
・開　館　AM9:00 〜 PM4:00（最終入館受付は，閉館時刻の30分前まで）
・入館料　大人（高校生以上）300円（240円），小・中学生100円（80円），幼児（未就
　　　　　学児）無料　※（　）内は30名以上の団体料金
・休館日　月曜日（祝日の場合はその翌日），12月29日〜 12月31日
・施　設　旧津山扇形機関車庫　（車両収容線数17　延床面積2527㎡）
・設　立　2016（平成28）年4月2日
・管　理　（公社）津山市観光協会
・責任者　館長・竹内佑宜

館のイチ押し

・まちなみルームのNゲージジオラマは、1時間に1度のジオラマショー
　を行い、ショーの中では転車台を使って車両が出てくるシーンを楽し
　むことが出来る。
・タブレット閉そく機を実際に触ることが出来る。

広島県

呉市海事歴史科学館（愛称：大和ミュージアム）

[交通・運輸]

　1889（明治22）年に呉鎮守府、1903（明治36）年に呉海軍工廠が設置された呉市は、戦前において、戦艦「大和」を建造した海軍工廠のまちとして栄えた。戦後は、戦前に培った技術を新しい技術と結びつけ、世界最大のタンカーを数多く建造するなど、造船分野で大きな役割を果たし、有数の臨海工業都市として発展を遂げた。呉市海事歴史科学館は、日本の近代化に重要な役割を果たした「呉の歴史」と、その近代化の礎となった造船、製鋼をはじめとした様々な「科学技術」を、社会背景とともに紹介している。日本の歴史と平和の大切さを深く認識しつつ、科学技術への興味・関心を高め、将来を担う子どもたちが未来に夢と希望を抱くことのできる「呉らしい博物館」とすることで、地域の教育、文化及び観光等に大きく寄与することを目的としている。

【展示・収蔵】
○収集済資料：約23万1000点（2018（平成30）年3月末日現在）
内訳
・実物…約800点（テクノスーパーライナー、潜水調査船「しんかい」、水蒸気エンジン、戦艦「陸奥」主砲身・主錨、戦艦「金剛」ボイラー、戦艦「大和」

広島県

引揚品、零式艦上戦闘機、特殊潜航艇「海龍」、回天10型、火星エンジン等)
・模型…約600点(1/10戦艦「大和」、1/100戦艦「大和」、1/100タンカー「日精丸」、1/72帆船「マニャニム」、1/100タンカー「鵜戸丸」等)
・写真・絵はがき…約11万点(福井資料等)
・絵画・書…約400点(山田えいじ作「安らかなれ大和」等)
・図面…約1万1000点(福井資料、戦艦「大和」電気関係図面、戦艦「大和」新造時図面等)
・書籍…約3万7000点(福井資料、シップ・アンド・オーシャン財団資料等)
・設計機械工具類…約500点(100tクレーン部材、200tクレーン部材等)
・その他…約6万7000点(進水式用斧、呉海軍工廠造船ドックの石、工廠工員用弁当箱、千人針、防空頭巾等)

【事　業】

年1回、企画展を実施。毎月1回の工作教室、毎週土曜日にワークショップ、日曜日にサイエンスショーを実施。その他、呉市児童生徒発明くふう展等を実施。

【出版物・グッズ】

海事歴史科学館研究紀要VOL1-12／各企画展図録・ブックレット

・所在地　〒737-0029　広島県呉市宝町5-20
・ＴＥＬ　0823-25-3017
・ＦＡＸ　0823-23-7400
・ＵＲＬ　http://www.yamato-museum.com
・E-mail　ホームページ内問合せフォーム
・交　通　JR呉駅の改札口を出て右側の連絡通路を徒歩約5分
・開　館　AM9:00 ～ PM6:00(展示室入館はPM5:30まで)
・入館料　大人500円(400円)，高校生300円(200円)，小・中学生200円(100円)
　　　　　※(　)内は20名以上の団体料金
・休館日　火曜日(火曜日が祝日の場合は翌日休館，4月29日～5月5日，7月21日～8月31日と12月29日～1月3日は無休)
・施　設　鉄骨鉄筋コンクリート造　一部鉄骨造・鉄筋コンクリート造4階建建築面積4,817㎡
・設　立　2005(平成17)年4月23日
・設置者　呉市
・管　理　大和ミュージアム・入船山記念館運営グループ
・責任者　呉市長

広島県

館のイチ押し

　大和ミュージアムのシンボル　10分の1戦艦「大和」

　戦艦「大和」を写真や図面を参考に、10分の1サイズで再現しました。

　戦艦「大和」は、1941（昭和16）年12月、呉海軍工廠（海軍直轄の工場）で、当時の最先端技術を用いて極秘裏に建造された世界最大の戦艦です。1945（昭和20）年4月7日、沖縄特攻作戦に向かう途上、米艦載機の攻撃を受け沈没、乗員3332名のうち3056名が「大和」と運命を共にしました。

　戦後、戦艦「大和」建造の技術は、世界一の大型タンカー建造や自動車の生産、家電製品の技術など幅広い分野で応用され、日本の戦後復興を支えてきました。

広島県

ヌマジ交通ミュージアム（広島市交通科学館）

[交通・運輸]

　乗り物と交通に関する市民の興味と関心を高めるとともに、乗り物と交通に対する理解の場を提供し、もって市民の豊かな教養に資するために広島市が建設。

・1986(昭和61)年6月：広島市都市交通施設整備推進本部会議において、新交通車両基地を安佐南区長楽寺に設置し、用地の有効利用の観点から科学教育に資する施設を整備する方針を決定
・1989(平成元)年8月：広島市都市交通施設整備推進本部会議において、交通科学館(仮称)の整備計画の承認
・1990(平成2)年3月：基本設計(建築・展示)の策定
・1991(平成3)年3月：人工地盤着工
・1992(平成4)年12月：本体工事着工・展示製作着手
・1993(平成5)年4月：交通科学館開設準備室設置
・1994(平成6)年9月：本体工事竣工、11月展示製作完了、12月広島市交通科学館条例制定

広島県

・1995(平成7)年3月18日：開館
・2006(平成18)年4月：指定管理者制度により、広島高速交通(株)が指定管理者となる。
・2015(平成27)年6月：広島市による命名権導入により、(株)アフィス(沼田自動車学校)が命名権を取得し、ヌマジ交通ミュージアムに呼称変更。
・2018(平成30)年4月：公益財団法人広島市文化財団が指定管理者となる。

【展示・収蔵】

　日本最大級の都市パノラマ「ビークルシティ」や過去から現在までの2000点の乗り物模型など、館内に設置された情報機器「ハイパーブック」や参加メカなどを通して乗り物・交通をダイナミックに知ることができる。

◇1階　エントランスフロア

　入口では館の精霊「ビークル博士」とビークル号がお出迎え。乗り物と交通の過去から未来への旅へと案内する。このほかクラフトルームや多目的ホール、ライブラリーなどがある。

◇2階　コレクションフロア

　世界中の過去から現在までの航空機・船舶・鉄道・自動車の模型資料を集めて展示している。

◇3・4階　パノラマフロア

　直径20mの大型都市交通パノラマ「ビークルシティ」で、最新の都市交通の仕組みやシステムを、実際に動かせる「参加メカ」や情報端末「シティガイド」、さらに特殊映像でビークルシティや乗り物のひみつを探検できる「ビューカプセル」で体験できる。

◇屋外広場

　被爆電車(広島電鉄650形654号)の実物展示あり。おもしろ自転車に乗れるサイクルロードやカート広場もある。

【事　業】

　企画展(年3回)、被爆電車車内公開(年約12回)、映画会、あそびのひろば、サイエンスショー(以上それぞれ月1〜3回)、工作教室(年齢対象別に年間約80回)、その他講演会など各種事業を実施。

広島県

【出版物・グッズ】
・研究紀要（1996・1997年度）
・館広報紙「プライマリークラブ」（年1回発行）
・事業広報紙「トレンドアクセス」（月1回発行）

・所在地　〒731-0143　広島県広島市安佐南区長楽寺2-12-2
・ＴＥＬ　082-878-6211
・ＦＡＸ　082-878-3128
・ＵＲＬ　http://www.vehicle.city.hiroshima.jp
・交　通　新交通システム「アストラムライン」長楽寺駅下車　徒歩5分
・開　館　AM9:00 ～ PM5:00（2階以上の展示室への入場，おもしろ自転車利用券の発券はPM4:30まで）
・入館料　大人510円，高校生相当とシニア（65歳以上・要証明）250円
　　　　　※団体割引ほか各種減免措置あり
・休館日　月曜日，祝日の翌日（土休日や月曜日に当たる場合は翌平日が連休），年末年始，そのほか臨時休館日あり
・施　設　人工地盤：鉄骨鉄筋コンクリート造（一部鉄筋コンクリート造），面積1万6394㎡
　　　　　建物：鉄骨造4階建，延床面積7178㎡
・設　立　1995（平成7）年3月
・設置者　広島市
・管　理　（公財）広島市文化財団
・責任者　館長・佐々木正裕

館のイチ押し

　鉄道車両の屋根上や船舶の底を見ることができるのは模型展示ならでは。一つ一つの模型をじっくり見ることで，また新しい発見があります。

広島県

筆の里工房

[生活・文化]

　全国生産量の約80％を占める筆づくりのまち熊野。その歴史は、今から180年も前にさかのぼる。筆の里工房は、この伝統を誇る熊野筆という地域の特性を活かし、魅力ある熊野のまちづくりを担う施設として、1994（平成6）年に開館。ここでは、筆を筆記具としてだけではなく、日本文化を継承し発展させた影の主役としてとらえ、筆づくりの工程や歴史を紹介するのみに留まらず、書道、絵画、化粧といった筆の織りなす芸術・文化の拡がりを視野に入れた活動を行っている。筆はデジタル技術により急速に進展する情報化時代にはその生命を終えたと思われるかもしれないが、そのような時代だからこそ、人と人の心をつなぎ、その機微を伝えることのできる古くて新しいコミュニケーション・ツールとして、「筆」の存在は光彩を放っている。筆の里工房では、訪れる方々に筆とともにすごす豊かなライフスタイルを提案し、書道・書写、絵画、工芸などの紹介や文房四宝の研究等の活動を通じて日本及び世界の人々の芸術活動を応援し、地域の文化や産業の振興を図っている。

広島県

【展示・収蔵】
◇常設展示(筆の世界)
　筆を中心に文房四宝(筆、墨、硯、紙)といわれる用具としての広がりや、テーマ・題材としての自然観・美意識、さらには今日では見失われつつありながらも生活の中に色濃く残る毛筆文化や、筆により表現される美の世界等々、筆と筆により生み出される世界の広がりを紹介。
◇工房ギャラリーⅠ、Ⅱ、Ⅲ、Ⅳ(企画展示室)
　工房の所蔵品をはじめ、全国著名書家や画家の作品を中心に展示。
◇手づくり工房　筆司の家
　昔ながらの熊野の民家で、筆司による筆づくりの実演を交え、筆ができるまでの全ての工程を紹介。筆づくり体験も行っている。
◇筆のアトリエ
　書の練成や各種体験教室などに利用可能。
◇ミュージアムショップ・Kumanofude select shop
　熊野町内の筆製造業者約32社が出店しているショップ。常時1500種以上の筆を取り揃えている。

【事　業】
・伝統工芸士による筆づくり実演(毎日)
・年間5、6本の企画展を開催
・筆づくり体験
・アートスクウェア各種教室
・ちょっと大きな絵てがみ大賞募集展示
・友の会(筆の里PAL会員)事業

【出版物・グッズ】
《出版物》企画展図録／筆の里工房かわら版(季刊)
《グッズ》筆の里工房オリジナル一筆箋、便箋、ノート、メモ帳ほか文房具など手書きと筆跡にこだわったアイテムを販売。

・所在地　〒731-4293　広島県安芸郡熊野町中溝5-17-1
・ＴＥＬ　082-855-3010
・ＦＡＸ　082-855-3011
・ＵＲＬ　http://www.fude.or.jp/jp

広島県

- ・E-mail　fude@fude.or.jp
- ・交　通　バスセンター（JR広島駅経由）から広電バスで約45分（熊野萩原行：黒瀬行：阿戸行のいずれかに乗車），JR海田市駅から広電バスで約25分（熊野萩原行：黒瀬行：阿戸行のいずれかに乗車），JR呉駅から呉市営バスで約35分，JR矢野駅から広電バスで約15分（熊野萩原：熊野営業所（出来庭には止まらない）行）
　　　　　※いずれも出来庭バス停で下車　徒歩20分，または広電バス熊野営業所，呉市営バス熊野営業所で下車，最寄のタクシーで7分程度
- ・開　館　AM10:00 ～ PM5:00（入館はPM4:30まで）
- ・入館料　常設展：大人300円，小中高生150円，幼児無料
　　　　　※企画展開催中は特別料金　※20名以上の団体2割引
- ・休館日　月曜（但し月曜が祝祭日の場合は翌日休館）
- ・施　設　鉄筋コンクリート　鉄骨造2階建，敷地面積4138.31㎡，延床面積3242.17㎡
- ・設　立　1994（平成6）年9月
- ・設置者　熊野町
- ・管　理　（一財）筆の里振興事業団
- ・責任者　館長・椋田昌夫

館のイチ押し

　世界一の大筆は必見。筆づくりの実演や筆が生み出す様々な芸術を体験・学習できます。

広島県

マツダミュージアム

[交通・運輸]

　マツダ(株)は、1920(大正9)年コルク製品を生産する会社(東洋コルク工業(株))として設立され、その後工作機械、削岩機などの生産を手掛け、1931(昭和6)年の3輪トラック発売開始より、現在の主力商品である自動車の生産を行っている。この間、常に「お客様に満足していただける車づくり」を目指し、今日までに約5000万台の自動車を世界の市場にお届けしてきた。
　1994(平成6)年に開催された広島アジア大会を機会に、既存の工場見学施設を改装して企業活動全体を紹介する施設「マツダミュージアム」としてオープンしたのが本施設である。

【展示・収蔵】
　マツダミュージアムは、エントランスホール、歴史展示、RE展示、技術展示、U1組立ライン、未来展示の6つのエリアで構成している。
　懐かしい歴代のマツダ車を見ることができ、また自動車ができる企画・開発・生産までの全過程や、マツダの環境問題に対する考え方を学ぶことがで

技術展示　　　　　　　マツダ(株)提供

広島県

きる。他にも通常では見ることのできないクレイモデル（デザインを決めるために粘土で作ったモデル）、衝突実験車等の現物も展示している。

　その他、'91年ル・マン24時間耐久レースにおいて日本車初の総合優勝を達成したチャージマツダ787Bを常時展示。

【事　業】

　年一回、小中学生を対象とした「船積み見学会」を開催。

- ・所在地　〒730-8670　広島県安芸郡府中町新地3-1
- ・ＴＥＬ　082-252-5050
- ・ＦＡＸ　082-252-5654
- ・ＵＲＬ　http://www.mazda.com/ja/about/museum/
- ・E-mail　mazdamuseum@mail.mazda.co.jp
- ・交　通　〈電車〉JR山陽本線および呉線向洋駅から徒歩5分
　　　　　　〈貸切バス〉マツダ宇品東正門より入門
- ・開　館　AM9:00 ～ PM5:00(見学はインターネットもしくは電話から要予約)
- ・入館料　無料
- ・休館日　土・日・GW・お盆・年末年始
- ・設　立　1994(平成6)年5月
- ・設置者　マツダ(株)

広島県

三島食品 資料館 楠苑(くすのきえん)

[食品]

　三島食品は1949(昭和24)年に三島哲男(1917～2015)が三島商店として創業した。創業以来の帳票類、パンフレット、販促物、商品パッケージなどは複数の施設で保管していたが散逸を防ぐために創業40周年の記念事業として創業者生誕の地に資料館「楠苑」を建設して一括管理することとした。竣工は1991(平成3)年12月。設計・デザイン監修はグラフィックデザイナー界の重鎮(故)河野鷹思氏。

　「現代風ではなく異質な感じでも大げさなものでもなく、環境に合ったもの、謙虚でありながら100年200年の後も伝統美として残り日本文化が受け継がれているようなもの」というコンセプトで設計された。八角形のエントランスホールを中心に蔵造りの資料保管棟、展示棟、和風建築の管理棟の4棟が中庭を囲んでコの字に配されている。資料保管棟は東京都西多摩郡五日市町(現あきる野市)の呉服店「泉屋」の設計図を基にして復元した本格的な蔵造り建築。見世蔵(店蔵)を従えた3階建ての土蔵は蔵造りの横綱格で現存の土蔵としては大変珍しく建造物的な価値もある。

　中庭正面には日本を代表するグラフィックデザイナー松永真氏(現在の三島食品の顧問デザイナー)の稲田石の彫刻「カリスマ」を配置してある。

【展示・収蔵】

◇1階

　日本で唯一の「ふりかけ資料館」としてふりかけの起源と歴史、全国ふりかけ協会の沿革、加盟15社の商品パッケージなどの展示を行っている。併せて創業から今日に至る三島食品の歴史を写真と年表で紹介している。

広島県

◇2階

創業者の生い立ち、創業者の思い、企業理念、グループ各社の紹介、社会貢献活動の様子など三島食品の歴史、ミシマグループに関連したテーマを現物と写真でわかりやすく紹介している。勤続25年以上の社員の銘板を掲出して社員への感謝と顕彰も行っている。

収蔵資料は創業以来の販売資料などの帳票類、パンフレットなどの販促物、写真・映像、出版物、デザイン原画、社内報、創業者の日記など1万点を超える。

【事　業】

プロ作家による写真展、陶芸展、絵画展などを開催している。（不定期）

創業者の趣味であった自作の俳画展や創業以来の年賀状、制服の変遷などの企画展を随時開催して社員教育の場としても活用している。

三島食品茶道部が開催する楠苑でのお茶会(不定期)は地元の皆さんにも好評を博している。

- ・所在地　〒731-1533　広島県山県郡北広島町有田3436
- ・T E L　0826-72-6788
- ・F A X　0826-72-6899
- ・U R L　https://www.mishima.co.jp/enjoy/kusunokien/
- ・E-mail　kusunoki@mishima.co.jp
- ・交　通　中国自動車道　千代田ICを出て左，261号線を左に約2分
　　　　　広島バスセンターから高速バスで千代田ICまで(約50分)
- ・開　館　AM9:00 ～ PM4:00
- ・入館料　無料
- ・休館日　年末年始，月曜日(月曜日が祝日の場合開館)
- ・施　設　ホール：鉄筋コンクリート平屋八角造，展示棟：1階鉄筋コンクリート造・その他在来木造和式小屋組造，土蔵：在来和式蔵造，管理棟：木造一部2階建
- ・設　立　1991(平成3)年12月
- ・設置者　三島食品(株)
- ・管　理　三島食品(株)
- ・責任者　楠苑　苑長・三島修

館のイチ押し

全国で販売されている15社のふりかけ(約550点)を一堂に見ることができる展示はこの施設しかなく見ごたえがある。

山口県

三菱重工 下関造船所 史料館

［交通・運輸］

　下関造船所は三菱合資会社彦島造船所として1914(大正3)年12月1日に操業を開始。関門海峡は当時から交通の要衝であり、交通の難所でもあったことから、船舶修繕施設の必要性が高まっていた。そこで、同社が長崎、神戸に続く3番目の造船所として開設した。当初は修繕を主としていたが、その後、新造船を手掛けるようになり、現在に至る。

　史料館は操業80年の記念事業として建設され、2017(平成29)年4月に2度目のリニューアルを行った。

【展示・収蔵】

　壁パネルには、設立の経緯、製品変遷、船ができるまでの工程等を展示。

　実物展示は、昭和30年代まで使用していた鋲打機、進水式で使用する斧、進水式の記念品類、船の模型、船の絵葉書等。

山口県

- ・所在地　〒750-8505　山口県下関市彦島江の浦町6-16-1
- ・ＴＥＬ　083-266-5978
- ・ＦＡＸ　083-266-8274
- ・ＵＲＬ　https://www.mhi.com/jp/expertise/museum/shimonoseki/
- ・交　通　JR下関駅からバス「彦島営業所行き」「福浦本町行き」「弟子待行き」に乗車し、江の浦で下車(約10分)
- ・開　館　AM9:00～PM5:00(入館はPM4:30まで)
- ・入館料　無料
- ・休館日　当所の休業日
- ・施　設　鉄筋コンクリート造地上4階建　1階が展示スペース
- ・設　立　1994(平成6)年12月
- ・設置者　三菱重工業(株)下関造船所
- ・責任者　下関総務グループ長・宮脇正充

館のイチ押し

- ・昭和30年代に溶接で使用していた鋲打ち機、曲げ加工に使用していたハンマーを手に取ってみることができる。
- ・当所が建造した代表的な船の模型コレクション。
- ・壁面全体を使った船の変遷パネル。

やまぎん史料館

[商業・金融]

　山口銀行旧本店(旧三井銀行下関支店)の文化財としての価値を後世に伝えるため、山口銀行創立60周年記念事業の一環として2004(平成16)年3月から1年かけて建物の内・外部を山口銀行創立当時の姿に戻す復原及び耐震補強工事を行った。2005(平成17)年10月に棟札とともに山口県指定有形文化財に指定され、同年11月に一般公開を開始。

　その後、山口銀行の前身銀行である第百十国立銀行創業から130周年を迎えた2008(平成20)年11月に、山口銀行旧本店の隣に展示棟および収蔵棟を建設し、「やまぎん史料館」として開館。山口銀行旧本店および展示棟を一般公開している(収蔵棟は非公開)。

　当館は来館者に、山口銀行や山口県の文化などについて知っていただく「学びの場」、当館でくつろいでいただく「憩いの場」、来館者がお互いに交流できる「交流の場」を提供している。

【展示・収蔵】

　主な収蔵資料は、山口銀行の前身銀行である第百十国立銀行創業(1878(明治11)年)からの銀行史資料、その他関連図書など約50,000点。

　常設展示は、明治維新以降の日本の金融の動きと山口銀行の歴史を年表と写真でたどりながら、各年代ごとの銀行史資料を展示。また、山口銀行が所有する山口県伝統的工芸品「萩焼」「大内塗」「赤間硯」を展示。

山口県

【事　業】
・展示室、会議室等の貸出（事前審査あり）。
・銀行史資料の閲覧および照会（レファレンス・サービス）等。
・毎年夏休みに小学生向けの「おかね」に関するセミナー開催。
・やまぎん史料館設立5周年ごとに企画展を開催。

・所在地　〒750-0012　山口県下関市観音崎町10-6
・ＴＥＬ　083-232-0800
・ＦＡＸ　083-232-0700
・ＵＲＬ　http://www.yamaguchibank.co.jp/portal/special/museum/
・交　　通　JR山陽本線 下関駅下車，バス停 海響館前下車 徒歩約2分
　　　　　　山陽新幹線 新下関駅下車，タクシー約20分
　　　　　　下関ICより車で約10分
・開　　館　AM10:00 ～ PM5:00
・入館料　無料
・休館日　月曜日・火曜日・祝日（土曜日・日曜日が祝日の場合は開館）
　　　　　年末年始（12月29日～1月3日）
・施　　設　〔山口銀行旧本店〕
　　　　　　本館：煉瓦および鉄筋コンクリート造2階建　地下1階附属家：木造，
　　　　　　平屋建　建築面積544.17㎡（本館および附属家合計）
　　　　　　〔展示棟・収蔵棟〕
　　　　　　鉄筋コンクリート造4階建，塔屋1階　建築面積969.43㎡
・設　　立　2008（平成20）年11月
・設置者　（株）山口銀行
・管　　理　（株）山口銀行
・責任者　取締役頭取・神田一成

館のイチ押し

　2005（平成17）年10月に山口県指定有形文化財に指定された山口銀行旧本店は、1920（大正9）年に三井銀行下関支店として建設された。銀行建築の名手と謳われた長野宇平治の作品で、大正時代の建築様式の特徴を色濃く残した当時の銀行の様子を伝える貴重な文化財である。外観はルネサンス様式を基調とした本格的な古典主義建築で、内部には吹抜けの広大な空間が広がり、営業カウンター、亀甲タイル張りのロビー、風除室が復原されている。また、建築当時のケヤキ造りの大階段（南階段）は手摺り（ワニス塗）に特徴を持ち、当時の絨毯とともに残っている。

徳島県

藍住町歴史館・藍の館
あいずみちょう

[紙・繊維]

　大藍商であった旧奥村家屋敷の13棟の建物が1987(昭和62)年に藍住町に寄附され、併せて13万点におよぶ奥村家文書も町所有となったのを機に、旧屋敷内に展示1号館を新設し、開館した。
　旧屋敷・奥村家文書・藍関係民俗資料(国指定)の恒久的保存と学術的利用をはじめ、藍の専門博物館として、阿波藍の知識を普及するとともに、藍の生活文化の創造と、藍の情報センターとしての役割を担う。

【展示・収蔵】
　阿波藍の栽培と加工の全プロセスを理解できる紙人形、藍染めの伝統的な着物や古布、藍の現代作品、藍の流通関係史料、各種農具類、藍を知るビデオ(2基)、知識を点検するパソコン(2基)、藍商関係の経営史料(古文書)、奥村家美術品、旧屋敷には藍商の店頭風景を再現。
　常設展示「藍の生産から販売まで」「藍が育てた日本文化」を中心に展開。
《藍染体験》
　ハンカチ500円から、染物持込の場合　1g15円(要予約)

徳島県

- ・所在地　〒771-1212　徳島県板野郡藍住町徳命字前須西
- ・ＴＥＬ　088-692-6317
- ・ＦＡＸ　088-692-6346
- ・ＵＲＬ　https://www.town.aizumi.lg.jp/ainoyakata/
- ・交　　通　JR徳島駅から徳島バス(二条・鴨島行)「東中富」下車　徒歩5分
　　　　　　JR高徳線　板野駅下車　タクシーで10分
- ・開　　館　AM9:00 ～ PM5:00(但し藍染体験の受付はPM4:00まで)
- ・入館料　大人300円，中・高生200円，小学生150円　団体(8人以上)50円引き
　　　　　障害者手帳・療育手帳・精神障害者保健福祉手帳交付者，介護者無料
- ・休館日　火曜日(祝祭日は開館)，12月28日～1月4日
- ・施　　設　常設展示館:鉄筋2階建，670㎡，木造，350㎡　旧奥村家屋敷:700㎡，
　　　　　その他
- ・設　　立　1989(平成元)年8月
- ・設置者　藍住町
- ・責任者　館長・角村美恵子

四国

418　ものづくり記念館博物館事典

香川県

うちわの港ミュージアム

[生活・文化]

　丸亀うちわは江戸初期にこんぴら参りの土産物として始まり、藩が武士の内職に奨励したこともあり、丸亀の代表的な地場産業に発展、1997（平成9）年5月に国の伝統的工芸品に指定された。丸亀市は現在、年間約8千5百万本、全国シェアの90％を誇る日本一のうちわどころとなっている。

　うちわの港ミュージアムは、丸亀うちわの歴史を伝えるさまざまなうちわ、全国の主なうちわ、うちわづくりの模型人形、貴重な文献などを展示、実演コーナーでは伝統の技と工程も披露する、うちわの総合博物館。

　併せて、丸亀市特産の青木石、一貫張も楽しめる。愛称のポルカ（POLCA）は、スペイン語の「港のうちわ館」である。

【展示・収蔵】
　江戸時代末期の渋うちわ。
　全国の主要な産地のうちわ展示。

【事　業】
・体験コーナー
　貼の工程のみ（1人50分位）。団体の場合は予約が必要。
　AM9:30 〜 11:30，PM1:30 〜 3:00
・実演コーナー
　丸亀うちわの神髄・竹骨うちわづくりの実演。職人の伝統の技をご覧いただける。

香川県

- ・所在地　〒763-0042　香川県丸亀市港町307-15
- ・ＴＥＬ　0877-24-7055
- ・ＦＡＸ　0877-43-6966
- ・ＵＲＬ　http://marugameuchiwa.jp/facility
- ・交　通　〈電車〉JR丸亀駅下車 徒歩15分
　　　　　　〈車〉瀬戸中央道 坂出北ICから15分
　　　　　　高松自動車道 善通寺ICから20分
- ・開　館　AM9:30 ～ PM5:00(入館はPM4:30まで)
- ・入館料　無料
- ・休館日　月曜日(祝日の場合は翌日)
- ・施　設　鉄骨，床面積708㎡，延面積1050㎡
- ・設　立　1995(平成7)年10月
- ・設置者　丸亀市
- ・管　理　香川県うちわ協同組合連合

香川県

坂出市塩業資料館

[食品]

　坂出市塩業資料館は、塩田の歴史に関する資料の展示、保管、および収集を行うことによって、郷土の歴史と文化に対する認識を深めることを目的として、1997(平成9)年4月29日に開館した。

　近世からの入浜式塩田の作業道具をはじめ、流下式塩田や揚げ浜式塩田の模型も展示しており、また世界の岩塩の展示など、塩業に関して様々なことを学べる資料館である。

【展示・収蔵】

　館内は3つのゾーンにわかれ、古代土器製塩技術から入浜式塩田までの塩作りがどのように行われていたかを、実際の道具を展示して説明している。

　また、入浜式から流下式、そして現在のイオン交換膜式へと移り変わった塩業の歩みを、模型や写真、ワイドビジョンシアターを使ってわかりやすく説明している。

　ロビーを入ると、まず「岩塩でできた地球儀」が、迎えてくれる。

香川県

【事 業】

　市内小学生校外学習向けに塩の実験を公開している。その他、夏休みに子ども向けに塩の大切さを感じてもらえるよう実験講座を実施している。

【出版物・グッズ】

　テレホンカードなど販売中。

- ・所在地　〒762-0015　香川県坂出市大屋冨町1777-12
- ・ＴＥＬ　0877-47-4040
- ・ＵＲＬ　http://www.city.sakaide.lg.jp/soshiki/bunkashinkou/engyou.html
- ・E-mail　bunkashinkou@city.sakaide.lg.jp
- ・交　通　JR坂出駅より琴讃バス王越線(青海行)で20分，「坂出市塩業資料館」バス停下車　徒歩1分
- ・開　館　AM9:00 ～ PM5:00(最終入館PM4:30)
- ・入館料　大人200円，高校・大学生150円，中学生以下無料，障がい者無料
　　　　　市内在住の70歳以上の方無料　割引：20名以上の団体は2割引
- ・休館日　毎週月曜日(祝日の場合は翌日)，祝日の翌日，年末年始(12月28日〜1月4日)
- ・施　設　鉄骨造　建築面積694.41㎡
- ・設　立　1997(平成9)年4月29日に本市の塩田資料の殿堂として開館
- ・管　理　坂出市教育委員会
- ・責任者　館長・十河勲

館のイチ押し

　岩塩でできた地球儀と迫力の大パノラマ

香川県

瀬戸大橋記念館

[建設・土木]

　瀬戸大橋の四国側のたもとに広がる、架橋を記念して整備された瀬戸大橋記念公園の一角にあり、瀬戸大橋架橋記念博覧会のパビリオンを活用して、1988（昭和63）年11月に開館。2018（平成30）年11月に30周年となる。
　館内では、架橋実現への道のりや工事の全貌などを、動く模型や映像、パネルなどでわかりやすく紹介し、瀬戸大橋架橋の意義・技術や歴史の伝承、文化芸術の普及振興、香川県観光振興に係る各種の事業を実施している。

【展示・収蔵】
　館内玄関ホールの4面4Kマルチビジョンでの瀬戸大橋の紹介からはじまり、展示室・回廊に「太古から海の道へ」「架橋時代」「時代を創った偉人」「時代を支える技術」など、テーマ別に展示を行い、模型や映像、パネルなどでわかりやすく説明している。
　また、館内中央部にあるブリッジシアターでは臨場感あふれる全天周大型映像で異次元の瀬戸大橋を体験できると共に、宇宙に関する作品を上映している。

香川県

　さらに、記念館屋上が展望台になっており、ここからの瀬戸大橋の展望は迫力があり、また、行き交う船、多島美とのコラボレーションも素晴らしいものがある。
※館外には瀬戸大橋架橋工事で実際に使用された架橋機器等を展示している。

【事　業】

　香川に関する企画展(不定期)を開催。
　夏休み、正月に子供向けイベントの開催。

【出版物・グッズ】

　瀬戸大橋記念館オリジナルタイピンセット

- ・所在地　〒762-0065　香川県坂出市番の州緑町6-13
- ・TEL　0877-45-2344
- ・FAX　0877-45-2419
- ・URL　http://www.setoohhashi.com/
- ・E-mail　info@setoohhashi.com
- ・交　通　〈電車〉JR坂出駅より市営バスで17分
　　　　　　〈車〉瀬戸中央道 坂出北ICより5km 約10分，坂出ICより9km 約20分
- ・開　館　AM9:00 ～ PM5:00(但し入館はPM4:30まで)
- ・入館料　無料
- ・休館日　月曜日(祝日の場合は翌日，GW・夏休みは開館)
　　　　　　12月29日～1月1日
- ・施　設　鉄筋コンクリート造2,777㎡
- ・設　立　1988(昭和63)年11月10日
- ・設置者　香川県
- ・管　理　(公財)瀬戸大橋記念公園管理協会
- ・責任者　館長・児島正敏

館のイチ押し

- ・瀬戸内海を背景に、優雅にかつ圧倒される迫力の瀬戸大橋が目の前に。
- ・館内外の瀬戸大橋に係る実物・模型展示。

香川県

高松市石の民俗資料館

[金属・鉱業]

　石の民俗資料館は、石と人間とのかかわりの文化史を伝承し、歴史、民俗等に関する市民の知識の向上を図り、市民文化の発展と市民福祉の増進に寄与することを目的に設置された。
　世界的銘石"庵治石（あじいし）"の産地であり、世界最高レベルの石材加工技術を持つ町・牟礼町（むれちょう）の高松城築城以来、約400年間石工たちが築きあげた知恵と技術を後世に継承することをメインテーマとしている。

【展示・収蔵】

　主な収蔵資料として丁場用具・加工用具・運搬用具・鍛冶用具・生活用具からなる「石工用具」合計7,000点余りがあり、1996（平成8）年12月にはその内、791点が「牟礼・庵治の石工用具」として、石材に関する物件ではわが国初の重要有形民俗文化財指定を受けた。
　常設展示室では、実大ジオラマを中心に、重要有形民俗文化財の一部である実物資料・レプリカ、グラフィック・精密機械人形・タッチパネルコンピューターから起動する映像装置等でわかりやすく親しみやすい展示構成を心がけている。

香川県

【事　業】

　年4回の企画展を開催しており、また、地元の文化協会との共催により年5回程度の展示を行っている。その他、教育普及活動を目的とし、オリジナルアートづくりが体験できる来館工作教室、古文書講座、庵治石の小石の中から天然石を採るストーンハンティング等も行っている。

【出版物・グッズ】

《冊子》牟礼・庵治の石工用具（1,500円）／牟礼町の石造物（1,300円）／牟礼町の石灯籠（1,300円）

《その他》石の里のアーティストたち　ポストカードセット（500円）、ポストカード1枚（50円）

　その他、冊子等販売

- ・所在地　〒761-0121　香川県高松市牟礼町牟礼1810
- ・ＴＥＬ　087-845-8484
- ・ＦＡＸ　087-845-5693
- ・ＵＲＬ　https://www.city.takamatsu.kagawa.jp/smph/kurashi/kosodate/bunka/ishi.html
- ・E-mail　fukue_8261@city.takamatsu.lg.jp
- ・交　通　ことでん志度線　八栗駅下車　徒歩30分
- ・開　館　AM9:00 ～ PM5:00（但し入館はPM4:30まで）
- ・入館料　大人200円（160円），大学生150円（120円），高校生以下無料，65歳以上は年齢を確認できるものの提示で免除，身体障害者手帳，療育手帳又は精神障害者保健福祉手帳所持者は手帳提示で免除
- ・休館日　毎週月曜日（祝日の場合は翌平日），12月29日〜1月3日
- ・設　立　1995（平成7）年3月20日（開館日）
- ・設置者　高松市
- ・管　理　高松市
- ・責任者　館長・高島真治

館のイチ押し

- ・常設展示室に展示されている、大正末期から昭和初期の庵治石の石切り場（丁場）を再現、採石した石を動かしたり運搬する様子を再現、加工石工が行う作業の様子、これらの実物大のジオラマ。
- ・オリジナルアートづくりのできる来館工作教室。

香川県

マルキン醤油記念館
[食品]

　マルキン醤油株式会社の創立80周年を記念し、創業当時に建てられた蔵を利用して、昔の醤油製造工程をわかりやすく再現した醤油の資料館。1907(明治40)年の創業以来、当社が培ってきたおいしい醤油づくりの歴史に、また明日の食文化への私たちの熱い思いに触れていただけることであろう。
　なお、建物は「天然醸造蔵」と共に国の登録有形文化財となっている。

【展示・収蔵】
◇創業とあゆみ…古い文献や貴重な資料などの展示。
◇醤油づくり…おいしい醤油づくりの行程をパネルで展示。
◇商品コーナー…自然の恵みをそのまま活かし、心をこめてつくった醤油や調味食品を展示。いろいろな醤油、調味料を紹介している。
◇昔むかし…桶のトンネルをくぐり、昔の醤油蔵へタイムスリップ。2mもある大桶や醤油しぼりの道具などで、昔の製造工程を再現している。
　また、併設の物産館では、限定商品をはじめ、小豆島の特産品販売も楽しめる。特に「しょうゆソフトクリーム」は人気の商品。

香川県

【出版物・グッズ】

・しょうゆ、つゆ、たれ
・しょうゆソフトクリーム

・所在地　〒761-4421　香川県小豆郡小豆島町苗羽甲1850
・ＴＥＬ　0879-82-0047
・ＦＡＸ　0879-82-6875
・ＵＲＬ　http://www.moritakk.com/know_enjoy/shoyukan
・E-mail　marukin@shirt.ocn.ne.jp
・交　通　小豆島交通坂手線 マルキン前バス停下車すぐ
　　　　　　土床港・福田港より車で30分
・開　館　AM9:00 ～ PM4:00(時期により異なる)
・入館料　大人210円，小中学生100円
・休館日　10月15日，12月28日～1月1日
・施　設　木造，展示室総面積492㎡
・設　立　1987(昭和62)年9月23日
・設置者　マルキン醤油(株)
・責任者　代表取締役・檜垣周作

館のイチ押し

　記念館は大正初期に建てられた諸味から醤油を搾り出す圧搾工場を改装してつくられた。合掌造りとしては国内最大級を誇るもので、1996(平成8)年に国の登録有形文化財に登録されている。

愛媛県

愛媛県総合科学博物館

[科学技術]

愛媛県総合科学博物館は、県民に科学に関する正しい理解を深めるための学習機会を提供し、創造的風土の醸成を図るとともに、科学技術の進歩と愛媛県産業の発展に寄与することを目的に設置され、博物館機能と生涯学習機能を併せ持った施設として1994(平成6)年11月にオープンした。

1988(昭和63)年12月総合科学博物館調査検討委員会設置、1991(平成3)年6月、総合科学博物館調査検討委員会の基本構想の知事への答申(建設候補地を新居浜とする)。1992(平成4)年建設工事着工、1993(平成5)年1月建設工事起工式、1994(平成6)年9月建設工事完了、同年10月1日公の施設として設置、11月11日一般公開。

開館以来、最新の自然科学、科学技術、産業などに関する情報や資料の集積、整理に励み、その成果を館内展示に活かすとともに出版物や博物館講座、講演会を通じて広く社会に発信するよう努めている。

【展示・収蔵】

「自然館」「科学技術館」「産業館」の3つの常設展示室を設置して、実物標本や可動模型を展示し、愛媛の自然や産業、科学技術などをわかりやすく紹介するとともに、世界最大級(ドーム直径30m)のプラネタリウムを備えている。また、屋外展示場には転炉、水車と発電機などの大型展示物を配し、展示機能と自由なくつろぎの場としての機能を兼ね備えている。

《自然館》

宇宙・地球・愛媛のゾーンに大別展示され、マクロからミクロへズームアップしていく構成をとっている。展示にはジオラマをはじめ大型の模型や映像を使い、自然の素晴らしさを再認識できる場を提供している。2012(平

愛媛県

成24）年3月には一部がリニューアルされ、皮膚の質感や模様、動きまでリアルに再現された実物大の恐竜ロボットが誕生。新たにジオラマ展示や体験展示なども取り入れ、来館者の興味を引き、自ら学べるような工夫がされている。

◇宇宙のゾーン

大昔の人々が想像した宇宙から、現代の最新宇宙理論までを、映像、模型、パネルなどで紹介。「古代人の宇宙観」「宇宙からの贈り物」「宇宙情報アドバイス」など。

◇地球のゾーン

地球上での生物の出現と進化を、実物資料等で紹介。「生命を科学する」のコーナーでは、約15分おきにティラノサウルスとトリケラトプスの復元可動模型が大きく動く。また、アロサウルスとステゴサウルスの全身骨格（複製）、ゾウの進化を示すメリテリウムとマンモスの模型、人類の進化を示す4体の模型などを展示している。「南極昭和基地ライブ映像」では、昭和基地周辺での活動の様子や気象、環境など、様々な表情をリアルタイムで見ることができる。

◇愛媛のゾーン

西日本最高峰石鎚山とその連山の緑豊かな自然に恵まれた愛媛県に関する動植物の生態を紹介。「愛媛の化石」のコーナーでは、ナウマンゾウ全身骨格（複製）や瀬戸内海産ナウマンゾウ化石を展示するほか、「海のエリア」では西海町鹿島の海の自然を再現したジオラマを中心に、海にすむ生き物を紹介している。

《科学技術館》

人体の不思議から最先端の科学までを体験できるよう、随所に参加体験型の実験装置類を展示した「素」「生」「伝」「動」の4つのゾーンで構成。

◇素のゾーン

物質を構成するもとになる「もの」について解説。新元素発見に関する資料や素粒子実験の実物資料、立体周期表、素材などを紹介。科学原理を実感できる体験装置も多数。

◇生のゾーン

生命の源であるDNA（遺伝子）や細胞、染色体の構造、全身の骨、神経について解説。脳年齢測定や血管年齢測定など、自分の健康チェックをすることができる。五感についても体験で学習できる。

愛媛県

◇伝のゾーン

光や音、電磁気などふしぎな科学現象を楽しい実験装置で体験。また、ホログラムや鏡分光など美しく楽しい現象も多数体験できる。

◇動のゾーン

エネルギーの利用やしくみ、物の動きを解説。力とエネルギーについて体験できる。リニアモーターカーなども紹介。

◇サブゾーン

日本の宇宙開発について実物資料を体験展示で紹介するコーナーや、様々な錯覚について楽しみながら体験できるコーナーを設置。

◇サイエンスショー

金曜日と土日祝日には、学芸員による楽しい実験や体験をまじえて科学を紹介。

《産業館》

主に基幹産業と伝統産業の展示に分かれる。

◇伝統産業

愛媛の伝統産業「手すき和紙」「水引・水引製品」「桜井漆器」「菊間瓦」「伊予かすり」「竹工芸」「砥部焼」「かまぼこ」を取り上げて展示。実物展示と映像解説によりわかりやすく紹介している。

◇基幹産業

「農林水産」「製紙」「造船」「鉱業」「交通運輸」「繊維」「石油・化学・電力」「機械・金属」の8コーナーに分け、愛媛の基幹産業ごとに歴史や技術を実物資料や復元された資料などで紹介している。

【事　業】

・教育普及事業:児童・生徒、一般県民を対象に「親子自然教室」「自然観察会」「天体観望会」「科学工作教室」「科学実験教室」「大人のための科学講座」「産業講座」の博物館講座を開催。ほか、講演会(年1回)、友の会育成支援など。

・プラネタリウムの運営。

【出版物・グッズ】

・博物館だより(年3回)

・年報(年刊)

・研究報告(年刊)

・友の会会報(季刊)

ものづくり記念館博物館事典　431

愛媛県

- ・所在地　〒792-0060　愛媛県新居浜市大生院2133-2
- ・ＴＥＬ　0897-40-4100
- ・ＦＡＸ　0897-40-4101
- ・ＵＲＬ　http://www.i-kahaku.jp/
- ・E-mail　top@i-kahaku.jp
- ・交　通　松山自動車道 いよ西条ICより5分，JR伊予西条駅またはJR新居浜駅よりタクシーでいずれも15分
- ・開　館　AM9:00 ～ PM5:30(但し展示室への入場はPM5:00まで)
- ・入館料　〈常設展〉大人(高校生以上)510円(410円)，65歳以上260円，小中学生・身障者の方は無料
　　　　　〈プラネタリウム〉大人510円(410円)，65歳以上・小中学生260円(210円)，身障者の方は無料
　　　　　※特別展・企画展等の観覧料は別に定める
　　　　　※( )内は20名以上の団体料金
- ・休館日　月曜日(第1月曜は開館し翌火曜休館　祝日及び振替休日にあたる場合は翌平日)，年末年始
- ・施　設　鉄骨鉄筋コンクリート造，地上4階・地下1階建，敷地面積2万5800㎡(うち立体駐車場4300㎡)，延床面積1万7400㎡
- ・設　立　1994(平成6)年11月
- ・設置者　愛媛県
- ・管　理　伊予鉄総合企画(株)
- ・責任者　館長・上城戸裕子

館のイチ押し

　2012(平成24)年3月には自然館がリニューアルされ、皮膚の質感や模様、動きまでリアルに再現された実物大の恐竜ロボットが誕生しました。また、世界最大級のドームスクリーンをもつプラネタリウムは、世界最高クラスの明るさを誇る光学式投影機の星の美しさと全天に広がるデジタル映像の臨場感を併せ持ち、まるで宇宙空間に飛び出したかのような大迫力の番組が楽しめます。

高知県

いの町紙の博物館

[紙・繊維]

土佐和紙の起源は、平安時代の延喜式に献上品として土佐の名が出ており、その時代には、すでに和紙の産地が形成されていたといわれている。その後の和紙つくりは、自然的背景に恵まれて栄え、江戸時代には土佐和紙が徳川幕府に献上されている。土佐で生産されている、豊富で良質な原料をふんだんに使うため品質は優れたものである。1976(昭和51)年12月には、国の伝統的工芸品として指定され、産地振興対策が講じられた。和紙つくりの伝統的な技術の継承、後継者の育成を図り、紙業界と日本の和紙の発展に寄与する活動の拠点となることを願い、1985(昭和60)年3月に、いの町紙の博物館(土佐和紙伝統産業会館)を開館。

【展示・収蔵】
　1階の常設展・手すき実演・体験コーナー、2・3階の特別展示室。
《1階展示室》
　◇第1室　和紙の歴史
　　和紙の移り変わりを見ながら、その果たしてきた役割を考える。和紙の歴史年表・和紙のいまむかし・吉井源太コーナー・百万塔陀羅尼経。
　◇第2室　原料と道具
　　何によって、どこで、どんなふうにして、土佐和紙は作られるのか。ほとんど知られることのない原料づくりから道具づくりまで詳しく説明する。原料から紙が出来るまで・ビデオ学習・道具づくりコーナー・歩留コーナー。
　◇第3室　手すき教室
　　和紙の自慢は、強くてぬくもりのある紙肌。どうやって紙はすかれるの

高知県

か、土佐和紙のすき場そのままに、楽しい手すき体験コーナー、版画コーナー。体験料：色紙2枚又は葉書8枚…400円

◇第4室　現代の和紙

絵画版画用・美術工芸用・書道表具用・和紙加工品などを販売している。

【事　業】

紙とあそぼう作品展(毎年)、夏休み親子教室(染色、うちわ作りなど)、手作り紙芝居コンクール(毎年)、高知国際版画トリエンナーレ展(3年1回)。紙に関する展覧会・展示会など文化的事業を随時開催。

【出版物・グッズ】

オリジナルクリアファイル、ふせん、土佐和紙冊子、小学生向け土佐和紙ガイドブック

- ・所在地　〒781-2103　高知県吾川郡いの町幸町110-1
- ・ＴＥＬ　088-893-0886
- ・ＦＡＸ　088-893-0887
- ・ＵＲＬ　http://kamihaku.com/
- ・E-mail　tosawasi@bronze.ocn.ne.jp
- ・交　通　〈電車〉JR土讃線　伊野駅下車　徒歩10分
　　　　　　　　　　とさでん交通路面電車「伊野終点」下車　徒歩約10分
　　　　　　〈車〉高知自動車道　伊野ICから約10分
- ・開　館　AM9:00 〜 PM5:00
- ・入館料　大人500円(400円)，小・中・高生100円(80円)　※( )内は10人以上の団体料金
- ・休館日　月曜日(祝日の場合は翌日)，年末年始(12月27日〜1月4日)
- ・施　設　鉄筋コンクリート造3階建，敷地面積3739㎡，延床面積2493㎡，展示室734㎡
- ・設　立　1985(昭和60)年3月
- ・設置者　伊野町
- ・管　理　いの町
- ・責任者　館長・濵田美穂

館のイチ押し

紙すき体験・各種ワークショップ

福岡県

大牟田市石炭産業科学館

[金属・鉱業]

大牟田市は、石炭鉱業や石炭化学工業により、我が国の産業・経済の発展に大きく貢献してきた。そして大牟田市自らも発展を遂げてきたが、昭和30年代以降の石炭から石油へのいわゆるエネルギー革命などにより、2001(平成13)年度をもってついに国内炭鉱は消滅した。しかし、石炭そのものは、重要な石油代替エネルギーとして今後も需要が見込まれており、様々な石炭利用技術の研究が続けられている。大牟田市石炭産業科学館は、石炭についての過去の歴史を展示するだけでなく、石炭の現在、さらに未来にも目を向け、エネルギーへの認識を深めることができる体験型学習施設である。

1995(平成7)年7月開館。2003(平成15)年関係者の証言で三池炭鉱の歴史をつづる「こえの博物館」を映像ホールで上映開始。2012(平成24)年、三池炭鉱関連の近代化産業遺産紹介映像「ニッポンの原動力」を映像ホールで上映開始。

【展示・収蔵】

◇導入展示

エントランススペースには高さ3mに及ぶ炭層を再現し、その石炭層の中に映像モニター5台を組込み、三池炭田のできるまでの地質学的変化や石炭産業の発展過程が理解できるように、コンピューターグラフィックによって上映している。

◇常設展示

常設展示は、炭鉱技術のあゆみと大牟田の歴史、エネルギー体験学習、世界の石炭・地球と石炭の関わり、石炭百科の4つのテーマを設定している。

福岡県

◇模擬坑道

　三池炭鉱の閉山当時の坑内の様子を再現した坑道。大型の採炭機械や運搬機械を展示。2つの大型機械は実際に動き採炭する様子をリアルに伝える。

【事　業】

- ・定期的な企画展(年3回)
- ・ミニ企画展(年4回)
- ・石炭関連施設の見学会(年1回)
- ・施設を利用したミニコンサート(不定期)

【出版物・グッズ】

「三池炭鉱の歴史と技術〜大牟田市石炭産業科学館ガイドブック〜」

- ・所在地　〒836-0037　福岡県大牟田市岬町6-23
- ・T E L　0944-53-2377
- ・F A X　0944-53-2340
- ・U R L　http://www.sekitan-omuta.jp/
- ・E-mail　e-sekitan01@city.omuta.fukuoka.jp
- ・交　通　大牟田駅西口からタクシー8分，またはイオンモール大牟田行バス終点
　　　　　下車徒歩8分，九州自動車道 南関ICより車で約25分
- ・開　館　AM9:30〜PM5:00
- ・入館料　高校生以上410円(300円)，4歳〜中学生200円(150円)
　　　　　※(　)内は25名以上の団体料金，障害者・介護者への免除減免あり
- ・休館日　月曜日(祝日の場合は翌日)，年末年始(12月29日〜1月3日)
- ・施　設　鉄筋コンクリート造(一部鉄骨造)地上1階・地下1階・屋上あり，敷地
　　　　　面積1万1㎡，建築面積3,043㎡，延床面積3,242㎡(本館2,619㎡，模擬
　　　　　坑道623㎡)
- ・設　立　1995(平成7)年7月
- ・設置者　大牟田市
- ・管　理　大牟田市
- ・責任者　館長・坂井義哉

館のイチ押し

　地下400mの坑内を再現したダイナミックトンネルでは大型の採炭機械などが眼前に迫り、坑内作業の迫力を体験できる。

福岡県

小石原焼伝統産業会館
［窯業］

約350年の歴史を持ち、陶磁器では日本で最初に、伝統的工芸品に指定された小石原焼。ここでは先人達の近世から現代に至る陶磁器を4つの展示室に集め、特に展示3号室では現在44軒の窯元の代表作と個々のプロフィール等を紹介している。さらに小中学生はもとより、初心者から上級者まで、気軽に体験できる陶芸工房も併設。

【展示・収蔵】
展示館と体験工房からなる。
展示室は1〜4まであり、他、研修室、事務室、茶室がある。

【事 業】
春の民陶むら祭（5月3、4、5日）、秋の民陶むら祭（10月、3日間）
《体験工房》
陶芸体験（入館料・焼成料含、受付PM3:30まで。送料着払い、梱包料315円）
絵付け体験…湯呑(大)980円、(小)760円、7寸皿2160円、5寸皿1080円、マグカップ1620円
手びねり体験…1kg2380円、500g1300円

【出版物・グッズ】
「もっと知ろう小石原焼」／「中野上の原古窯跡」／「鼓釜床1号古窯跡」／「一本杉2号古窯跡(本報告)」／「一本杉2号古窯跡(概報)」／「小石原村百年の歩み」／「小石原やきものの歩み(図録)」／「小石原村誌」
ビデオ「炎と土と人と」／「小石原の四季　陶の里の詩」

福岡県

- ・所在地　〒838-1601　福岡県朝倉郡東峰村大字小石原730-9
- ・ＴＥＬ　0946-74-2266
- ・ＦＡＸ　0946-74-2266
- ・E-mail　densan@smile.ocn.ne.jp
- ・交　通　大分自動車道杷木ICから約20分，福岡→杷木経由約1時間30分，日田
　　　　　彦山線彦山駅からタクシー10分
- ・開　館　AM9:00 〜 PM5:00(但し陶芸体験の受付はPM3:30まで)
- ・入館料　大人220円(170円)，高・大学生170円(110円)，小・中学生110円(80円)
　　　　　※( )内は20名以上の団体料金
- ・休館日　火曜日(祝祭日の場合は翌日)
- ・施　設　敷地面積1,234㎡
- ・設　立　1998(平成10)年10月
- ・設置者　小石原村
- ・管　理　小石原焼陶器(協組)
- ・責任者　館長・栁瀬眞一

九州・沖縄

福岡県

つきほし歴史館

[生活・文化]

　1873(明治6)年に福岡県久留米市にて座敷足袋を製造販売する「つちやたび店」として創業し、株式会社ムーンスターとして現在に至るまでの歴史を紹介する施設。創立120周年の1993(平成5)年にオープンし、現在の建物は1926(昭和元)年に皇族をお迎えする「記念館」として建築された建物を創業130周年を機に移築したものである。足袋から靴に変遷する、日本における履物の歴史の一端に触れることができる。

【展示・収蔵】
　主な収蔵資料は、足袋や靴づくりに関わる道具、ミシン、看板、ポスターや過去の商品等。また自社に関連するものだけでなく、世界各国の履物を紹介するコーナーもあり、履物全般に関する展示を見ることができる。南極観測隊に寄贈した「特殊防寒靴」や、日本を代表する彫刻家高村光太郎氏による創業者胸像等貴重な資料も展示している。

福岡県

【事 業】

　併設する本社工場では地元小学校からの工場見学を受け入れ、歴史館にも案内。

- ・所在地　〒830-0041　福岡県久留米市白山町60
- ・ＴＥＬ　0942-30-1111
- ・ＵＲＬ　http://www.moonstar.co.jp/history/
- ・交　通　JR久留米駅下車　徒歩約10分
　　　　　　西鉄バス「荘島」バス停下車 徒歩約5分
- ・開　館　AM10:00 ～ PM5:00(PM12:00 ～ 12:45は昼休みのため閉館)
- ・入館料　無料
- ・休館日　12月30日～1月3日(年末年始), 8月13日～8月15日(盆)
- ・施　設　木造平屋建(銅葺屋根)　建築面積79.66㎡
- ・設　立　1993(平成5)年
- ・設置者　(株)ムーンスター
- ・管　理　(株)ムーンスター
- ・責任者　館長・大石淳

館のイチ押し

- ・明治時代の看板
- ・1894(明治27)年製のドイツ製青貝印のミシン
- ・西南の役時の「薩摩軍の軍旗」

佐賀県

佐賀県立九州陶磁文化館
[窯業]

　佐賀県立九州陶磁文化館は、肥前陶磁をはじめ、各地域において、独自の伝統を継承発展させてきた九州の陶磁器に関し、その文化遺産の保存と陶芸文化の発展に寄与する目的で設立された。
　そのため、歴史的、美術的、産業的にみて重要な資料を収集・保存・展示し、あわせて調査研究や教育普及活動を行っている。九州の陶芸文化に関する総合的施設の位置にあるばかりでなく、国際的にも注目される存在となることを目指している。

【展示・収蔵】
◇展示…展示室は、5室に分かれ、そのうち九州陶磁の歴史展示室(第4展示室)においては、九州の陶磁の歴史を、実物あるいは図表・年表・写真などによって学ぶことができる仕組みになっている。
　柴田夫妻コレクション展示室(第5展示室)は江戸時代の有田焼を約1,000点展示している。ほかの3室では、特別企画展期間以外は九州の古陶磁や現代陶芸の常設展示のほか随時個人もしくは団体の陶芸展を開催。
◇収蔵…国の内外を問わず、九州の陶磁器に関する資料(陶磁器・出土資料・古文書・古記録等)の調査収集を行っている。

佐賀県

【事　業】

◇調査研究活動…九州の陶芸あるいは陶磁器産業を総合的に明らかにするために、考古学・美術工芸史など色々な分野にわたる資料・文献の調査研究に努めている。

また、学術講演会や国内外の陶磁器施設、研究者との交流を通じて研究の進展を図っている。

◇教育普及活動…陶芸文化講座等を行って陶芸文化に対する理解を深め、さらに陶芸実習室を創作活動の場として提供するなど、陶芸文化に関する普及活動を行っている。

【出版物・グッズ】

《出版物》九州陶磁文化館年報・資料目録（当館websiteで公開）／館報「セラミック九州」の発行。特別企画展の図録や柴田夫妻コレクション図録、九州や肥前陶磁の基礎知識に関する書籍など。

《オリジナルグッズ》有田焼マグネット、有田焼ストラップ、バックハンガー、有田焼小皿など。

- ・所在地　〒844-8585　佐賀県西松浦郡有田町戸杓乙3100-1
- ・ＴＥＬ　0955-43-3681
- ・ＦＡＸ　0955-43-3324
- ・ＵＲＬ　http://saga-museum.jp/ceramic/
- ・E-mail　kyuto@pref.saga.lg.jp
- ・交　通　〈電車〉JR佐世保線 有田駅，MR有田駅下車 徒歩約12分
　　　　　　〈車〉西九州自動車道 波佐見有田ICから10分
- ・開　館　AM9:00 ～ PM5:00
- ・入館料　無料（特別企画展は観覧料が必要）
- ・休館日　月曜（月曜が休日の場合は開館），年末（12月29日～31日）
- ・施　設　鉄筋コンクリート造地上2階一部3階建，敷地面積43,619.59㎡，建築面積3,931.93㎡，建設延面積6,526.54㎡
- ・設　立　1980(昭和55)年11月
- ・設置者　佐賀県
- ・責任者　統括副館長・中村一弘

館のイチ押し

　1万点以上にのぼる江戸時代の有田焼を体系的に収集した柴田夫妻コレクション。

中冨記念くすり博物館

[医薬品]

佐賀県鳥栖市東部と三養基郡基山町の一帯は、1599(慶長4)年に対馬藩宗氏の所領〈田代領〉となり、江戸時代にはくすりを客の家に預け、販売するという配置売薬業が起こった。発祥地名より「田代売薬」と呼ばれるこの産業は富山(富山売薬)、奈良(大和売薬)、滋賀(近江売薬)と並ぶ日本四大売薬とされている。

写真提供：中冨記念くすり博物館

現在、製薬業は佐賀県経済の一翼を担う主要な産業となっているが、その礎となった田代売薬に関する歴史資料は時代の流れにより散逸し、失われつつある。

これを惜しみ「くすり」に関する産業文化を後世の人々に伝え、これからのくすりと健康について考える生涯学習の場として役立つことを願い、1847(弘化4)年に創業し現在も県の製薬業の中心となっている久光製薬株式会社(鳥栖市)が創業145周年事業の一環として設立した。(2010(平成22)年より公益財団法人中冨記念財団として運営している)。

【展示・収蔵】

常設展示室は1・2階、屋外に薬木薬草園を併設している。

1階では「病気とくすり」「くすりのかたち」「新しいくすりができるまで」などの現代のくすりに関する情報と20世紀初頭のイギリスの薬局の移設展示、2階では佐賀県重要有形文化財に指定されている「田代売薬」の製薬・行商資料と希少な生薬などを展示している。薬木薬草園では年間を通し約350種の薬用植物を栽培しており、実際に植物に触れ合うことができる。

また、ガラスと石を基調とした建物は、基本設計をイタリアの彫刻家、チェッコ・ボナノッテ氏が手掛け、館内には同氏による当館のためのシンボルレリーフ「生命の種子」が展示されている。

佐賀県

【事　業】
・企画展（不定期）
・各種体験教室（夏休み親子体験教室他）
・薬木薬草園見学会

【出版物・グッズ】
《出版物》「中冨記念くすり博物館　展示図録」（2018　改訂版）／「田代の入れ薬」（2001）
《オリジナルグッズ》紙風船100円、香り袋100円

・所在地　〒841-0004　佐賀県鳥栖市神辺町288-1
・ＴＥＬ　0942-84-3334
・ＦＡＸ　0942-84-3177
・ＵＲＬ　http://nakatomi-museum.or.jp/
・E-mail　naka-kus@lily.ocn.ne.jp
・交　通　〈公共交通機関〉JR鳥栖駅よりタクシー10分
　　　　　〈車〉鳥栖ICより5分
・開　館　AM10:00 ～ PM5:00（最終入館PM4:30）
・入館料　大人300円（200円），高大生200円（100円），小中生100円（50円）
　　　　　※（　）内は20名以上の団体料金
・休館日　毎週月曜日（月曜祝日の場合は開館，翌火曜休館）・年末年始
・施　設　鉄筋コンクリート地上2階・地下1階建，展示室面積1683㎡
・設　立　1995（平成7）年3月28日
・設置者　（公財）中冨記念財団
・管　理　（公財）中冨記念財団
・責任者　館長・中冨貴代

> ### 館のイチ押し
>
> ・佐賀県の重要有形民俗文化財に指定されている「田代売薬」の製薬・行商資料
> ・20世紀初頭のイギリスの薬局（移設展示）・江戸時代の日本の薬局（復元展示）
> ・約350種の薬用植物を栽培している薬木薬草園
> ・イタリア現代彫刻家　チェッコ・ボナノッテ氏が手掛けたシンボルレリーフ「生命の種子」と、石とガラスを基調とした建物の基本設計

佐賀県

村岡総本舗 羊羹資料館

[食品]

　1941(昭和16)年建築の砂糖蔵を改装し、羊羹のふるさと小城における最初の本格的な羊羹資料館として一般公開。羊羹を展示品の中心とする。ビデオ放映、切り羊羹試食と抹茶サービスを行い、見て、聞いて、味わって楽しむ体験型にすることにより、小城の羊羹とその歴史・文化に親しみ、理解度を深めていただき、菓子情報の受発信基地として、さらに人と菓子、文化の交流が盛んになることを目的としている。

　お子様からお年寄りの方まで幅広く、気軽に立ち寄れるよう入場料無料、アンケート回答の方には記念菓子を進呈、アンケート回答の内容を改良改善につなげていくようにしている。

　羊羹を中心とした菓子づくりの伝統を見つめなおし、情報交換を活発に展開、さらにお客様に喜んでいただける菓子づくりをめざす、そんな願いが込められたのが、この「村岡総本舗 羊羹資料館」である。

　1997(平成9)年、国の有形文化財に登録された。2005(平成17)年、22世紀に残す佐賀県遺産に認定された。

佐賀県

【展示・収蔵】

1階が休憩室（茶席）、2階が展示室となっている。

〔2F〕1.羊羹煉り用のかまど、銅鍋、攪拌棒、餡篩、計り桶、裁ち包丁、かな尺、漆塗り木箱などの製造用諸道具　2.豆、砂糖、寒天の主原料　3.小城の羊羹の隆盛期大正末から昭和初期の羊羹レッテル（ラベル）　4.製造工程写真パネル　5.村岡総本舗沿革パネル　6.外国製羊羹　など

〔1F〕1.森永太一郎（森永製菓創始者）、江崎利一（江崎グリコ創始者）など佐賀県出身の先人の紹介　2.菓子年表の掲示　3.小城と羊羹、村岡総本舗の解説ビデオ放映　4.「特製切り羊羹」試食と抹茶サービス　5.「羊羹資料館案内」など資料冊子の販売

【事　業】

「新春福茶」（1月1日）、「螢茶屋」（5月下旬）

【出版物・グッズ】

「羊羹資料館案内」（1996.10）／「肥前の菓子」（1999.2）／「肥前の菓子シュガーロード長崎街道を行く」（2006.3）／「村岡総本舗羊羹資料館案内」（2014.5）

- ・所在地　〒845-0001　佐賀県小城市小城町861
- ・ＴＥＬ　0952-72-2131
- ・ＦＡＸ　0952-72-2132
- ・ＵＲＬ　https://www.muraoka-sohonpo.co.jp/
- ・E-mail　info@muraoka-sohonpo.co.jp
- ・交　通　〈電車〉唐津線JR小城駅下車北へ2.5km
　　　　　　〈車〉国道203号線・小城町中心部交差点を北へ1km，長崎自動車道小城PAスマートICより南へ1km
　　　　　　〈バス〉佐賀～唐津線（多久経由）小城バスセンター下車（北へ1.2km）
- ・開　館　AM8:00～PM5:00
- ・入館料　無料
- ・休館日　無休
- ・施　設　木造2階建，約72㎡
- ・設　立　1984（昭和59）年3月
- ・設置者　（株）村岡総本舗
- ・責任者　代表取締役社長・村岡安廣

長崎県

三菱重工 長崎造船所 史料館

[交通・運輸]

写真提供：三菱重工業(株)長崎造船所

長崎造船所史料館の建物は、1898(明治31)年、鋳物工場に併設された木型場として建てられ、その後1915(大正4)年に延長・増築されて現在に至っており、長崎造船所に現存する工場建物としては最も古いものである。1階の展示面積は473坪、1,562㎡である。史料館への改築工事は1985(昭和60)年5月に開始され、床面改装、屋根の全面葺替え、赤レンガの磨出し等を行い、8月に工事完了、同年10月に開設した。2015(平成27)年には「明治日本の産業革命遺産」の構成施設のひとつとして世界遺産に登録されている。

三菱重工長崎造船所は1857(安政4)年の徳川幕府による「長崎鎔鉄所」建設着工をもってその発祥としている(後に改称、長崎製鉄所として竣工)。この史料館では長崎造船所の発祥から今日までの長い歴史を物語る900点余りの史料を展示し、長崎造船所が日本の近代化に果たした役割を永く後世に残すため、日本の重工業の技術の進歩を物語る珍しい品々や写真を展示している。

【展示・収蔵】

館内を13のコーナーと中央及び奥の実物展示場に分けている。コーナーは時代順になっており、官営期(1857～1884年)、三菱創業期(1884～1902年)、明治後期(1902～1912年)、大正期(1912～1926年)、昭和戦前期(1926～1940年)、戦艦武蔵、会社生活、貴賓御来訪、発電プラント、戦後の造船、客船、岩崎家に分かれている。

長崎県

〈代表的記念物〉

(1) 泳気鐘(実物)…第11代将軍徳川家斉の命で1793(寛政5)年長崎・出島のオランダ商館に注文が出され、1834(天保5)年長崎に到着したイギリス製の潜水用具。重さ約4.5t、厚さ8〜10cmの鋳物製品。長崎鎔製鉄所(造船所の前身)建設時の岸壁築造工事に実際に使用された。

(2) 日本最古の工作機械(実物)…1856(安政3)年オランダ製。1857(安政4)年に幕府が長崎鎔製鉄所建設にあたり、オランダから購入した工作機械類の一つで竪削盤という。長崎造船所と、1914(大正3)年移された先の下関造船所とで通算約100年間使われ、わが国の造船工業の発展に尽した。1997(平成9)年6月、国の重要文化財に指定された。

(3) 国産第1号の陸用蒸気タービン(実物)…1904(明治37)年イギリスのパーソンズ社と技術提携を結んだ後、1908(明治41)年に製作した国産初の陸用蒸気タービン。出力500kWで、造船所の中央発電所で自家発電設備として1920(大正9)年まで使用した。2007(平成19)年、日本機械学会の機械遺産第4号として認定された。

- 所在地　〒850-8610　長崎県長崎市飽の浦町1-1(三菱重工業(株)長崎造船所 構内)
- ＴＥＬ　095-828-4134　(予約受付時間　AM8:30〜PM5:30　土日はPM5:00まで)
- ＦＡＸ　095-828-4124
- ＵＲＬ　https://www.mhi.com/jp/expertise/museum/nagasaki/
- 交　通　電話にて要予約　JR長崎駅より専用シャトルバスを運行　団体見学可
- 開　館　AM9:00〜PM4:30
- 入館料　大人800円，小中学生400円，未就学児無料
- 休館日　毎月第2土曜，年末年始
- 施　設　木組の煉瓦造2階建(一部平屋建)
- 設　立　1985(昭和60)年10月
- 設置者　三菱重工業(株)長崎造船所
- 管　理　MHIファシリティーサービス(株)，長崎ダイヤモンドスタッフ(株)
- 責任者　史料館チーフマネージャー・稲岡裕子

館のイチ押し

　世界遺産「明治日本の産業革命遺産」の構成施設の一つである「旧木型場」の建物であり、その内部が史料館になっている。国の重要文化財に指定された日本最古の工作機械「竪削盤」や国産第1号の陸用蒸気タービン、戦艦武蔵のゆかりの品々を展示しており、150年以上にわたる三菱重工長崎造船所の歴史を紹介している。

熊本県

球磨(くま)焼酎ミュージアム 白岳(はくたけ)伝承蔵

[飲料]

　1900(明治33)年創業、「白岳」「しろ」でおなじみの高橋酒造株式会社が運営する「球磨焼酎ミュージアム　白岳伝承蔵」。

　熊本県南部に位置し、鎌倉時代から明治維新までの約700年間「相良藩」として栄えてきた「人吉・球磨」地方で500年以上の歴史を持つ「球磨焼酎」の歴史的・文化的価値を全国の皆様に伝えることを目的に、2010(平成22)年5月にオープンした。

　「本格米焼酎」を造り続けて118年の歴史を持つ高橋酒造の「伝統の技」を、映像や創業当時の道具やパネルなどを使って製造工程を詳しく紹介している。

【展示・収蔵】

　四季折々の美しい自然、田畑に恵まれた人吉球磨地域や「白岳ブランド」などを紹介する映像をご覧いただける「白岳ホール」。

　「球磨焼酎」の歴史や文化を紹介し、明治から大正時代の製造工程を当時使われていた道具やパネルで紹介する「展示コーナー」。

　高橋酒造がこれまで行ってきた広告やポスターの展示と1983(昭和58)年からのテレビCMを放映している「白岳ギャラリー」。地元熊本出身の芸術家の作品も展示。

　高橋酒造の本格米焼酎とリキュールが試飲できる「試飲・物販コーナー」など、「球磨焼酎」を味わい、学び、沢山の方々に「球磨焼酎」と「人吉・球磨」を愉しんでいただける施設である。

熊本県

【事　業】

周年イベントや各方面からの展示会や講演会、イベント等を不定期に開催。

【出版物・グッズ】

オリジナルのロックグラス、マドラー、軍手、手拭い、Ｔシャツなど

- ・所在地　〒868-0026　熊本県人吉市合ノ原町461-7
- ・ＴＥＬ　0966-32-9750
- ・ＦＡＸ　0966-32-9751
- ・ＵＲＬ　http://www.denshogura.jp/
- ・E-mail　denshogura@hakutake.co.jp
- ・交　通　九州自動車道　人吉ICから車で約10分
　　　　　　JR九州肥薩線　人吉駅から車で約10分
- ・開　館　AM9:00 ～ PM4:00
- ・入館料　無料
- ・休館日　年末年始(12月31日，1月1日)
- ・施　設　鉄骨造亜鉛メッキ鋼板葺平屋建，建築面積796.88㎡
- ・設　立　2010(平成22)年5月オープン
- ・設置者　高橋光宏
- ・管　理　高橋ホールディングス(株)
- ・責任者　チーフ・丸山美智子

館のイチ押し

　球磨焼酎メーカー28社の米焼酎や白岳伝承蔵限定商品、オリジナルグッズ、地元熊本の特産品の販売と高橋酒造株式会社の本格米焼酎7種類とリキュール4種類の試飲が楽しめる。

大分県

大分香りの博物館

[生活・文化]

　学校法人別府大学の創立100周年記念事業の一環として2007(平成19)年11月29日に開館した。収蔵品は大分県の香りの森博物館(1996(平成8)年開館〜2004(平成16)年閉館)が収集・所蔵した約3600点の品で、大分県から無償で貸与を受けている。

【展示・収蔵】
　世界中の香りの資料を系統的に展示している。歴史的に貴重な香水瓶、香炉、香道具、蒸留器、調香台などの鑑賞ができる。そのほか、代表的な植物性香料、樹脂性香料、香木、現在では入手困難な動物性天然香料などの試嗅(テスティング)も可能である。期間限定ではあるが、毎年、話題性のあるテーマをもとに企画展を開催し、香り文化の情報発信拠点となれるよう努めている。

【事　業】
　毎年1回、企画展を開催。専門教育では、学芸員資格のための博物館実習、インターンシップ、香料学関連の授業、高校生向けには社会見学や学外授業、一般向けには、公開講座、親子香りの体験教室、出張調香体験教室などを開

大分県

催。香りを身近に感じてもらえるよう、随時、オリジナルの香水づくりや匂ひ袋づくり、アロマ体験のできる体制をとっている。博物館利用者には自由に鑑賞できるハーブ園及び源泉100％（アルカリ単純温泉）の足湯を開放。

【出版物・グッズ】
《出版物》「大分香りの博物館　展示品図録」（2017）
《グッズ》香水石けん、ハッピーウインド（香水）、オオイタローズ ブラック ビューティー（香水）、オオイタローズ ピンク（香水）、オオイタローズ ピンク ディフューザー、かぼすはんどくりーむ、練り香水 かぼす、FCゼリー かぼす、オリジナルブレンド精油 朝用、オリジナルブレンド精油 夜用、アロマプレート、フレグランスカード、オリジナルハーブティー 4種、オリジナルポストカード

- ・所在地　〒874-0915　大分県別府市北石垣48-1
- ・ＴＥＬ　0977-27-7272
- ・ＦＡＸ　0977-27-7575
- ・ＵＲＬ　http://oita-kaori.jp
- ・E-mail　info@oita-kaori.jp
- ・交　通　大分道 別府ICから7分，JR日豊線 別府大学駅下車 徒歩10分，JR日豊線 別府駅下車 タクシーで12分，大分空港からバスで別府国際観光港下車 約40分 タクシー乗継ぎ5分
- ・開　館　AM10:00 ～ PM6:00（体験受付PM5:00まで）
- ・入館料　大人500円（400円），大学・高校生300円（240円），中・小学生200円（160円）
- ・休館日　12月31日，1月1日
- ・施　設　鉄筋コンクリート3階建，建築面積1517.50㎡
- ・設　立　2007（平成19）年11月29日
- ・設置者　二宮滋夫
- ・管　理　（学）別府大学
- ・責任者　館長・江崎一子

館のイチ押し

- ・15種類の香料から選んだ好みの香りをブレンドして世界に1つだけのオリジナル香水を作る体験（所要時間30分）
- ・BC3世紀のコアグラス香油瓶（地中海東部沿岸出土）
- ・18世紀のマイセン窯香水瓶、チェルシー窯香水瓶
- ・ルネ・ラリックの香水瓶

大分県

別府市竹細工伝統産業会館

[生活・文化]

　1967(昭和42)年に、生野祥雲斎氏が竹工芸で始めての人間国宝に認定され、1979(昭和54)年に「別府竹細工」が国の伝統的工芸品の指定を受けたことを機に、竹産業の振興を図る中枢的施設として建設された。

　この施設では別府竹細工の展示、後継者の育成等を行い、竹産業の基盤強化を図るとともに、2018(平成30)年にはミュージアムショップ＆カフェをオープンし、竹製品の販売やくつろげるカフェスペースを提供し、別府竹細工の魅力発信を行っている。

【展示・収蔵】
《第1展示室》
　別府竹細工の「歴史」「素材」「技法」「生活とくらし」「美術」の人間と竹の関わりを常設展示している。
《第2展示室》
　各種企画展を行うとともに、ライブラリコーナー、ワークショップコーナーを設けている。
《2階サロン工房》
　竹の教室や後継者育成事業を行っている。

【事　業】
・竹の教室(6月〜翌年3月別府市民対象)

大分県

・夏休みワークショップ（小学生対象）
・竹と月夜のしらべ（10月中旬）
・くらしの中の竹工芸展（1月下旬）
・竹を学ぶふれあい展（竹の教室終了作品展）
その他、企画展等を随時実施

・所在地　〒874-0836　大分県別府市東荘園町8-3
・TEL　0977-23-1072
・FAX　0977-23-1085
・URL　https://www.city.beppu.oita.jp/06sisetu/takezaiku/takezaiku.html
・E-mail　takezaiku@city.beppu.lg.jp
・交　通　JR別府駅西口から車で約10分
・開　館　AM8:30 〜 PM5:00
・入館料　大人300円（258円），小・中学生100円（72円），幼稚園以下無料
　　　　　※（　）内は20名以上の団体料金（10円未満切捨て）
・休館日　毎週月曜日（但し祝日の場合は翌日に振替），12月29日〜1月3日
・施　設　鉄骨造2階建，建築延面積1332.78㎡（1階920.80㎡　2階347.24㎡）（ミュージアムショップ＆カフェ45.10㎡）（竹材保管倉庫19.64㎡）
・設　立　1994（平成6）年6月
・設置者　別府市
・管　理　別府市
・責任者　館長・後藤隆

館のイチ押し

・1階の展示室では、「歴史」、「素材」、「技法」、「生活とくらし」等のコーナーを設置して人間と竹の関わりを総合的に常設展示しています。
・「芸術」のコーナーでは、人間国宝「生野祥雲斎」氏の作品を筆頭に、名工と呼ばれる方々の優れた技法による素晴らしい作品の数々を展示しています。
・2階のサロン工房では、「竹の教室」開校日であれば、実際の作業風景を見学することが出来ます。
・竹鈴作り400円、四海波1000円のワークショップを準備しております。（要予約）
・会館併設のミュージアムショップ＆カフェでは、おしゃれな空間で買い物やお茶を楽しめます。

宮崎県

旭化成延岡展示センター

［紙・繊維］

旭化成発祥の地に建ち、同社の歴史や経営全体の姿、延岡・日向地区における事業活動の現状と地域社会との関係などを総合的に紹介している施設。展示品もわかりやすく、DVDによる事業の説明や実験コーナーも好評。ビジネスマン

をはじめ小学生の社会科見学などにも大いに利用されている。また、展示センター見学のほかに、世界で唯一のキュプラ繊維の生産工場でもあり、綿の実から採れるコットンリンターを主原料としてベンベルグ糸や人工腎臓用の中空糸を製造しているベンベルグ工場の見学もできる。

【展示・収蔵】
◇展示ホール…パネル説明・模型・実際の製品による紹介。旭化成の歴史や地域とのつながり、製品や技術など。
◇DVDルーム…DVD上映による紹介。

- 所在地　〒882-0847　宮崎県延岡市旭町6-4100
- ＴＥＬ　0982-22-2070
- ＦＡＸ　0982-22-2021
- 交　通　JR南延岡駅より車で約5分，JR延岡駅より車で約10分
- 開　館　AM9:00〜PM12:00，PM1:00〜PM4:00(予約制)
- 入館料　無料
- 休館日　土・日曜日，祝祭日，年末年始
- 施　設　旭化成向陽クラブ内，展示ホール面積250㎡，DVDルーム40名収容
- 設　立　1986(昭和61)年4月
- 設置者　旭化成(株)
- 責任者　館長・川井徳之

宮崎県

宮崎大学農学部附属農業博物館
[農業・林業・畜産]

宮崎県の土壌モノリス

農業博物館は1935（昭和10）年、宮崎大学の前身である宮崎高等農林学校の開校10周年記念事業として設置された。1979（昭和54）年に博物館相当施設の指定を受けている。その後、1986（昭和61）年に、大学の統合移転にともなって、新館が現在地に竣工され、1998（平成10）年には大学博物館（ユニバーシティミュージアム）として文部科学省の省令施設となった。また、法人化初年度にあたる2004（平成16）年に博物館相当施設の再指定を受けている。

【展示・収蔵】
　全国でも数少ない農業をテーマとした博物館であり、これまでに、農・林・畜・水産業ならびに宮崎の自然に関する標本を幅広く収集してきている。標本は、展示および学内外の教育研究に活用されている。当館の収蔵資料は自然科学系が中心であり、動物、植物、地学分野の標本がある。主な収蔵資料としては、大型ほ乳動物の骨格標本、御崎馬（天然記念物）の骨格標本、ニホンカモシカの剥製、植物病理標本、屋久杉や飫肥杉の大型円盤、南九州の土壌モノリスなどがある。総点数は、約7万点。

【事　業】
　先の省令化によって専任職員が配置されてからは、大学の地域貢献の窓口として、小中高等学校の理科教育支援、環境学習の推進や就学児童・生徒の

宮崎県

農業に対する理解と関心を醸成するための出前講義や出前実験なども行っている。また、大学の教育研究活動を広く国民に理解してもらう活動として、学内の教育研究活動を紹介した企画展示を年1〜2回、中高生向けの科学実験講座、大学行事と連携した参加体験型の講座や展示などを実施している。また、博物館実習を実施している。

【出版物・グッズ】

定期刊行物として「宮崎大学農学部附属農業博物館年報」、「宮崎大学農学部附属農業博物館ニュース」。その他に「宮崎大学地域子ども教室実施報告書」、「宮崎県内の大学および博物館等と学校との教育連携・支援に関する調査報告書」などを刊行している。

- ・所在地　〒889-2192　宮崎県宮崎市学園木花台西1-1　宮崎大学木花キャンパス内
- ・ＴＥＬ　0985-58-2898
- ・ＦＡＸ　0985-58-2898
- ・ＵＲＬ　http://www.agr.miyazaki-u.ac.jp/~museum/index.html
- ・E-mail　a-museum@cc.miyazaki-u.ac.jp
- ・交　通　バス「木花台方面」,「まなび野方面」,「清武方面」より「宮崎大学・大学病院行」に乗車し,「宮崎大学」下車 南宮崎駅から約11km 約25分, 清武駅から約6km 約15分, 宮崎空港から約8km 約15分
- ・開　館　AM9:00〜PM5:00
- ・入館料　無料
- ・休館日　土曜, 日曜, 祝日, 年末年始(大学祭, 大学開放日には開館)
- ・施　設　鉄筋コンクリート2階建420㎡, 建物の総面積758㎡ 隣接して分館(鉄筋2階建340㎡)あり
- ・設　立　1935(昭和10)年
- ・設置者　(大)宮崎大学
- ・管　理　(大)宮崎大学
- ・責任者　館長・宇田津徹朗

館のイチ押し

- ・5mにおよぶ南九州の土壌標本(モノリス)
- ・天然記念物である御崎馬の全身骨格標本
- ・椎葉の焼畑やプラント・オパール分析による水田稲作の歴史の展示

鹿児島県

宇宙科学技術館
[科学技術]

　日本の宇宙開発についての目的・意義など、その必要性について、広く国民の皆様に正しく理解して頂くために、我が国で初めて本格的な宇宙開発の展示館を1979（昭和54）年8月にオープンした。1997（平成9）年3月、名称を宇宙開発展示館から宇宙科学技術館に改め、2017（平成29）年3月に内装、展示物の大幅な更新を行いリニューアルオープンした。

【展示・収蔵】
◇ロケットエリア
　私たち人類が宇宙へ飛び出すための第一歩、ロケットを紹介
◇フロンティアエリア
　宇宙の謎や生命の起源を知るための探査機と、未来の宇宙開発を紹介
◇サテライトエリア
　宇宙から人々の暮らしを支える人工衛星の働きと役割を紹介
◇ステーションエリア
　宇宙飛行士の活動や暮らしと、国際宇宙ステーションを紹介

鹿児島県

◇シアターホール
「打ち上げ音響体験」などの映像を楽しめる
◇ロケットガレージ
本物のH-Ⅱロケット7号機を中心に、ロケットの実物部品を展示

【事　業】
・施設案内ツアー運行（事前予約制）
・天体観測会、サイエンスショーの開催等

【出版物・グッズ】
館内ミュージアムショップにてロケットや宇宙に関連したグッズの販売を行っている。

・所在地　〒891-3793　鹿児島県熊毛郡南種子町茎永字麻津
・Ｔ Ｅ Ｌ　0997-26-9244
・Ｆ Ａ Ｘ　0997-26-9245
・Ｕ Ｒ Ｌ　http://fanfun.jaxa.jp/visit/tanegashima/index.html
・交　　通　西之表港から車で約90分，種子島空港から車で約50分
・開　　館　AM9:30～PM5:00
・入館料　無料
・休館日　月曜日（但し月曜日が祝日・振替休日の場合は翌日），年末年始（12月29日～1月1日）
・施　　設　鉄筋コンクリート2階建
・設　　立　1979（昭和54）年8月
・設置者　宇宙開発事業団（現:宇宙航空研究開発機構）
・責任者　種子島宇宙センター所長

九州・沖縄

館のイチ押し

壁面と床面を活用した大画面の映像・音やスモークで、打ち上げを射点間近で見上げているような臨場感を体感できるリフトオフシアターはイチ押しです。

ものづくり記念館博物館事典　459

鹿児島県

薩摩酒造花渡川蒸溜所 明治蔵
（けどがわ）

[飲料]

　南薩摩で採れる良質のさつまいも。こんこんと湧き出る清らかな地下水。最良の自然環境に恵まれたこの地に根をおろした蒸留技術は、日本の蒸留酒本格焼酎を生み、その歴史を築いてきた。五百年にもおよぶ本格焼酎づくりの伝統を継承するこの南薩での地で焼酎文化を伝え、創造する資料館として生まれた「明治蔵」。焼酎の歴史、食文化の楽しさなど焼酎にまつわるさまざまな話題の提供を続けてゆければと願っている。

　また、「明治蔵」では、さつまいもの品種別の「手造り焼酎」や古文書の発掘により再現した明治・江戸時代の製法で作った焼酎など、原料・製法の研究、焼酎の歴史の探究を行っている。

【展示・収蔵】

　酒器、国内外の蒸留器、焼酎徳利、焼酎壺、さつま切子、さつま焼、さつまいもなど焼酎に関する資料を展示している（約500点）。

　さつまいも選別、さつまいも蒸し釜、製麹室、木桶蒸留器、仕込みかめなど、実際の焼酎づくりの様子を見学することができる。

　また、手造り焼酎や明治・江戸時代復元仕込みの焼酎などの試飲も楽しめる。

鹿児島県

仕込場

【事　業】
　毎年10月末に新酒祭りを開催。同じ敷地内にさつまいもから誕生した発泡酒が味わえる花渡川ビアハウスがある。

- 所在地　〒898-0025　鹿児島県枕崎市立神本町26
- ＴＥＬ　0993-72-7515
- ＦＡＸ　0993-73-2305
- ＵＲＬ　http://www.satsuma.co.jp/
- E-mail　meijigura@satsuma.co.jp
- 交　通　鹿児島市内より車で100分，枕崎駅より車で5分
- 開　館　AM9:00 〜 PM4:00
- 入館料　無料
- 休館日　12月31日〜1月1日（要電話確認）
- 施　設　木造2階建
- 設　立　1992(平成4)年10月
- 設置者　薩摩酒造(株)
- 管　理　代表取締役社長・本坊愛一郎
- 責任者　館長・久木野和人

館のイチ押し
- 明治時代から使用しているカメ壺仕込みで仕込みを間近で見学できる。
- 館内には枕崎一望できる望楼があり三島、屋久島も見えることもある。

沖縄県

沖縄郵政資料センター

[放送・通信]

　沖縄復帰20年施策として構想され、沖縄郵政120周年に当たる1994(平成6)年3月23日、パレットくもじ内「沖縄通信資料センター」としてオープン。翌年2月から「沖縄通信博物館(オキコム)」と呼称した。
　2003(平成15)年10月6日、那覇中央郵便局2階に移転した。
　2007(平成19)年10月1日、日本郵政グループ発足を機に日本郵政株式会社郵政資料館の分館となり、「沖縄郵政資料センター」と名称変更した。
　2012(平成24)年4月から公益財団法人通信文化協会が運営。

【展示・収蔵】
　琉球王府時代から琉球藩時代を経て、戦中・戦後に至る沖縄の郵便や通信の歴史、郵政事業が果たしてきた役割などを紹介。琉球政府時代(1948～1972)の24年間に発行された琉球切手をはじめ、沖縄における郵便に関する資料などを展示。

【事　業】
　常設展示のみ。

- 所在地　〒900-8799　沖縄県那覇市壺川3-3-8　那覇中央郵便局2階
- ＴＥＬ　098-854-0255
- ＵＲＬ　https://www.postalmuseum.jp/guide/okinawa.html
- 交　通　ゆいレール　壺川駅下車　徒歩3分
- 開　館　AM10:00～PM4:00
- 入館料　無料
- 休館日　土曜・日曜・祝日　12月29日～1月3日
- 施　設　那覇中央郵便局

沖縄県

看板

代用ポスト

・設　立　1997(平成9)年移転
・設置者　日本郵政(株)
・管　理　(公財)通信文化協会
・責任者　センター長・川満進

館のイチ押し

　琉球王府時代から琉球藩時代を経て、戦中・戦後に至る沖縄の郵便や通信の歴史をわかりやすく展示。

沖縄県

ゆいレール展示館

[交通・運輸]

2003(平成15)年8月10日に戦後初めての鉄軌道開業を記念して、2004(平成16)年8月10日(開業記念日)に開館した。

【展示・収蔵】

沖縄都市モノレール株式会社敷地内にある「ゆいレール展示館」は、1階がゆいレール関連のフロア、2階が鉄道関連のフロアになっている。展示数は約400点ある。

1階には映像コーナーがあり、ゆいレールができるまでの様子を見ることができる。

2階には、鉄道関連用具や各種切符等の展示、戦前の沖縄を走っていた軽便鉄道関連の展示等がある。

また、ペーパークラフトもあり、いろんなデザインのゆいレールをパソコンで自分で作成しプリントアウトして持ち帰ることもできる。

- 所在地　〒901-0143　沖縄県那覇市字安次嶺377-2
- ＴＥＬ　098-859-2630
- ＦＡＸ　098-859-2941
- ＵＲＬ　https://www.yui-rail.co.jp
- E-mail　info@yui-rail.co.jp
- 交　通　ゆいレール　那覇空港駅　徒歩12分
- 開　館　AM9:00〜PM4:30(最終入館PM4:00)
- 入館料　無料
- 休館日　土日祝日・年末年始，荒天時
- 設　立　2004(平成16)年
- 設置者　沖縄都市モノレール(株)
- 管　理　沖縄都市モノレール(株)
- 責任者　総務課長

館のイチ押し

ゆいレールの開業までの道のりを描いたDVDが見応えあり。

館 名 索 引

館名索引　　　かわし

【あ行】

藍住町歴史館・藍の館………… 417
愛知県陶磁美術館……………… 259
愛知製鋼 鍛造技術の館 ……… 262
i-muse（アイミューズ）……… 100
青森県立三沢航空科学館……… 23
青森市森林博物館……………… 26
秋田県立農業科学館…………… 44
秋田大学大学院国際資源学研究
　科附属鉱業博物館…………… 46
赤穂市立歴史博物館…………… 354
旭化成延岡展示センター……… 455
アシックス スポーツ ミュージ
　アム…………………………… 356
アドミュージアム東京………… 103
池田文庫……………………… 327
石川県海洋漁業科学館………… 215
石川島からIHIへ 石川島資料館 105
泉大津市立織編館……………… 331
伊勢半本店 紅ミュージアム … 107
いの町紙の博物館……………… 433
岩手県立水産科学館…………… 30
岩手県立農業ふれあい公園 農
　業科学博物館………………… 32
石見銀山資料館………………… 392
印刷博物館……………………… 109
ウイスキー博物館……………… 3
宇治・上林記念館……………… 303
うすくち龍野醤油資料館……… 358
宇宙科学技術館………………… 458
うちわの港ミュージアム……… 419
浦安市郷土博物館……………… 86
江崎記念館……………………… 333
越後出雲崎時代館 出雲崎石油
　記念館………………………… 205

NHK放送博物館 …………… 112
愛媛県総合科学博物館………… 429
奥州市牛の博物館……………… 35
大分香りの博物館……………… 451
大阪企業家ミュージアム……… 335
大林組歴史館…………………… 337
大牟田市石炭産業科学館……… 435
大谷資料館……………………… 67
岡崎信用金庫資料館…………… 264
オカムラいすの博物館………… 114
岡谷蚕糸博物館－シルクファク
　トおかや－…………………… 231
沖縄郵政資料センター………… 462
オムロン コミュニケーション
　プラザ………………………… 305
オリンパス技術歴史館
　「瑞古洞」…………………… 116

【か行】

花王ミュージアム……………… 118
科学技術館……………………… 120
カクキュー八丁味噌（八丁味噌
　の郷）………………………… 266
家具の博物館…………………… 123
がすてなーに ガスの科学館 … 125
GAS MUSEUM（がす資料館） 127
カップヌードルミュージアム
　大阪池田（正式名称：安藤百
　福発明記念館 大阪池田）…… 339
カップヌードルミュージアム
　横浜（正式名称：安藤百福発
　明記念館 横浜）……………… 181
金沢市立安江金箔工芸館……… 217
釜石市立鉄の歴史館…………… 38
紙の博物館……………………… 129
川島織物文化館………………… 307

ものづくり記念館博物館事典　467

きくま　　　　　　　　　館名索引

菊正宗酒造記念館……………… 360
北茨城市漁業歴史資料館 よう・
　そろー…………………………57
キッコーマンもの知りしょうゆ
　館 ………………………………88
岐阜かかみがはら航空宇宙科学
　博物館………………………… 233
君津市漁業資料館………………90
旧新橋停車場 鉄道歴史展示室　131
牛乳博物館………………………59
京菓子資料館…………………… 309
京セラファインセラミック館… 311
京都工芸繊維大学 美術工芸資
　料館…………………………… 313
京都鉄道博物館………………… 315
國盛・酒の文化館……………… 268
国友鉄砲の里資料館…………… 298
球磨焼酎ミュージアム 白岳伝
　承蔵…………………………… 449
倉紡記念館……………………… 396
グリコピア神戸………………… 363
呉市海事歴史科学館（愛称：大
　和ミュージアム）…………… 400
グンゼ博物苑…………………… 317
群馬県立日本絹の里……………69
KYB史料館 …………………… 183
月桂冠大倉記念館……………… 319
小石原焼伝統産業会館………… 437
小岩井農場 展示資料館 ………40
航空科学博物館…………………92
神戸海洋博物館・カワサキワー
　ルド…………………………… 365
神戸大学大学院海事科学研究科
　海事博物館…………………… 367
氷砂糖資料館…………………… 236
九重みりん時代館……………… 270
こども陶器博物館 KIDS★
　LAND………………………… 238

【さ行】

坂出市塩業資料館……………… 421
堺伝統産業会館………………… 341
佐賀県立九州陶磁文化館……… 441
酒ミュージアム（白鹿記念酒造
　博物館）……………………… 369
サッポロビール博物館………… 5
薩摩酒造花渡川蒸溜所 明治蔵　460
三休庵・宇治茶資料室………… 321
三光丸クスリ資料館…………… 386
サントリーウイスキー博物館… 227
史跡・生野銀山と生野鉱物館… 372
史跡佐渡金山 展示資料館 …… 207
自転車博物館サイクルセンター　343
島津製作所 創業記念資料館 … 323
清水港湾博物館（フェルケール
　博物館）……………………… 249
JAL工場見学〜SKY
　MUSEUM〜 ………………… 133
シルク博物館…………………… 185
白木屋漆器店資料館……………55
神宮徴古館・農業館…………… 291
真珠博物館（ミキモト真珠島内）294
鈴鹿市伝統産業会館…………… 296
鈴木酒造 酒蔵資料館 …………77
スバルビジターセンター………71
セイコーミュージアム………… 135
製粉ミュージアム………………73
世界のカバン博物館…………… 137
関鍛冶伝承館…………………… 240
瀬戸大橋記念館………………… 423
造幣博物館……………………… 345

館名索引　　のりた

【た行】

Daiichi Sankyo　くすりミュージアム………………………… 139
大和ハウス工業　総合技術研究所………………………………… 388
高岡地域地場産業センター…… 213
高浜市やきものの里かわら美術館…………………………… 271
高松市石の民俗資料館………… 425
竹中大工道具館………………… 374
多治見市モザイクタイルミュージアム…………………………… 242
たばこと塩の博物館…………… 141
小さな博物館　ブレーキ博物館 145
地下鉄博物館…………………… 148
千葉県立現代産業科学館…………95
つきほし歴史館………………… 439
土とトラクタの博物館 土の館 … 7
燕市産業史料館………………… 209
つまようじ資料室……………… 347
津山まなびの鉄道館…………… 398
敦賀鉄道資料館(旧敦賀港駅舎) 223
帝国データバンク史料館……… 150
TDK歴史みらい館 ……………49
手柄山交流ステーション……… 377
鉄道博物館………………………79
TEPIA先端技術館 …………… 152
電車とバスの博物館…………… 187
東京海洋大学マリンサイエンスミュージアム………………… 154
東京都水道歴史館……………… 157
東京臨海部広報展示室TOKYOミナトリエ…………………… 159
東芝未来科学館………………… 189
東武博物館……………………… 161

所沢航空発祥記念館……………… 81
鳥取二十世紀梨記念館　なしっこ館………………………… 390
苫小牧ポートミュージアム……… 9
富岡製糸場…………………………75
トヨタ会館……………………… 273
トヨタ産業技術記念館………… 274
豊田市近代の産業とくらし発見館…………………………… 277
トヨタ博物館…………………… 279
虎屋文庫………………………… 163

【な行】

内藤記念くすり博物館………… 244
中冨記念くすり博物館………… 443
長浜鉄道スクエア……………… 300
名古屋海洋博物館・南極観測船ふじ………………………… 281
新潟市新津鉄道資料館………… 211
西陣織会館……………………… 325
日鉱記念館…………………………61
日本工業大学工業技術博物館……84
日本郵船氷川丸………………… 191
日本郵船歴史博物館…………… 193
日本カメラ博物館……………… 165
日本自動車博物館……………… 219
日本文具資料館………………… 168
ニュースパーク(日本新聞博物館)…………………………… 195
ヌマジ交通ミュージアム(広島市交通科学館)……………… 403
沼津市戸田造船郷土資料博物館 251
ノリタケの森 クラフトセンター・ノリタケミュージアム… 283

ものづくり記念館博物館事典　469

【は行】

白鶴酒造資料館······················ 379
函館市青函連絡船記念館
　摩周丸······························11
函館市北洋資料館····················13
はたや記念館ゆめおーれ勝山··· 225
パナソニックミュージアム「松
　下幸之助歴史館」「ものづく
　りイズム館」······················ 349
皮革産業資料館······················ 170
ヒゲタ史料館························98
ビート資料館························15
ひととものづくり科学館········ 221
美味伝承 甲南漬資料館 ······· 381
枚方市立旧田中家鋳物民俗資料
　館··································· 352
フェザーミュージアム（世界初
　の刃物総合博物館）··········· 247
ふじのくに茶の都ミュージアム 253
物流博物館··························· 172
筆の里工房··························· 406
ブラザーミュージアム··········· 285
ブリヂストンTODAY············ 175
別府市竹細工伝統産業会館····· 453
本場結城紬染織資料館
　「手緒里」····························63

【ま行】

マツダミュージアム··············· 409
松山酒ミュージアム················42
マルキン醤油記念館··············· 427
三島食品 資料館 楠苑 ·········· 411
ミツトヨ測定博物館··············· 198

三菱重工 下関造船所 史料館 ··· 413
三菱重工 長崎造船所 史料館 ··· 447
三菱みなとみらい技術館········· 200
三菱UFJ銀行貨幣資料館 ······ 287
宮崎大学農学部附属農業博物館 456
むつ科学技術館····················28
村岡総本舗 羊羹資料館 ······· 445
明治なるほどファクトリー守谷···65

【や行】

焼津漁業資料館····················· 255
山形県産業科学館····················51
山形腾写印刷資料館··················53
やまぎん史料館····················· 415
山梨ジュエリーミュージアム··· 229
ヤマハ発動機 コミュニケーショ
　ンプラザ··························· 257
ヤンマーミュージアム··········· 302
ゆいレール展示館··················· 464
郵政博物館··························· 177
夕張市石炭博物館····················17
雪印メグミルク 酪農と乳の歴
　史館·································19
UCCコーヒー博物館 ·········· 383
よいち水産博物館····················21
容器文化ミュージアム··········· 179
養蜂博物館··························· 289
横浜みなと博物館··················· 202

【わ行】

和鋼博物館··························· 394

種 別 索 引

種別索引　　食品

【農業・林業・畜産】

青森市森林博物館⋯⋯⋯⋯⋯⋯⋯26
秋田県立農業科学館⋯⋯⋯⋯⋯⋯44
岩手県立農業ふれあい公園　農
　業科学博物館⋯⋯⋯⋯⋯⋯⋯⋯32
奥州市牛の博物館⋯⋯⋯⋯⋯⋯35
小岩井農場 展示資料館　⋯⋯⋯40
神宮徴古館・農業館⋯⋯⋯⋯ 291
土とトラクタの博物館 土の館 ⋯ 7
鳥取二十世紀梨記念館 なしっ
　こ館⋯⋯⋯⋯⋯⋯⋯⋯⋯⋯ 390
ビート資料館⋯⋯⋯⋯⋯⋯⋯⋯15
宮崎大学農学部附属農業博物館 456
養蜂博物館⋯⋯⋯⋯⋯⋯⋯⋯ 289

【水産業】

石川県海洋漁業科学館⋯⋯⋯ 215
岩手県立水産科学館⋯⋯⋯⋯⋯30
浦安市郷土博物館⋯⋯⋯⋯⋯⋯86
北茨城市漁業歴史資料館 よう・
　そろー⋯⋯⋯⋯⋯⋯⋯⋯⋯⋯57
君津市漁業資料館⋯⋯⋯⋯⋯⋯90
東京海洋大学マリンサイエンス
　ミュージアム⋯⋯⋯⋯⋯⋯ 154
函館市北洋資料館⋯⋯⋯⋯⋯⋯13
焼津漁業資料館⋯⋯⋯⋯⋯⋯ 255
よいち水産博物館⋯⋯⋯⋯⋯⋯21

【金属・鉱業】

愛知製鋼 鍛造技術の館 ⋯⋯⋯ 262
秋田大学大学院国際資源学研究

科附属鉱業博物館⋯⋯⋯⋯⋯⋯46
石見銀山資料館⋯⋯⋯⋯⋯⋯ 392
越後出雲崎時代館 出雲崎石油
　記念館⋯⋯⋯⋯⋯⋯⋯⋯⋯ 205
大牟田市石炭産業科学館⋯⋯ 435
大谷資料館⋯⋯⋯⋯⋯⋯⋯⋯⋯67
釜石市立鉄の歴史館⋯⋯⋯⋯⋯38
史跡・生野銀山と生野鉱物館⋯ 372
史跡佐渡金山 展示資料館　⋯ 207
高松市石の民俗資料館⋯⋯⋯ 425
燕市産業史料館⋯⋯⋯⋯⋯⋯ 209
日鉱記念館⋯⋯⋯⋯⋯⋯⋯⋯⋯61
枚方市立旧田中家鋳物民俗資料
　館⋯⋯⋯⋯⋯⋯⋯⋯⋯⋯⋯ 352
夕張市石炭博物館⋯⋯⋯⋯⋯⋯17
和鋼博物館⋯⋯⋯⋯⋯⋯⋯⋯ 394

【建設・土木】

大林組歴史館⋯⋯⋯⋯⋯⋯⋯ 337
瀬戸大橋記念館⋯⋯⋯⋯⋯⋯ 423
大和ハウス工業 総合技術研究
　所⋯⋯⋯⋯⋯⋯⋯⋯⋯⋯⋯ 388
竹中大工道具館⋯⋯⋯⋯⋯⋯ 374
東京都水道歴史館⋯⋯⋯⋯⋯ 157

【食品】

赤穂市立歴史博物館⋯⋯⋯⋯ 354
うすくち龍野醤油資料館⋯⋯ 358
江崎記念館⋯⋯⋯⋯⋯⋯⋯⋯ 333
カクキュー八丁味噌(八丁味噌
　の郷) ⋯⋯⋯⋯⋯⋯⋯⋯⋯ 266
カップヌードルミュージアム
　大阪池田(正式名称：安藤百
　福発明記念館 大阪池田)⋯⋯ 339

ものづくり記念館博物館事典　473

飲料　　　　　　　　　種別索引

カップヌードルミュージアム
　横浜（正式名称：安藤百福発
　明記念館 横浜）………… 181
キッコーマンもの知りしょうゆ
　館 …………………………88
牛乳博物館…………………59
京菓子資料館……………… 309
グリコピア神戸…………… 363
氷砂糖資料館……………… 236
九重みりん時代館………… 270
坂出市塩業資料館………… 421
製粉ミュージアム…………73
虎屋文庫…………………… 163
ヒゲタ史料館………………98
美味伝承 甲南漬資料館 … 381
マルキン醤油記念館……… 427
三島食品 資料館 楠苑 …… 411
村岡総本舗 羊羹資料館 …… 445
明治なるほどファクトリー守谷…65
雪印メグミルク 酪農と乳の歴
　史館………………………19

【飲料】

ウイスキー博物館……………… 3
宇治・上林記念館………… 303
菊正宗酒造記念館………… 360
國盛・酒の文化館………… 268
球磨焼酎ミュージアム 白岳伝
　承蔵……………………… 449
月桂冠大倉記念館………… 319
酒ミュージアム（白鹿記念酒造
　博物館）………………… 369
サッポロビール博物館………… 5
薩摩酒造花渡川蒸溜所 明治蔵 460
三休庵・宇治茶資料室…… 321
サントリーウイスキー博物館… 227

鈴木酒造 酒蔵資料館 ……77
白鶴酒造資料館…………… 379
ふじのくに茶の都ミュージアム 253
松山酒ミュージアム………42
UCCコーヒー博物館 ……… 383

【紙・繊維】

藍住町歴史館・藍の館……… 417
旭化成延岡展示センター… 455
泉大津市立織編館………… 331
いの町紙の博物館………… 433
岡谷蚕糸博物館－シルクファク
　トおかや………………… 231
紙の博物館………………… 129
川島織物文化館…………… 307
京都工芸繊維大学 美術工芸資
　料館……………………… 313
倉紡記念館………………… 396
グンゼ博物苑……………… 317
群馬県立日本絹の里………69
シルク博物館……………… 185
富岡製糸場…………………75
豊田市近代の産業とくらし発見
　館………………………… 277
西陣織会館………………… 325
はたや記念館ゆめおーれ勝山… 225
本場結城紬染織資料館
　「手緒里」…………………63

【医薬品】

三光丸クスリ資料館………… 386
Daiichi Sankyo くすりミュー
　ジアム…………………… 139
内藤記念くすり博物館…… 244

474　ものづくり記念館博物館事典

種別索引　　　　交通・運輸

中冨記念くすり博物館…………443

【窯業】

愛知県陶磁美術館………………259
京セラファインセラミック館…311
小石原焼伝統産業会館…………437
こども陶器博物館 KIDS★
　LAND………………………238
佐賀県立九州陶磁文化館………441
高浜市やきものの里かわら美術
　館………………………………271
多治見市モザイクタイルミュー
　ジアム…………………………242
ノリタケの森 クラフトセン
　ター・ノリタケミュージアム 283

【機械・精密機器】

オムロン コミュニケーション
　プラザ…………………………305
オリンパス技術歴史館
　「瑞古洞」……………………116
KYB史料館 ……………………183
島津製作所 創業記念資料館 …323
セイコーミュージアム…………135
TDK歴史みらい館 ……………49
トヨタ産業技術記念館…………274
日本工業大学工業技術博物館……84
日本カメラ博物館………………165
ブラザーミュージアム…………285
ミツトヨ測定博物館……………198
ヤンマーミュージアム…………302

【商業・金融】

大阪企業家ミュージアム………335
岡崎信用金庫資料館……………264
造幣博物館………………………345
帝国データバンク史料館………150
三菱UFJ銀行貨幣資料館　……287
やまぎん史料館…………………415

【交通・運輸】

青森県立三沢航空科学館…………23
石川島からIHIへ 石川島資料館 105
岐阜かかみがはら航空宇宙科学
　博物館…………………………233
旧新橋停車場 鉄道歴史展示室　131
京都鉄道博物館…………………315
呉市海事歴史科学館（愛称：大
　和ミュージアム）……………400
航空科学博物館……………………92
神戸海洋博物館・カワサキワー
　ルド……………………………365
神戸大学大学院海事科学研究科
　海事博物館……………………367
自転車博物館サイクルセンター 343
清水港湾博物館（フェルケール
　博物館）………………………249
JAL工場見学〜SKY
　MUSEUM〜…………………133
スバルビジターセンター…………71
小さな博物館 ブレーキ博物館　145
地下鉄博物館……………………148
津山まなびの鉄道館……………398
敦賀鉄道資料館（旧敦賀港駅舎）223
手柄山交流ステーション………377

ものづくり記念館博物館事典　475

放送・通信　　　種別索引

鉄道博物館……………………79
電車とバスの博物館……………187
東京臨海部広報展示室TOKYO
　ミナトリエ……………………159
東武博物館………………………161
所沢航空発祥記念館……………81
苫小牧ポートミュージアム………9
トヨタ会館………………………273
トヨタ博物館……………………279
長浜鉄道スクエア………………300
名古屋海洋博物館・南極観測船
　ふじ……………………………281
新潟市新津鉄道資料館…………211
日本郵船氷川丸…………………191
日本郵船歴史博物館……………193
日本自動車博物館………………219
ヌマジ交通ミュージアム（広島
　市交通科学館）………………403
沼津市戸田造船郷土資料博物館 251
函館市青函連絡船記念館
　摩周丸…………………………11
物流博物館………………………172
ブリヂストンTODAY……………175
マツダミュージアム……………409
三菱重工 下関造船所 史料館 … 413
三菱重工 長崎造船所 史料館 … 447
ヤマハ発動機 コミュニケーシ
　ョンプラザ……………………257
ゆいレール展示館………………464
横浜みなと博物館………………202

【放送・通信】

NHK放送博物館 ………………112
沖縄郵政資料センター…………462
郵政博物館………………………177

【科学技術】

i-muse（アイミューズ）…………100
宇宙科学技術館…………………458
愛媛県総合科学博物館…………429
科学技術館………………………120
千葉県立現代産業科学館………95
TEPIA 先端技術館 ……………152
東芝未来科学館…………………189
パナソニックミュージアム「松
　下幸之助歴史館」「ものづく
　りイズム館」…………………349
ひととものづくり科学館………221
三菱みなとみらい技術館………200
むつ科学技術館…………………28
山形県産業科学館………………51

【エネルギー】

がすてなーに ガスの科学館 … 125
GAS MUSEUM（がす資料館）… 127

【生活・文化】

アシックス スポーツ ミュージ
　アム……………………………356
アドミュージアム東京…………103
池田文庫…………………………327
伊勢半本店 紅ミュージアム … 107
印刷博物館………………………109
うちわの港ミュージアム………419
大分香りの博物館………………451
オカムラいすの博物館…………114
花王ミュージアム………………118

476　ものづくり記念館博物館事典

種別索引　　　　　　　　　生活・文化

家具の博物館……………………　123
金沢市立安江金箔工芸館………　217
国友鉄砲の里資料館……………　298
堺伝統産業会館…………………　341
白木屋漆器店資料館……………55
真珠博物館（ミキモト真珠島内）294
鈴鹿市伝統産業会館……………　296
世界のカバン博物館……………　137
関鍛冶伝承館……………………　240
高岡地域地場産業センター……　213
たばこと塩の博物館……………　141
つきほし歴史館…………………　439
つまようじ資料室………………　347
日本文具資料館…………………　168
ニュースパーク（日本新聞博物
　館）……………………………　195
皮革産業資料館…………………　170
フェザーミュージアム（世界初
　の刃物総合博物館）…………　247
筆の里工房………………………　406
別府市竹細工伝統産業会館……　453
山形謄写印刷資料館……………53
山梨ジュエリーミュージアム…　229
容器文化ミュージアム…………　179

ものづくり記念館博物館事典　477

ものづくり記念館博物館事典

2018 年 12 月 25 日　第 1 刷発行

発　行　者／大高利夫
編集・発行／日外アソシエーツ株式会社
　　　　　　〒140-0013 東京都品川区南大井 6-16-16 鈴中ビル大森アネックス
　　　　　　電話 (03)3763-5241 (代表)　FAX(03)3764-0845
　　　　　　URL　http://www.nichigai.co.jp/
発　売　元／株式会社紀伊國屋書店
　　　　　　〒163-8636 東京都新宿区新宿 3-17-7
　　　　　　電話 (03)3354-0131 (代表)
　　　　　　ホールセール部 (営業) 電話 (03)6910-0519

　　　　　　組版処理／有限会社デジタル工房
　　　　　　印刷・製本／光写真印刷株式会社

不許複製・禁無断転載　　　　　　　　　《中性紙三菱クリームエレガ使用》
<落丁・乱丁本はお取り替えいたします>
ISBN978-4-8169-2748-5　　　　*Printed in Japan,2018*

企業広報誌の世界
─広報誌から企業コミュニケーションを読み解く

三島万里 著
A5・250頁　定価（本体4,800円＋税）　2018.7刊

企業の社外向け広報誌の歴史的意義や文化・学術的価値について分析し、その魅力を紹介。『季刊大林』（大林組）、『洋酒天国』（サントリー）、『花椿』（資生堂）、『翼の王国』（ANA）など代表的な45誌について詳細に解説。広報誌編集者のインタビューも掲載。オンラインデータベースでは調査しきれない広報誌3,000件の書誌を集約した「企業広報誌目録」付き。

企業不祥事事典Ⅱ
─ケーススタディ2007-2017

結城智里 監修
A5・400頁　定価（本体5,550円＋税）　2018.5刊

2007～2017年に発生した企業不祥事についての事典。代表事例100件と関連する事例215件を収録。特に社会的影響の大きかった100件については、事件の背景、発端、その後の経緯、会社の対応、警察・検察の動き、裁判等を詳述。「事項名索引」付き。

企業名変遷要覧２

機械振興協会経済研究所　結城智里 編
B5・800頁　定価（本体30,000円＋税）　2015.12刊

国内主要企業の社名変遷が一覧できるツール。2006年以降の新規上場を含む、商号・社名変更や持株会社・海外子会社の設立など、変遷のあった企業3,200社を収録。「業種別一覧」「社名索引」付き。

日本全国 歴史博物館事典

A5・630頁　定価（本体13,500円＋税）　2018.1刊

日本全国の歴史博物館・資料館・記念館など275館を収録した事典。全館にアンケート調査を行い、沿革・概要、展示・収蔵、事業、出版物・グッズ、館のイチ押しなどの最新情報のほか、外観・館内写真、展示品写真を掲載。

データベースカンパニー
日外アソシエーツ　〒140-0013　東京都品川区南大井6-16-16
TEL.(03)3763-5241　FAX.(03)3764-0845　http://www.nichigai.co.jp/